开国

KAIGUO DASHIJIAN

大事件（续集）

陈思 著

当代中国出版社
Contemporary China Publishing House

图书在版编目(CIP)数据

开国大事件：续集/陈思著.-- 北京：当代中国出版社，2021.12
ISBN 978-7-5154-1104-0

Ⅰ.①开… Ⅱ.①陈… Ⅲ.①中国历史—现代史—历史事件 Ⅳ.①K270.5

中国版本图书馆 CIP 数据核字（2021）第 006540 号

出 版 人	冀祥德
责任编辑	陈 莎　周显亮
责任校对	康 莹
印刷监制	刘艳平
装帧设计	观止堂_未 氓
出版发行	当代中国出版社
地　　址	北京市地安门西大街旌勇里 8 号
网　　址	http://www.ddzg.net　邮箱：ddzgcbs@sina.com
邮政编码	100009
编 辑 部	（010）66572264　66572154　66572132　66572180
市 场 部	（010）66572281　66572161　66572157　83221785
印　　刷	北京润田金辉印刷有限公司
开　　本	787 毫米×1092 毫米　1/16
印　　张	21.5 印张　1 插页　306 千字
版　　次	2021 年 12 月第 1 版
印　　次	2021 年 12 月第 1 次印刷
定　　价	69.00 元

版权所有，翻版必究；如有印装质量问题，请拨打（010）66572159 联系出版部调换。

目 录

继军事斗争之后的"第二场决战"——土地改革 | 001

    陈永贵捡到一块银圆为什么乐得不得了 | 001
    纠正过火行为必须打掉农村流氓 | 005
    毛泽东亲笔列出土改中的关键问题 | 009
    中共七届三中全会上讨论得非常热烈 | 015
    土地改革法——"民主决策的一个范例" | 017

这不是一部电影的问题 | 020

    一部电影引发两种对立意见的争论 | 020
    争论引起了毛泽东的注意 | 022
    毛泽东:《武训传》所提出的问题带有根本的性质 | 023
    毛泽东派出一个调查组 | 026
    武训是个什么样的人?《武训传》是怎样产生的? | 027
    毛泽东亲笔修改《武训历史调查记》并批准
    《人民日报》发表 | 029
    毛泽东:一个作品写得不好,就再写嘛,总该写好它 | 034

"一定要把黄河的事情办好" | 036

    毛泽东:藐视黄河就是藐视我们这个民族啊! | 036

毛泽东同意休假却用休假的时间去考察黄河 | 037
　　毛泽东说：我们要治理黄河，为人民造福 | 039
　　"我就爱听没有准备的汇报" | 041
　　"把黄河故道治好" | 042
　　"借点水来也可以" | 044
　　毛泽东亲手摇开了引黄灌溉大闸 | 046
　　毛泽东晚年想骑马第二次考察黄河，可惜未能如愿 | 047

新中国发行第二套人民币的艰难历程 | 049
　　在经济上升起"第二个太阳" | 049
　　在巩固人民政权中发行第二套人民币 | 053

苏联帮助新中国代印人民币 | 057
　　中央接受了陈云提出的建议 | 057
　　中苏双方30多次细节会谈体现苏方善意 | 058
　　中国关注防伪问题 | 061
　　中方频繁调整印币计划，苏方人员说"困难算不得什么" | 063
　　真诚合作，严密交接 | 066
　　特殊历史条件下中国紧急回收苏印"三种票" | 069

新中国成立初期周恩来在反腐败斗争中作出的重大贡献 | 071
　　增产节约运动中发现的问题使周恩来警觉 | 071
　　周恩来亲自批准将刘青山、张子善逮捕 | 072
　　周恩来主持制定了一份严惩贪污犯的文件 | 074
　　周恩来说："上梁"不正，"下梁"必然歪 | 075
　　对于中央机关的"大老虎"必须依法严办 | 077
　　"对于太的，必须严办，从判十年以上徒刑直到杀头" | 078
　　周恩来提出"五个不能" | 082

周恩来殚精竭虑治水患 | 088

  周恩来接到毛泽东三个批示 | 088
  "为我们自己和我们的子孙打下万年根基" | 094
  毛泽东把治理长江的重任也交给了周恩来 | 095
  "我们不能只求治标,一定要治本" | 098
  "我关心两件事:一个水利,一个上天" | 099
  "要使江湖都对人民有利" | 100
  周恩来只要听说有水利工程,就要到现场看看 | 102
  "我最担心的,一个是治水治错了,一个是林木砍多了" | 103

李先念进京任财长 | 105

  陈云向毛泽东推荐李先念,李先念奉调进京 | 105
  毛泽东一句话使李先念振作精神走马上任 | 107
  毛泽东称赞李先念是我党经济"四大名旦"之一 | 108
  提出了"勒马缓行"的主张 | 110
  李先念在反冒进问题上不得不作检讨 | 113
  直接指出"大跃进"中有唯心论 | 115
  李先念对毛泽东说:我是忧几亿人开不了饭 | 117

贺龙担任国家体委主任 | 119

  毛泽东亲自决定贺龙担任新中国首任国家体委主任 | 119
  搭起了领导中国体育运动的班子 | 121
  贺龙抓体育既宣传又实干 | 123
  贺龙抓住了开国之初体育工作存在的四个问题 | 126
  为了"取经",贺龙不辞辛苦在苏联多地考察 | 127
  抓"尖子"人才,建一流队伍 | 129
  倾注心血抓体育场馆建设 | 131
  把体育当作一种文化 | 133

建设"又红又专"的体育队伍 | 134
提出"三从一大"原则 | 137
体育不能搞"花架子" | 138
必须办好体育院校 | 140
开展全民体育运动 | 143

李德生与上甘岭战役 | 148

主动请缨，要求率部入朝作战 | 148
使美李军队闻风丧胆的指挥员 | 149
接受指挥上甘岭战役的重任 | 149
"兵力前轻后重，火力前重后轻" | 151
在最严峻最艰苦作战阶段打赢一场硬仗 | 152
把上甘岭牢牢抓在志愿军手中 | 153

开国之初十世班禅大师返藏的艰辛历程 | 154

"十七条协议"确立十世班禅的地位，为他返藏
　　奠定基础 | 154
主动示和展现十世班禅大师的博大胸襟 | 155
十世班禅大师决定哪怕历经千辛万苦也要返藏 | 157
十世班禅大师以智慧和毅力踏过入藏艰险路 | 160
十世班禅大师沉着坚毅平风波 | 163
十世班禅大师坚忍为国 | 165

朝鲜战争前后美国决策者的几个错误判断 | 168

美国决策者没有料到朝鲜人民军会在极短时间内
　　超过李承晚军队 | 168
美国决策者低估了毛泽东等中共领导人的魄力 | 173
美国决策者低估了志愿军的战斗力 | 180

美国人没想到，中国人民志愿军即使在没有制空权的
　　　　情况下也敢与美国人开战　　　　　　　　　　　| 184

毛岸英为国捐躯前后　　　　　　　　　　　　　　　| 189

　　经过长期艰苦磨炼的毛岸英具有较高政治觉悟　　　| 189
　　毛泽东对自己的子女要求很严格　　　　　　　　　| 191
　　毛岸英是志愿军第一个志愿兵　　　　　　　　　　| 192
　　毛岸英到朝鲜后总是考虑别人的安全　　　　　　　| 195
　　毛岸英在美国飞机的一次轰炸中牺牲　　　　　　　| 196
　　毛泽东得知毛岸英牺牲的消息后说："谁叫他是
　　　　毛泽东的儿子呢。"　　　　　　　　　　　　| 196

朝鲜战争中新中国的重大外交活动　　　　　　　　　| 198

　　美国入侵朝鲜及台湾海峡，中国发出严正警告和抗议| 198
　　中国政府通过印度政府这个"中间人"再次向
　　　　美国发出外交警告　　　　　　　　　　　　　| 200
　　中国通过联合国这个讲台对美国进行了揭露　　　　| 206
　　中朝军队沉重打击美李军后迫使美国签订停战协议　| 209

抗美援朝战争中的停战谈判　　　　　　　　　　　　| 211

　　美李军队受到重创，不得不坐下来谈判　　　　　　| 211
　　急于从朝鲜战场脱身的美国主动寻求谈判　　　　　| 213
　　毛泽东让周恩来主持谈判工作　　　　　　　　　　| 215
　　美国和李承晚当局都对谈判没有诚意　　　　　　　| 217
　　停战谈判一开始双方各提议案　　　　　　　　　　| 221
　　美国和李承晚当局威胁退出谈判，中朝方不为所动　| 223
　　谈判中的核心问题是军事分界线怎么划　　　　　　| 226
　　新一轮战争较量，"联合国军"没讨到便宜　　　　| 229
　　在战俘问题上双方各不让步　　　　　　　　　　　| 232

　　　　双方在战俘问题上达成妥协 | 238
　　　　李承晚横生枝节，四方谈判变成三方谈判 | 241
　　　　志愿军发起金城战役，予敌以沉重打击 | 244
　　　　朝鲜战争终于画上了休止符 | 246

毛泽东形成和平解决台湾问题的构想 | 249

　　　　毛泽东看出蒋介石不想分裂中国 | 249
　　　　毛泽东说：台湾还是蒋介石当"总统"好 | 253
　　　　毛泽东和蒋介石派人互相沟通 | 255
　　　　周恩来把毛泽东和平解决台湾问题的原则概括为
　　　　　　"一纲四目" | 258
　　　　毛泽东答应把庐山送给蒋介石养老 | 261
　　　　晚年的蒋介石曾经秘约毛泽东访台 | 262

毛泽东决策大办民兵 | 266

　　　　毛泽东思考的三个重大问题 | 266
　　　　毛泽东形成了"全民皆兵"的思路 | 269
　　　　中国民兵形成了震慑侵略者的现实力量 | 274
　　　　毛泽东与赫鲁晓夫的不同看法 | 277
　　　　毛泽东提出民兵工作要"三落实" | 277
　　　　在毛泽东《为女民兵题照》鼓舞下 | 281
　　　　民兵成为国家安全的重要基石之一 | 283

毛泽东领导中国人民进入社会主义 | 286

　　　　毛泽东原来设想新中国成立后需要二三十年
　　　　　　才能进入社会主义 | 286
　　　　毛泽东密切注意新中国社会经济生活的变化 | 289
　　　　毛泽东正式提出过渡问题 | 290
　　　　斯大林表态支持中国共产党提前过渡的设想 | 291

- 毛泽东探索中国向社会主义过渡问题十分慎重 | 295
- 新税制引起毛泽东的注意 | 296
- 毛泽东南下调查时向基层通气 | 299
- "总路线是照耀一切工作的灯塔" | 302
- 毛泽东作了五点自我批评 | 308
- 明确了党在过渡时期的总路线 | 311
- 中国共产党对总路线作出完整表述 | 312

毛泽东在中共八大召开前夕 | 315

- 集中精力研究赫鲁晓夫秘密报告的影响 | 315
- 形成了中国独特社会主义建设思路 | 324
- 在组织修改八大政治报告时形成了一些新思想 | 327
- 毛泽东发表了一次有重大政治意义的谈话 | 329

主要参考文献 | 332

继军事斗争之后的"第二场决战"——土地改革

在中华人民共和国开国大事件中，中国共产党领导亿万农民实行土地改革，因为这是在中国大地上推翻几千年封建土地制度，使中国农民获得真正解放的伟大斗争，无疑值得浓墨重彩地记上一笔。从当时实际情况来看，实行土地改革，也是稳定新中国的重大举措。如果土地改革失败了，刚刚成立的新中国就会失去亿万农民支持这一重要基础，工农联盟就会解体，新中国人民政权就会垮台。所以，1949年12月4日，毛泽东在中央政治局会议上形容说："这是中国人民民主革命继军事斗争以后的第二场决战。"[①]

陈永贵捡到一块银圆为什么乐得不得了

农民与土地有着血肉相连的情结。农民一生就是盼着有一块自己的土地，才能安身立命。

后来成为著名全国劳动模范的陈永贵，在老解放区土改时，分得一块土地后，心中的甜蜜和幸福，是说不完的。他这个过去没有一分土地的雇农，带着自己的儿子在自己分到的土地上耕种，浑身有使不完的劲儿。他的儿子在这块土地上捡到一块银圆，使陈永贵乐得不得了，认为这块土地给他带来了好运。

---

① 《毛泽东文集》第6卷，人民出版社1999年版，第80页。

这个事例说明，土地是农民的命根子。当年，连陈永贵这样有很高觉悟的农民，也喜爱土地。几千年来，广大农民深受封建制度的压迫，世世代代过着贫苦的生活。他们的劳动所得，大部分以地租的形式交给了地主，每到灾年，他们往往失去生活来源而流离失所，许多农民被饿死。其原因也是这些农民失去了土地。正因为这种处境，农民迫切希望推翻封建制度，改变自己的命运，因此他们具有很强的革命性。而农民革命性的源泉，就是想得到一块自己的土地。

中国共产党在领导中国人民争取民族独立和人民解放的斗争实践中，深刻地认识到了这个道理，在革命斗争中着力帮助农民解决土地问题。有了这个前提，广大农民才能在共产党领导下，与工人阶级结成联盟，并为中国革命胜利作出重大贡献。在土地革命战争期间，有广大农民的支持，才使中国共产党得以生存发展壮大。在抗日战争中，在广大农民的支持下，中国共产党的力量得到发展。在解放战争中，由于有广大农民的支持，中国人民解放军仅仅用三年时间就打败了国民党，成立了新中国。毛泽东说过这样的话：中国的主要人口是农民，革命靠了农民的援助才取得了胜利。当年，陈毅也说过：淮海战役的胜利是农民用小车推出来的。

中国共产党能够成立新中国，农民是立了大功的。因此，新中国成立后，毛泽东首先想到的是中国共产党一定要给农民以实际利益。怎样做才能给农民以实际利益？从小生长在农村，在大革命时期又亲自领导过农民运动的毛泽东深知，给农民以土地，就是给农民以最大利益，而要给农民土地，就必须实行土地改革。

同时，毛泽东也考虑到了中国今后工业化和农村现存矛盾这两个因素。就国家工业化来说，毛泽东是这样认为的：国家工业化要靠农民的援助才能成功。就农村矛盾来说，毛泽东对这样一种情况看得很清楚：新中国成立后，就全国来说，封建统治已经被推翻了，但是，在广大新解放区的农村，封建土地制度还存在，这是一个矛盾。如果不改变现存土地制度，农民依然处在封建制度之下，他们就会看不到共产党给他们带来什么利益，就会与共产党离心离德，工农联盟就会瓦解，新中国政权就不稳固。

因此，毛泽东在开国之初就下定决心：新中国成立后要立即进行土地改革，使农民真正翻身做主人；新解放区的3.1亿农村人口，要用三年时间完成土改，废除封建土地制度。为了统一各阶层对中国共产党这个重大决策的认识，顺利完成土改任务，毛泽东强调：工人阶级应当积极地帮助农民进行土地改革，城市小资产阶级和民族资产阶级也应当赞助这种改革，各民主党派、各人民团体更应当采取这种态度。他还说过这样的话：战争和土改是新民主主义革命历史时期内考验中国一切人、一切党派的两个"关"。1950年6月23日，毛泽东在全国政协一届二次会议上致闭幕词时，说了这样一段话："战争一关，已经基本上过去了，这一关我们大家都过得很好，全国人民是满意的。现在是要过土改一关，我希望我们大家都和过战争关一样也过得很好。大家多研究，多商量，打通思想，整齐步伐，组成一条伟大的反封建统一战线，就可以领导人民和帮助人民顺利地通过这一关。"①

但是，要通过土改给农民以土地，又谈何容易！中国延续了几千年的封建制度，也限制了许多人的认识，他们认为，土地关系是不能改变的。过去土改时，就有地主说：我的土地是祖上留下来的，你种我的地，就得交租子，这是天经地义。很多农民也有这种认识：地主的土地是人家的，咱们给人家种地，人家给工钱，租人家的地种，就得交租子，这是千百年来的"老理儿"。

参加过晋察冀区土改的丁玲，曾描述了发动农民参加土改的困难。一个老佃农总是说："唉，地是人家的嘛！"只有觉悟了的贫雇农才说："人家的、人家的，你12年的租子，还买不下那几亩地！""以前咱总以为咱欠江世荣（地主）的，前生欠了他的债，今世也欠他的债，还也还不清。可是昨天大家那么一算，可不是，咱给他种了6年地，一年8石租……六八四十八石，再加上利滚利，莫说15亩地，50亩地咱也置下了！咱们穷……就是因为他们吃了咱们的租子。咱们越养活他们，他们

---

① 《毛泽东文集》第6卷，人民出版社1999年版，第80页。

就越骑到咱脖子上不下来。"

在旧中国，农村中有许多人，特别是地主，一直认为"地板可以换粮食"。"农民作家"赵树理以亲身见闻写成的小说中，曾写到太行区减租减息运动中的"说理斗争"：地主王老四在减租后"思想打不通"，小学教员王老三站起来对他讲："老弟！再不要跟人家说地板能换粮食。地板什么也不能换……"地主王老四所坚持的"地板可以换粮食"的观点，实际上在中国广大农村很有代表性。

地主们有这种认识，许多农民也有这种认识，可见，要通过土改废除中国延续了几千年的封建制度，不是一朝一夕的事，需要教育农民提高觉悟，需要动员广大农民参加。

而动员长期在封建统治下的农民起来搞土改，工作十分艰巨。过去在东北农民中流传着这样一句话："自己管自己的事，自己过自己的日子，操别人的心干啥。""两亩地，一头牛，老婆孩子热炕头，心满意足了，什么也不管了。"从这两句话中可以看出农民具有分散性，他们往往首先考虑的是个人利益，个人的小日子，不愿意管其他人的事。新中国成立后，共产党要把农民组织起来搞土改，并不容易。

中国的农村一般都是聚族而居，一个村往往是一个大姓家族的聚集。大一点儿的村子，也是一两个大姓家族的聚集。大姓家族聚集的村子，有钱有地的地主占统治地位。他们把持着村子的政权和族权，进行长期的统治，而长期以来许多农民也习惯于接受这种政权和族权的统治。新中国成立后，就全国来说，政权变了，是人民政权了，但在新解放区广大农村，地主阶级仍然占有多数土地。他们这种经济实力，决定了他们在农村中仍然有很高的地位，加上他们保留着其他统治手段，可以说，他们仍然是新解放区农村的统治者。现在，中国共产党要在新解放区废除农村的封建制度，需要做大量工作。

新中国成立后，在新解放区动员土改时，有一个地主这样问共产党派去搞土改的干部：过去你们共产党和国民党都搞减租减息，不是很好吗？为什么现在又要动土地？这个发问，道出了新解放区地主和农民的一个共同疑问。的确，过去在抗日战争中，中国共产党在农村长期普遍实行的是减租减息政策，国民党在他们的统治区，也实行减租减息政策。不同的是，共产党在解放区建立的是"三三制"人民民主政权①，而国民党却仍然维持地主阶级统治的政权，而国共两党减租减息的程度也不一样。新中国成立后，共产党要在新解放区彻底废除封建土地制度，实行土改，新解放区的农民在思想上不会一下子转过弯来。

在解放战争时期，共产党领导下的山东农村流行这样一句话："看好咱们的胜利果。"这句话后来作为歌词被写入了电影《红日》的主题歌。这句歌词道出了一个背景：过去共产党在老解放区进行土改，是在战争条件下进行的，土改的任务，是动员和组织农民支持革命战争。新中国成立后，情况不同了，现在共产党进行土改的主要任务，已经由过去的支援革命战争，转变到恢复和发展国民经济上来了。同时，这时的土改，是在与小资产阶级、民族资产阶级合作的条件下进行的，是在和平条件下进行的。既然如此，土改所遇到的各种情况，远比战争条件下进行土改要复杂得多。

正因为新中国成立后的土改面对着复杂的情况，所以，1949 年 12 月 4 日，毛泽东在中央政治局会议上形容说："这是中国人民民主革命继军事斗争以后的第二场决战。因为这次土地改革工作是在与资产阶级合作的条件下进行的，同以前在战争期间与资产阶级隔绝的情况下进行是不同的，所以需要更加谨慎。"②

毛泽东期望并且相信，共产党能够过好土地改革这一"关"。

纠正过火行为必须打掉农村流氓

某些农民往往是这样：不明白要搞土改的道理时，不愿也不敢搞，而当他们一旦明白在封建土地制度下，自己祖祖辈辈受地主阶级剥削和

---

① 指从 1940 年 3 月开始，在共产党领导下的各根据地按照中共中央关于《抗日根据地政权问题》的指示建立的人民政权。这种政权中，共产党员占 1/3，非党的和左派分子占 1/3，不左不右的中间派占 1/3，时称"三三制"人民民主政权。
② 《毛泽东文集》第 6 卷，人民出版社 1999 年版，第 25 页。

压迫的道理后，推翻剥削制度以获得土地的激情就像火山一样爆发出来。在此过程中，将不同程度地出现过火行为。在民主革命中，共产党在北方解放区领导的土地改革，就不同程度地发生过过火行为。许多地方的土改，发生了杀死全部地主、没收地主全部土地和财产的情况。对待富农，也实行与地主同样的政策，出现了"村村点火，处处冒烟"的情况。北方某些农村在土改时，地主、富农被严刑拷打，有的地主、富农只好自己上吊或者投井。有的地方，不但地主、富农的土地被全部没收平分，连地主、富农的小老婆也被"平分"。

中共中央及时发现并采取了有力措施，纠正了这些情况。但在如何对待富农的问题上，中共中央内部出现了分歧。有的人认为，要把地主和富农区分开来，暂时不要动富农多余的财产；有的人则认为，富农也是农村中的剥削者，土改中完全可以动富农。

毛泽东是主张把地主和富农加以区别的。1946年，中共中央发出《五四指示》[①]，提出不动富农的土地和财产，纠正了乱杀地主、斗争富农等情况。但这一要求并没有得到认真贯彻执行，许多地方还是照样斗争富农，分富农的土地、财产。1947年9月13日，为了支持解放战争，中共中央发出的《土地法大纲》，提出了彻底平分土地的方针。在这一方针下，各地农村中，富农的土地和其多余的财产被分掉了，实际上是实行了消灭富农的政策。毛泽东当时是支持平分土地的，认为："平分土地利益极多，办法简单，群众拥护，外界亦很难找出理由反对此种公平办法。"[②]他赞成将农村中的全部土地、山林、水利，除少数反动分子外，在数量上（抽多补少）、质量上（抽肥补瘦）平均分配。"地主富农所得的土地财产不超过也不低于农民所得。"[③]

实行这个政策，有当时的情况。毛泽东后来说过："在一九四六年七月至一九四七年十月这一时期内，华北、山东及东北许多地区的农民群

---

① 指1946年5月4日中共中央发布的《关于土地问题的指示》，简称《五四指示》。
② 逄先知主编：《毛泽东年谱（1893—1949）》下，中央文献出版社2005年版，第228页。
③ 逄先知主编：《毛泽东年谱（1893—1949）》下，中央文献出版社2005年版，第229页。

众和我们的农村工作人员,在实施土地改革中,没有能够按照中共中央在一九四六年五月四日颁发的基本上不动富农土地财产的指示,而按照他们自己的意志行动,将富农的土地财产和地主一样地没收了。这是可以理解的。因为这一时期,是中国人民和国民党反动派双方斗争最紧张最残酷的时期。"[1]

战争年代,中国共产党领导的某些根据地,出于支持革命战争的需要,各地为了尽快发动农民,确实冲破了《五四指示》。

但是,毛泽东和中共中央历来反对过火行为。而许多地方还真的出现了特别过火的行为。例如,当年东北地区就出现了吊打地主、富农,逼着地主、富农交出浮财的行为,俗称"砍大树,挖财宝"[2]。许多地主、富农被逼而死,同时在农村也出现了流氓当政的情况。

电影《暴风骤雨》中有个"赵光腚",是一位贫苦农民。但在当时的实际生活中,往往有一些类似"赵光腚"那样的穷人,是好吃懒做之人。他们吃光、赌光家中财物后,确实一无所有,有的连裤子都穿不上。土改来了,这些人往往最积极,因为他们知道,土改会给他们分到一份土地和财产。他们只知道一个字:分。而且,他们一无所有,什么也不怕,在土改中常常是打头阵的。他们是"砍大树,挖财宝"的鼓动者和实行者。由于这些人在土改中最先行动起来,在刚刚开始建立农村基层政权时,这些人中的一些人往往成为基层组织的头头。

毛泽东对农村基层政权中的这些人十分警惕,他看得很清楚,这些人主要是利用乱划成分、扩大打击面的手法,然后再胡作非为的。1948年1月,毛泽东就新区土改问题发电报强调:"进行土改,决不可将本来不是地主、富农的人们人为地划成地主、富农,错误地扩大打击面,打乱革命阵线,帮助敌人,孤立自己。这是一个极端重大的问题,必须引起全党同志的注意。"[3]他特别"反对乱杀人"[4],指出:"多杀了人,杀错了

---

[1] 《毛泽东文集》第6卷,人民出版社1999年版,第64页。
[2] 当时被简称为"砍挖"。
[3] 《毛泽东文集》第5卷,人民出版社1999年版,第11页。
[4] 《毛泽东文集》第5卷,人民出版社1999年版,第13页。

人，不但不能解决问题，而且可能推延问题的解决，甚至可能引导到革命遭受暂时的失败。"①

现在，新中国人民政权已经建立，我们要进行新区土改，毛泽东就不能不想到过去土改中出现的过火的问题。他特别强调的是，要纠正农村中的过火行为。他认为，这种过火行为，不利于我们争取和团结小资产阶级和民族资产阶级，也会使农民寒心。而纠正过火行为，最急迫的事是要把农村中占居政权的流氓打掉。②过去农村中的过火行为大多是这些流氓带头干的。不打掉他们，他们还会继续干这种过火行为。同时，他们中间，许多人是坏分子，干了许多坏事。不打掉他们，农民心中不服，就会和共产党离心离德；打掉农村流氓，俗称"搬石头"③。与此相关的问题是要正确对待富农，因为大多数过火行为就是针对富农的。毛泽东在布置江南地区土改时特别强调："惟土改工作不能性急。"④我们要慎重对待富农。为此，毛泽东把新区没收分配土地分为两个阶段："第一阶段，没收分配地主阶级的土地，中立富农，富农的土地原则上不动……第二阶段，平分一切封建阶级的土地，富农的土地此时才动。"⑤在当时的情况下，毛泽东提出：我们要把对地主和对富农，分为两个阶段进行，基本思路是团结农民中的大多数，尤其是保护中农。1949年12月4日，毛泽东中央政治局会议上的讲话中明确说："土地改革将对地主和对富农分为两个阶段有好处，便于保护中农。"⑥

毛泽东主张反对过火行为，是为了团结大多数。毛泽东对农村情况进行了大致分析，他认为，新中国成立后我们进行的土改，斗争的对象是地主阶级，依靠的力量是贫雇农，团结的对象是中农，同时也要团结

---

① 《毛泽东文集》第5卷，人民出版社1999年版，第13—14页。
② 华东局《关于目前贯彻土地改革、土改复查并突击春耕生产的指示》(1947年2月21日)。
③ 《毛泽东文集》第5卷，人民出版社1999年版，第36页。
④ 《毛泽东文集》第5卷，人民出版社1999年版，第35页。
⑤ 见《黎玉回忆录》十三："山东土改中'搬石头'的真相"，中共党史资料出版社1992年版。
⑥ 《毛泽东文集》第6卷，人民出版社1999年版，第25页。

富农。毛泽东认为，中国的富农有自己的特点。富农是存在半封建的剥削性质，但同时又有些资产阶级经营方式。中国的富农人数不多，在农业经济中不占重要地位，但对富农实行什么政策，却对农村中的中农影响极大。同时，富农又与城市小资产阶级、民族资产阶级有千丝万缕的联系。如果对待富农的政策过火，就可能影响到我们团结城市小资产阶级、民族资产阶级的政策。

虽然毛泽东是这样想的，也是这样提出的，但党内当时却存在不同意见，主要是认为，对于富农多余的财产，也要分，这样才能使土改做到坚持平分原则。否则，富农还存在多于贫雇农的财产，就会很快再发展成地主，成为农民的剥削者。

对于这些不同意见，毛泽东并没有立即否定。他觉得，党内现在存在这些不同意见，是有一定道理的。新中国成立后在新区到底怎样进行土改，是个新事物，需要在党内外广泛征求意见。同时，毛泽东考虑，也要征求斯大林的意见。

毛泽东亲笔列出土改中的关键问题

为什么要先征求斯大林的意见？在苏联土地改革中，斯大林在如何对待富农问题上积累了一定经验。这是十分宝贵的。因此，新中国在土改中如何对待富农，斯大林的意见很重要。斯大林对于中国革命成功和新中国的成立，是有重要贡献的。在这种情况下，新中国要进行土改，事先征求斯大林的意见，和斯大林交换看法，得到他的肯定，有利于在党内统一思想。另外，斯大林当时在国际社会主义运动中有很高的威望，征求他的意见，得到他的支持，中国的土改会顺利一些。

1949年12月，毛泽东访问苏联。他在与斯大林的会谈中，就中国土改中如何对待富农的问题，征求了斯大林的意见。斯大林略加思索后，作出了一个原则答复：可以把分配地主土地和分配富农土地分成两个较长的阶段来做。在法令上，不要肯定农民分配富农多余土地的要求。在打倒地主阶级时，应该中立富农，并使其生产不受影响。

其实，斯大林的这个意见，也正是毛泽东所想的。1950年2月17日，毛泽东和周恩来从莫斯科联名电告在毛泽东访问苏联期间主持中共中央工作的刘少奇：

> 斯大林同志曾在我向其报告土改政策时，提议将分配地主土地与分配富农土地分成两个较长的阶段来做。即使目前农民要求分配富农多余的土地，我们固不禁止，但也不要在法令上预作肯定。我们虽对中国半封建富农作了解释，并说明对资本主义富农并不没收，他仍举十月革命后的苏联为例，要我们把反富农看成是严重斗争。他的中心思想是在打倒地主阶级时，中立富农并使生产不受影响。去年十一月政治局会议时关于江南土改应慎重对待富农的问题亦曾提到过，因此事不但关系富农而且关系民族资产阶级，江南土改的法令必须和北方土改有些不同，对于一九三三年文件及一九四七年土地法等，亦必须有所修改。①

毛泽东从苏联回来后，集中精力考虑中国新区土改问题，而他考虑的重点仍然是如何对待富农。可以说，在这个问题上，毛泽东是十分慎重的。他并未因为斯大林的想法和自己的想法吻合，就作出指示，要求下边执行。他知道土改是政策性极强的工作，而且党内在这个问题上确实存在不同认识。各大区的领导同志，长期在基层工作，对农村和农民比较熟悉，有工作经验，因此，他们的意见很重要，以后领导土改，也需要各地方领导干部同心协力进行。因此，他要在党内进一步广泛征求意见，以求集思广益，把土改工作搞好。

毛泽东回国后不久，即于1950年3月12日在给中共中央中南局第三书记邓子恢并告林彪、饶漱石、叶剑英、彭德怀、邓小平的电报中，提出土改如何对待富农的策略，征询各地党的领导干部的意见。他在电报中说：

---

① 《建国以来毛泽东文稿》第1册，中央文献出版社1987年版，第264页。

……在今冬开始的南方几省及西北某些地区的土地改革运动中，不但不动资本主义富农，而且不动半封建富农，待到几年之后再去解决半封建富农问题。请你们考虑这样做是否有利些。这样做的理由：第一是土改规模空前伟大，容易发生过左偏向，如果我们只动地主不动富农，则更能孤立地主，保护中农，并防止乱打乱杀，否则很难防止；第二是过去北方土改是在战争中进行的，战争空气掩盖了土改空气，现在基本上已无战争，土改就显得特别突出，给予社会的震动特别显得重大……如果我们暂时不动半封建富农，待到几年之后再去动他们，则将显得我们更加有理由，即是说更加有政治上的主动权；第三是我们和民族资产阶级的统一战线，现在已经在政治上、经济上和组织上都形成了，而民族资产阶级是与土地问题密切联系的，为了稳定民族资产阶级起见，暂时不动半封建富农似较妥当的。关于暂时不动富农的问题，去年十一月有饶漱石、邓子恢、李富春三同志参加的政治局会议中，我曾提出过，惟未作详细的分析和未作出决定，现在已到需要作决定的时机了。①

在这封电报中，毛泽东已经有了自己的倾向性意见，就是：在新解放区土改中，暂时不动富农。从他这个电报所发给的接收者看，他这个电报不是专对某个地区土改问题的指示，而是针对全国新区土改表达自己的意见。但毛泽东并不是主观地强行作出这个决定，他仍然是在征求意见。他在这封电报的最后，要求新解放区各中央局、分局领导人：

将赞成和反对的意见收集起来迅速电告中央，以凭考虑决策。

毛泽东的电报发出后，各大区和各中央局、中央分局的领导同志对土改中如何对待富农的问题，进行了认真研究，向中央反馈了意见。

各地反馈的意见是不同的，有的赞成暂时不动富农，有的则提出，

---

① 《毛泽东文集》第6卷，人民出版社1999年版，第47—48页。

对于富农多余的财产，要平分。提出意见的同志都是认真的。他们都经过调查研究，并且都搞了一些试点。对于这些，毛泽东是清楚的。他把各地报来的意见当作一笔财富，对之进行了反复研究和分析。当年，各地报来的材料，只要一送到他手上，他就立即阅读。有时，毛泽东看这方面的材料竟然通宵达旦。

毛泽东一边看材料，一边把一些关键问题单独列出来，用铅笔记在公文纸上，然后反复看，反复思考。虽经反复思考，他仍然觉得土改问题复杂，牵涉的人数众多，许多问题不好由中央立即下决心。他觉得，还应该把某些重要问题交给各地讨论。这些问题中，很多与富农有关。因为如何处理富农问题，是土改中关系各方利益最重要的部分，而毛泽东在提问题的时候，已经彰显了一个主旨：中立富农。归结起来，毛泽东所提的14个问题中，在对待富农问题上，实际上包含着两个办法，与地方各负责同志商量：一是对富农土地和财产一律不动，一是只动富农土地出租部分。毛泽东在提问题的同时也提出要求。这个要求十分明确，就是要各地在调查研究中算细账，通过具体的算账，来确定到底执行哪个政策最符合广大农民的利益，又能中立富农。

收到中共中央发来的14个问题后，各地领导干部展开了新一轮的讨论。讨论中，大家对于毛泽东中立富农的基本原则没有异议。但对于毛泽东所提到的中立富农的两种办法，却有不同意见。不同意见主要有两种：一种意见认为，应该完全不动富农，这样才能中立富农；另一种意见则认为，应该没收富农出租的土地，但保留富农其余土地财产，这样同样可以中立富农。

毛泽东对这两种不同意见都很重视。他从各地来电中，选择出能集中代表这两种不同意见的电报，转发到各地，要各中央局、中央分局再研究。

各地经再次研究，又反馈了不同意见。要动富农出租土地意见的代表者，是中南局的邓子恢。他一连三次打电报给毛泽东、党中央，提出：要实行"中间不动两头平"的政策，即不动富农自耕地，不动中农、富裕中农的土地，将地主土地、公地、富农出租土地分给无地少地的农民。

不动富农土地这一意见的代表者，是华东局的饶漱石。他认为，为了中立富农，还是暂时不动富农土地（包括出租土地）为好。如果动这些土地，可能达不到中立富农的目的。

在这两种意见中，毛泽东在内心是赞成饶漱石的意见的。但他没有以中共中央最高领导人的身份，立即表示对某种意见的肯定和否定，而是以商量的口气，阐述自己的意见。1950年5月1日，他在给邓子恢并告饶漱石的电报中阐述了三点意见：

（一）鉴于富农出租地数量不大，暂时不动这点土地，影响贫雇农所得土地的数量也不会大，现在我的意见仍以为暂时不动较为适宜。（二）但你们可根据你们自己的各项意见起草一个土改法令草案，由子恢同志于五月十五日以后中央开会时带来……在中央会议上作最后的讨论和决定。（三）如华东局是赞成暂时不动富农出租土地的，则请华东局起草一个和华中不相同的土改法令草案，以便在中央会议上对照讨论。①

毛泽东的这个意见完全是以个人看法的角度和邓子恢商量。邓子恢自然了解毛泽东的意思，但其在回电中仍然提出自己的意见，并且新列了许多数字说明自己意见的正确性。

在这个问题上，毛泽东的民主作风再次显现出来。他在中央高层会议上提出，以中南局和华东局为代表的两种意见都有一定道理，我们都要认真对待，不能轻易否定。在上述电报中的第三条意见就是：请代表两种不同意见的中央局，各代中央拟出个土地法令草案，拿到中央来，由中央对比、研究，在此基础上，最后由中央拟定一个法令。中央政治局同意毛泽东的这个意见，于1950年5月上旬，正式向中南局和华东局分别发出指令，他们分别代中央拟定一个土改法令草案。

两个中央局接到中央指令后，认真对待，组织人在进一步调查研究

---

① 《建国以来毛泽东文稿》第1册，中央文献出版社1987年版，第323页。

基础上代中央拟定法令。最早拿出法令草案的是中南局，他们于5月13日，即将代拟法令草案电报传到中央。这个草案的主要意思是：在新解放区土改中，对于富农出租的土地，要允许按照不同情况采取比较灵活的政策。我们不动富农的土地财产，但对富农出租的土地，要按减租办法减租。如果有的地方贫苦农民在土改中所得土地太少，不足以维持最低生活，可以经省人民政府批准，酌情征购富农出租土地的一部或者全部。但是，征购富农土地也不能过分，要在征购后，使富农的土地不低于当地中农水平。可见，中南局代中央起草的这个土改法令，已经比较深入地领会了毛泽东的意图，在政策条文上已经比较和缓。

　　5月15日，华东局代中央起草的土改法令草案也电报传至中央。这个草案，对于其他政策阐述得较细，而对于如何对待富农多余土地问题，则只说了一句话：不动富农的土地财产。他们的详细意见是他们专门托人到中央来表述的。当年，饶漱石托人见毛泽东，表示了他们的意见：我们在土改中要中立富农，对于富农多余土地，也不要表示暂时不动，过几年再动，那样的话，对中立富农不利，也会增加土改的阻力。我们在土改法令中只写上"不动富农的土地财产"就可以了，不要说暂时不动，那样容易使我们被动，会使富农和中农怀疑共产党是要"割韭菜"，谁如果在以后发了家，共产党就要来平分他的财产，这是不利于解放区发展生产的。显然，饶漱石的意见，和毛泽东的意见并不完全一致。毛泽东的意见是，对富农多余土地，只是暂时不动，以后还要动，过几年还是要动的。

　　对于这两个中央局的不同意见，毛泽东心中有数。他知道，各地情况不同，各地领导人都是从本地区的实际情况出发来研究问题的。他们不是没有实事求是作风，而是赖以"出发"的"实事"不同，他们在大的政策上是清醒的，是赞成中央关于在新区土改中要中立富农的政策的。他们的意见之所以不同，只是因为中立富农的方式方法不同。而对于中南局和华东局的两种不同意见，毛泽东更倾向于华东局，而且，他听取饶漱石托人带来的意见后，觉得饶漱石思考得较深入，现在如果马上就提出暂时不分富农多余土地，以后再分，显然会给富农造成心理恐慌，也会使中农产生顾虑，不利于发展生产。因此，他稍稍改变了自己的意见，赞成饶漱石在法令中仅论及"不动富农的土地财产"。1950年6月4日，毛泽东在修改刘少奇一份关于土改的报告后附信给刘少奇，其中明确提出一个意见："我们现在是处在完全新的情况下，我们建议的土地改革法，采取了消灭封建制度保存富农经济的方针，也是完全必要的。"① 实际上，毛泽东在心里已经倾向于同意饶漱石的意见。但是，具有民主作风的毛泽东还是没有立即作出决定。他在中央政治局会议上提议：到底怎么定，要拿到七届三中全会上去最后决定。

中共七届三中全会上讨论得非常热烈

1950年6月，中共七届三中全会召开。毛泽东在会议上提交了题为《为争取国家财政经济状况的基本好转而斗争》的书面报告。他在这份报告中说："我们对待富农的政策应有所改变，即由征收富农多余土地财产的政策改变为保存富农经济的政策，以利于早日恢复农村生产，又利于孤立地主，保护中农和保护小土地出租者。"② 至于因为不动富农出租土地而使贫雇农少分土地的问题，毛泽东认为可以这样解决：由国家用贷款的方法去帮助贫农解决困难，以补贫农少得一部分土地的缺陷。

在讨论毛泽东的书面报告时，与会多数同志同意毛泽东关于不动富农多余土地的意见。同时，与会者也对报告的其他许多部分提出了一些修改意见。会议秘书组在集中大家意见的基础上，对报告作了修改。会议还提交与会者讨论《中华人民共和国土地改革法》。大家对这个法案也进行了认真讨论，提出了不少修改意见。会议秘书组集中大家意见，对报告进行修改后，最后也交给毛泽东进行修改。毛泽东对这个法案作了最后修改。这个法案关于富农多余土地问题，只写上了一句话："不动富

---

① 《毛泽东文集》第6卷，人民出版社1999年版，第65页。
② 《毛泽东文集》第6卷，人民出版社1999年版，第70页。

农的土地财产。"之后,再次把修改后的这个法案提交各组讨论。

一开始,在关于富农问题上,大家基本同意毛泽东的意见。但在深入讨论中,许多同志又对土改中如何对待富农的问题进行了深入思考,结合各地经验,提出了新的不同意见。这些新的不同意见,应该说,主要是因各地情况不同而提出的。中南局的邓子恢在会上就提出,他完全拥护中央关于在土改中不动富农的政策,过去自己有不同意见,现在想通了,完全理解中央的精神。但是,就中南局所辖部分地区来说,情况还是有所不同。这些地区,土地较少,富农所占土地数量较大,如果完全不动富农土地就不能满足贫雇农的土地要求。他提议,对这个问题,可以原则作规定,但要留个活口,不要定得过死,要使基层干部有个机动余地。可以这样定:富农出租土地部分可以有条件地动。

对于邓子恢的意见,饶漱石不赞成,但他也是根据华东地区的情况提出的。他在会上说:华东的情况不是这样的。在华东,贫雇农通过土改,可以得到全部土地的60%—70%,而富农多余土地也不过占5%左右,动富农多余土地,也仅仅可使贫雇农多分5%的土地,反而不利于中立富农。因此,他认为还是写上"不动富农多余土地"为好。

而刘少奇则从更广阔的视角考虑问题,提出了不同意见。刘少奇过去以中央高层领导人的身份领导土地改革,在这方面是有一定经验的。他对于新区土改动还是不动富农出租土地问题,进行了长期思考。这次在七届三中全会上,他是以举例子的方式提出不同意见的。他说:如果有一个人有40亩土地,全部出租,这个人就是地主,对他的土地当然要没收。但是如果另一个人,有90亩土地,出租40亩,50亩不出租,自己种或者雇人种,划作富农。如果他出租的这40亩不动,同前一个人比较起来,就有些不公平。[①]我们在新区土改中,如果对前一种人的土地全部没收,而对后一种人出租的40亩土地不动,就不公平。刘少奇1950年6月起草的在全国政协第一届全委会第二次会议作的报告稿中,也提到"在今后的土地改革中,采取保存富农经济的政策,不论在政治上和

---

① 转引自罗平汉:《保存富农经济政策的出台前后》,《中国新闻周刊》2012年第6期。

经济上就都是必要的"①。但他在解释土地改革法案中第六条时,专门提出,富农出租土地超过其自耕和雇人耕种的数量时,就是一种半地主的富农了。"应征收其出租的土地。"②

在中共七届三中全会上,大家对于土改问题讨论得非常热烈。有人赞成不动富农土地,有人赞成动富农出租的土地。

毛泽东还是坚持自己的意见。他在6月6日的会议讲话中,以通观历史的眼光和实事求是的精神说了这样的话:"我们不要四面出击。四面出击,全国紧张,很不好。我们绝不可树敌太多,必须在一个方面有所让步,有所缓和,集中力量向另一方面进攻。我们一定要做好工作,使工人、农民、小手工业者都拥护我们,使民族资产阶级和知识分子中的绝大多数人不反对我们。"③

但毛泽东对这个问题仍然十分慎重,他要通过党内民主讨论,进一步把这个问题搞稳妥。七届三中全会闭幕后,毛泽东决定,把土地改革法案再次发下去,征求党内外意见,各方面意见上来后,集中各种正确意见,再修改,直到符合中国实际情况才能最后确定。

土地改革法——"民主决策的一个范例"

按照毛泽东的意见,中共七届三中全会后,中共中央把会上讨论的土地改革法草案发到党内外进行更广泛讨论。毛泽东十分重视七届三中全会后党内外对土地改革法的讨论。他要求秘书,把各方面、各地方在讨论中提出的意见全部汇总,及时报到他那里。每天,他都要认真看这方面的材料。有的材料他看后还要反复思索,还要求地方干部对有关问题进行再调查,拿出实在的数字,补报给他。同时,他要求中央组成的起草土改法案的秘书班子,结合各地讨论情况,吸收正确意见,对草案进行一次又一次的修改。到1950年6月上旬,经过广泛吸收正确意见和

---

① 《刘少奇选集》下卷,人民出版社1985年版,第39页。
② 《刘少奇选集》下卷,人民出版社1985年版,第36页。
③ 《毛泽东文集》第6卷,人民出版社1999年版,第75—76页。

反复修改，形成了土地改革法草案的初稿。

草案报到毛泽东那里，毛泽东又对这个稿子进行了修改。在这个初稿中，关于如何对待富农问题，是这样规定的：保存富农经济，不动富农的土地财产；但在某些地区，经省以上人民政府的批准，对于富农出租部分的土地，得征收其一部或全部；富农自耕和雇人耕种的土地及其他财产，均不得侵犯。毛泽东觉得，这样规定是比较稳妥的。

毛泽东决定，要把这个草案稿提交当年代行全国人民代表大会职权的全国政协讨论决定。在提交之前，毛泽东还是不放心，他让工作人员把经过反复修改后抄清楚的稿子拿来，他还要再认真看一遍。毛泽东一连几天，边看这个稿子边思考问题。在此过程中，毛泽东又对稿子作了部分修改。之后，毛泽东把稿子交给秘书班子，要他们再作文字上的润色和修订。6月21日，土地改革法草案正式提交全国政协一届二次会议讨论。

在提交政协讨论的稿子中，关于富农问题，写上了这样的原则：保护富农所有自耕和雇人耕种的土地及其他财产，不得侵犯；富农出租少量土地保留不动；某些特殊地区经省级以上人民政府批准，得征收其出租土地的一部或者全部。

全国政协会议召开前，中央政治局在议到提交政协会议讨论的发稿范围时，毛泽东提出，还要再扩大一些范围，要请各阶层代表人物参与讨论，还要请一些德高望重的老先生参加讨论，要认真听取他们的意见，把合理的意见吸收到稿子中去。中央按照毛泽东的这个意见，把稿子扩大了发送范围。在全国政协一届二次会议开会时，不仅全国政协委员认真审议了这份稿子，还有许多政协委员以外的各阶层代表人物和在社会上有影响的人物，在审阅稿子时，也提出了一些有价值的意见。在此基础上，秘书组又吸收了新的合理意见，对稿子进行了修改。由于稿子比较成熟，全国政协一届二次会议很顺利地通过了这个稿子。稿子再交中央人民政府审议。1950年6月28日，《中华人民共和国土地改革法》经中央人民政府委员会第八次会议通过，6月30日，经毛泽东主席发布命令，公布施行。

几十年之后，当年参加七届三中全会，并且参与讨论《中华人民共和国土地改革法》的薄一波，一直对毛泽东和党中央在开国之初的这一次民主决策念念不忘。在他的回忆录《若干重大决策与事件的回顾》中，把这次决策称为"民主决策的一个范例"。

《中华人民共和国土地改革法》公布后，一场轰轰烈烈的土改运动在全国各新解放区展开。在开展土改过程中，毛泽东强调要发动群众，依靠群众，同时强调要谨慎，注意掌握政策界限，强调各级领导干部要加强领导，随时了解情况，要使土地改革有步骤地进行。

到 1952 年底，全国除少数民族地区及台湾省外，基本实行了土地改革，有 3 亿多无地或者少地的农民无偿获得 7 亿亩土地和大量生产资料。这次土改，彻底推翻了中国延续几千年的封建剥削制度。解放了生产力，调动了广大农民的生产积极性，农村中一些腐朽落后的东西也逐渐消失，使中国古老农村焕发了生机。这次土改，也为此后新中国的农业合作化打下了基础。

孙中山"耕者有其田"的理想，到新中国成立后，在毛泽东亲自领导下，才真正变成了现实。

这不是一部电影的问题

中华人民共和国成立之初，毛泽东在抓政治、军事、经济恢复等重大问题的同时，也十分关注思想文化领域的建设。他在当时发起的一场思想文化大讨论，对于此后新中国文化建设，起了重要作用。

一部电影引发两种对立意见的争论

新中国成立之初，中国共产党尚未对文化建设进行统筹领导。当时，文艺团体大多数仍然是私人办的。作家也是自由作家，共产党对思想文化方面，实行的是较为宽松的政策。由于旧中国长期在旧思想旧文化统治之下，人们还只是适应在旧文化下生活，而新中国的新文化工作还刚刚开展，对此，人们一时还不太熟悉。一些旧文化人还在旧轨道上运作。在此情况下，一些旧的、对人们思想有害的文化产品就出现了。但是，这些情况，在新中国成立初期并没有引起共产党内多数干部包括高级干部的注意，有的人还在津津有味地欣赏着那些旧的文化作品。这对于建设新中国的新文化是不利的。

从1950年底到1951年初，中国几个大城市先后上映了一部电影——《武训传》。这部电影放映后很是火爆，几乎场场爆满，引起不小的轰动。观看影片的，有职员，有小知识分子，有小市民，有机关干部，还有许多高级干部也争相观看这部电影。当时，各戏剧社演出的一些老剧目，人们已经看烦了，而新拍摄的战争题材的电影多来自苏联，也放映了多遍，新题材的影片则很少。因此，作为新创作的影片《武训传》上映后，确实对全国观众有很大的吸引力。加上《武训传》所描写的故事很奇特，这对已经看过很多旧题材戏剧的广大观众来说，是新奇的。此外，电影《武训传》中，演员的演技也是上乘的，这也是它能够吸引观众的重要因素之一。应该说，大多数观众是以看新奇的文艺节目的角度来看待《武训传》的，而且，相当多的人，有同情最底层的穷苦人的心理，而这种最底层的穷苦人能心地善良，做好事，他们更是从内心赞佩。直到今天，有这种心理的人仍然不少。但是，这些人不能或者忘记了从文艺理论乃至政治思想的角度来更多地思考它的价值，更不可能从新中国成立后建立新的意识形态以及共产党要坚持意识形态领域领导地位考虑问题。

开国之初，中国文艺界、理论界的许多干部，既是行家，又是有心人。他们看了电影《武训传》之后，没有盲从狭隘心理者的评论，而是用深刻眼光从政治思想、文艺方向等方面来审视这部电影，写了一些评论文章。

电影《武训传》放映后，最早发表评论的多是一些赞扬文章。这些文章，全国计有40多篇，集中在北京和上海的一些有影响的报刊上。在这些赞扬文章中，有一些文章赞扬得太过分了，对武训这个人作了过高的评价。有的文章说：武训"是中国历史上伟大的劳动人民企图使本阶级从文化上翻身的一面旗帜"。有的文章说："武训兴学之革命意义，是和太平天国那样的革命意义有某种相同处——都为了人民的解放，不过一重在革命武装，一重在普及文化教育而已。"有的文章说：武训"典型地表现了我们中华民族的勤劳、勇敢、智慧的崇高品质"。有的文章说：武训"站稳了阶级立场，向统治阶级作了一生一世的斗争"。当然，对于一部电影，无论什么人，怎么来看待它，怎么评论它，都是很正常的现象，正如一万个观众的眼中有一万个哈姆雷特一样。对电影《武训传》的过誉引起文化界另一些人的反感，这是很自然的。

到1950年春节之后，批评电影《武训传》的文章开始见诸各报了。有的文章批评《武训传》抹杀了阶级斗争，是向统治阶级献媚，有的文章批评武训行乞办义学,实际上是为封建统治阶级服务,有的文章批评《武训传》否定农民反抗地主阶级的武装斗争,有的甚至说武训是封建统治阶级的走狗。这些批评文章的作者,虽然比盲目吹捧电影《武训传》的人站得略高一些,但是,他们也有局限性。他们没有用更广阔更深邃的目光对这一事件更深的历史背景、政治思想和实际效果作出分析,有些文章还存在片面性和上纲过高等粗暴的作风。这种作风引起反弹,双方争论更激烈了,不少当时文化界、理论界的名人甚至达到互相点名攻击的程度。

对电影《武训传》存在两种看法,并且争论很激烈,这种情况在刚刚成立的新中国思想文化界,还是第一次发生。而且,意见双方的争论涉及政治思想问题。再者,争论双方中有一些文化界、理论界的名人,争论又发展到互相指责甚至点名批评的程度,对中国文化界震动很大。

争论引起了毛泽东的注意

毛泽东自新中国成立后,一直关注中国思想文化领域的动态。他根据中国人民政治协商会议通过的共同纲领中关于发展新中国的为人民大众服务的文化方针的规定,指导新中国文化事业的发展,制定每项政策或发表相关谈话,既积极又慎重。

为了发展新中国的文化教育事业,新中国开国之初即发出了《关于中央政府成立后党的文化教育工作问题的指示》。这个指示规定,今后全国文化教育事务由中央政府文教部门来管理。各地区有关文化教育行政工作,均由各地军管会之文教机关转告和请示,目的是使中央政府文化教育在党的领导和各民主人士的参与下担负起管理全国文化教育行政的重任。这个文件的发布,改变了过去党对文化教育工作统得过死的状况,使全国出现了文化工作万马奔腾、欣欣向荣的局面。1949年12月,新中国第一次全国教育工作会议在北京举行。这次会议确定的重要方针之一,是改革旧教育。那个时候,无论是毛泽东还是党中央,总是把文化和教育放在一起来谈的,对这两项工作总是一起抓的,并且也是一起作出指示的。在中央人民政府政务院里设的机构,也是叫文化教育委员会。而电影《武训传》，恰恰既涉及文化工作，又涉及教育工作。就文化工作来说，它涉及新中国文化事业宣传什么、用什么文艺形式宣传、文艺为什么人的问题；就教育工作来说，它涉及新中国对旧社会遗留下来的教育内容和方式进行改造的问题。当时中国农村还有大量的旧私塾，如何对待这些旧中国留下的东西，也是一个问题。更重要的是，《武训传》这部电影的放映在全国文化界引起了巨大轰动，并且引起了思想文化领域里一场尖锐的争论。这不能不引起毛泽东的注意。

毛泽东最早是从报纸上看到对电影《武训传》的争论意见的。一开始，毛泽东对这种争论采取慎重态度，没有马上表态。他把各方面的争论意见都仔细研究了一遍，然后又专门调看了电影《武训传》。毛泽东看后，又让刘少奇、周恩来、朱德等中央领导人也看了这部影片。看后，毛泽东在小范围内的谈话中提出：《武训传》涉及的不仅是一部电影的问题，也不只是对武训这个人如何评价的问题，它的后面存在一个意义更为深广的问题，即涉及在新中国成立不久，我们党迫切需要在思想文化领域里用马克思列宁主义的科学思想去教育人民的问题，涉及用新的意识形态占领思想文化阵地，使新的意识形态反过来去促进新生的人民政权的巩固，促进国民经济的恢复和发展的问题。毛泽东强调，更应该引起我们注意的是，我们共产党内的一些干部，马克思主义的水平还很低，对文艺作品的分析判断能力还很差，竟然也发表了一些很不恰当的过分吹捧一些有问题的文艺作品的文章。这种情况使我们担忧。毛泽东与刘少奇、周恩来、朱德就电影《武训传》交换了意见，刘少奇、周恩来、朱德与毛泽东的看法一致。他们之所以很快取得一致看法，是因为他们都具有很高的马克思主义思想水平，并且从新中国成立后应当确立新的意识形态的高度看待问题。他们从这部电影及争论中，看到了新中国成立后更重大的问题和共产党更重要的任务。

毛泽东：《武训传》所提出的问题带有根本的性质

1951年5月初，毛泽东指示陈伯达找几个在文艺理论上比较强的同志，起草一篇社论稿，参加对电影《武训传》的讨论。这个写作班子很快就组成了，社论稿也很快就起草出来了，题目确定为《应当重视电影〈武训传〉的讨论》。社论稿送到毛泽东手上后，毛泽东仔细进行了审阅。他对这篇社论稿不太满意，提出一些修改意见后，让陈伯达他们再修改。陈伯达等人修改后，毛泽东看了仍然不满意。这一次，他没有再退回给陈伯达，而是自己提起笔来，亲自对社论稿进行修改。在修改中，毛泽东不光对社论稿进行了全面的文字加工，而且加写一段作为这篇社论的核心内容的话。这段话对电影《武训传》的本质进行了深刻的评论，这就把对《武训传》的讨论引向了更广阔的领域。毛泽东写道：

《武训传》所提出的问题带有根本的性质。像武训那样的人，处在清朝末年中国人民反对外国侵略者和反对国内的反动封建统治者的伟大斗争的时代，根本不去触动封建经济基础及其上层建筑的一根毫毛，反而狂热地宣传封建文化，并为了取得自己所没有的宣传封建文化的地位，就对反动的封建统治者竭尽奴颜婢膝的能事，这种丑恶的行为，难道是我们所应当歌颂的吗？向着人民群众歌颂这种丑恶的行为，甚至打出"为人民服务"的革命旗号来歌颂，甚至用革命的农民斗争的失败作为反衬来歌颂，这难道是我们所能够容忍的吗？承认或者容忍这种歌颂，就是承认或者容忍污蔑农民革命斗争，污蔑中国历史，污蔑中国民族的反动宣传，就是把反动宣传认为正当的宣传。

电影《武训传》的出现，特别是对于武训和电影《武训传》的歌颂竟至如此之多，说明了我国文化界的思想混乱达到了何等的程度！

在许多作者看来，历史的发展不是以新事物代替旧事物，而是以种种努力去保持旧事物使它免于死亡；不是以阶级斗争去推翻应当推翻的反动的封建统治者，而是像武训那样否定被压迫人民的阶级斗争，向反动的封建统治者投降。我们的作者们不去研究过去历史中压迫中国人民的敌人是些什么人，向这些敌人投降并为他们服务的人是否有值得称赞的地方。我们的作者们也不去研究自从一八四〇年鸦片战争以来的一百多年中，中国发生了一些什么向着旧的社会经济形态及其上层建筑（政治、文化等等）作斗争的新的社会经济形态，新的阶级力量，新的人物和新的思想，而去决定什么东西是应当称赞或歌颂的，什么东西是不应当称赞或歌颂的，什么东西是应当反对的。

特别值得注意的，是一些号称学得了马克思主义的共产党员。他们学得了社会发展史——历史唯物论，但是一遇到具体的历史事件，具体的历史人物（如像武训），具体的反历史的思想（如像电影《武训传》及其他关于武训的著作），就丧失了批判的能力，有些人则竟至向这种反动思想投降。资产阶级的反动思想侵入了战斗的共产党，这难道不是事实吗？一些共产党员自称已经学得的马克思主义，究竟跑到什么地方去了呢？

为了上述种种缘故，应当展开关于电影《武训传》及其他有关武训的著作和论文的讨论，求得彻底地澄清在这个问题上的混乱思想。①

那么，毛泽东为什么要组织人写文章批判《武训传》，而且他为什么又自己亲自动笔在《人民日报》社论中加写了一段作为核心内容的话呢？为什么毛泽东在这段话中写道："《武训传》所提出的问题带有根本的性质？"这是因为，毛泽东从更深远的角度考虑到新中国刚刚成立，中国新的经济基础已经建立起来了，新的政权形式也形成了，但中国的文学艺术等意识形态的阵地还没有被无产阶级所完全占领。如何对待旧的文化，还是一个很重要的问题。他组织批判《武训传》，就是为了借此促进对文学艺术等意识形态领域进行改造，使之成为新的无产阶级领导的意识形态，为中国新的经济基础服务，为当时在共产党领导下的中国恢复国民经济工作服务，同时也可以借此提倡用马克思主义的观点研究历史人物。

正是出于上述考虑，毛泽东对电影《武训传》的讨论十分重视，才让陈伯达组织人写社论，并且他亲自动笔为社论加写了一段作为核心内

---

① 《毛泽东文集》第6卷，人民出版社1999年版，第166—167页。

容的话。

毛泽东修改好这篇社论稿后，亲自批准《人民日报》发表了这篇社论。这篇社论发表后，各地报刊纷纷发表文章，批判电影《武训传》。

毛泽东派出一个调查组

经过对电影《武训传》的讨论，思想文化界绝大多数人对《人民日报》社论中所提出的观点是接受的，对电影《武训传》也持否定态度。但是，在讨论中，许多人是把武训当作好人来看待的。他们认为，不管怎么说，武训兴义学是办好事吧？武训还算是一个好人吧？还有许多人说：电影《武训传》当然是不好的，但武训这个人还是为穷人办事的。在那个时代，产生这样的好人不容易。还有人说：武训是个叫花子，自己还吃不饱饭，却能想到为穷人家的小孩子上学出力，这是现在的人也做不到的。有的人甚至说：对武训的批评，"缺乏历史唯物主义的观点"，是用今天的尺度去"衡量历史上的人物"，而武训受当时具体的历史条件限制，是不可能有革命的思想和行动的。总之，在对武训这个人的评价上，仍然存在不同看法。

毛泽东很快就了解到了这一情况。面对如此情况，毛泽东决定，要以事实服人，以理服人。为了引导人们正确评价历史人物，实事求是地搞清楚历史事实，就要先把武训这个人的经历搞清楚。他决定，由中央组织一个历史调查团，到武训的家乡——平原省（当时中央设有平原省，后取消了这个省治——笔者注）的堂邑县，以及武训生前活动过的临清县、馆陶县等地，对武训的历史进行调查。

这个历史调查团主要由《人民日报》和文化部派人组成，于1951年6月到上述各地，进行了20多天的调查。

调查团到堂邑县等地后，先后走访了当地的贫农、佃农，接触过以及听说过或者见过武训的人，还采访了武训的亲属，查对过武训兴办义学的一些零碎账目，实地考察了武训兴办义学的地方。接受调查的人，对武训的说法不一，有赞扬的，也有贬低的。

武训是个什么样的人？《武训传》是怎样产生的？

那么，经过调查，了解到的武训到底是个什么样的人呢？

武训是清朝末年山东堂邑县人。他家本是佃农，靠租种地主田地过活。后因山东人口增多，租种土地的佃农的数量增多了，许多佃农便失去了租种地主土地的机会，于是大批佃农就去闯关东，以争取一条活路。那时，武训家里的人口也增多了，生活更加困难，但武训成年后，却不愿意去闯关东。既然无以为生，他就决定以乞讨为生。武训从青年起就一直乞讨度日，讨饭讨了好几年。但他是一个有一点儿头脑的乞丐。他在乞讨生涯中，十分同情下层贫苦民众，几年来，他悟出了一个道理，这就是：穷人受穷，都是因为不识字，没有文化。当他乞讨能够活下来后，便打算在让穷人的孩子能够上学，学一点儿文化上做一点儿事。开始，他是把乞讨来的钱，除了自己吃饭过活外，余下的部分拿来接济一两个穷人家的孩子上学。后来，他接济上学的穷人家孩子越来越多，在当地树立了一点儿威望。之后，他利用自己的这一点儿威望，开始向一些有一点儿同情心的富家和商户筹款，请教员，兴办义学，招收穷人家的孩子上学。他办义学，艰难颇多。他自己也为此受了不少的罪。但在那个时代，一个乞丐能有如此想法和做法，确实是难能可贵的，因此，在山东，乃至山东以外的一些口口相传的故事中，甚至在后来的一些进步报刊中，都介绍过武训兴办义学这件事情。

毛泽东是不是早就知道武训这个人呢？从现在的材料看，毛泽东早在青年时代应该知道武训这个人和他的一些事情。在毛泽东早年与好友黎锦熙的通信中，二人都曾经谈到武训。但他们是从帮助穷人的角度谈论武训的，并未对武训的事作更多的评价。1912年，毛泽东在长沙定王台湖南省立图书馆中自学时，从报纸上也读到过介绍武训的文章。这在他与同时在那里读书的朋友的谈话中有所反映。但他当时仍然是把武训的事情当作一件新鲜事来看待，也没有评论这件事。1918年至1920年这段时间，毛泽东与一些进步青年在岳麓山下办工读学校，曾经考虑过办义学的方式，但因种种原因而放弃。后来，毛泽东到北京搞"驱张"请愿活动，回南方时，取道山东，登了泰山，又顺道在山东做短暂游历，对山东民间推崇武训的情况也了解一些。他到上海送赴法勤工俭学的学生时，在上海与同道也谈论过武训办义学这件事。中国共产党成立不久，毛泽东任中共湘区书记时，指导湖南工人运动乃至安源工人同反动势力斗争时，都借鉴过办义学的方式举办夜学，但毛泽东那时办的夜学，内容和性质与武训办的义学都有本质上的不同。国共两党合作发动第一次大革命期间，毛泽东一度回韶山养病。他在韶山，和杨开慧一起也办过农民夜校。无论是办工人夜学，还是办农民夜校，毛泽东都采取不收学费、义务办教育的方式。这一点，与武训办义学，形式上有共同之处，但在本质上则根本不同。毛泽东办的夜学或者夜校，讲授的是革命道理和现代科学知识，目的是争取劳动人民的解放；武训办的义学，讲授的是三纲五常等封建伦理知识，目的是让穷人家的孩子通过读书，出人头地，成为新的剥削者。在这方面，二者没有可比性。抗日战争期间，毛泽东曾经在延安的窑洞里与以搞乡村建设而闻名的梁漱溟彻夜长谈。在长谈中，梁漱溟提到过武训办义学这件事，毛泽东表示，武训办的事情与我们共产党办的事情，性质完全不同。

电影《武训传》的剧本，创作于1947年秋天，后由上海一家电影公司拍摄影片，新中国成立，只拍摄了1/3，因为这家电影公司经济陷入困境而停拍。但原来筹拍电影《武训传》的一些电影工作者，特别是孙瑜和赵丹，一直对此十分热心。新中国成立后，他们又争取到了一些资助，开始筹备重新拍摄电影《武训传》。

新中国成立初期，国家也在兴办自己的电影事业。中国的电影事业最早是在苏联的帮助下发展起来的。影片的题材，多取自战争或者描写老区人民的革命斗争。除了戏剧舞台上仍上演《穆桂英挂帅》《群英会》等剧目之外，在新中国的电影中，还很少有历史题材作品。因此，电影界也在考虑筹拍一些历史题材影片。电影界有这个考虑后，各方面报上来的剧本和设想中的题材很多。其中，《武训传》是一个。这个题材，是孙瑜和赵丹联合报上来的。当时，国家对文艺作品的政策比较宽松，加上孙、赵二人在电影界很有名望，这个题材也就通过重拍了。1950年，这部片子由昆仑电影公司拍摄完毕。

电影《武训传》以正面歌颂武训为主，描写乞丐武训吃苦受难，忍辱负重，仍为兴办义学而四处奔波的过程。其中，武训主动让人踢、让人打而讨钱办义学的镜头尤其抢眼。在拍摄过程中，文艺圈里就有许多人学着武训的样子半开玩笑地说："打一拳，一个钱；踢一脚，两个钱。"（一个钱即一个铜板——笔者注）电影《武训传》刚刚重拍时，就有许多文艺界的人士对之持赞赏态度。他们以肤浅的"当善人""做好事"的心态来看武训的为人，称赞他做好事，自然不会从历史、社会、政治、思想等方面考虑得过多。

但是，也有许多文艺界的同志对《武训传》持否定态度。例如，当时文艺界的领导人之一夏衍把《武训传》的剧本调来，仔细看了一遍。他认为电影《武训传》中，还是存在一些问题的。他是从当时中国的阶级压迫那样深重，而一个乞丐竟然想通过办义学让穷人家的孩子读书的角度，来考虑这个问题的。他认为，武训办义学这个事情，从旧社会确实存在严酷的阶级对立和斗争角度看，是很难做到的。武训能够做这件事，也是极个别的例外。因此，夏衍对拍摄电影《武训传》是有看法的。当有人问他对拍摄《武训传》的看法时，他说了一句话："武训不足为训。"①

当时，与夏衍先生持同样观点的还有很多人。他们认为，《武训传》抹杀了阶级和阶级斗争观点，是一部不好的作品。但文化界另一些人则认为，武训的精神是好的，他做的事情有利于穷人，拍电影《武训传》没有什么问题。就是在这种争论中，《武训传》拍摄了出来，并且于1950年底在内部放映后，又于1951年2月开始在全国几个大城市公映。

毛泽东亲笔修改《武训历史调查记》并批准《人民日报》发表

调查组在调查过程中，就已经写出了《武训历史调查记》的草稿。他们回到北京后，又对稿子进行了反复修改。

---

① 夏衍：《〈武训传〉事件始末》，《文化电影时报》1994年7月16日。

这篇调查记，从阶级地位和武训个人行为在当时社会中的作用等角度，作了一定的有说服力的分析，也搞清楚了许多历史真相。但在写作中，由于后来江青插手，从而存在一些缺点。在江青的要求下，调查记采取了一些推论手法、臆测手法、以偏概全的手法，对武训的历史作了一定程度的歪曲，对武训本人也作了一定的丑化。例如，说武训放高利贷、出租土地，是地主一类剥削分子。这些，在今天看来，是有些不够实事求是的。此外，调查团在撰写《武训历史调查记》时，隐去了被调查者赞扬武训的话，只把贬低的话写了进去，这也是不妥当的。尽管有上述缺点，但从总体上看这篇调查记是切合事情真相和实事求是的，加上它在当时比较适合于批判武训的需要，加上文中所说的每件大事、关键的事，都是经过调查的，是有根据的，总的看是一份好文件。

这篇《武训历史调查记》，共分五个部分："和武训同时的当地农民革命领袖宋景诗"，"武训的为人"，"武训学校的性质"，"武训的高利贷剥削"，"武训的土地剥削"。[①] 稿子先是交给了陈伯达，又由陈伯达进行了最后一次修改之后，于1951年7月初交给了毛泽东。

毛泽东仔细看了这篇稿子。毛泽东在看稿子时，更关心的是搞清当时的历史条件和历史人物在阶级斗争中的实际立场和作用，关心评价武训这个人对当前巩固人民民主专政制度、发展新的文化的作用。毛泽东这个想法，显然是对的。

毛泽东看了这篇稿子后，认为总体上写得很好。但存在以偏概全等缺点，他亲自对这篇稿子进行了认真修改，重要改动和加写的地方有十多处。

毛泽东在审阅、修改《武训历史调查记》时，感到自己对武训这个人还不算十分了解。出于对历史事件负责、对历史人物负责的想法，他自己调阅了大量的资料，又通过地方，调阅了当时堂邑县的地方志等历史档案材料，解放前的一些介绍武训兴办义学的材料，也让秘书搜集整理后，送他审阅。他还把参加武训历史调查团的一些同志请到中南海，

---

① 武训历史调查团：《武训历史调查记》，《人民日报》1951年7月23日。

与他们座谈，向他们了解第一手材料和调查工作情况。有不清楚的地方，他还向调查团反复质询，力求搞准确。经有关人员推荐，他还专门抽时间看了《兴学始末记》（1934年由国民党人郭金堂等出版的记述"武训事迹"的著作）。毛泽东在亲自看了这些材料并亲自作了调查后，感到《武训历史调查记》中确实有一些缺点。他提出了修改意见，让调查团的同志进行修改。

7月中旬，修改后的调查记又报送到了毛泽东那里。毛泽东再次仔细审阅了这篇调查记。读后，他对这篇稿子还是有一些不满意之处。于是，他亲自动笔，对调查记再进行修改。修改中，毛泽东根据调查团汇报的情况和他对他所阅读的大量史料的分析，对武训这个人是持否定态度的。从毛泽东加写的话中可以看出，他为了搞清历史事实，对武训这个人的研究是很深入的。他确实掌握了大量第一手材料。他依据这些第一手材料，对武训的评价也比较客观。毛泽东在调查记中加写道："我们调查发现了武训家乡的革命军。他们不是太平军，也不是捻军，而是和捻军有联系的武训家乡的地方性的农民革命军。这种事实，使我们能够提供一个'具体的历史条件'和一些'历史上的人物'，作为大家判断的根据。""武训的宣传者们高兴歌颂武训的'孝行'和'友爱'，这事我们也作了调查。和这种歌颂相反，武训是一个不孝不友的人。为了不务正业，当流氓，武训早和他的家庭闹翻了。为了变卖地产，又曾和他哥哥大闹……群众说，武训把要来的干粮拿去卖给人家喂牲口，却不愿给他的母亲和哥哥吃一口，他就是这样一个无情无义的人。""武茂林是武训的远房侄孙，一生帮助武训干所谓行乞兴学，结果被杨树坊逼死。武鲁林是武谦的孙子，武克信的儿子，在武训晚年过继武训为孙，被杨家控以'抗不交学租'，县官捉去拷打重伤，放出来，第二天就死了。我们在前面说过武训不顾家，这是他少年和中年的事。到他老年，大约是对杨树坊控制过严不满，同时社会舆论也对他不满，还是请求杨家允许拨出了四十亩地以作武家祭田的名义交给武鲁林的父亲武克信耕种，同时以每年交租钱二串给学校的条件满足了杨家。此事曾在官厅立了案……但杨家后来硬夺回去，否认祭田，肯定是学田，派武鲁林送重租，武鲁林出不起,发生争讼,因此人被活活打死,地被夺去。这就是武家'两条人命'的公案。群众对于此事一概同情武家。当武金兴向我们说到这些事的时候,我们和他都感觉难过。武金兴沉痛地说:'我们和杨家有仇!'""在武训死后,许谨传的长子许功珏,曾被杨家以'抗不交学租'的罪名关进牢里过。根据这一点,就可知道武训生前没有交出的私产,凡是被地主们知道了的,在武训死后都被地主们以学田的名义夺去了。"毛泽东还写道:据《兴学始末记》载,武训在世时,"每年齐社一次,武训不论有何事故,必亲身到社,并遍阅每年所印善书簿记,又自取各善书若干卷随身携带,到处施放"。许谨传是"善书会一道"的头头。"许谨传也是一个拥护武训那一套,并帮助武训工作的人,是武训的亲信人物之一。他很有些像武茂林,不过他干的是'善书',不是'兴学'罢了。""于殿元诉状中所说的赵一琴,是当时临清的有声望的大绅士,是个举人。武训和于殿元'结拜生死之交',要赵一琴主盟,赵一琴也肯出面为他们主盟,我们判断是和争夺临清学校管理权一事有关的。武训愿意赵一琴一派辅导于殿元在他死后接管这个学校,而不愿意靳鄂秋一派管这个学校。故靳鄂秋方面的人也不能否认武于结盟赵为主盟一事,而只能说'巧与结盟'。"毛泽东还了解了武训死后的一些史料,他写道:"在武训死后,在鲁西及别地出现了一批吃武训饭的人。其中一人是临清的号称'武训第二'的王丕显,是一个借兴学发财的学棍,这里不来详说。另一人是堂邑县的武金栋。武金栋,堂吧武庄人,是武训的疏族,现年七十八岁,他就是现存的一个活武训。他在武训死后一直学武训,见有钱人就磕头,低眉顺眼,出口成词,到处募捐,很积了一笔钱。"[①]

更值得注意的是,毛泽东在修改《武训历史调查记》时所加写的一些文字,着重于对武训的阶级地位和历史作用进行分析,着重于对中国文化界思想状况进行分析。他也是通过历史资料来进行分析的。毛泽东写道:武训在那个时候,受到过清王朝的褒奖,"被赐与(予)'积善好

---

① 毛泽东:《〈武训历史调查记〉的修改和给胡乔木的信》(1951年7月11日),载《毛泽东年谱(1949—1976)》,中央文献出版社2014年版,第372页。又见《建国以来毛泽东文稿(1951.1—1951.12)》,中央文献出版社1988年版,第402页。

施'的奖语，死后宣付国史馆宣传……他的后代也获得'世袭云骑尉的封号'"。"我们了解武训是一个在鲁西许多县里的流氓群中有势力的流氓头子，他与鲁西数县的地主特别是大绅士大恶霸相勾结，与县城府城省城的大小官员相勾结，使自己成为大债主、大地主和大名人。武训就是这样一个在流氓、地主、官僚三集团中极为活跃，因而脱离一切劳动人民，并和人民处于对立地位的特殊人物……武训的始终不变的形象是行乞，武训和一切普通乞丐或流氓不同的特点是兴学。而这两点（行乞和兴学）互相结合在一起，就为一切时期的反动统治者所喜爱，而为之尽力宣扬。某些思想错误的人们也喜爱这样一个人物，而为之尽力宣扬。这样，就迷惑了许多天真的头脑简单的人们。"毛泽东加写这些话，是要说明：武训确实与当时反抗清王朝统治的农民是两路人。

毛泽东还从更高的理论层次分析武训办义学这件事情，他写道：武训依靠封建统治势力，替地主和商人办了义学，这种情况是合乎封建制度的规律的。封建制度的生产关系，是地主阶级掌握主要的生产资料，因此，地主阶级要保护这种生产关系。只有地主阶级能够垄断文化，办学校。被剥削被压迫的农民阶级是不可能有受教育学文化的机会的。在封建地主阶级看来，使用简单工具从事农业劳动的农民，也没有要使他们受教育学文化的必要。这是几千年封建制度的规律，是唯物史观所指示的法则。被剥削被压迫的农民阶级要在文化教育方面翻身，要自己办学校，学文化，受教育，只有在工人阶级领导之下，推翻地主阶级的政权，建立以工农联盟为基础的政权，并取消地主与农民间的生产关系即地主的土地所有制，改变成为农民的土地所有制，才有这种可能。在中国的解放区和中华人民共和国建立以后的全中国，就有这种可能了。武训生在清朝，他甘心为地主阶级服务，以"为贫寒"的口号欺骗农民，而实际上为地主和商人办成了三所学校，这是合乎封建社会的规律的。"现在是中华人民共和国的时代了，用武训这具僵尸欺骗中国人民的恶作剧应当结束了。"毛泽东写的这些话，反映了他对武训的看法，在当时，至少是比一般地骂武训或者一味地歌颂武训的人站得更高，分析得更深。毛泽东加写的这些话，是真正用学术的方法和马克思主义的观点来分析问题的方法,是说理的,评论也是恰当的,对于用马克思主义研究历史人物,对于宣传历史唯物主义,是产生了积极作用的。

毛泽东审阅并修改了《武训历史调查记》后,于1951年7月11日给当时担任中宣部副部长、毛泽东秘书的胡乔木写了一封短信。信中写道:"此件请打清样二份,连原稿交江青。排样时,请嘱印厂同志校正清楚。其中有几个表,特别注意校正勿误。"① 可见,毛泽东对这件事情是十分重视的。清样打印出来后,交给毛泽东一份。毛泽东又对文稿作了最后一次加工,然后亲自批准由《人民日报》发表。

毛泽东:一个作品写得不好,就再写嘛,总该写好它

《人民日报》连载《武训历史调查记》后,全国立即展开了对电影《武训传》和武训本人的新一轮批判运动。中央和地方的报纸发表了大量文章,对《武训传》进行分析和批判。在分析和批判文章中,有许多好的、说理的、有分析的文章,对当时人们正确认识历史和历史人物,在新社会确立新的积极向上的意识形态的主导地位,起到了好的帮助作用。但是,也有一些文章存在片面性。这些文章的作者不是真正用学术的方法、讨论的方法、说理的方法,对电影《武训传》和武训进行分析,只是一味地扣大帽子,搞无限上纲,牵强附会,对文艺作品和历史人物采取粗暴的态度。尤其是,当时以江青为代表的个别极左人物,还提出要对拍摄电影《武训传》的人进行批判。这个消息传出去后,参加拍摄这部电影的主要人物感到忧心忡忡,生怕挨整。

毛泽东得知这一情况后,十分关心这些文化界人士。他指示文化界的负责人,要做好参与拍摄电影《武训传》的人员的工作,不能停止他们的工作,不仅如此,还要让他们继续执导一些影片。毛泽东这一指示,一方面制止了江青等人想要借机打击一些文化界人士的做法,另一方面对文化界人士也是一种很大的精神安慰,使他们感到:共产党的文艺政

---

① 《建国以来毛泽东文稿》第2册,中央文献出版社1987年版,第403页。

策是实事求是的，虽然对错误的东西是要批判的，但批判是说理的，有分析的，对人的处理也是慎重的和通情达理的，并未因为否定一部文艺作品而打击制作这部文艺作品的人，相反，仍然对他们充分信任。这对广大文艺工作者是个很大的鼓舞，他们都放下了包袱，没有后顾之忧地投入到对新的文艺作品的创作中去了。这也是 20 世纪 50 年代我国文艺繁荣的重要条件之一。

此后，毛泽东一直关心对电影《武训传》拍摄人员的安排问题。1957 年 3 月 8 日，毛泽东在同文艺界代表谈话时还专门问赵丹："孙瑜（时任上海电影制片厂导演。电影《武训传》就是他编导的——笔者注）没有安排好吧？你是和他合作过的。有了安排那就很好。你们两个合作搞的电影《武训传》，曾受到批评，那没有什么，一个作品写得不好，就再写嘛，总该写好它。"① 从毛泽东的这些话中，可以看出毛泽东文艺政策的真谛，也可以看出毛泽东有着多么宽大的胸怀！

---

① 《毛泽东文集》第 7 卷，人民出版社 1999 年版，第 257 页。

"一定要把黄河的事情办好"

黄河这条中华民族的母亲河，赋予了中国人民的伟大领袖毛泽东以太多的政治、军事灵感，也吸引着毛泽东关注的目光。新中国成立之初，毛泽东放下手边繁忙的工作，专程考察黄河。他的黄河之行，既展现了他作为一个伟人治理黄河的气魄，更展现了他作为人民领袖热爱人民的赤子情怀。

毛泽东：藐视黄河就是藐视我们这个民族啊！

1936年2月，毛泽东率红军东渡黄河出征山西。东征前，毛泽东面对白雪皑皑的冰雪世界，写下了为世人流传的不朽诗篇《沁园春·雪》，其中"大河上下，顿失滔滔"，就是指黄河。

毛泽东转战陕北时，专门去看过黄河。他面对黄河，若有所思地说："自古道，黄河百害而无一利。这种说法是因为不能站在高处看黄河。站低了，只看见洪水，不见河流。"

毛泽东还深情地说："没有黄河，就没有我们这个民族啊！不谈五千年，只论现在，没有黄河天险，恐怕我们在延安还待不了那么久。抗日战争中，黄河替我们挡住了日本帝国主义，即使有害，只这一条，也该减轻罪过。将来全国解放了，我们还要利用黄河水浇地，发电，为人民造福！那时，对黄河的评价更要改变了！"

1948年，毛泽东率中央机关东渡黄河前往华北。他面对黄河，又一次陷入沉思。良久，他对着咆哮的黄河，对身边的同志说了这样的话："这个世界上什么都可以藐视，就是不可以藐视黄河；藐视黄河，就是藐视我们这个民族啊！"

1959年，毛泽东高度评价黄河，并表明自己的心迹，他说："黄河是伟大的，是我们中华民族的起源，人说'不到黄河心不死'，我是到了黄河也不死心。""如果有可能，我就游黄河、长江。从黄河口子沿河而上，搞一班人，地质学家、生物学家、文学家，只准骑马，不准坐车，骑马对身体实在好，一直往昆仑山，然后到猪八戒的那个通天河，翻过长江上游，然后再沿江而下，从金沙江到崇明岛。我有这个志向，现在开支票，但哪一年兑现不晓得。"

毛泽东同意休假却用休假的时间去考察黄河

新中国成立之初，毛泽东亲自督促了治理淮河工程、荆江分洪工程、官厅水库工程，与此同时，他也把很大精力投放到治理黄河之上。而他构思的治理黄河的重大工程，是引黄灌溉济卫工程。在考虑这一方案时，毛泽东决心亲自去考察黄河。

1952年10月，中央政治局考虑到毛泽东日夜操劳，身体和精力过分透支，建议毛泽东休假，调整好精力后再工作。毛泽东同意休假。可是，出人意料的是，毛泽东提出，他要利用休假这段时间去考察黄河。毛泽东提出这一意见后，中央政治局中许多同志不同意。他们主要是担心毛泽东的身体和安全。

从身体情况看，毛泽东当年已经年近六十，虽然毛泽东在总体上讲身体不错，但新中国成立后的头几年，他日夜操劳国家大事，耗费了过多的心血。他的体力和精力的透支，是一般人难以承受的。所以，中央政治局才决定让毛泽东休假，以调养身体，不料，毛泽东却想利用休假时间去考察黄河。这不仅不能调养身体，还会有更多的体力和精力透支。从这一情况考虑，中央政治局许多同志不同意毛泽东去考察黄河。

从安全情况看，虽然当时大陆已经政局稳定，总体上，全国治安情况良好，但当时我国正在进行抗美援朝战争。蒋介石也叫嚣要反攻大陆，从海外来的敌特很多，原来潜藏的敌特分子也有许多没有被我们挖掘出来。中央政治局的一些同志担心，此时毛泽东率领一些同志去考察黄河会不安全。万一遭到敌特的暗算，对于刚刚成立的共和国来说，将是重大打击。

毛泽东理解大家的心情，但他心中装着人民，关注着黄河的治理，决计亲自去考察黄河。他耐心地说服了中央政治局的同志，随后即开始了考察黄河的准备工作。

毛泽东首先亲自确定考察黄河的路线。他决定：从黄河下游考察起，溯黄河而上，考察完历史上有过黄河水灾的流域。具体的路线为：先到山东境内，从济南黄河段考察起，然后到江苏的徐州，再进入河南省境内，到兰封县①。考察过去黄河决口的地段，然后到古都开封，再到郑州、安阳。毛泽东确定的这条路线，覆盖了历史上黄河水患频繁的黄河下游地区。

接着，是确定随行人员。中央政治局在同意毛泽东考察黄河后，对警卫工作提出了严格的要求，要派中央警卫局的许多人随行。但毛泽东决定简从。中央警卫局只好优中选优，调派一些精兵强将，一路负责毛泽东的警卫工作。除警卫人员外，经中央决定、毛泽东同意，由中共中央办公厅主任杨尚昆、公安部部长罗瑞卿、铁道部部长滕代远、第一机械工业部部长黄敬等人陪同毛泽东去考察。其他随行人员，主要是在他身边的工作人员中挑选出几个身体好的人组成。至于水利方面的专家，毛泽东考虑，可采取每到一地，随时请来水利专家咨询的办法，主要以当地的水利专家为主。毛泽东这样安排是出于这样的考虑：如果一路带一些水利专家出行，会使他们很辛苦，而这些中央来的水利专家也不一定了解当地的水利情况，而每到一地，请当地水利专家来咨询，则免去了许多人的辛苦，也会更多地了解当地的水利情况。

考察的时间，毛泽东初步确定为1952年10月25日到11月1日。

---

① 当年河南省所设的县，后与考城县合并，合称兰考县。

共 6 天时间。为什么说是"初步确定"？因为毛泽东考虑，在此期间可能会发生许多大事、急事需要他亲自处理，这样可能会改变考察的时间。

在这一切都确定并准备好后，毛泽东于 1952 年 10 月 25 日乘专列离开北京。

毛泽东说：我们要治理黄河，为人民造福

毛泽东乘坐的专列在华北大地上奔驰，毛泽东的思绪也随着车窗外的风景闪过而起伏。26 日，当列车开近济南城时，毛泽东按灭手中的烟头，双眼紧盯着车窗外的黄河。滔滔的黄河水，紧贴济南城向东流去。毛泽东觉得，黄河水位似乎比济南城高，便问身边工作人员：你们有没有这个感觉？身边工作人员仔细观察后，都说也有这个感觉。听到大家都有这个感觉，毛泽东的心情沉重起来。

到达济南市后，毛泽东稍事休息，同随行人员一起商量了在济南的日程后，第二天（即 27 日）就和随行人员、山东省和济南市的一些领导干部一起，到济南附近的黄河地段视察。毛泽东站在黄河大坝上，凝视着奔腾的黄河水，许久没有说话。过了一会儿，毛泽东问随行的山东省领导干部：这里的黄河河底，要比济南城里的地面高出多少？陪同毛泽东的山东省领导干部回答说：要高出 6 至 7 米。毛泽东听后，心情沉重地说：这很危险。你们一定要把这里的大坝修好、修牢固，千万不能出事。雨季发大水时，你们要发动群众到堤坝上防守，密切观察水位情况，如果有险情，就要把军队调上去，坚决守住大坝，决不能让黄河水漫出来淹了济南城，不能出事。毛泽东沉思了一会儿又说：我深知，黄河发洪水，为害十分严重；即使黄河水侧渗，也会给人民造成灾害。你们也要防止侧渗。毛泽东到济南后，当地省、市领导特意安排他去参观大明湖。27 日下午，毛泽东看完大明湖景观之后，罗瑞卿请示毛泽东还看什么？毛泽东说："我们去泺口大坝。"在去泺口大坝的车上，毛泽东问赶来陪同他视察的许世友："你知道为什么叫泺口吗？"许世友回答说："不知道，我没读过多少书。"毛泽东解释道："泺口也叫洛口。泺和洛通

用,当湖水讲,泺口在黄河南岸,济南北边,市内的泺水由此入济水即黄河。"说到这里,许世友连连称赞说:"对,主席记忆真好。"

毛泽东在泺口大坝脚下下车,然后和随行人员一起登上大坝,远眺滚滚黄河水,细看泺水入黄河口以及大桥的情况。当地一位陪同干部走到毛泽东身旁,用手指着介绍,历城北部沿黄河地区,是一段狭长的地带。其东西长104华里,南北宽3至5华里,有耕地面积25万亩,包括以泺口为重点的吴家堡、西沙、药山、鹊山、华山等15个小乡的十几万群众生活在这里。自古以来,由于黄河的泛滥、变迁、改道,致使泺口一带的河底淤高,地下水位上升;再加上汛期南部山洪下泄,小清河排泄不及顶托倒灌,使这些土地越变越坏。历城旧县志已有"野生碱卤,地尽不毛"的记载,直到解放前,这里还流传反映黄患的这样一首歌谣:"春天一片霜,夏天明光光。豆子不结荚,地瓜不爬秧。"毛泽东听后,愤愤地说:"黄患!把这里的人民搞得太苦了。"略停片刻,毛泽东问:"济水源出何地?"陪同干部说:"据汉书《地理志》、《水经》记载,济水自河南荥阳以北,分黄河东出,流经原阳县南、封丘县北,至山东定陶县西。折东北入巨野泽。又自泽北经梁山县东,至东阿旧治西,自此以下至泺口,就归入了现在的黄河河道。"毛泽东问:"泺口从古以来就常常淤断么?"陪同干部回答:"对,是这样的……从古至济南解放前,这里曾发生过数不清的屡淤屡断、屡断屡疏的情形。甚至还发生过决口以后连续七八年甚至二十多年堵不住的灾难。为了制止这种恶性循环,我们在此修了大坝。"毛泽东赞赏地说:"这大坝修得好嘛!"

听了上述介绍,毛泽东面向泺口,凝视着奔腾下泄的黄河水,陷入了深思。许世友见毛泽东神色凝重,便问道:"主席,您在想什么?"毛泽东回答说:我在想:过去20多年都没有堵住这个决口,给山东人民造成这么大的黄患,为什么20多年没有堵住这个决口?是因为那时社会制度不好。现在,我们建立了新中国,应该变害为利。接着,毛泽东把目光投向远方,一字一顿地说:黄河水泛滥会给人民造成危害,但我们治理黄河后,又能使黄河为人民造福。以后,我们要想出引黄河水的办法,把那首民谣中所说的"一片霜、明光光、不结荚、不爬秧"的十几万亩卤碱地，改成稻田种水稻。我们可以引黄河水浇地，建设一些水浇田，这样，济南郊区的农民，不光是种玉米、种地瓜，也可以种水稻。这样，山东农民就可以多打粮食，少吃玉米、地瓜，也能吃上大米。现在就要考虑疏通小清河，搞排水工程，这样可以使黄河水变害为利。许世友兴奋地说："好极了。"毛泽东转过身来，对中共山东分局的陪同人员说：历城泺口，自古以来的黄河道，屡次淤断，屡次修复，自从你们修了这堵大坝后，那种在历史上屡淤屡断、屡断屡疏的恶性循环不见了。这样的事情，只有我们共产党人才能做到。如果用引黄河水的办法，将泺口这一带的十几万亩卤碱地，改为稻田就更好了。在场的同志异口同声地说：我们一定按主席的设想试试看。毛泽东在走下大坝前，千叮咛万嘱咐的是：黄河水坝千万不能出事，出事就是大事，就会对人民群众造成巨大损害。因此，他对眼前的防洪工程十分关心。他仔细询问了黄河济南段的防洪情况，今后还要搞哪些工程？这些工程在夏季雨水大时，能不能顶用？能不能防止黄河水泛滥？当山东省和济南市的领导同志一一作了回答后，毛泽东稍微有些宽慰。

"我就爱听没有准备的汇报"

10月28日，毛泽东乘专列离开济南。他的下一站是徐州，主要目的是考察黄河故道。

在历史上，黄河曾经流经徐州一带，时间长达700多年，给这里的人民造成过深重的苦难。毛泽东是熟悉历史的，因此，他要到这里来考察一番。虽然现在黄河水已经不流经徐州了，但毛泽东还是要来这里看一看，他要和地方干部一起，研究如何把黄河故道治好，把历史上的黄河之害，变为今天的黄河之利。

在去徐州的路上，毛泽东望着车窗外，向随行工作人员讲起了前几年在此进行的淮海战役的情况。他说，当年我们打淮海战役，以60万对蒋介石的80万，实际上是一锅"夹生饭"，但我们硬是把这锅"夹生饭"吃了下去。淮海战役胜利后，连斯大林都很赞赏我们以60万吃掉80万。

可是，我们也付出了代价啊。这场战役也留下了不少战争创伤。现在我们取得了全国胜利，就要领导人民，医治好战争创伤，把国家建设好。现在，我们要把黄河治理好。

28日当天，毛泽东的专列就进入了徐州火车站。事先，毛泽东让随行工作人员不要向徐州地方干部打招呼，因此，当他的专列开进徐州火车站后，徐州市的领导干部们方才知道毛泽东主席到了。他们急忙赶到车站迎接。毛泽东下了专列，到招待所后，刚刚坐下，就要徐州市的领导干部们汇报工作。徐州市的领导干部说：我们事先不知道毛主席要来，因此没有准备。毛泽东笑道：我就爱听没有准备的汇报。

于是，徐州市的领导干部开始汇报工作。因为没有预先准备，他们的汇报没有次序。毛泽东不时打断他们的话头，提出一些问题，其中最多的是如何把黄河故道建设好的问题。听了当地干部的一些回答后，毛泽东提出，要到云龙山顶去，实地考察黄河改道之前的黄河故道。休息了一会儿，毛泽东就在徐州当地干部和自己的随行人员的陪同下，登上了云龙山顶。

"把黄河故道治好"

在徐州云龙山，毛泽东极目远望，眺望着明清黄河故道，心情格外好。当他看到，清朝咸丰五年黄河决口改道以前的黄河故道时上至今仍然比较荒凉时，目光开始严肃起来。他问了当地干部改造黄河故道的计划后说：过去，黄河流经这里，长达七百多年，上游带下来的泥沙很多，把河道淤住，每年一到夏季和秋季，黄河水都会在这一地段决口，造成洪灾，给徐州人民的生产、生活带来极大的困难。清朝也想治理这个地段的黄河，乾隆皇帝就四次到这里来巡视，想治理黄河。可是，他还是没有治理好。到清朝咸丰年，黄河从这里决口改道，又给人民造成了很大灾难。现在我们成立了新中国，人民当家作主了，就要依靠人民的力量，把黄河故道治理好，变害为利。毛泽东接着对治理黄河故道提出了自己的一些设想。他说：在黄河故道的山上山下，都可以栽一些树，有防风沙的，也有果树。要林业部门的同志来考察一下，这里适合栽什么树，栽树也要因地制宜。栽防风沙的树，可以减少这里的风沙危害；栽种果树，结了果子，可以去卖，农民有了收入，就能改善自己的生活。我们要千方百计带领人民，把战争创伤医治好，把我们的国家建设好。

毛泽东离开徐州后，直奔河南省。他到河南省的第一站是兰封县。29日，毛泽东的专列由徐州转道陇海线西上，到达兰封县。毛泽东事先知道兰封县是个很贫困的县。为了不给该县带来接待方面的麻烦，待专列到达兰封县后，毛泽东决定就住在车上。他在车上接见了县干部和闻迅赶来的地区干部，向他们询问的主要问题就是治理黄河灾害问题。毛泽东提出许多问题，也帮助地方干部分析这些问题，并且帮助他们拿出治理黄河灾害的办法。

30日上午，毛泽东在黄河水利委员会主任王化云、副主任赵明甫及河南省黄河河务局长袁隆等陪同下，前往1855年（清咸丰五年）黄河在铜瓦厢决口改道的地方，即今兰考县东坝头察看。在乘车向黄河边的东坝头行进途中，毛泽东问王化云治理黄河的情况，以及今后对治本有何打算。王化云汇报说：近期为了解决洪水对黄河下游亿万人民的威胁，正在制定修建邙山水库和三门峡水库的规划。毛泽东仔细听了制定规划的汇报后，对在座的人说：大水库修起来，解决黄河水患，还能灌溉、发电，是可以研究的。

毛泽东的专列驶抵东坝头。在这里，黄河转向东北奔腾而去。毛泽东下了专列，他想实地了解修堤、修坝的情况和防洪能力。他徒步登上了黄河大堤，察看历史上黄河决口改道的地方。他向王化云了解黄河治理规划。毛泽东问的问题很广泛。他特别关注当年黄河决口的历史情况，岸边受灾的情况。他不仅询问了清朝和民国时期各地方政府治理黄河的情况，还向专家询问了固堤防洪的措施。

毛泽东看完东坝头，又问王化云：你说黄河是个"悬河"，怎么在东坝头看不出来呢？我还想再找个地方看看。王化云回答说：东坝头背河一面是黄河走了几百年的地方，所以现在大堤内外不太悬殊。到开封柳园口就可以看得更清楚些。毛泽东说，那我们就去那里看看"悬河"。

所谓"悬河",是指黄河水位高于开封城地面之处,形容黄河水悬在开封城头上。30日下午,河南省地方干部带毛泽东来到柳园口大堤。他站在黄河大堤顶上向北眺望,黄河在高高的河床里奔流,回头南望堤外村庄,好像坐落在凹地里。他问:这里的河面比开封城里高不高?王化云回答说:这里黄河水面比开封城地面高三四米,洪水时更高。毛泽东听后深有感触地说:"这真是悬河啊!"

毛泽东走下黄河大堤,向河边走去。他走到滩地上,探下身去抓了一把泥沙,细细地看,问泥沙是从什么地方来的,有多少?王化云回答说:这些泥沙都是西北黄土高原冲下来的。据陕县水文站测验,年平均有十几亿吨泥沙被送到下游。大量泥沙在下游河道淤积,是黄河不断决口改道泛滥的一个原因。在开封柳园口,毛泽东看着大堤内外的悬差和坐落在低洼处的村落,望着远处开封城中影影绰绰的铁塔和龙亭,陷入了沉思。毛主席接着问王化云:"黄河水涨上天怎么办?"王化云一时语塞。毛泽东站在大堤上,边向四周观看边说,你们看,这真是"悬河"。这里的河水比村子里的树梢还要高。他嘱咐说:要把大堤、大坝切实修好,修牢固。发大水时,有危险,党政军民要一齐上,万万不能出事。

"借点水来也可以"

在这里,毛泽东还深入田间地头与农民聊天,了解当地民情。他仔细询问了修筑三门峡大坝需要移民的情况、灌溉发电的情况。

中午,毛泽东回到专列上。专列继续驶往开封。毛泽东请陪同的河南省委负责人等共进午餐。饭后,他很有兴致地向王化云询问起今后治理黄河的规划。毛泽东特别关心治理黄河的长远打算,在谈话中,毛泽东谈了他的一个设想:南水北调,用长江的水来补充黄河。他说:南方水多,北方水少,如果有可能,借点来是可以的。毛泽东的这一思路,想别人所未想,立意极高又符合规律。几十年过去了,这个思路至今仍为人们所赞佩,中国的南水北调工程,就是按毛泽东思路确定下来的。

其实,毛泽东早就有从长江"借水"到黄河的打算。他的这个打算，是受到了孙中山和其他一些著名人士观点的启发。20世纪初，孙中山在规划中华民国的蓝图中，就曾在他的《建国大纲》里提出了"引洪济旱""引江济河"的主张。"引江济河"，就是引长江水补充黄河，同时冲刷黄河中的泥沙。可以说，孙中山是20世纪第一个长江水调黄河的倡导者，这种大胆的想象在今天看来也是一种恢宏的气魄。1931年，当长江洪水淹到武汉时，知名人士翁文灏、孙越琦和张冲等人怀着"治洪救民"的激情，向国民党政府提出了导出部分长江之水的"川水济渭"方案。他们说："像我们这样一个水资源十分贫乏的国家，怎么能每年放几千亿立方米洪水泛滥成灾、害人之后，白白流入大海？我们一定要实行孙文的主张：引洪济旱、引江济河！"对于孙中山的"引江济河"的主张和翁、孙、张等人的观点，毛泽东是知道的。①

1935年的一天，率红军长征到达四川的毛泽东，为了红军的团结，亲自去找驻扎在阿坝的张国焘。途中经过一个叫麦尔玛的村子，在村头的一个山丘上，他看到了山脚下的两条河流，一条往南，一条往北，就问熟悉当地情况的干部：这是怎么回事？有人告诉他，南面的流入长江，北面的则流入黄河。毛泽东突发奇想地说："从山中打个洞，长江的水就流到黄河了。"这是毛泽东产生引长江水到黄河的第一次调水设想。后来毛泽东转战陕北之后，面对干旱的黄土，又一次提到他在四川看到这个山丘时形成的设想。

今天，毛泽东又一次提出这一设想。他说：隋炀帝一辈子挨骂，但大运河这件事他做对了……今天，我们可以考虑从长江借点水到黄河来。

30日晚上，毛泽东住在河南省开封的河南军区。大家都休息了，可是毛泽东房间的灯光还亮着，毛泽东在灯下兴致很高地阅读《河南通志》、《汴京志》、《龙门二十品》碑帖。毛泽东有个习惯，每到一地，都要找当地的方志阅读，了解当地的历史变迁和风土人情。

第二天，毛泽东要到河南省新乡去看引黄灌溉工程。当年，这里还是平原省。要进入平原省了，毛泽东就坚持不要河南省的负责同志陪同

---

① 《南水北调决策始末：毛泽东亲提设想借水南方》，《财经国家周刊》2014年2月17日。

了。在离开开封北上的时候,毛泽东对前来送行的王化云及河南省委书记张玺、省政府主席吴芝圃、省军区司令员陈再道等说了这样一句话:"一定要把黄河的事情办好。"

这句话后来广泛流传,成为一代人治理黄河的口号。

毛泽东亲手摇开了引黄灌溉大闸

原来毛泽东没有准备到郑州,但当专列到达郑州境内时,毛泽东提出在这里下车到邙山去看一看,目的是看看新建成的引黄灌溉大闸。毛泽东登上邙山,察看了邙山水库坝址和黄河形势。过黄河到北岸后,毛泽东来到引黄灌溉济卫工程——人民胜利渠工程渠首闸,向陪同的黄河水利委员会副主任赵明甫详细询问了工程建设情况和灌溉效果。当听到赵明甫汇报说人民胜利渠能引黄 40 个流量,灌溉面积 40 多万亩,再发展下去,灌溉面积可达 70 多万亩时,毛泽东很高兴并说:是否下游各县都搞上一个闸?

毛泽东临时决定,到黄渠去看一看。毛泽东率一行人到了引黄灌溉大闸管理处,听完管理人员的汇报和介绍后,毛泽东问了许多问题,也提出了许多建议。最后,毛泽东用商量的口气对管理人员说:把闸门打开,看一看进水可以吗?陪同人员告诉毛泽东,现在这里还没有通电,开闸都是人摇。毛泽东提议:那我们一起去摇开大闸好吗?说完,毛泽东脱去大衣,和大家一起摇引黄灌溉大闸。闸被毛泽东等摇开了,黄河水流进水渠。毛泽东非常高兴。他坐下来,点燃一支烟,边吸烟边看着流进水渠的黄河水,说:沿黄河一线,如果每个县都能建一座引黄河水的大闸就好了。

毛泽东上了专列,向北驶去。在专列上,毛泽东说:从黄河到卫河,这条人民开发的新渠,改变了过去黄河下游只决口遭灾不受益的情况,起到了造福人民的作用。

11 月 1 日,毛泽东来到安阳,参观了著名的殷墟。

结束了为期一周的考察之后,毛泽东于 11 月 2 日乘专列北上,11 月

3日凌晨1时回到北京。

毛泽东晚年想骑马第二次考察黄河，可惜未能如愿

第一次考察黄河后，毛泽东一直惦记着第二次考察黄河，同时也考察长江。他设想，第二次考察黄河，不要坐火车了，一定要骑马考察。

1961年3月，毛泽东在广州中央工作会议上提到，他要视察黄河、长江。他说："我很想恢复骑马的制度，不坐火车，不坐汽车，想跑两条线。从黄河的河口，沿江而上，到她的发源地，然后跨过喜马拉雅山，沿长江的发源地，顺流而下。不要多少时间，有3年时间就可以了，顶多5年计划。"

1961年8月，毛泽东在庐山与他的卫士张仙朋聊天时说了他的志向："我有三大志愿，一是要下放去搞一年工业，搞一年农业，搞半年商业，这样使我多调查研究，了解情况，我不当官僚主义，对全国干部也是一个推动；二是要骑马到黄河、长江两岸进行实地考察。我对地质方面缺少知识，要请一位地质学家，还要请一位历史学家和文学家一起去；三是最后写一部书，把我的一生写进去，把我的缺点、错误统统写进去，让全世界人民去评论我究竟是好人，还是坏人。"

1962年4月，毛泽东和即将调到西安工作的机要秘书高智告别时，他要高智为他去陕北考察黄河做好准备。他说："我们东渡黄河的事，你还记得吗？我的老青马被挤下黄河，它拼命游上了岸。"略加思索后，毛泽东又说："转战陕北时，你经常打前站、号房子。这一次，你还打前站，我随后就来。我到陕西后，要骑马沿黄河走一趟……"

1964年，年逾古稀的毛泽东开始准备将第二次考察黄河的计划付诸实施。他指示身边工作人员要练习骑马，要学会查资料，做好各方面的准备。他还准备组织一个智囊团随行，吸收一些科学家参加，其中有搞天文的，有搞地理的，搞历史的，等等。中央警卫局还秘密组织了一支骑兵大队，以便在需要时随毛泽东考察黄河。这支部队已经在北京郊区的西山训练好几年了。1964年夏天，还把毛泽东驯养的马运到北戴河，

让毛泽东骑上走了几圈。当时还有人拍摄了毛泽东骑马的照片。

毛泽东自己也没有料到，这是他最后一次骑马。这一年夏天，"北部湾事件"发生，美国扩大了侵略越南的战争，中国南部边疆直接受到战争威胁，中央高层考虑直接出兵或怎样间接援助越南之事。这一年的8月6日，毛泽东在一份文件上批示："要打仗了，我的行动要重新考虑。"这里说的"行动"，就是准备好了的考察黄河的行动。这个行动自然被取消了。

但是，高智没有忘记毛泽东的任务。他于1965年出国去印度尼西亚之前，乘车从西安到北京，沿路对黄河进行了调查，还作了详细的记录。哪个地方有什么山，有什么沟，有什么洞，最长的洞有多少公里。哪段路好走，哪段路不好走，哪里可以歇脚等，都有详细记载。到北京后，高智立即去见毛泽东，毛泽东高兴地问了西安到北京黄河的情况。他说："我有些好高骛远，我要骑马沿黄河走一趟，可是脱不开身，一直不能如愿……我对陕北是有感情的，我在江西待的时间短，在延安待的时间长，我还要回去看看，吃陕北的小米，沿黄河走一趟。"

可惜，由于种种历史原因，毛泽东最终没有实现第二次考察黄河的心愿。但是，他对黄河的情感和关注，一直伴随他终生。

新中国发行第二套人民币的艰难历程

新中国成立初期,中国人民银行发行了第二套人民币。既然是第二套人民币,就要先回顾一下第一套人民币发行的历史。

在经济上升起"第二个太阳"

1946年,蒋介石发动全面内战,试图消灭共产党,由国民党统一中国。国民党政府的宣传机器鼓吹:天无二日,国无二主,中国要统归蒋介石领导。毛泽东针锋相对,他说:蒋介石说天无二日,共产党偏偏要升起"第二个太阳"。[①] 在毛泽东领导下,共产党领导人民军队同国民党军队进行坚决斗争,逐步取得了战场上的优势。到解放战争后期,由中国共产党统一中国的趋势已经十分明显。为了打破由国民党在经济上一统天下的局面,也为了筹备今后领导全国政权的工作,中共中央决定,成立共产党统管全国经济的机构,建立共产党领导的银行,在经济上升起"第二个太阳"。

建立共产党领导下的统一银行,也是共产党内统一的需要。在抗日战争和解放战争中,共产党创建的各根据地相互隔绝,每个根据地都相对独立,因此,各根据地发行了自己的货币。解放战争时,根据地统称解放区。各解放区经济情况差别很大,物价水平也不一致,这些都是由

---

① 丁毅:《从五首诗词看毛泽东的所谓"猴气"》,《党的文献》2012年第2期。

于长期隔绝、战争环境所造成的，各解放区的货币购买力也就千差万别，相互兑换比价错综复杂。当时毛泽东曾风趣地形容共产党领导下的各解放区货币："情形还真有点像八国联军进北京。我们晋察冀用的是边币，晋冀鲁豫用的是冀南币，山东用的是北海币，东北用的是东北币，西北用的是农民币，一旦打进天津、北平去，可不就是七八种货币一起上市嘛！"①有一个例子能够说明这种情况：1947年，时任陕甘边区政府代理主席的董必武带着夫人和孩子从陕北向东行进，走到山西五台县东山区大槐庄的时候，所带的干粮吃完了，孩子饿了，董必武派警卫员带着陕甘宁边币去买几个烧饼，但店家不认识陕甘宁边币，不卖。警卫员又跑到当地党组织开办的商店去，这家商店只收晋察冀边币，也不卖。见警卫员用陕甘宁边币买不到烧饼，董必武夫人只好用一块新布料用以物易物办法换回两个烧饼。可见当时各解放区经济不统一的情况已经相当严重。

要统一领导经济，首要的是成立共产党自己的"经济内阁"。毛泽东和中共中央其他领导人反复考虑后，认为由董必武组建"经济内阁"比较合适。董必武是共产党老资格领导人，在党内威望很高，由他出来领导全党经济，便于同各解放区领导人联系，利于统一。董必武在经济上是内行，也对党内懂经济的干部十分了解，便于调干部。这件事定下来后，1947年4月16日，中共中央发出《关于成立华北财经办事处及任命董必武为主任的决定》。10月24日，中共中央华北财经办事处成立，董必武任主任，南汉宸任副主任。董必武向党中央建议，组建中央银行，统一发行货币。董必武提议，新成立的中央银行称"中国人民银行"。中央复电同意。董必武清楚，建立银行最实际的工作是统一共产党自己的货币。他接到中央回复后即要南汉宸尽快考虑这件事，并交代必须做好的三件准备工作：研究提出统一货币的政策；筹备准备金；确定统一货币票面。董必武认为，中国共产党是全心全意为人民服务的政党，将来在共产党领导下建立的新中国也是人民当家作主的国家，因此，他拟定共产党统一货币的名称：人民币。

---

① 张壮：《人民币的由来和人民银行的诞生》，《大地》2003年第18期。

紧接着，中国人民银行筹备处即展开第一套人民币设计工作。设计任务交给了晋察冀边区银行的王益久和沈乃镛，王负责设计第一套人民币的票版正面图景，沈负责设计背面图景。他们只用了几天时间，就设计好了。11月，王、沈二人亲自把完成的几种版别的票样设计稿直接交给董必武审阅。在当时的历史背景下，王、沈二人按照抗日战争和解放战争中根据地发行货币的样子，把毛泽东像设计在新货币上。对此，董必武是赞成的。他致电中央请示，毛泽东却不同意，致电董必武：新币应"反映解放区工农业生产的图景，正面和背面，除必要的阿拉伯字码外，一律用中文，不用英文"。董必武收到毛泽东的回电后，把南汉宸找来，向他转达了毛泽东的意见，于是董、南二人要求王、沈二人再设计。王、沈二人提出请董必武先将货币上的汉字写出。董必武即在西柏坡的一个农家小院里，为第一套人民币用横竖两种方式，写了"中国人民银行""中华民国""壹、贰、伍、拾、佰、仟、万、圆""一、二、三、四、五、六、七、八、九、十、年"等字。由于发行工作迫在眉睫，王、沈二人很快就重新调整了票版设计，形成了不上毛泽东像的图案。董必武审阅后批准了这些设计。

重新设计的票样是：10元券的正面是农民水车，右侧是矿井场区；20元券的正面左侧是农民牵驴驮货，右侧是一列火车在急驰；50元券的正面左侧是毛驴井边车水，右侧则是煤矿的矿车。后来的100元券、500元券、1000元券、5000元券和50000元券也都沿用了这种工农业生产风格的设计，只有山东解放区北海银行印钞厂印制的10元券和50元券采用了人物画像。这些人民币图案，清除了此前中国货币上半殖民地的色彩，凡是带有殖民地色彩的图案、文字一律不用，因此，在第一套人民币上没有任何英文字母。这些人民币图案集中反映了即将诞生的新中国饱经沧桑、百废待兴，在战乱中度过了百年，现在将在中国共产党的领导下医治战争创伤、恢复经济建设的主题，既反映了工农生产，也赞美了祖国大好河山和名胜古迹。这套人民币的用纸和印刷质量明显高于各解放区发行的货币；它的券种比各解放区货币的券种多，画像艺术水平也比各解放区货币高得多。

预想到共产党领导人民革命胜利后要成立新中国，而新中国一定是个大国，一定会走向世界，因此，设计第一套人民币时，借鉴了苏联的卢布和世界其他一些国家货币采用的方式，由十个罗马数字中选出三个不同的数字作为一组来排列组合，可以演绎出720个冠字与数字。这个方法既有别于国民党的"金圆券"，也有别于各解放区货币。

在第一套人民币发行工作准备工作基本完成时，共产党在解放战争的战场上已经占据优势，共产党统一中国并建立中央政府已经是历史必然。共产党建立中央银行并发行统一货币已经水到渠成。周恩来于1948年5月来到河北西柏坡，代表中央作出了简捷的指示：改华北财经办事处为中央财政经济部，成立中国人民银行，发行统一货币。按此指示，6月，中央撤销华北财办，成立经济部，董必武任部长。与此同时，董必武也把主要精力放在印制发行人民币上。6月6日，筹备处在向中央上报的《关于发行中国人民银行券的补充意见》中，把第一套人民币的设计稿送交中央政治局审核。中央政治局很快批准照设计样稿印制。

中央批准后，董必武一边部署印制工作，一边于10月2日主持华北财经委员会第一次会议，作出决定：人民币定于1949年1月1日起发行；人民币分别与三大解放区货币的比价为：与冀南、北海钞比价确定为一比一百，与边、农币比价为一比一千与一比二千。此决定即报中央。3日，中共中央发出了《关于印制新币问题》致华北局、华东局、西北局并董必武的电报，指示说："决定中国人民银行新币与冀南钞、北海币为一比一百……决定由华北财经委员会指导，人民银行负责计划，委托华北、华东印制十元、五十元、一百元之新币，尽可能于年前完成五十亿元。"这项指示下达后，各解放区印钞厂即开始印刷工作。华北银行第一印刷局率先赶印10元券、20元券、50元券人民币。接着，华北、东北、西北、华东各解放区印刷厂，北平、天津、上海、汉口、重庆解放后接管的印刷厂，以及在上海、北京两市委托的印刷协作厂等共计21家印刷厂也投入印制第一套人民币。一批批新币陆续运到中国人民银行筹备处。

就在新印好的人民币运达中国人民银行筹备处时，辽沈战役取得彻底胜利，淮海战役我军也取得绝对优势，四野入关后，平津战役的序幕已经悄然拉开，中国共产党即将拿下大多数地方，并接管大城市。为了使接管经济与战争胜利同步进行，毛泽东与周恩来商量后，由周恩来打电话给南汉宸，要求筹备处赶紧动员一切力量发行统一货币。接到周恩来电话后，董必武、南汉宸商议后，决定按照中央指示，提前第一套人民币发行时间。他们的意见报中央后，中央马上批复：根据形势的变化，将人民币的发行时间提前一个月，定为12月1日发行。中央批复下来后，当时兼任华北人民政府主席的董必武在1948年11月18日召开第三次政务会会议，决定："发行统一货币，现已刻不容缓，立即成立中国人民银行，并任命南汉宸署理中国人民银行总经理。一面电商各区，一面加速准备。"会后，董必武提出，现在大兵团作战，开支很大，在新解放区的粮食、税收又一时收不上来的情况下，稳定货币是不可能的，我们所能做到的只能是千方百计使物价涨得少一点、慢一点。我们只要有了吃的、穿的、烧的，物价就算稳住了。因此他决定：人民币不实行"金本位"，也不实行"银本位"。这个意见向中央报告后，中央同意。

1948年12月1日，华北人民政府主席董必武发布了《华北人民政府布告——金字第四号》，宣布成立中国人民银行，于本年12月1日起，发行中国人民银行新币，即人民币。当天，第一套人民币在当时的中国人民银行石家庄分行和河北平山县银行首先发行。这套人民币发行时间从1948年12月1日至1953年12月止。它发行的时间虽然只有几年时间，却为解放战争的最后胜利，为刚刚成立的新中国的经济稳定，起了不可代替的历史作用。

在巩固人民政权中发行第二套人民币

在新中国政权已经稳定，通货膨胀得到初步遏制，国民经济基本好转的情况下，主管全国经济工作的陈云经过认真考虑，于1950年7月，向中央政府、毛泽东主席提出了发行新币的建议。他的理由是：（1）目前物价已趋向稳定,"预期一年后,对长期稳定当更有把握";(2)流通的钞票"因限于技术条件,颇难防假",以致退踞台湾的国民党"有计划地伪造我币,以破坏我金融的事件,日益严重";(3)流通的人民币"票面价值过低,且在国际市场尚未规定固定价值",因此,"有立即铸印新币,以备在一年后提高票面价值,以代替现行人民币的可能与必要"。中央同意了陈云的意见,并请他主持搞第二套人民币的设计方案。

陈云做事特别细心,为了慎重其事,他让秘书调来第一套人民币各种面额的钞票,对之进行仔细观察和实物研究,参照发现的问题搞新币设计。设计工作持续时间虽稍长,但工作也特别细。经过调查研究,深思熟虑,陈云确定的第二套人民币的设计原则应该是:一、单位价值高;二、票面额小。1950年11月3日,陈云主持中央财经委员会向中央上报的《关于发行新币问题的请示报告》中提出,发行单位价值较高的新币来收回现行的人民币,以整理筹码,缩小票面额。中央批示同意了陈云确定的上述设计原则。

之后,陈云安排中国人民银行具体承担设计工作。中国人民银行聘请了时任中央美院美术干部训练班班主任的罗工柳担任总体负责人,罗又请来几个水平高的同行担任设计师。设计师们为设计好新版人民币,倾注了大量心血,到1951年初,新币设计完成。

1951年2月,陈云让中国人民银行将人民币的设计和印刷方案直接交周恩来,请周恩来审核。周恩来亲自审核了该方案的每一个票版的图案,他同时传达了毛泽东主席的指示,即这套人民币上仍不要印毛主席的画像,"中国人民银行"行名的排列也应将从右向左改为从左向右。周总理对设计画稿提出了很多修改意见,他按照货币性质,提出了去掉画面中红旗、彩灯和毛泽东画像,把原画稿中我国装配的美式汽车进行修改,主币和辅币色调要协调等意见。特别是他为5元券画稿拟出了两条语录:"中华人民共和国万岁""中国各民族大团结万岁",这两条语录后来被广泛采用,其中,"中华人民共和国万岁"至今仍然用在天安门城楼上。周恩来还对原画稿中人物容貌、所持武器等提出了具体修改意见。

按周恩来意见修改后,第二套人民币最终确定:分票以工业、交通为主题；角票反映农业机械化，搞好生产建设，体现新中国社会主义建设的新风貌；1元券、2元券、3元券分别采用北京天安门、延安宝塔山、井冈山龙源口图景，表现中国共产党革命的战斗历程；5元券和10元券则表现各族人民大团结和工农联盟的主题思想。此外，钞票的样式也打破了第一套人民币的固定四边框形式，改为左右花纹对称的新规格；票面的尺幅大小也按照面额大小分档递增，因此，第二套人民币在图案、花边、花纹线条、设计主题等方面都比第一套人民币更加美观。在钞票的语言上也采用了蒙、藏、维吾尔三种少数民族文字书写"中国人民银行"和各种面额字样。最后请中国人民银行一个书法好的普通职员书写了"中国人民银行"六个字。

在第二套人民币即将印发时，有人提出了第二套人民币是否与黄金挂钩的问题。提出这个问题的同志考虑，第二次世界大战结束后，世界许多国家的货币都采取金本位，如美元、卢布等世界重要货币都与黄金挂钩，因而也就确定了货币的含金量。陈云对此问题相当慎重，他认为第二套人民币不与黄金挂钩为好。他的理由是：规定人民币的含金量实际上主要的作用就是确定了人民币与外币的比值，但根据实际情况，完全可以不规定人民币的含金量；当时与我国货币关系最密切的就是苏联卢布，但我国与苏联之间的贸易主要是以货易货的方式，货币仅仅起到统一计算的作用；而且，卢布与人民币之间的比值问题两国早已达成议定书，规定了5000元人民币等值于1卢布，因此，发行新币时不公布含金量，不会影响人民币信用；中国还没有与资本主义国家展开贸易，货币比值问题不突出，若过早把我们的含金量加以固定，以后与资本主义国家开展贸易，容易陷于被动；以后觉得有必要、有好处时，再公布也不迟。中央同意了陈云的意见，在1954年12月20日中央正式决定发行第二套人民币的《中共中央关于发行新币的指示》中明确：暂不规定人民币的含金量。

发行第二套人民币的主要目的之一就是要消除长期通货膨胀所造成的人民币面额过大问题，但这就要首先确定新旧人民币之间的比值。1953年11月，陈云提议，将新旧币的比价定位于1比10000比较适当。中央同意这个意见,并在《中共中央关于发行新币的指示》中对此加以确定:新币与现行人民币的比价,确定为新币一元等于现行人民币一万元。

1955年2月21日,国务院总理周恩来颁发《关于发行新的人民币和收回现行的人民币的命令》,责成中国人民银行从1955年3月1日起发行第二套人民币,收回当时流通的第一套人民币。

第二套人民币的顺利发行产生了良好效果,不但为建立真正意义上的全国性货币金融体系打下了坚实的基础,而且在国际上也赢得了声誉。

1957年11月19日,国务院发布了《关于发行金属分币的命令》,决定从1957年12月1日起发行1分、2分、5分三种硬币,由此建立了完整的主辅币制度。

苏联帮助新中国代印人民币

新中国于20世纪50年代初期发行的第二套人民币，对于国家经济发展起到了重要作用，并且由它开始，奠定了人民币国内和国际信用的基础。但很少有人知道它是中国中央人民政府请苏联帮助印制的，更很少有人知道这其中的细节。

中央接受了陈云提出的建议

在第二套人民币的设计方案确定之后，接下来的问题是如何印制。对于这个问题，陈云经过反复考虑后，于1950年7月10日呈递给中央一个《关于印铸新币方案》，内含三个具体方案：一、利用国内现有设备和技术进行印刷；二、委托苏联代印，可以采取卢布的纸张和规格，但按照中方规定的丝纹，代印数量也按照中方的要求执行，同时向苏联订购必要的新式印钞机和刻版机，并派人到苏联学习；三、请苏联代印，但中方只提供纸上丝纹和印刷技术要求，其他完全按照苏联卢布的丝平标准执行。陈云还在这份文件中分析了三个具体方案各自的利弊：第一个方案，有利之处是可以立即开始印刷；弊端是以中国国内现有技术和设备无法印制出高质量的钞票，同时，伪钞就会立即出现，并且在此后大量存在。第二个方案，有利之处是可以获得苏联的设备和技术，中国也能培养出自己的印钞人才；弊端是印刷时间拖得很长，而新中国目前需要立即印刷发行新币。第三个方案，有利之处是直接采取苏联印制卢布的技术，防伪有很大的保证；弊端是苏联掌握了中国的钞票印制。

最后，陈云在文件中提出了自己的意见：目前以采取第三个方案为好，理由是：目前我国与苏联建立了密切的同盟关系，苏联是会真心实意帮助我们的，对于苏联掌握人民币印制不必过多担心；我们发行第二套人民币，是要从根本上建立真正的全国性货币和金融体系，防伪是第一位的，直接请苏联印刷，能够达到这个目的；以后经过我们的努力和苏联的帮助，中国自己也可以达到苏联的印刷水平，那时我们就可以不再请苏联印刷了。

中央经过慎重研究，最后决定接受陈云的建议，采用第三个方案，但要做些调整，即委托苏联代印大面额钞票，小面额的钞票仍由我们自己印制。

中苏双方30多次细节会谈体现苏方善意

中央确定请苏联帮助印制第二套人民币的方案后，中苏双方高层进行接触，商谈此事，双方很快就此事达成一致意见：苏联方面愿意代中国印制第二套人民币。接着，中央立即安排重要干部同苏联方面落实此事。当年，受周恩来总理委托，时任中国人民银行行长的南汉宸，政务院财经委员会副主任叶季壮，中国人民银行印制局副局长贺晓初、陈邦达等主要负责与苏联商谈。周恩来则在国内指导这次会谈。

南汉宸等人于1952年4月初衔命抵达莫斯科，与苏联方面接谈此事后，双方稍事准备，便于4月6日就苏联方面代印人民币一事进行谈判。第一次谈判的主要议题，是中苏双方就这件事的原则意见。由于事先中苏双方高层已经有过一致意见，在会谈开始中方提出请苏联方面代印第二套人民币之事后，苏联方面很痛快就答应了。因此，第一次谈判特别顺利。南汉宸的任务也就完成了。接下来，是双方商谈苏联代中国印制第二套人民币的细节。这就不需要南汉宸再留在莫斯科了，他将政务院财经委员会副主任叶季壮，中国人民银行的贺晓初、陈邦达等人留在莫斯科，与苏方详细商谈技术方面的问题，自己乘飞机回国。中国方面非常重视这次会谈，为了更加慎重，中共中央请中国驻苏大使张闻天作为主要会谈者之一，参加会谈，中国驻苏联大使馆代办戈宝权、温宁等也参与了会谈。苏联方面参加会谈的，主要是财政部长兹维列夫等人。

当时，新中国成立不久，即使是中国人民银行的领导干部，也并不十分熟悉业务，因此，他们在印制钞票方面缺乏经验，就是可以理解的了。会谈中，中国方面参与谈判的干部，除了提出一些原则意见外，对于许多技术方面的事情并不十分懂行，也提不出什么意见，主要是听苏联方面的。但是，苏联方面参加会谈的人并不因为中国方面参加会谈的人不懂行而欺骗、刁难中国，而是表现出了特别的耐心和善意，关怀中国方面的同行，帮助他们掌握这方面的知识，解决新中国急迫要解决的问题。

关于苏联代中国印制第二套人民币具体工作细节的会谈，从1952年初到1953年2月初，中苏双方在莫斯科就这一事举行了长达一年多达30多次的会谈。仅仅从1952年11月21日晚在苏联财政部长的办公室里进行的一次会谈中，就能够体现出苏联方面的善意。这次会谈，中国方面主要人员为叶季壮，苏联方面主要人员为苏联财政部长兹维列夫。会谈时间是晚上10：00至晚上11：20。

在会谈时，中国方面拿出的方案是，暂时不印制100元、50元钞票。对于这个问题，兹维列夫（以下简称兹）出于善意表达了自己的意见。苏联方面与叶季壮（以下简称叶）所谈要害问题如下：

兹：100、50元都不要，改变发行票额小的纸币，是否会影响物价水平？对于这个问题，你们是否曾经认真考虑过？

叶：政府考虑过，但票额大，也是危险大。主要是防假，就不能不把票额改小，宁愿携带困难，就是造假也会使敌人比造大额的要麻烦些。

兹：是不是原计划发行100元，现改成5元，同时再压低物价？或者原计划以百元券一张票去买的东西，现改成要五元券20张票才买得回呢？

库梅金（苏外贸部部长，以下简称库）：这样对使用票子的人是否会便利？买点贵重东西，要拿很多票子才成。在这里印的纸币，不管如何保密，将来中国人民是会知道的。因此，将来人民感到不便利时，会批评中国政府，也会批评苏联的。

叶：我们考虑过。这样做对买货人、卖货人都不便利。

库：新旧币的兑换率是否已经肯定？等于旧的1万或5千？

叶：那是一个初步考虑。

兹：1元等于1万或5千既没有肯定，那么你们怎样做印刷计划呢？

叶：根据国内计算的结果，1元等于1万接近些。

兹：这问题应该解决，才能确定印多少票子，币改要有充分的准备工作，否则将来新币发行，会影响印刷和其他方面的。

叶：对这个问题，我一定报告国内。

兹：另外还应注意的：1.旧票轮换率多大；2.流通额是逐渐增大的，特别在中国。计划过没有？（还包括从这一段到币改前增加的发行额）；3.各地库存量多少，你们考虑过没有？

叶：流通额和库存量已考虑过，我们是已经计划在内的，至于轮换率，可否供给我们一些材料，因我们的轮换率虽有，但（现在的）纸币质量差，不能做根据的。

兹：材料可以给你们找到。轮换率还要看人民币纸币的爱护和保存法。

中苏双方会谈，主要内容是具体事情，尤其集中在技术方面，如印样、数量、交货时间、苏方供应印钞纸、签订合同等，实质上是中国请苏联代印人民币的技术性谈判。在细节方面，苏联方面真是像办自己的事情一样，替中国方面考虑，帮助此前不懂印制钱币的中方人员掌握有关知识，体现出一种无私援助的精神。

中国关注防伪问题

中国政府之所以要请苏联方面帮助中国印制第二套人民币，主要原因是中国当年印制钞票技术水平低，印制出的钞票达不到很高质量，更谈不上防伪。而在印制钞票方面，苏联已经有很多年经验，达到了很高水平。苏联在防伪技术方面，已经和美国齐平，在某些方面甚至超过美国，是世界上掌握防伪技术最高水平的国家。中国期望苏联代印的人民币，在防伪方面达到国际最高水平。由于这一点，在中苏双方会谈中，中国方面特别关心的是钞票印制质量，根本点是提高防伪水平。

1952年9月22日，中国驻苏联大使张闻天在同兹维列夫的一次谈话中，特别强调了苏联代中国印制钞票的质量问题，他说："由于中国近年来物价稳定，财政收支平衡，及今后有计划经济建设的需要，我国不久将实行货币改革。由于新的人民币的比值，一元将值旧人民币一万元，故提高新币质量，防止造假，极为重要……特别由于我东南边疆，台湾的蒋匪及美帝常以伪钞输入捣乱，因而防假要求更为重要。苏联技术及印制条件都比我们高明，我们要求将使用于卢布上的奇异技术用于我国新币上……过去这一段工作，苏联专家们已花了很多时间，做了很多工作，我们很感激！但我们要求还要高些，要像卢布五元十元上的花纹那样好。这当然不是要苏联卢布上的花纹，照样搬到我们新币上。"张闻天的意思非常明确：中国方面特别希望提高第二套人民币的防伪能力。兹维列夫向张闻天保证，苏联方面代中国印制第二套人民币，质量上有保证，肯定会和苏联的卢布一样好，由于技术进步，它的防伪能力甚至会超过卢布。兹维列夫对张闻天表示，可以请苏联印钞专家来当面向中国同志汇报一次。

兹维列夫也清楚，中国方面最关注的是第二套人民币的防伪技术问题，最希望的是提高防伪能力。他很快就请来苏联印钞专家，当面向张闻天和中国驻苏联大使馆的同志报告代中国印制第二套人民币的技术情况，重点是介绍防伪能力问题，话题集中在整个样板防伪的精致处。苏联专家详细讲解了苏联代印第二套人民币防伪方面的特点：（1）用药水化验特制纸的防伪标志；（2）奇异底纹系特殊制作；（3）变点花纹系180角度绘制而成；（4）正背面上两侧花幅，系黑白线组成。均能防假。张闻天认真听了苏联印钞专家的介绍后表示，对于前三项防伪技术，他认可，但第四项防伪技术中，暗花还是较为简单，还有改进余地。他希望苏联方面组织专家进一步研究改进方案，把第四项防伪技术改得精致些，水平再提高一步。

张闻天在与兹维列夫谈了提高防伪细节问题后，兹维列夫问张闻天："第二套人民币初次印制由我们承担，以后续印由谁承担？"张闻天答道："这次印后，续印也请苏联方面承担。"

听了这个话，苏联方面更加细心了。他们安排了专门的工厂和设备承担印制第二套人民币工作。调用设备材料、配备技术人员、安排领导干部等，均由苏联财政部长亲自抓。这样，苏联方面的整个准备工作十分严密，速度也很快。苏联方面说到做到，当年，他们确实是调来最先进的印制设备，调来最好的技术人员承担印制工作的，并且任命责任心很强的干部进行监督。

苏联方面不久即全部安排妥当，请中方人员进行仔细查核后，中方很满意。

苏联方面的认真、热心、负责，使张闻天等人很放心。他们在请示周恩来后，向苏联方面表示，苏方可以实际操作了。

为了使中国方面放心，苏联方面先印制出第二套人民币的印样，由苏联财政部长亲自送给张闻天审看。张闻天非常细心，他专门抽出时间仔细察看印样，而重点是察看防伪效果。他还将印样交中国驻苏联大使馆其他同志审看，听取他们的意见。大使馆的同志看得也细心。尽管苏联方面已经用了最好设备、最好技术，并且特别用心，但张闻天和中国驻苏联大使馆的同志们还是提出了一点儿改进意见，主要是：要求苏方人员在用纸、币面底纹、变点花样、水印暗花等各个方面"还要精致复杂"。这些意见总归一个意思：希望苏联方面再进一步提高第二套人民币的防伪能力。

兹维列夫认真听取了中方意见后，明确回答张闻天："我们重做。重做后的第二套人民币，按照中方所要求的技术方案操作，印制的人民币比现在的样子会有进一步提高。当然不能与卢布上的花纹一样。决定重做后，印制第二套人民币的时间会延长一些，需要延长多长时间，我们会后研究一下，定下来后再通知张大使。"

此后几天，苏联方面认真研究了中方意见，安排技术人员作了改进。改进技术后印出票样再经中方人员检验认可。这次改进技术后印出的钞票，防伪能力已经超过了苏联的卢布。

在中方和苏方人员共同努力下，印制第二套人民币的一切工作准备就绪。经过一段时间的会谈后，双方又在各种票面的印刷数量、印制要求、交货时间、交货方式等具体问题上达成了一致。

中方频繁调整印币计划，苏方人员说"困难算不得什么"

新中国刚刚成立，在印制人民币方面，不光是缺乏人才和技术，而且缺乏经验，因此在与苏联方面合作时，难免出现意见和方案多次变化的情况。对此，具有国际主义精神、真心实意帮助中国的苏联干部、专家们，表现出了极大的耐心。

在中苏双方进行商谈时，中国方面由于技术经验不足，提出的要求较多，许多还是外行话，提出的方案、意见变动也多。苏联方面对中方提出的每一个要求，都认真听取、研究，对于中方意见、方案的变化，苏方人员也都帮助分析研究，顺应中方变化，改变或者调整自己的方案，没有表现出丝毫的不耐烦。中方有些要求，是苏联方面暂时做不到的，但是他们不但没有任何推辞，而且以积极态度想尽办法解决，因此，在商谈这件事时，双方关系十分融洽。

下面这件事，最能体现苏联方面的耐心：中方原来拟定的请苏联代印方案是：印100元、50元、10元、5元四种大面额钞票，总金额为40亿元；1元主币和6种辅币由中国人民银行的印刷厂印制。就在中苏双方达成一致，苏联方面也准备开印四种大面额钞票之际，出现了这样一个情况：蒋介石派到大陆的特务获知新中国人民银行正在准备发行第二套人民币的消息后，派人到美国，拟请美国帮助，制造假的第二套人民币四种大票，干扰以至搞垮大陆金融和经济。中央也获得了台湾方面的情报。中央主管经济的陈云分析研究了这一情况后，提出我们要立即局部调整请苏联代印的第三种方案。他在综合考虑了中苏美，以及逃至台湾岛的国民党方面的情况后，于1952年10月27日提出了一个调整方案。这个方案主要是改变苏联代印钞票的种类。他在向中央提交的文件中说："鉴于台湾尚未收复，港澳与我国陆地相连，美蒋不断利用空投与经由港澳走私向我国境内散播假票，以破坏我人民币信用，同时台敌在美国援助下，可以在技术上把假票印成与真票完全近似，老百姓不可能区别真伪，单靠少数银行干部用显微镜来观察票子真假，是不能阻止假票流行的……我们发行的票子面额越大，则空投与私运入口同一体积与重量的假票其金额数目也就越大。为减少假票的影响与损失……拟在新币发行时暂不发行5元以上大票，但只发1元券又嫌太小，故拟增发三元券一种以资调剂。"中央很快就批准了陈云的意见，并由周恩来总理出面通知苏方做出改变，他亲自签发了电报，提出中国政府已经决定"采用不超过3元和5元的票面"，请苏联增加代印3元券人民币；小面额钞票总金额改为45亿元；印制时间也要求缩短；已经由苏联方面印好的100元、50元人民币暂不发行。与此同时，国内的印钞厂也开始增印2元券人民币。

苏联财政部长兹维列夫收到电报后，有点儿为难。他对中国驻苏联大使张闻天说，原来的方案我们已经商谈好了，苏联方面也已经做好了一切准备工作。原来商定的订货票额大，总金额小，现在钞票面额改小，总金额反而加大到45亿元，这就增加了印钞工作量。这样，印钞工作量大体相当于原计划的3倍，而交货时间同时又反而缩短，变化这样大，按中方要求的时间完成印制工作，就很困难了。张闻天如实向苏联方面解释了台湾和美国形成了破坏中国新货币计划的情况，兹维列夫立即表示理解，说：苏联方面一定按中方变化的要求去做。时任政务院财经委员会副主任的叶季壮还向苏方做了详细解释，他说："我们也知道改是不大好，但这是不得已的，政府曾再三考虑过……现在改变的计划势在必行,仍望苏方多多帮忙。"他说,增加发行3元券主要是考虑到可以少印1元券;40亿元改成45亿元,是因为过去计划少了,现在不得不弥补空缺。叶季壮接着与苏方商量:"原做好的5元券版不动,新做3元券版;或原10元券版改成5元券版,原5元券版改成3元券版。"兹维列夫回答说:"过去做的版全已无用,都须重新做版。可将原10元券的图案和尺寸改为5元券的,5元的图案和尺寸改为3元的。"兹维列夫经过认真思考后,向中方提出建设性意见:为了加快工作效率,建议印刷这些钞票时用一种纸即可,不必用两种纸。中方同意了他的意见。中苏双方又按照中方改变的计划,重新达成了改动协议。经中国驻苏联大使馆请示周恩来同意,同意苏联方面开始代中国印制第二套人民币。苏方马上动员起来,按照中国的新要求调整部署,并且工作进行得很迅速,短时间内即调整完毕,开始印刷第二套人民币的3元券和5元券。印出的人民币,采用胶凹套印,版纹深,墨层厚,有较好的反假防伪功能,是防伪能力居于世界前列的精致货币。

在苏联方面代印人民币一年之后,中国在分析了美蒋的动向后认为,由于中国政府中止了印制四种人民币大票的计划,他们破坏新人民币的计划难以实施,我们增印10元券,风险不大。由此确定了增印人民币10元券的方案。1954年4月12日,中国驻苏联大使张闻天向苏联方面口头提出再次提出改动代印人民币方案的要求,具体内容是:"新印十元券20亿元,计2亿张。"苏联方面紧急研究中方意见后,很快就表示同意按照中方意见办,尽管印制数量增加很多,苏联方面还是决心克服困难,一定完成增印任务。苏联方面初步与中方商定于1956年内全部交齐。但这时中方的10元券设计还没有完成,于是兹维列夫就提出,为保证交货时间,"这个新增的10元稿样送来越早越好"。中方答应,当年第三季度送交苏方。但在第三个季度中方的稿样还是没有送到。在此情况下,苏联方面反过来催促中方,尽快交来设计样稿。苏方几次催促后,中方觉得应该向苏方解释。不久,中国驻苏使馆向苏方作了解释:人民币10元券设计中,经过了多次修改,仍不满意。原来的图案设计是工农兵形象。现在,朝鲜战争已经结束,中国的主要任务是从战争状态转向和平建设,原设计稿中的"工农兵"图案中，应该去掉"兵"，以消除战争气氛，转而强调"工农"，即要突出大力进行国内和平建设之意。因此原来的图案要重新设计、审批、绘制、正式定稿，因此拖延至今没定。苏联方面听了中方这一解释后，表示完全理解。1954年10月，张闻天大使正式照会苏联外交部长莫洛托夫，除与苏方再次确认新印10元券外，还解释："近因此项设计稿样经审查后尚须重新设计，因而该设计稿样，需延至今年12月间始可转交苏方，交货期限是否因此亦须相应顺延，亦请考虑。"由于中方交设计样稿时间推迟，苏联方面才相应推迟了交货的时间。张闻天在给苏联外长莫洛托夫的照会中，又提出了增印人民币5元券的要求，具体为：要求增印人民币5元券"20亿元，计4亿张"。这个要求，无疑增加了苏联方面的印制压力。但苏联方面很痛快就同意了中方的这一要求。

苏联方面为什么对中方的频繁变更表现得十分耐心？根本原因是：当年苏联的干部群众在思想意识中，确实是把中国当作社会主义阵营中的"一家人"，把中国的事情当作自己的事情。当年苏联一位高级干部的话最能体现这一点。当时，中方询问苏方，中国方面这样改变计划，会不会使苏联方面产生什么困难，苏联财政部副部长兹洛比回答："困难当然有，你们有，我们也有，不过是可以克服的，算不得什么。"

真诚合作，严密交接

在请苏联代印人民币过程中，中国方面是真诚请苏联帮助的。仅仅中国政府把印制关系国家命脉的人民币委托苏联方面代印这一点，就表现出了中国方面对苏联的信任。苏联方面在代印人民币过程中，也表现出了真诚帮助的态度。下面这件真实的事情说明了这一点：

苏联方面在帮助中国代印人民币的过程中，调用的都是觉悟高、政治上可靠、技术好的人员。他们都像对待本国事情一样做这件事，代印人民币均按照中方要求的质量和时间完成。这些人在代印过程中，工作热情非常高，常常是自觉自愿加班加点工作，这样，就出现了一个善意的"意外":苏联某个承担印制人民币的单位,由于职工的工作热情高,加班加点印制,结果超额印制了。如果是一般的物品,超额完成是好事,但货币不同于一般物品,要严格按照事先确定的数量生产,是不能随便超额的,而苏联又是在帮助中国代印人民币,就更不能出现这样的情况。已经出现了,怎么办?苏联政府要求下边的单位一定要如实向中国方面通报。1954年7月5日,苏联木材公司(承印人民币单位的化名)经理在代印好的人民币5元券即将启运时,向中国驻苏联大使馆诚实告白:"承印之3元券时已完成所规定之任务,但因有一工厂超额印就95万张,因此数巨大,故建议仍运交你方。"

中国人民银行行长南汉宸在认真听取了中国有关干部转达的苏联方面的解释后,表示完全相信苏联方面的解释,对此事给予充分理解,他要求有关部门,要立即答复苏联方面:同意运交我方。

接下来的重要环节,就是双方转交人民币。这是一项保密性极强,手续要求极为严格的工作。对此,苏联方面采取了特别慎重的态度。

在几次详细商谈后,中苏双方确定:苏联代印的人民币从1953年9月底开始分批运往中国。运输方式是用火车皮经铁路运送,走的路线是莫斯科开往西伯利亚的铁路,交接地点设在中国内蒙古自治区的满洲里口岸。

为了顺利交接,苏联方面作了严密部署,采取了十分严密的保卫和押运措施。每次起运人民币,苏方都会事先向中方提供一份详细的清单,包括装箱数、总重量、箱子规格体积等,以便中国做好接运准备。为了做到绝对保密,苏联方面与中方沟通多次,双方最后确定采取如下措施:苏联方面的"发货者",用的是"苏联木材公司","收货者"是中国的满洲里入口公司(即现在的进口公司,当时称为入口公司),所发货物的名称是"技术装备",双方交接地点定在满洲里火车站的列车上。实际的发货种类、时间、经由路线、包装形式,只有两国高层少数人知道。

在发运之前,中国方面向苏联提出了这样的要求:"全部车辆严加警卫,护送至我站台。"苏联方面表示完全按照中国意见办,随后安排莫斯科最精锐的警卫部队沿运输道路全线警戒。同时,苏联方面还替中方着想，提醒中方加强运到中国境内后的警戒工作。1953年9月底，当首批3元券即将启运时，苏方在自己国内加强警戒的同时，还特别向中方提出，希望中国方面安排诚实可靠的接收人员及警卫人员以及搬运工人承担人民币运输工作。但对这些运输人员也应该严守秘密，不能讲出所运送的货物是什么。苏联方面基于自己的经验，善意地向中国方面提出了许多应该注意到的押运细节，例如，中国一定要选择车况最好的车辆接运，这些车辆不能有任何裂缝，不能有一点漏水管；车厢应该封闭严密，不能有任何疏漏；中国现有车厢两端没有小平台，应该改装，在两端各设一个小平台，以便警卫人员站立；在中国境内运送时，货箱上、车辆上都不能有任何苏联财政部或苏联国家银行的字样。

对于苏联方面的提醒，中方完全接受，并且特别加以注意。后来在运送时，中国方面完全按照苏联方面的意见来做，保证了运输安全。

交接，是最容易出问题的环节，因此双方对于在满洲里的交接都予以高度重视。苏联方面率先安排好了他们方面需要做的工作，同时提醒中方做好接收工作。为了做好接收工作，南汉宸行长专门致函驻莫斯科的张闻天大使，并请张闻天将中方意见转告苏联方面，以便他们心中有数。信函中，南行长将中方接收工作的细节一一向苏方列出，并强调说：争取一天交货完毕；10人同时开启10个车厢，上午10个，下午10个；箱外编号必须衔接。苏联方面同意了中方的安排，表示交接时一定会配合中方，做到万无一失。

中方也对交接工作做了充分准备。中苏交接第一批人民币时正值严冬，地处中国北端的满洲里更冷，真是达到了滴水成冰的程度。中国方面有关干部考虑到了这个问题，给中方交接人员全部配发了最好的冬装，专门给押运、交接人员预备了餐车、厨师、住宿的车厢。同时也对苏联方面提出了一些具体要求，如，要采用中国人容易辨认的方法：在装货物的箱子上要有"铁腰子"，钉在箱子中间，将箱盖和底板上的四根木棍用洋钉子钉牢。苏联方面完全同意中方要求，他们十分认真、细致，完全按照中方要求做到了。苏方发来的装人民币的箱子，木板特别厚，箱盖和箱底上的木棍特别粗壮，钉得特别牢固，以至搬运都很费力气。

在中苏双方共同努力下，到 1955 年初，苏联代印的第二套人民币全部顺利运抵中央人民银行库房。其中的 1.6 亿张 3 元券，是苏联方面顺应中方变化了的要求，动员印制人员加班加点工作，提前了 4 个月完成的。

第二套人民币于 1955 年 3 月 1 日开始发行，其中包括苏联代中国印制的人民币 3 元券、5 元券和国内印制的 2 元、1 元及角、分币共 10 种货币；1957 年 12 月 1 日又发行了人民币 10 元券，也是苏联代中国印制的。

特殊历史条件下中国紧急回收苏印"三种票"

1956 年 2 月，赫鲁晓夫在苏共召开的二十大上作了《关于个人崇拜及其后果》的秘密报告，谴责和批判斯大林。毛泽东对此十分不满。此后，中苏两党在意识形态领域里的分歧越来越严重，到 20 世纪 50 年代末，赫鲁晓夫把两党在意识形态上的分歧引入国家关系，两国的矛盾也越来越大。60 年代初，苏联政府撕毁援华协议，撤走援华专家，两国关系迅速恶化。具体讲到印制人民币事情上，苏联当时也实际中止了代印人民币工作。他们还突然停止了向中国提供印钞纸和印钞设备，使中国自己印制人民币也出现了暂时的困难。

在此情况下，中国方面不得不全面调整对苏政策。而调整政策中，首当其冲的就是金融货币领域，在金融货币领域，最急迫要解决的，就是苏联代印人民币问题。道理非常简单：人民币对中国的重要性不言而喻，而人民币的印制掌握在一个敌视中国的国家手中，是极其危险的。

有鉴于此，中国政府于 1962 年 7 月至 1964 年 5 月向苏方陆续索回了代印人民币的资料，实际中止了请苏联代印人民币之事，从此，人民币由中国自己印制，而中国当时也已经拥有了印制高质量人民币的技术。

1964 年三四月间，中国政府发现，在东北和新疆地区，苏联代印的人民币 3 元券、5 元券、10 元券突然增多，这三种人民币并非假币，流通畅行无阻。虽然中国方面没有切实证据证明这是苏联故意捣鬼，但这三个券种的人民币突然大量增多，显然极不正常。中国政府自然会怀疑是苏联方面利用手中的印版印制了大量人民币，然后投放在中国与苏联接壤地区，干扰中国经济。于是，中国政府决定立即采取紧急措施，回收已经发行的苏联代印人民币。回收后，不再发行。1964年4月14日，中国人民银行发布《关于限期收回三种人民币票券的通知》，规定从4月15日起，苏印"三种票"（即3元券、5元券、10元券）停止在市场流通，至5月14日止为收兑期，限期1个月内到银行兑换成其他面额，苏印三种券一律回收销毁，过期未收兑的一律作废。

在中苏关系紧张之时，中国人民表现出了极高的觉悟和极强的爱国主义精神，群众积极配合回收，回收工作进行得相当顺利，短时间内，中国市场上就见不到苏联代印人民币三种券了。

苏联代印人民币的三个券种，依次属于当时人民币中一、二、三等的高面额的券种，突然回收，会造成市场上流通的大面额人民币不足，给交易带来一定困难，中国政府已经预计到这一点，在回收苏联代印人民币三个券种的同时，责成人民银行迅速行动，大量发行我国自己印刷的5元券人民币。中国自己印制的这个人民币5元券种，颜色为深棕，主景图案虽然与苏联代印人民币5元券相同，但印钞纸首次采用了国产满版水印纸，因此，与苏联代印人民币5元券有区别。回收苏联代印人民币5元券、中国自己印制的人民币5元券进入市场后，市场上再发现苏联代印人民币5元券，就按照假币对待了。

当时中国还没有完全掌握最先进的防伪技术，一时还不能印制10元券人民币。因而此后一段时间内，5元券就是第二套人民币最大的面值了。到后来，中国政府掌握了先进的防伪技术后，具备了印制10元券人民币的能力，才开始自己印制发行第二套人民币10元券。

新中国成立初期周恩来在反腐败斗争中作出的重大贡献

新中国成立初期，周恩来特别注意反对腐败现象，并且为此作出了重大贡献。周恩来在反对腐败问题上的坚决态度和确定的原则，至今仍然是我党的宝贵财富。

增产节约运动中发现的问题使周恩来警觉

1950年10月，新中国就派志愿军入朝，进行抗美援朝的战争。打仗，需要巨额经费，而国家也要恢复和发展国民经济。这样，打仗花钱与发展经济这两个问题就同时摆在政务院总理周恩来面前。这两个，都是难题。为解决这两个难题，周恩来付出了巨大心血。但两大难题一起出现，不是容易解决的。

1951年7月以后，国民经济恢复的难度越来越大，财政经济状况仍未实现根本好转。而志愿军司令员彭德怀也专程回国，提出了前线物资供应问题。在此情况下，周恩来经过深思熟虑，提出解决难题的办法，只能是号召国内各行业增产节约。周恩来提出这个办法后，毛泽东立即表示赞同，并且把这形容为"一条康庄大道"。

方针已定，周恩来立即在全国推行增产节约，并且把增产节约作为人民政府的大政方针。1951年11月1日，周恩来在政协第一届全国委员会第三次全体会议上作总结发言时，是这样解释增产节约运动的积极意义的:"增产节约的主要意义是为了要支持抗美援朝和国家建设。"①周恩来要求所有企业、部队、机关、团体,"在编制上、工作上、人事上、作风上都要检查,能精简节约的都要精简节约,不必要的财政开支一定要减少,一切物资器材要查清"②。

周恩来在抓增产节约时发现党政机关中存在三大问题:贪污、浪费、官僚主义。而且,一些大案的发生,让人触目惊心。各地的情况汇报摆在了周恩来的案头,周恩来看后,感到非常震惊和痛心。

周恩来从报来的材料中看到,在华东地区,从1951年1月到11月,在华东地区处理贪污案件179起,贪污金额达288亿元(指旧币)。从1950年6月至1951年11月,因贪污而造成国家财产损失1242亿元。在东北地区,从1951年9月起算,东北贸易部检举的贪污金额就达5亿元;沈阳工商局所属各单位就揭发出3629人有不同程度的贪污行为。在西南地区,1951年12月统计,西南工业部门发现的贪污金额约800亿元。西南财政部门发现贪污金额300亿元。建筑行业贪污浪费达数百亿元。交通系统贪污浪费约500亿元。发现贪污人员4816人,贪污公款323亿元,粮食4000万斤。中央政府机关也出现大量贪污问题。在中央人民政府系统27个单位中,发现有1670人贪污。仅公安部行政处处长宋德贵一个人,即贪污7亿元。

朝鲜前线在打仗,国民经济要恢复,全国人民都在增产节约,却有大肆贪污浪费现象存在,这让周恩来不能容忍。他立即把情况报告给毛泽东。毛泽东和周恩来面对触目惊心的贪污、浪费和官僚主义问题,在痛心的同时,也高度警觉起来。周恩来建议毛泽东,要在全党和全国开展反对腐败的斗争。

周恩来亲自批准将刘青山、张子善逮捕

正在此时,毛泽东也接到了中共中央东北局第一书记高岗送来的进

---

① 《周恩来传》下,中央文献出版社1998年版,第1058页。
② 《周恩来传》下,中央文献出版社1998年版,第1058页。

一步深入反贪污、反浪费、反官僚主义斗争的报告。毛泽东看了这个报告后，结合周恩来的意见，下决心在全国党政军机关中开展一场反对腐败的斗争。他于11月20日代中共中央起草了转发东北局报告的批语：

> 在此次全国规模的增产节约运动中进行坚决的反贪污、反浪费、反官僚主义的斗争。在展开这个运动和这些斗争之后，每一个部门都要派出必要的检查组检查所属的情况，总结经验，向上级和中央作报告。①

这个批语正式向全党发出了开展全国范围的"三反"（反贪污、反浪费、反官僚主义）运动的号召。这个运动，实际上就是在全国党政领导机关中开展一场大规模的反腐败斗争。

就在中共中央发出毛泽东批语之后不久的1951年11月29日，中央收到由薄一波、刘澜涛署名，以中共中央华北局名义给毛泽东并中央的一份重要报告，专门讲刘青山、张子善贪污腐化问题。报告先送至周恩来手上。周恩来在这份报告中看到刘青山、张子善的大量贪污腐化事实，使他十分震怒。周恩来把报告送给毛泽东，毛泽东看后也十分震怒。不光是毛、周二人，中央领导人看后，都既震惊又震怒。毕竟，这样的大贪污腐化案件，在共产党内还是第一次发现。

鉴于刘、张二人罪行严重，中共河北省委建议省人民政府依法逮捕刘、张二人，并请示华北局。华北局于11月下旬讨论后，同意有关部门决定依法逮捕刘、张二人。但是，刘、张二人是党的高级干部。在当年，逮捕他们这样的高级干部，必须经中央批准。因此，华北局接到河北省委关于逮捕刘、张二人的请示后，经讨论报请周恩来批准，决定将他们逮捕法办。②

河北省、华北局坚决执行周恩来的批示，命令河北省公安厅于11月

---

① 《建国以来毛泽东文稿》第2册，中央文献出版社1988年版，第513页。
② 薄一波：《若干重大决策与事件的回顾》上卷，中共中央党校出版社1991年版，第150页。

29日上午依法逮捕了张子善。12月2日，刘青山刚刚从国外访问回来，河北省公安厅立即将其逮捕。12月4日，中共河北省委报请华北局批准，作出了开除刘青山、张子善党籍的决定。

周恩来主持制定了一份严惩贪污犯的文件

逮捕张子善的第二天，即11月30日，周恩来将自己指导起草的中共中央《关于实行精兵简政，增产节约，反对贪污、反对浪费和反对官僚主义的决定》送到毛泽东的案头，请他审阅。

1951年12月1日，中共中央向党政军各部门和各地发出了《关于实行精兵简政，增产节约，反对贪污、反对浪费和反对官僚主义的决定》。这个决定稿，"是由周恩来指导起草，报请毛泽东审阅批准，再经周恩来定稿后发出的"[①]。这份文件要求对一切贪污行为必须揭发，按其情节轻重，给以程度不等的处理，从警告、调职、撤职、开除党籍、判处各种刑罚直至死刑。典型的贪污犯，必须动员群众进行公审，依法治罪。

实际上，在批准逮捕刘青山、张子善这个文件中所说的"典型的贪污犯"，所包含的内容明显不止严惩贪污犯，但主要的、要害的内容，是惩治贪污犯。

这份文件发出的当天，周恩来就向出席解放军总政治部宣教会议和华北军区高干会议的代表作了传达。周恩来想得很远。1952年1月9日，周恩来主持召开中央一级党政军和群众团体的干部大会。在会上，周恩来提出：这是一个严重而又紧张的革命斗争，全国党政军的全体人员要以极严肃的、认真的和负责的态度，无一例外地参加这一运动，进行自我改造。1月11日，周恩来在政务会议上指出，搞这场运动，必须发动群众，依靠群众，群众不起来，只是几个领导搞，过几天就忘掉了，而且无效。周恩来还说了四个字"言出法随"，把制度健全起来，"如果我们不以严格的制度限制或制裁这些不法行为，国家的前途是不可想象

[①]《周恩来传》下，中央文献出版社1998年版，第1059页。

的"①。可见，周恩来在"三反"运动刚一发动，就提出了三个重要思想：一是自我改造，二是发动群众，三是健全制度。这三个重要思想，直到今天仍然有重要意义。

为了贯彻执行中央关于"三反"的文件，周恩来领导中央党政机关组建了各系统"三反"领导机构，并亲自拟定了人员名单。当时，为了使这个领导机构的名称不那么显眼，以便于工作，周恩来决定，全部使用"节约委员会"的名称，各个"节约委员会"的领导人，也有公开和不公开之分，这也是为了便于领导。中共中央节约委员会主任是薄一波，身份不公开。中央各党派、各部门、各民主团体节约委员会主任是朱德，副主任是安子文、杨尚昆，身份公开。中央人民政府节约检查委员会主任也由薄一波担任，身份公开，副主任由彭真、沈钧儒等担任，身份公开。

周恩来说："上梁"不正，"下梁"必然歪

这场反对腐败的斗争刚刚展开，周恩来即于12月7日主持召开了政务院第114次会议。这次会议不同寻常。会议主要目的，是让全体同志明白，我们在同资产阶级合作的时候，决不能忘记与资产阶级斗争，同时，国家机关也要先从自身做起，先"正己"。同时，在发现许多贪污腐化问题后，我们为了正确指导运动，还要制定政策，划分大中小三类，区别对待。

会上，周恩来先讲了这样的道理：我们要与资产阶级合作，因为这个合作有好的一面。但是，同时要警惕资产阶级坏的一面，即它带来的旧的、封建的和帝国主义买办的影响，贪污腐化的风气。这一点，我们不要隐讳，也不要估计得过低。因此，运动要大张旗鼓地进行。我们需要在运动中研究制定一个惩治贪污的条例。

对周恩来所讲的这个道理，与会全体同志不仅完全赞成，而且认为，

---

① 《周恩来传》下，中央文献出版社1998年版，第1061页。

周恩来讲的这个话，为我党在与资产阶级合作时期保持高度警惕，防止和反对腐败，提供了指导。

接着，周恩来讲了"上梁"和"下梁"的关系。他说：中央国家机关，是"上梁"，各地区政府，是"下梁"，如果"上梁"不正，"下梁"必然歪。中央直属机关必须先清理自身，"上梁"必须先正，"下梁"才能正。

在会上，周恩来谈了贪污腐化现象存在不同情况的问题，他指出，对贪污腐化分子，必须严肃处理，这是不可移易的根本原则。在处理时，要根据不同情况，采取不同的政策原则。周恩来在会上大致讲了如下区分法和处理法：对于贪污分子，可分成大、中、小三类；对三类贪污分子，要区别对待。区别对待的方法是：对于大的——必须严办，从判10年以上徒刑到杀头；对于中等的——应该法办，从撤职以至判徒刑；对于小的——不能原谅，但在处理时，应采取教育的办法，自己坦白并经过教育，可从宽处理。

1952年1月26日，周恩来为中共中央起草的致各地征询《惩治贪污条例》意见的电报中提出了"多数从宽、少数从严、以前从轻、以后从重"的量刑方针，并估计在已发现的贪污行为人中需要处刑的约占百分之五到十。① 而对于刘青山、张子善这样的大贪污犯则必须处以极刑。

周恩来下决心，在中央国家机关必须采取严厉措施反对腐败。为此，他和与会同志达成一致意见：要成立中央一级机关总党委，这个总党委目前主抓反对贪污受贿等腐败问题。会议结束后，12月20日，周恩来就成立中央一级机关总党委一事，向毛泽东并中共中央书记处提出书面报告，他自告奋勇，提出亲自担任总党委第一书记；第二至第四书记分别由安子文、杨尚昆、萧华担任。他在报告中还提出：总党委成立后，在目前阶段的中心工作是集中精力，领导与组织中央一级机关（包括党、政、军、民）的精简节约与反贪污、反浪费、反官僚主义的斗争。

毛泽东批准了周恩来的这个报告。

---

① 《周恩来传》下，中央文献出版社1998年版，第1062页。

对于中央机关的"大老虎"必须依法严办

周恩来担任中央机关总党委书记后,把极大精力投入到领导中央机关的反贪污腐化斗争中去。周恩来非常清楚,中央机关中也有"老虎",而且,打掉中央机关的老虎十分不容易。正在周恩来考虑从何处入手时,毛泽东在1952年1月23日发给党政军各部门和各地一封题为《关于"三反"斗争展开后要将注意力引向搜寻"大老虎"》的电报。电报中说:

> 凡属大批地用钱管物的机关,不论是党政军民学哪一系统,必定有大批的贪污犯,而且必定有大贪污犯(大老虎)。有些人以为党的机关,宣传和文化教育机关,民众团体,用钱不多,必无大老虎,这是不正确的。早几天还以为中央文教机关一个老虎也没有,经过最近两天的寻找研究,就发现至少可以捉到十五个贪污一亿元以上的大老虎。①

毛泽东在这封电报中对于搜寻大老虎,用了这样的词:"穷追务获,不要停留,不要松劲,不要满足于已得成绩。"②

此后,毛泽东又陆续批转了各地、各部门上报的多份有关打"老虎"的报告和经验,要求各地"规定自己的打虎目标","打虎要有一套战术,凡已普遍展开的,就要迅速总结经验,组织专门打虎部队,向大小老虎突击","老虎不捉净不许收兵"。

有了毛泽东这些指示,周恩来的行动更加坚决,他决定,就从抓中央机关的"大老虎"入手,开展中央机关的反腐败斗争,这也是贯彻毛泽东主席关于打"大老虎"指示精神的实际行动。在中央机关,周恩来号召广大干部揭发贪污腐化问题,凡是揭发出来的,都一查到底。在查证时,重点查那些贪污数额巨大的"大老虎"。1月19日,周恩来主持

---

① 《建国以来毛泽东文稿》第3册,中央文献出版社1989年版,第87页。
② 《建国以来毛泽东文稿》第3册,中央文献出版社1989年版,第87页。

中央直属机关总党委扩大会议,宣布运动进入集中力量打"老虎"阶段。周恩来要求,经过认真严查,确定为"大老虎"者,坚决按法律严办。

按照周恩来的这个要求,中央机关对于查出来的"大老虎"依法严办。1952年2月1日,中央机关在北京中山公园音乐堂召开公审大贪污犯大会,公审大贪污犯薛昆山、宋德贵。大贪污犯薛昆山,曾任中国畜产公司业务处副处长。他利用职权,盗窃国家经济情报,为其私人经营的皮毛商店服务。他挪用、侵夺公款,投机倒把,牟取私利。现已查明其现有的非法所得财产达23亿元(旧币)以上,罪行极为严重。特判处死刑,并没收其全部财产。大贪污犯宋德贵,曾任中央公安部行政处处长。他利用职权,违法乱纪,勾结奸商,大量盗窃国家资财达9亿元以上,个人从中贪污6.4亿元,并拒不坦白,罪行极为严重,特判处死刑,并没收其全部财产。贪污犯夏茂如、杭效祖自动坦白,立功赎罪,免予刑事处分。另外还有数人被处理。公审后,按周恩来的要求,将公审情况公开登报。这次公审,从始至终是在周恩来指导下进行的,体现了宽严结合的方针,对于贪污腐化分子既起到了严厉打击的震慑作用,又起到了分化作用。

"对于大的,必须严办,从判十年以上徒刑直到杀头"

周恩来在领导中央机关反腐败斗争的同时,也协助毛泽东对全国反腐败斗争进行了指导。在此期间,他批示、批转、起草、批复的文件数量巨大,为反对腐败付出了极大心血。在周恩来处理的这些贪污腐化案件中,特别需要提起的是他参与对刘青山、张子善的处理。可以说,对刘青山、张子善的处理,是周恩来协助毛泽东抓的典型。

周恩来批准逮捕刘青山、张子善后,刘、张二人的贪污问题被列入全国重点案件。中央和华北局都派人指导河北省查处此案。在中央和华北局的领导下,河北省成立了以省人民政府主席杨秀峰为主任的调查处理委员会,会同天津市,对刘、张贪污一案进行彻底的调查。在弄清他们主要犯罪事实的基础上,调查委员会和河北省委于1951年12月14

日提出了如下处理意见：

> 刘青山、张子善凭借职权，盗窃国家资财，贪污自肥，为数甚巨，实为国法党纪所不容，以如此高级干部知法犯法，欺骗党，剥削民工血汗，侵吞灾民粮款，勾结奸商，非法营利，腐化堕落达于极点。若不严加惩处，我党将无词以对人民群众，国法将不能绳他人，对党损害异常严重。因此，我们一致意见，处以死刑。①

上述意见报到华北局，华北局经过慎重研究后，向中央提出了如下处理意见：

> 为了维护国家法纪，教育党和人民，我们原则上同意，将刘青山、张子善二贪污犯处以死刑（或缓期二年执行），由省人民政府请示政务院批准后执行。②

周恩来对于河北省和华北局的意见是完全同意的。周恩来清楚，不对刘青山、张子善这类"大老虎"进行严肃处理，不足以刹住腐败之风，因此，他和毛泽东的意见十分明确：同意对刘、张二犯进行严惩。11月30日，中央批转华北局《关于刘青山、张子善大贪污案调查处理情况报告》中明确写道：华北天津地委前书记刘青山及现书记张子善均是大贪污犯，已经华北局发现，并着手处理，我们认为华北局的方针是正确的。

周恩来在惩治腐败斗争中，不主张打击面过宽，能不杀尽量不杀。他说过：对于小的贪污腐化分子，也不能原谅，但在处理时，应采取教育的办法。但是，对于大的贪污腐化分子，周恩来坚决主张从严处理。他说：

---

① 薄一波：《若干重大决策与事件的回顾》上卷，中共中央党校出版社1991年版，第151页。
② 薄一波：《若干重大决策与事件的回顾》上卷，中共中央党校出版社1991年版，第151页。

> 对于大的，必须严办，从判十年以上徒刑直到杀头。

毛泽东的态度也很明确：

> 对于这样的叛徒和蛀虫，有多少就必须清除多少。清除了他们，不是党的损失，而是党的胜利，不是降低了党的威信，而是提高了党的威信。

就在华北局报来处理意见，而中央还没有讨论刘、张二人处理问题时，有的党内高级干部出面向毛泽东说情。说情者的意思是：刘、张二人在过去战争年代有功，现在我们刚刚建国，缺少干部，刘、张二人还年轻[①]，是否不要枪毙。

毛泽东不同意说情者的意见，他对时任华北局第一书记薄一波说了这样一段话：

> 正因为他们两人的地位高，功劳大，影响大，所以才要下决心处决他们。只有处决他们，才可能挽救20个，200个，2000个，20000个犯有各种不同程度错误的干部。[②]

毛泽东仍然主张要严办。于是，说情者便找到周恩来，意思是，请周恩来在毛泽东面前讲情。没有想到，周恩来的意见十分坚决，不容置疑，他表示：不论他们有多大功劳，都是不可饶恕的。刘、张二犯，必须枪毙。

中央对于华北局报来的意见是慎重的，中央领导人对华北局处理意见进行了认真讨论。讨论中，刘少奇、朱德、薄一波、彭真等人也坚决主张对刘、张二人进行严办。

[①] 当年，刘青山36岁，张子善38岁。
[②] 薄一波：《若干重要决策与事件的历史回顾》（修订本）上卷，人民出版社1991年版，第152页。

为了更加慎重，周恩来提出，中央形成一致意见后，可以再进一步征求河北省干部、民主人士对刘、张二犯量刑的意见。中央同意了周恩来的这个意见。于是，1951年12月下旬，中央派出专人下去征求意见。征求意见的办法，也是按照周恩来的意见进行的，即除了在地委一级干部中征求意见外，还要在一般干部中征求意见；除了在党内干部中征求意见外，还要在民主人士中征求意见。

中央下去的同志征求对刘、张二犯量刑的意见的结果是：地委一级干部：在家的8位委员一致同意处以刘青山、张子善死刑。在552名党员干部中征求意见的结果是：对于刘青山的处理，有535人同意判处死刑，8人认为可以判处死缓，3人认为可以判处无期徒刑，6人认为应判处有期徒刑；对于张子善的处理，552人中有536人同意判处死刑，有7人认为可以判处死缓，有3人认为可以判处无期徒刑，有6人认为应该判处有期徒刑。随后，中央的同志又在当地民主人士中征求了意见。民主人士中，绝大多数人同意判处刘、张死刑。①

这个结果报上来后，周恩来的心中更加有底了，他拿出了最后意见：同意河北省委的建议，按照法律程序，由河北省人民法院宣判，经最高人民法院核准，对大贪污犯刘青山、张子善处以死刑，立即执行，并没收本人全部财产。

2月4日，周恩来代表中央人民政府给河北省人民政府主席杨秀峰回电：

> 准予将二犯判处死刑，立即执行，并没收其全部财产。②

河北省法律部门按照法律程序，处决了刘、张二人。由于周恩来坚持对大的贪污腐化分子进行严办，全国在这次反腐败斗争中，对查出的县以上党政机关中大贪污腐化分子，判处有期徒刑9942人，判处无期徒

---

① 薄一波：《若干重大决策与事件的回顾》上卷，中共中央党校出版社1991年版，第151—152页。
② 《周恩来传》下，中央文献出版社1998年版，第1062页。

刑67人，判处死缓9人，判处死刑42人。

周恩来提出"五个不能"

在查处党政机关中贪污腐化分子的过程中，周恩来发现，党政机关中的贪污分子之所以犯下严重罪行，是与社会上的不法资本家的违法活动密切联系着的。开国之初，我党鉴于当时的形势和任务，采取了不要"四面出击"，调整公私工商业，稳住城乡资产阶级的策略，对恢复经济起到了重要作用，同时也挽救了私营工商业的经营困境。然而，随着私营工商业的发展，特别是抗美援朝战争的军需订货猛增，资本家唯利是图的本性充分暴露出来。他们极力摆脱国家的控制，甚至违法牟利。这些现象，在1951年前后越来越严重。随着1951年我国财政经济状况的好转和资本主义经济的发展，一些资本家开始进行违法活动，主要有：行贿、偷税漏税、盗骗国家财产、偷工减料、盗窃国家经济情报，被人们概括为"五毒"。"五毒"行为主要是通过拉拢腐蚀党政领导干部才能进行，这不仅腐蚀了一批国家干部，引发和助长了党政领导干部的贪污、浪费、官僚主义，而且在经济上、政治上给党和国家造成了严重后果。1951年12月20日，饶漱石起草的华东局给中央的《关于开展反贪污、反浪费、反官僚主义斗争的报告》中提出："鉴于党政内部的贪污往往是由非法商人从外部勾结而来的，因此，必须注意调查奸商并发动群众检查控告不法商人的运动。"周恩来看了这个报告，予以高度重视。他和毛泽东的意见一致：必须在开展党政机关反对腐败斗争的同时，开展反对资本家"五毒"行为的斗争。这实际上是把反腐败斗争推向了更广的领域。当时中共中央批转华东局的报告时，态度十分明确："这个报告很好，请在党内刊物上发表。"1952年1月26日，毛泽东在为中央起草的《关于在城市中限期开展大规模的坚决彻底的"五反"斗争的指示》中，有这样一段话：

在全国一切城市，首先在大城市和中等城市中，依靠工人阶级，团结守法的资产阶级及其他市民，向着违法的资产阶级开展一个大规模的坚决的彻底的反对行贿、反对偷税漏税、反对盗骗国家财产、反对偷工减料和反对盗窃经济情报的斗争，以配合党政军民内部的反对贪污、反对浪费、反对官僚主义的斗争，现在是极为必要和极为适时的。①

这段批示，标志着中央开始着手反对"五毒"的斗争。周恩来也把很大精力放在反对"五毒"斗争中去。他把主要注意力投放在资本家最多、"五毒"现象也最严重的上海。1951年11月，上海《解放日报》在头版头条发表了华东财经委员会副主任许涤新的文章，文章列举了大量资产阶级的"五毒"行为，对不法资本家的犯罪活动进行了严厉批判。这是新中国成立后我党实行团结民族资产阶级政策后第一篇公开批判民族资产阶级中不法资本家的文章。周恩来读了这篇文章后，予以特别重视。11月下旬，许涤新已经到北京参加中央召开的统战会议，周恩来是在12月初得知许涤新已经在北京的，便让秘书通知许涤新到总理办公室来，说："总理要找你谈话。"12月5日，周恩来和许涤新第一次谈话。这次谈话，主要是周恩来询问上海不法资本家"五毒"行为的情况，周恩来主要是听和记，实际上是在搞调查。12月9日，周恩来再次约许涤新谈话。这次谈话，周恩来除了再次询问有关情况外，还和许涤新一起探讨了如何采取措施打击不法资本家。周恩来表示：不法资本家力图摆脱国家的管理和国营经济的领导，搞"五毒"，拉拢腐蚀了干部，坑害了国家，问题严重，绝不可等闲视之。我们对民族资产阶级的政策是既团结又斗争，既利用又限制，不能放任不法资本家大搞"五毒"而不管。接着，周恩来向许涤新谈了他经过深思熟虑而提出的"五个不能"：第一，不能孤立地讲公私兼顾，而一定要在服从国家经济领导的条件下讲公私兼顾。第二，不能抽象地讲劳资两利，而一定要在承认工人阶级领导的前提下讲劳资两利。第三，不能提倡盲目生产，而一定要逐步实现

---

① 《建国以来毛泽东文稿》第3册，中央文献出版社1989年版，第97页。

国家生产总计划的领导。第四，不能容许牟取暴利，而只能在国家规定的限度内或议定的价格内取得合法利润。第五，不能容许行贿、欺诈、偷漏、盗窃、引诱等犯法行为继续发生。周恩来讲的这"五个不能"，是他1952年1月5日在中国人民政治协商会议第一届全国委员会第三十四次常务委员会上讲话时正式提出①，并于1952年1月8日《人民日报》上公开发表。

周恩来认为，中国民族资产阶级有积极进步的一面，也有黑暗腐朽的一面，它同世界各国的资产阶级一样，具有唯利是图、损人利己、投机取巧的本质。②对不法资本家的"五毒"行为展开斗争，要先在上海打开突破口，把上海的不法资本家制住了，全国其他地方的不法资本家也就老实了。周恩来讲了这样的道理：对于民族资产阶级黑暗的一面必须加以限制，使民族资产阶级服从国家生产计划。统购、统销、议价等都是对资本主义的限制。我们不讳言限制资本主义。我们搞新民主主义，是要发展社会主义，今后中国只能走向社会主义而不能走向资本主义。周恩来请许涤新回去后，和时任上海市市长的陈毅商量，批判和制止不法资本家试图脱离社会主义经济的领导和破坏市场正常运作的行为。最后，周恩来特别叮嘱许涤新：你回到上海后，一定要将以上几点公开转告上海的资产阶级。

许涤新回上海后，将周恩来约他两次谈话的情况和周恩来的意见向上海市市长陈毅和副市长潘汉年作了汇报。陈毅和潘汉年完全同意周恩来的意见。陈毅还说："总理的指示来得真及时。现在正在开上海市人民代表大会，明天你就在大会上讲话，公开传达总理意见。统战统战，不应只统不战。"第二天，许涤新在上海市人民代表大会上发言，尖锐地批判了不法资本家的种种罪行，在不披露是周恩来的指示的前提下，转达了周恩来的"五个不能"的意见。据许涤新回忆，他批判不法资本家和传达"五个不能"指示时，自己声音很大，会场上也是鸦雀无声。当时

---

① 《周恩来选集》下卷，人民出版社1984年版，第82—83页。
② 《周恩来选集》下卷，人民出版社1984年版，第81页。

在会场上的上海资本家的代表们十分敏感，预感到要发生什么事。上海市人民代表大会结束那天，陈毅讲话，他干脆亮了底牌："许涤新放的这一炮，是相当厉害的。现在我把真相告诉你们。他的那一番话，是周总理要他来说的。周总理希望上海工商界服从社会主义经济的领导。中国不是有一句老话吗？'君子爱人以德'。许涤新传达周总理的指示，你们要仔细思量，这对你们是有好处的。"上海市在周恩来"五个不能"指示下，广泛而深入地开展了反对不法资本家"五毒"行为的斗争。

上海的"五反"斗争开展起来后，周恩来把更多精力放在上海方面。2月下旬，他派薄一波去上海考察和帮助那里的"三反""五反"工作。到上海的薄一波随时用电话将上海的有关情况向周恩来汇报。后来，薄一波知道周恩来白天太忙，就经常晚间给周恩来打电话汇报情况。周恩来白天忙于处理国家大事，在晚间接听薄一波的电话汇报，二人有时谈到深夜。周恩来听薄一波汇报后，又提出指导性意见，工作完毕，已经是第二天凌晨了。周恩来在与薄一波通电话过程中指出，重点是打击不法资本家，可以以10天为一个战役，一个战役一个战役地搞，但也不能无限期，搞到5月底就可以结束了。对于每个战役，周恩来也作出了具体指示。上海方面每次战役的计划和最后结果，周恩来都书面报告毛泽东、刘少奇、朱德、彭真、李富春。周恩来知道毛泽东到凌晨就要休息了，重大情况，他用电话简要报告毛泽东，基本情况也是用书面摘要报告毛泽东和中央各位同志。

在指导上海"五反"的同时，周恩来也着手领导全国的"五反"斗争。1952年1月1日，周恩来主持召开财政部、解放军总后勤部部长联席会议，明确指出，我们在1952年的中心工作是精兵简政，增产节约，而"三反""五反"又是其中的关键。接着，他协助毛泽东起草并于1月26日下发了《中共中央关于在城市中限期开展大规模的坚决彻底的"五反"斗争的指示》。此后，"五反"运动很快开展起来并形成高潮。在"五反"斗争中，周恩来将大城市划为前沿，而在大城市中，上海、北京是重点，这两个城市的"五反"，由他直接领导。

在领导全国"五反"运动中，周恩来特别注意政策和策略。3月8日，周恩来主持政务院第一百二十七次会议时特别强调：开展"五反"斗争，是针对民族资产阶级中不法资本家的，并不是现在就要消灭民族资产阶级。他说："资产阶级还有积极的进步的一面，我们还要尽量地利用它的积极性进步性。"① 我们要同唯利是图、损人利己、投机取巧的资产阶级作斗争，"斗争就是改造，就是要把'五毒'去掉。就是毛泽东同志说的，再犯再去，再犯再去，长期斗争，用改造的方法来解决"②。

为了在"五反"运动中掌握正确的政策界限，1952年3月5日，周恩来召集北京市负责同志讨论通过了《北京市人民政府在"五反"运动中关于工商户分类处理的标准和办法》。天津市负责同志也参加了讨论。也是在这一天，中共中央参照北京市的这一标准和办法，发出了指导全国的《关于在"五反"运动中对工商户分类处理的标准和办法》。3月12日，周恩来审改定稿后以中共中央名义发出了《关于"五反"分类标准的补充通知》。这些文件把资本家划分成几类，提出了分类处理的原则，体现了争取和团结大多数、缩小打击面的方针。

3月5日，中共中央规定了对违法资本主义工商户处理的基本原则：过去从宽，今后从严；多数从宽，少数从严；坦白从宽，抗拒从严；工业从宽，商业从严；普通商业从宽，投机商业从严。3月28日，周恩来在主持政务院第一百三十次会议时，强调了"三反""五反"的这些基本原则。这次会议通过的《中华人民共和国惩治贪污条例》体现了严肃与宽大相结合、改造与惩治相结合的方针。

周恩来在政务院第一百三十次会议上对于从宽和从严方针作了解释，他强调，"三反"是针对我们内部，必须从严，而"五反"是针对民族资产阶级中的不法资本家，而不法资本家中严重违法者只占极少数。我们目前还要团结民族资产阶级。周恩来强调，我们同不法资本家斗争，就是改造他们，就是要把他们的"五毒"去掉。

在周恩来直接领导下，"五反"斗争达到了预定目标。1952年5月

---

① 《周恩来选集》下卷，人民出版社1984年版，第98页。
② 《周恩来选集》下卷，人民出版社1984年版，第99页。

30日,周恩来主持政务院第一百三十八次会议,讨论结束"五反"运动的问题。周恩来在会上宣布:运动在取得重大成绩的基础上,将于6月结束。6月13日,周恩来签署《政务院关于结束"五反"运动中几个问题的指示》。这个指示,对运动定案处理的原则、核实定案工作、退财补税、"三反"退赃与"五反"定案工作相配合等问题作出了明确的规定。这标志着"五反"运动基本结束。①

毛泽东在"五反"运动中,对周恩来高度信任,不仅委以重任,而且重大问题都征求周恩来的意见,对运动形势的分析和对重要问题的处理,都赞同周恩来的意见。在毛泽东同意下,周恩来代中共中央起草了致薄一波、中共上海市委、中共中央华东局并各中央局电,批转薄一波关于上海"五反"各个战役的基本经验总结及战役部署的报告,提出了"五反"斗争中对人和对物的处理原则。周恩来在亲自指导上海、北京的"五反"斗争的同时,也协助毛泽东指导全国"五反"斗争健康发展。"五反"斗争,打击了不法资本家,净化了社会空气,切断了不法资本家与党政领导干部中腐败分子的联系,一定程度上从源头抑制了腐败现象的产生,实际上是我党新中国成立初期取得的反腐败斗争的重要成果。

---

① 《新华日报》1952年6月15日。

周恩来殚精竭虑治水患

中国是世界上江河湖泊较多的国家，也是水患严重的国家。在旧中国，人民群众不仅受统治阶级的剥削压迫，也频遭水患之害。新中国成立后，开国总理周恩来特别关注对水患的治理，为此付出了巨大心血。

周恩来接到毛泽东三个批示

新中国刚刚成立时，毛泽东治理水患，主要倚重的是周恩来。那个时候，长江、淮河发生水灾。特别是1950年6月淮河再次决口发生大水灾，给淮河流域人民的生命财产造成了重大损失。安徽省委给中共中央的报告中反映：由于洪水来得突然，许多民众来不及逃避而被淹死。洪水过后，淮北成了一片泽国。人无粮，马无草，许多人被饿死。当时，隐藏在淮北地区的国民党特务和反革命分子趁机造谣说，老天发怒，要共产党坐不稳江山。在突如其来的自然灾害面前，淮北民众处在惊恐和慌乱之中，生计也陷入了困境。报告中特别写道："由于水势凶猛，来不及逃走，或攀登树上，失足坠水（有在树上被毒蛇咬死者），或船小浪大，翻船而死者，统计四百八十九人。"

淮河水患引起了中共中央高层的重视。毛泽东对安徽省委的报告十分重视，担任政务院总理的周恩来更是十分焦虑，他们都把治理水患当作头等重大事情来办。1950年6月淮河大水灾不久，水利部部长傅作义在周恩来主持召开的政务会议上报告了灾情。周恩来听后激动地说："水灾是非治不可。如果土地不洪就旱，那就土改了也没有用。"① 周恩来提出了治理淮河的五项原则：统筹兼顾，标本兼治；有福同享，有难同当；分期完成，加紧进行；集中领导，分工负责；以工代赈，重点治淮。② 在淮河大水灾发生后，毛泽东治水患，主要依靠周恩来，他把治水患的重大事情，都批给周恩来办。那时，毛泽东接连写了三个批示，都是批给周恩来的。

7月20日，毛泽东在安徽水灾报告上批示：

周③：

　　除目前防救外，须考虑根治办法，现在开始准备，秋起即组织大规模导淮工程，期以一年完成导淮，免去明年水患。请邀集有关人员讨论（一）目前防救、（二）根本导淮两问题。如何，请酌办。

毛泽东
七月二十日④

周恩来于7月20日当天就看到了毛泽东转来的淮北灾情报告和毛泽东在报告上写的批示。第二天，周恩来打电话给华北局和安徽省委书记曾希圣，一方面了解灾区情况，另一方面向他们传达了毛泽东批示的内容，并征询了他们的意见。周恩来还请曾希圣考虑根治淮河的办法，同时告诉曾希圣，政务院也要组织水利专家，研究、制订大规模导淮工程的计划，并且组织各方面力量，尽快实施。接着，周恩来与时任水利部部长的傅作义一起，召集水利专家和财政、物资部门的负责同志，一起制订大规模导淮工程的计划。计划的轮廓很快就形成了。但是，新中国成立不久，财力、物力还都很缺乏，加上大陆内、西藏地区，还有部分

---

① 《周恩来传》下，中央文献出版社1989年版，第973页。
② 《周恩来传》下，中央文献出版社1989年版，第974页。另见《周恩来经济文选》，中央文献出版社1993年版，第78—81页。
③ 指周恩来。
④ 《建国以来毛泽东文稿》第1册，中央文献出版社1987年版，第440页。

战事，朝鲜局势紧张后，中国在组织军队向东北地区移动，也需要大量军用物资和军政费用，因此，形成的大规模导淮工程的计划，虽然有了一个轮廓，但具体方案因财力、物力不济，一时定不下来。周恩来、傅作义和各位水利专家都很着急。

治淮计划轮廓已经形成，周恩来正在组织人具体论证，想要尽快研究、敲定成熟的计划稿时，毛泽东于8月5日又在他看到的另外一份淮北灾情的报告上写下了第二份治淮批语。毛泽东在这个批语中写道：

周[①]：

　　请令水利部限日作出导淮计划，送我一阅。此计划八月份务须作好，由政务院通过，秋初即开始动工。如何，望酌办。

毛泽东
八月五日[②]

虽然毛泽东在这份批示中采用的是商量的口气，但从毛泽东的文字之间，不难看出他的急切心情，也不难看出他已经下定了治淮的决心。周恩来和毛泽东的心情是一样的。他接到毛泽东的第二个批示后，召集有关人员紧急开会，研究落实毛泽东的指示。在研究、落实的过程中，政务院把当时的治淮工程与当时的军事任务放在了等量齐观的位置，并且要求各部门、各地区必须以对人民高度负责的精神，以战斗的姿态，不讲价钱地落实。这样一来，在本已紧缺的物资中，调配出了治淮物资，在本已紧张的财政中，挤出了治淮资金。特别是，周恩来和中南局的领导人在当时都把充分动员和组织人民群众，自己动手，治理淮河，作为治淮的一个重要条件，放在治淮计划当中。这样，一个治理淮河的计划草案，终于在8月中旬拿了出来。

为了慎重起见，毛泽东和周恩来决定把这个计划草案拿到政务院去

---

① 指周恩来。
② 《建国以来毛泽东文稿》第1册，中央文献出版社1987年版，第456页。

通过之前，急送与治淮工程有密切关系的地区，特别是淮河泛滥区域里的党组织，征求他们的意见，并且要求他们尽快把意见报上来。到8月底，各地治淮意见陆续报了上来。每报上来一份材料，周恩来都在认真看过并提出自己的看法之后，急送毛泽东，由毛泽东再阅。

那一段时间，周恩来和毛泽东睡得很少。二人经常在阅读治淮材料后单独碰头研究，还经常召集水利专家开小会讨论。

1950年8月28日，华东军政委员会向周恩来转报了中共苏北区委对治淮的意见的电报。在这份电报中，苏北区委提出的第三项意见引起了周恩来的注意。这第三项意见说："如今年即行导淮，则势必要动员苏北党政军民全部力量，苏北今年整个工作方针要重新考虑，既定的土改、复员等工作部署必须改变，这在我们今年工作上转弯是有困难的；且治淮技术上、人力组织上、思想动员上及河床搬家，及其他物资条件准备等等，均感仓促，对下年农业生产及治沂均受很大影响。如果中央为挽救皖北水灾，要苏北改变整个工作方针，服从整个导淮计划，我们亦当竭力克服困难，完成治淮大计。"这段话确实反映了一个问题：治淮是与地方其他紧要工作有冲突的。那么，是不是以治淮为中心？再有，其他工作计划是不是要改变？周恩来把这份电报转给毛泽东，并且表明了要以治水患为中心的意见。8月31日，毛泽东在这份报告上写下了第三个批语。这个批语也是写给周恩来的：

周①：

此电第三项有关改变苏北工作计划问题，请加注意。导淮必苏、皖、豫三省同时动手，三省党委的工作计划，均须以此为中心，并早日告诉他们。

毛泽东
八月三十一日②

---

① 指周恩来。
② 《建国以来毛泽东文稿》第1册，中央文献出版社1987年版，第491页。

毛泽东在这个批语中阐述的意见十分明确：当前，在淮河流域，都要以治淮为中心，同时，要注意改变这些地方的工作计划。要注意，不要打乱阵脚。要在以治淮为中心的前提下，统一安排好各方面的工作。这不是江苏一个地方的问题。整个淮河流域各省、各地区，都要考虑改变工作计划和统筹安排工作的问题。

8月30日晚间，周恩来一夜未眠。因为从8月25日至9月12日，水利部正召开治淮会议，研究落实毛泽东此前关于治理淮河的指示的问题。31日这天上午，政务院要开总理办公会，通过治淮计划。他正在考虑计划的各项细节以及其他需要说明的问题。他接到毛泽东的批件后，反复思考了在确定以治淮为中心的前提下，江苏、安徽、河南三省的各项工作的计划，然后由他把毛泽东的批语和政务院总理办公会通过的治淮计划，拿到水利部治淮会议上去，由水利部治淮会议具体研究落实这个计划。9月12日，周恩来直接指导下召开的治淮会议结束。会议确定：一定要高度重视、坚决落实毛泽东关于治理淮河的批示，同时确定：要采用蓄泄兼筹的方针治理淮河，还制订了治理淮河各方面协同的计划和治淮步骤。

政务院关于治淮的计划通过了，水利部关于治淮的工作方针也确定了，但在当时国民经济尚在恢复时期，人力、物力、财力都很紧张，其他工作也很紧迫的情况下，要把这项具体工作放在中心位置，并相应改变其他工作计划，调动各方面力量来落实治淮工程，并不是一件容易的事情，必须得到各地党政军组织的支持。9月12日水利部治淮会议结束后，立即用电报把中央的治淮决定下达至安徽、江苏、河南三省，同时要求三省要迅速传达到县一级，然后再传达到农村的党支部。中央的治淮决定下达后，在苏、皖、豫三省的干部和群众中引起极大反响，特别是安徽省的民众反响更加强烈。这反映在9月16日安徽省委第一书记曾希圣写给华东局和党中央的报告中。曾希圣在报告中提到：安徽省民众特别是皖北地区的农民，积极拥护中央关于治淮的决定，各项治淮的准备工作，正抓紧进行之中，争取早日勘测，早日开工。曾希圣在报告中还提出，为了治淮，中央要向安徽、江苏、河南三省治淮工地紧急调运粮食。

曾希圣的这份报告，很快就转到了毛泽东的手上。毛泽东看完这份报告之后，于9月21日把这份报告批给周恩来，同时在报告上批道："现已九月底，治淮开工期不宜久延，请督促早日勘测，早日做好计划，早日开工。"①

周总理连夜召开治淮会议，亲自主持淮河流域规划工作。他深知制定一条河流的流域规划，必须首先搞清楚该河流的水文情况。总理在同工程师们讨论淮河的水文特征时发现，上下游的水文资料相互矛盾，他一面追问原因，一面引导工程师们探讨一个怎样查补的办法。经过反复讨论，终于找到了一个整编水文资料的好办法，把一条河流不完整的水文记录资料整理成比较完整的水文资料系列。周恩来抓紧时间，集中各地的意见，然后对治淮计划进行了修改、充实，再组织专家进行反复研究。1950年10月14日，周总理主持了具有历史意义的中央人民政府政务院会议，作出了《政务院关于治理淮河的决定》，并于当天发布。在这个决定中，周恩来运用辩证唯物主义的观点，提出了"蓄泄兼筹，以达根治之目的"的治淮方针和"三省共保，三省一齐动手"的团结治淮的原则，解决了治淮事业中蓄洪与泄洪、上游与下游、近期与远期、除害与兴利等一系列关系问题。这个决定在许多方面很具体。例如，决定明确指出："下游开辟入海水道，以利宣泄；同时巩固运河堤防，以策安全。洪泽湖仍作为调节水量之用。"

决定作出了，下一步就是落实的问题。为了落实治淮第一仗的打法，周恩来还专门召开会议，听取了苏北行署主任惠浴宇、水利局副局长熊梯云、总工程师王元颐的汇报，并认真做了记录。苏北选准开挖灌溉总渠作为治淮第一仗，会上产生了不同意见。当时，正值志愿军入朝作战，财政和物资异常紧张。按当时的国力，解决防灾抗洪解脱人民的痛苦就已勉为其难了，要兴办灌溉水利工程是否早了点儿？有人提出看法。总理最后拍板说："苏北人民在战争期间，响应党的号召，上去那么多人，

---

① 《毛泽东文集》第6卷，人民出版社1999年版，第85、86页。

流了那么多血,出了那么多烈士……我们应该支援他们。"总理又对苏北同志说:"今天晚上就批准灌溉总渠,你们要像搞新沂河那样搞好这条河。"总理当即批给大米一亿斤,支持灌溉总渠的兴建。1950年11月3日,周恩来在第五十七次政务会议上发言,提出,治淮"总的方向是,上游蓄水,中游蓄泄并重,下游以泄水为主。从水量的处理来说,主要还是泄水"。"这次治水计划,上下游的利益都要照顾到,并且还应有利于灌溉农田,上游蓄水库注意配合发电,下游注意配合航运。总之,要统筹兼顾。"①

在周恩来的支持下,淮河上中下游的山谷水库、河道开挖、涵闸桥梁等许多关键性的工程都很快定了下来。

1950年冬季,治淮工程开始全面实施。在那个缺粮的年代,粮食是最关键的物质条件。而治淮工程大部分是土工,主要是靠投入人力。只要有了粮食,就能动员和组织大批民工投入治淮工地上去,治淮就能顺利进行。因此,可以说,有足够的粮食,是治淮的关键点。周恩来抓住了这个关键点。在他的主持下,政务院召开专门会议,作出决定,于当年11月拨出治淮工程款原粮45000万斤,小麦2000万斤。大批粮食的调入,保证了治淮工程按时开工。

"为我们自己和我们的子孙打下万年根基"

治淮工程开始后,周恩来把大量心血用在了治淮上,可以说,做到了殚精竭虑。他在一次和水利专家的谈话中说了这样的话:"大禹治水,为中华民族取得了福利,中国科学家的努力,一定会比大禹创造出更大的功绩。""为我们自己和我们的子孙打下万年根基,'其功不在禹下'。"周恩来正是用"为我们自己和我们的子孙打下万年根基"的高标准来治理水患的。

周恩来在治水实践中,提出了三个重要观点:一是治水要提高 步,

---

① 《周恩来传》下,中央文献出版社1998年版,第974页。

达到用水的目的。1951年1月12日,他在政务院第六十七次会议上说:"水可用以灌溉、航运,还可以发电。把治水理论提高一步,治水为了用水。"① 二是水利工作要有步骤,"一步一步去做"②。三是水利工作要有重点,"那么做,利益大,就要服从它"③。

以治淮为例。在治理淮河的过程中,周恩来经常深入治理淮河工程第一线,对每个细节都认真了解。他听工程师们的汇报非常细心,每当发现不一致的地方就再三追问。他还要求工程师们把水文资料加以整编,并且经常过问整编进度。不久,工程师们把水文资料整理出来。一位当年跟随周恩来治水患的同志说:由于水文资料有了整编的成果,就给制订淮河流域的防洪与水资源开发计划打下了基础,当时的淮河流域规划,虽说只是新中国成立初期的治河初步方略,但也堪称大型统一规划。它关系豫、鲁、苏、皖四省的水利工程总体布局。在这一规划的指导下,在以后的若干年内淮河各支流山谷地区都修建了一些著名的水利工程。例如:安徽境内的佛子岭、梅山水库,山东沂沭河改道工程等。这些山区的开发工程及后来继续兴建的同类工程,都曾为该流域内广大人民群众带来了巨大的经济效益。在淮河平原规划中,注意充分利用河水发展灌溉事业,如苏北灌溉工程,对于淮河流域农业大发展,也发挥了巨大作用。

周恩来这种精心指导、认真负责的精神,确实为子孙打下了万年根基。治淮工程取得了突出成果。此后几十年,淮河流域没有再发生大规模水患。

毛泽东把治理长江的重任也交给了周恩来

新中国成立不久,继淮河发生大水灾之后,长江也发生了水灾。时任政务院总理的周恩来为治长江水灾日夜操劳,长江水灾很快就被战胜了。周恩来考虑到,要有一个使长江长期不发生水害的办法。他指示水

---

① 《周恩来经济文选》,中央文献出版社1993年版,第87页。
② 《周恩来经济文选》,中央文献出版社1993年版,第87页。
③ 《周恩来经济文选》,中央文献出版社1993年版,第87页。

利部门搞出一个长江流域规划和三峡工程设计规划。这两个规划于1954年搞出。这年冬,周恩来请毛泽东、刘少奇和他一起听取长江流域规划和三峡工程设计工作汇报。听汇报后,三人有了在苏联援助下治理长江的共同想法。之后,周恩来立即以中国政府名义照会苏联政府,请苏联派专家帮助作长江流域规划工作。据当年在水利部担任领导职务的同志回忆:苏联专家组长来华后,就上述两个规划,提出了与中方不同的意见。周总理得知后,立即在国务院接见了苏联专家组长,并要科学家竺可桢一起听取我国水利部领导同志和苏联专家组长陈述各自的观点。周恩来耐心地听完了双方不同意见以后,耐心地从技术上,也从思想政治上向苏联专家阐明了毛主席关于长江流域规划与三峡工程的意图。之后,周恩来又在长江流域规划的实际工作中,从许多方面帮助解决问题,使我们与苏联专家的合作在各个阶段都能顺利地提前完成规划设计任务。

20世纪50年代,毛泽东在巡视长江时,形成了一个规模宏大的"南水北调"引汉江水补黄河水的设想。这个设想是科学的、可行的,周恩来十分赞同,大力支持。在他亲自过问下,1956年,长江流域规划办公室就作出了以兴建丹江水利枢纽为控制工程的治理汉江、开发汉江、引汉济黄乃至引水至华北的汉江流域规划(简称汉流规划)。周恩来看到这个规划后,很满意,把这个规划交给毛泽东看,毛泽东也很满意。这个规划又经两年酝酿充实,形成了治理长江、南水北调工程的蓝图。这是当年中共中央抓的最大水利工程,牵动国家许多部门和几个大省。1958年2月,毛泽东把治理长江、南水北调的重任交给周恩来。他对周恩来说:恩来,这些问题今后就由你来管吧!毛泽东边说边伸出四个手指头比画说:"一年抓四次。"周恩来爽快地答道:"好,我来管。"周恩来不负毛泽东的重托,就在毛泽东交给他这项任务的当月(即2月)底,周恩来出访朝鲜刚刚回国,来不及休息,就赶到湖北视察长江三峡。周恩来在视察长江的"江峡"号轮船上,听取了长江办公室关于丹江口水利工程的情况汇报。当长江办公室的同志问,是否确定搞丹江口水利工程时,周恩来果断回答:"同意建设丹江口水利工程,现在就应积极准备,列入第二个五年计划开工。""总原则是丹江口水库综合利用,以近期为重点，济黄济淮作为远期并不排除，现在可以不考虑引水后发电问题，那是十年、二十年以后的事。"

周恩来管这个工程，花费了巨大心血。仅仅举他听取水文汇报为例，即可看出他在治水中花费了多少心血。周恩来无论是在北京还是在湖北，都经常听地方和中央的水文专家和水利专家的汇报。在听汇报中，周恩来得知，旧中国的长江水文资料很不全。特别是国民党时期的水文人员，常常不按时观测、记录，或者某一支流根本就无记录资料。周恩来考虑后，提出，可以将水文记录资料画成一条洪水过程线，亦称洪峰曲线，分析上下游各个洪峰之间的矛盾，找出产生矛盾的原因，针对资料误差的缘由，作出合理修正的假定。例如，对缺少资料的支流，就以该支流应有的来水量去修补相关洪峰的形状。据当年一些参与治理长江的同志回忆，水文专家按此办法做，在长江水文资料整编中收到很好的效果。这种人工修改洪峰记录的办法，比某些原来不完整的洪峰记录更为合理。重量达一吨多记录一百余年的长江水文资料，经过整编成册，成为建设长江的宝贵财富。

毛泽东要周恩来一年抓四次，实际上，周恩来抓的比四次多得多。据当年一位在周恩来领导下做水利工作的领导同志说，每次他到北京，总理都要他去汇报工作。1958年初，经周恩来和毛泽东一起研究，决定把这位同志起草的《长江流域规划报告》拿到3月在成都召开的专门会议上，以便中央对长江流域规划与三峡工程作出正式决定。周恩来为了使这个报告和其他材料更充分，使中央政治局成都扩大会议研究时便于下决心，在2月下旬亲自查勘了三峡坝址。周恩来这次查勘活动由李富春、李先念陪同，中央各有关部委、各有关省市负责人以及各方面专家和苏联专家等100多人参加。他们从武汉乘"江峡"号溯江而上。在船上，周总理听取汇报，主持讨论，仔细研究长江规划和三峡问题。在三斗坪还实地看了三峡坝址，并将坝址岩芯带给毛主席去看。周恩来沿途经历十多天的劳累，顾不上休息，又于3月7日晚连夜乘火车由重庆赶往成都，出席中央成都会议。在会上，由周恩来作了三峡水利枢纽和长江流域规划的专题报告。根据周恩来的报告，中央正式作出了《关于三峡水利枢纽和长江流域规划的意见》的决议。这个决议，成为指导长江流域规划和三峡工程的重要文献。

中央成都会议同时决定汉江丹江口水利工程开工。为了迅速执行这一决定，成都会议一结束，周总理就在湖北召开了有关兴建丹江口水利枢纽的会议，确定由王任重同志主持该项工程，对中央负责，长江办公室负责设计，湖北省政府组织施工。当年跟随周恩来参加领导这项工程的同志回忆：丹江口第一期工程在兴建过程中，曾经遇到过不少困难与干扰，但所有这些都在周恩来的关怀下，一一得到妥善解决。对于工程本身发生的严重质量问题，周恩来就亲自主持会议研究解决办法，并决定工程停工进行加固补强。经过采取补强加固措施，使工程质量达到设计标准以后，又产生了是否复工的新问题，也就是继续把工程做完还是下马的问题。后来由于湖北省提出合理建议，利用丹江口已浇 100 万方混凝土的有利基础，提前发挥工程效益，才使丹江口工程有了复工的可能。自 1966 年 2 月复工以来，在周总理的亲切关怀下，丹江口第一期工程虽然也受到"文化大革命"的影响，但还是胜利建成了。丹江口水利枢纽虽然完成的只是第一期工程，但其效益却非常显著。尤其是防洪，几乎改变了原来江汉平原三年两淹的局面。其他如发电、灌溉、航运和水产养殖的效益也十分显著。所以周总理指示，要将丹江口水利枢纽工程作为防洪、发电、灌溉、航运、水产养殖"五利"俱全的典型，在国内外展出模型。

"我们不能只求治标，一定要治本"

周恩来治水患，是有战略眼光的，把治水患与水利建设紧密结合在一起。他有一句名言："要使江河都对人民有利。"这句话实际上提出了一个高标准，即，我们治水，不光是防止水害，更重要的是要让江河湖海对人民有利。为此，周恩来特别着力于制定水利建设的基本方针和任务。

新中国刚刚成立不久的 1949 年 11 月，周恩来在接见以水利部部长傅作义、副部长李藻华为首的解放区水利联席会议的代表时，对他们说，战争还没有结束，国家正在草创，我们用大禹治水的精神，为人民除害造福。周恩来在这次会议上，亲自确定了新中国水利建设的基本方针和任务。水利建设的方针是：防止水患，兴修水利，以达到发展生产的目的。水利建设的任务是：依据国家经济建设计划和人民的需要，根据不同的情况和人力、物力及技术等条件，分别轻重缓急，有计划有步骤地恢复、发展防洪、灌溉、排水、放淤、水力以及疏浚河流、兴修运河等工程。为了贯彻水利建设方针，完成水利建设任务，周恩来特别强调的是"治本"。

新中国成立初期，全国都在搞土改。此时，有远见的周恩来就提出，配合土改，我们要着手做几件工作。在周恩来提出的几件事中，第一件就是"兴修水利"。他说："我们不能只求治标，一定要治本，要把几条主要河流，如淮河、汉水、黄河、长江等修治好。华北的永定河，实际上是'无定'的，清朝皇帝封它为'永定'，它还是时常泛滥。不去治它，只是封它，有什么用？""我们今天必须用大力来治水。"

1949年到1952年是新中国成立后的恢复时期，中国正在进行抗美援朝战争，国家的财政经济十分困难。就是在这种困难的情况下，周恩来主持的政务院，仍然拿出了尽可能多的资金来进行水利建设。1950年，政务院用在水利建设上的经费相当于国民党政府时期水利经费最多的那一年的18倍，1951年增至42倍，1952年增至52倍。之后，在周恩来领导下的中央政府，每年都增加水利建设经费。

"我关心两件事：一个水利，一个上天"

周恩来在1972年11月21日听取葛洲坝工程汇报时曾说过这样一句话："解放后二十年我关心两件事：一个水利，一个上天（导弹、卫星）。"这两件事都是大事。但是，做好这两件大事，又谈何容易！周恩来知难而进，在做这两件大事上都投入了很多心血。特别是对水利事业，他投入的精力相当大。凡是水利方面的大事，周恩来都亲自出面处理。对于新中国每项大的水利工程，周恩来都抓得很紧、很细。在周恩来的亲自领导下，我国在20世纪50年代前期，治理了淮河、沂河、沭河、永定河、大清河、潮白河，修建了荆江分洪工程，培修和加固了4万多里的堤防，修建了官厅水库、引黄济卫工程，初步解决了历史上水灾严重的几条流域的水灾隐患。50年代后期，周恩来领导研究了长江流域规划和三峡坝址、三门峡设计方案的修改和施工方案、密云水库坝址和设计方案等重大水利设施的决策。60年代，周恩来领导制定了三门峡工程的改建、海河治理和北方抗旱等重大决策，70年代，周恩来为葛洲坝工程的修建及其领导机构、设计方案作出了一系列重要决策，保证了长江第一坝的胜利建成。正如原水利部部长钱正英说的："敬爱的周总理在任的27年中，他亲自领导我国的水利事业，指挥我们治水。他的足迹，遍及我国的江河。每一个时期水利工作的方针任务，每一条大江大河的治理，都是总理亲自主持审定。在'文革'前，每年制定经济发展计划时，他都要另外安排时间，听取水利工作的汇报。他说：'水利计划很复杂，要专门研究。'即使在'文革'那样艰难的岁月，许多重大的水利水电工程，在周总理的直接主持下，仍能及时作出正确决策。由于他的领导和支持，我们才有条件克服各种干扰挫折，避免一些重大失误。现在，我国的主要江河，已初步建成具备一定标准的防洪体系，灌溉面积从解放初的两亿多亩发展到七亿亩，水力发电从解放初的十六点三万千瓦发展到二千七百多万千瓦，机电排灌设备从解放初的九万多马力发展到八千多万马力。可以说，江河面貌和农业生产条件发生了根本改观。人民政府确实解决了百余年来历届中国政府所未能解决的中国人民的吃饭问题。"

"要使江湖都对人民有利"

1949年长江发大水，险些造成荆江大堤决口、长江改道的毁灭性灾害。鉴于此，我国一些水利专家考虑，要搞一个荆江分洪工程，从根本上防止再发生大水灾。这个工程的主体，是建荆江大堤。当年跟随周恩来参与领导这个工程的水利部领导同志回忆：由于荆江大堤规模浩大，要使达到防御较大洪水标准，其工程量非短期内所能完成。为了解决长江防洪这个要害问题，我们从1950年2月开始就进行现场查勘，研究方案。荆江分洪工程方案提出后，经中南局报送了党中央。毛主席、刘少奇同志、周总理在当年国庆期间听取了邓子恢、薄一波同志汇报后，当即作出批准兴建的决定。决定作出后，周恩来就十分关心，并且作为一件大事，严格督促。由于种种原因，这项工程耽误一年动工，为此，周恩来对有关单位提出了严厉批评，并要求中南局务必于1952年开工兴建。在工程正式动工时，毛主席和周总理都亲自挥笔题词。毛主席的题词是："为广大人民的利益，争取荆江分洪工程的胜利！"周总理的题词是："要使江湖都对人民有利。"为了慎重施工，周恩来于1952年3月29日专门致信毛泽东、刘少奇、朱德、陈云，送上1952年水利工作决定和荆江分洪工程的规定两个文件请审阅批准。周恩来在信中特别提出了此项工程的作用："分洪工程如成，对湖南滨湖地区毫无危险，且可减少水害。"周恩来在信中还点明："工程本身关键在两个闸（节制闸与进洪闸）。"[①] 工程刚开工不久，总理就打电话给从北京来到武汉的水利部党组书记李葆华同志，询问为什么中央没有听到荆江分洪工程有什么困难的反映，并说："如有困难不及时提出，我就无法负责了。"在总理的关怀与督促下，荆江分洪工程总指挥部所提出的各项要求都得到中央及时解决。因而，一个惊人的奇迹发生了，在中南局的领导下，过洪能力共约每秒一万立方米的两个泄水大闸，以及相应的堤防工程，总共用了不到4个月的时间就全部竣工了。

竣工后，周恩来并没有松一口气。他认为，荆江河段系长江防洪的关键所在，完成荆江分洪工程，就要扩大战果，进一步搞好其他配套工程。他要求长江办公室，要再研究种种彻底解决长江水患的方案。周恩来提出，你们除了坚持岁修工程以不断加强荆江大堤的防洪能力外，还要将荆江防洪治本工程作为三峡工程规划方案的组成部分，先于三峡工

[①]《周恩来经济文选》，中央文献出版社1993年版，第107页。

程完成。长江办公室的同志按照周恩来这个意见，提出了具有独立功能的荆江防洪工程方案。这个方案在研究和制定的过程中，得到了周总理多次关怀。1958年3月初，周总理冒雪查勘了荆江大堤，之后，又数次听取了荆江北岸分洪放淤工程的汇报，并在1970年正式批准立即兴建该工程的计划。虽然周恩来生前没有看到这个计划的具体落实，但他为此计划的制订奠定了基础。

周恩来只要听说有水利工程，就要到现场看看

周恩来治水患，是亲历亲为的。他经常深入水利工程第一线，调查研究，与技术人员一起研究治水患的办法。他曾经亲自到治淮第一线与技术人员一起研究治淮方案，他冒着风雪严寒视察荆江大堤，他三到三门峡，在水库工地上度过8个日夜。他亲自勘选三峡坝址。他3次到十三陵水库劳动，6次到密云水库工地解决问题。北到东北，南到海南岛，中国绝大部分水利工地都留下了周恩来的足迹。即使是在外地视察或者开其他重要会议，只要听说有水利工程，他就要到现场看看。

原任铁道部部长的吕正操将军回忆过这样一件事："1958年，黄河出现了百年不遇的大洪峰。7月17日夜，黄河铁桥十一号桥墩被冲毁，京广线受阻。周总理知道后，次日下午就带着我们乘飞机赶到郑州。在飞行途中，总理和我们谈论到西晋时杜预曾在孟津架过浮桥。一下飞机，总理就叫人去图书馆查找有关资料，同时听取汇报，了解实情。接着，又到大桥上视察，一直忙到夜间十一点半。为了尽快恢复南北运输，总理不顾疲劳，又要求连夜召集群众开会，动员抢修。这时，职工已经入睡，听见钟声，都赶到宿舍球场。大家见总理精神抖擞地站在前面，情绪十分激动。总理说：'历史上一千多年以前能架浮桥，我们现在一定能够架一座更加牢固的浮桥。'他号召大家献计献策，同心同德，早日把桥修好。开会期间，下了一阵雨，有人要给总理打伞，他婉言谢绝了，一直冒雨把话讲完。听了总理的讲话，群众的热情很高，会上提出了不少好的意见。经过十四昼夜奋战，大桥很快修复了。8月5日下午，周总理

再次来到大桥工地，同抢救工人、战士、社员会面。""回到住地，又听到济南黄河铁桥也出现了险情的消息，总理不顾劳累，次日又飞抵济南视察。"①

8月6日，周恩来一到济南就通知济南铁路部门：我上桥查看时，不要耽误列车通过。当问到桥墩和桥梁是什么时候建的，还能维持多久时，陪同人员一时答不上来。周恩来说："不要着急，回去查查资料。"回到桥南头，周恩来对大桥哪里该维修，哪里该加固都作了指示，并对铁路局的同志说，你们要千方百计把大桥保住。

"我最担心的，一个是治水治错了，一个是林木砍多了"

这是周恩来在领导人民治水患中讲的一句话。治水治错了，好理解，如果一个大的水利工程发生失误，不仅劳民伤财，还会造成更大的隐患，因此，周恩来治水患，如履薄冰，特别精心，特别细致，他几乎了解每个大的水利工程的细节。

但是，周恩来为什么担心林木砍多了呢？原来，周恩来治水患，特别看重治本。他深深了解，许多地方发生水灾，是由于林木砍多了，水土流失严重。他说："树砍多了，下一代人也要说你。"基于这个认识，周恩来在指导每个大的水利工程时，都特别强调要在周围多种树。"保林、育林、伐林如没有统一计划、统一管理，只从地方经营和收入着眼，其害与水利之不统一相当，而时间性更过之。"②在修建十三陵水库时，周恩来就总是强调，要在库区的山上多种树。当地遵照周恩来的这个意见，在库区周围山上种了许多树。北京许多单位也常年组织人到十三陵水库周围山上种树。中央机关干部到十三陵去种树的传统一直坚持到20世纪90年代。邓小平后来倡导设立植树节，实际上也是继承了周恩来重视植树造林以防止水土流失的思路和做法。

---

① 吕正操：《人民总理，一代风范》，《党史纵横》1988年第1期。
② 《周恩来经济文选》，中央文献出版社1993年版，第39页。

周恩来经常说，我国的林木是不够的，应该有计划地采伐，如果乱砍滥伐，就是"吃祖宗饭，造子孙孽"。周恩来说，我们还要有计划地造林，经营林业。"林业的经营一定要越伐越多，越多越伐，青山常在，永续作业。"我国的林业工作搞好了，树木多了，我国的水土就能保持得好。就能减少水灾的发生。

李先念进京任财长

开国不久的 1954 年是国家发展关键时期。在此关键时期中央调李先念进京,担任新中国的财政部部长。李先念上任之后,不懈工作,努力探索,成为党中央、毛泽东、全国人民信任的中国财政"当家人"。

陈云向毛泽东推荐李先念,李先念奉调进京

新中国成立之初,李先念在湖北省工作。他当时担任湖北省党政军的"一把手",同时担任中共中南局副书记、中南行政委员会副主席。李先念在湖北干得很出色。在他的领导下,湖北经过军事斗争,完成了剿匪的任务,在全省乡村都建立了人民政权,又经过土地改革,使广大农民有了自己的土地。湖北省的经济恢复得也很快。李先念在湖北省工作的这些成绩,引起了党中央的注意。

更引起党中央注意的是,李先念领导中南各省打的"经济仗"。当时主管湖北省工作的李先念,同时也分管中南地区各省的财经工作。刚解放时,中南地区各省的经济十分萧条,到处是战争的后遗症,生产停滞不前,物价飞涨,粮食奇缺,同时,资产阶级趁经济混乱之机,囤积居奇,操纵市场,制造混乱,乱中发财。而广大老百姓则生活十分困难。李先念本不懂得经济,但他善于学习,善于调查研究,善于从群众中总结经验。在他的领导下,中南地区各省连打了几个经济仗,打退了资产阶级的猖狂进攻,稳住了市场,控制了物价,恢复了经济,发展了生产,

解决了当时中南地区各省的粮食问题。

当时中央领导人对李先念的工作都十分赞赏，特别是陈云，对李先念主管中南各省财政经济工作取得的突出成绩十分佩服。陈云还感觉到，自己在上海与资本家打经济仗时，李先念也在中南各省同资本家打经济仗，而且，两个人针对资本家的打法竟不谋而合。后来，陈云主动帮助李先念分析形势，因此，李先念在工作中的做法多与陈云的思路相同，这使陈云把李先念引为知己。

1954年，中央在同高饶反党联盟斗争并取得胜利后，急需调一批年纪轻、能力强、有管理经济和财政工作才干的领导干部到中央担任领导职务。在挑选财政部部长的人选时，主管全国财政经济工作的陈云向毛泽东、周恩来推荐了李先念。

财政部部长在任何国家，都是极为重要的领导岗位。因为财政部是国家经济枢要部门，主管整个国家的经济运作，财政部部长的人选是否适当，其工作的好坏，直接关系到国家的经济是发展还是停滞，关系到国家的命运。陈云向毛泽东、周恩来推荐李先念，是经过慎重考虑的。他认定，李先念在战争年代打仗，是个好将军，在建设时期管财政，也一定能成为行家里手。陈云的根据是：（1）李先念45岁，这个年纪，在当时的高级干部中是比较年轻的；（2）李先念头脑清楚，对许多经济数字，都能印在脑子里而不忘记；（3）李先念爱学习，爱钻研；（4）李先念在过去各方面工作中都有成绩，有开创精神。

在中央主管全国财政经济工作的陈云的意见，受到了毛泽东、周恩来的重视。他们经过慎重考虑，并且对李先念的工作做了了解之后，拍板决定，调李先念进京工作，任财政部部长。

1954年5月，李先念接到中央命令：调他进北京，到中央工作，但没有说明让他干什么工作。李先念作为一名忠诚的共产党员，老资格的革命战士，有中央的命令，就毫不犹豫，很快就交代了他在湖北省和中南地区的工作，一个人登上了去北京的列车。李先念在北京前门火车站下车时，来迎接他的是财政部副部长戎子和、金明。见此，李先念心里想，中央调自己来，可能是要做与财政有关的工作。但他也没有多想，就按中央的安排，暂时住进了北京饭店。

毛泽东一句话使李先念振作精神走马上任

李先念到北京的当天，刚休息了一会儿，陈云就派秘书接李先念到中南海去谈话。陈云见到李先念后，开门见山，直接讲：中央的意见，是调你到北京来，出任财政部部长。李先念听陈云正式谈了中央这一打算后，也诚恳地表示说：我过去长期打仗，文化不高，没有学过经济，难以胜任财政部部长这样重要的职务。他建议中央理解他，另外考虑人选。陈云耐心听李先念解释后，坚定地说：中央是经过慎重考虑的，相信你一定能胜任。陈云还说，一会儿小平同志也要找你谈。李先念和陈云谈话不久，邓小平就把他请到了自己的办公室。邓小平当时任政务院副总理、中央秘书长，兼财政部部长。他告诉李先念：我过去也没有学过经济，也没有当过财政部部长，这不是也当了吗？你还是当吧，我相信你。李先念仍对邓小平解释说：我长期在军队工作，也在地方工作过，但对经济还是外行。这样重的职务，我恐怕干不了，希望小平同志理解我，同意我的意见，另外选更合适的人当财政部部长。邓小平说：我们认为你就是最合适的人选，你要做好上任的准备。

自从陈云、邓小平和李先念谈话之后，李先念感到思想压力很大。他说自己难以胜任财政部部长不是谦虚，是真诚的。他幼年时只读过两年私塾，后来虽然在艰苦劳动中自学了一些文化知识，但他的文化水平总体上还不算高。参加革命后，他长年带兵打仗，没有机会集中学习。在新疆，他补习过半年文化，在延安的马列学院，他又学习了半年，但当时他一心一意要求到前线去带兵打仗，关心的是前方的战事，对有的课，特别是经济方面的课程，他文化低，听不进去。现在马上让他当财政部部长，不懂得经济理论知识的他，确实感到压力很大。

回到北京饭店的李先念心里仍然在考虑这个问题。由于他心里没底，就在北京饭店给他的老同事刘建勋、王任重、刘子厚分别写了信，信中谈了自己来北京后的感受。他在信中说：自己的能力胜任不了财政部部长，但陈云、邓小平不同意我的意见，我只能勉强工作。

李先念将信发出不久，就接到了中央办公厅打来的电话，说毛主席要他去中南海，找他谈话。原来，毛泽东听邓小平说李先念已经来北京了，非常高兴，又听邓小平介绍了李先念的想法，就想马上找李先念谈一谈。6月1日这一天，李先念应邀到中南海毛泽东的住处，他一见到毛泽东就提出：我当不了财政部长，没有那个能力和水平，请中央再考虑由其他更合适的人当财政部部长。毛泽东面带微笑，听完李先念的话，缓缓地说：先念同志，你说你干不了，不想干，那只好把国民党的财政部长宋子文从台湾请回来，让他干好了。毛泽东的这一句话，对李先念触动很大，也使李先念再也说不出什么话了。他心里想，看来中央已经定了，自己怎么提意见，也没有用了，只能服从中央的决定。他向毛泽东表示：既然中央已经决定了，就干，还要争取干好。

从毛泽东的住处回来，李先念就振作精神，到财政部就任部长。这是李先念从带兵打仗的将军向地方党政领导人转变之后，又从地方党政领导人向中央部长一级的领导干部的一次转变。

毛泽东称赞李先念是我党经济"四大名旦"之一

李先念就任财政部部长之初，确实不熟悉财政经济工作。当时他自己就说过：就我个人来说，财政工作的经验很少，可以说是个外行。李先念知道，财政工作是一项专业性、综合性很强的工作，需要有财政专业知识和丰富的财政经济工作经验，可是，这些他都没有，怎么办？他认准一个字：学。

到了财政部部长的任上，李先念自己订了一个学习计划：一年读遍读懂马列、毛泽东关于财政、经济工作方面的著作和中央有关文件；再用一年时间，系统地掌握财政、经济方面的专业知识，熟悉这方面的政策和法规。但艰巨而又紧迫的财政经济工作的需要，促使李先念加快了学习的进度。因此，李先念养成了一个习惯：每天清晨早起读书，不论冬季夏季，只要天光一亮，他就起床读书。到家里人起床时，他已经读书好长时间了。每天晚上，他除了开会之外，也要读书。那时，李先念读书，到了如饥似渴的程度，有时甚至忘了吃饭。由于李先念悟性高，又抓紧一切时间读书，因此，他仅仅用了半年多一点的时间，就仔细读完了马列、毛泽东关于经济方面的全部著作，并且对这些著作有了深刻而系统的把握。他已经成为共产党内为数不多的系统掌握马克思主义经济学知识的领导人之一了。

除了读书之外，李先念的另一个学习途径，是在开会时向财政经济方面的专家学习。李先念在主持召开财政经济方面的会议时，总是有许多财政经济方面的专家参加。李先念把这些会议，当作向这些专家学习的一个好机会。他开会时，总是让财政经济方面的专家把自己的意见说完说透，他在那里静静地听，认真地记，反复进行思索。听不懂时，就反复地请教。这样，会议往往到该结束时总也结束不了。中南海的工作人员对此已经习以为常了，都知道，凡是李先念主持开的会，总是到很晚才会结束，因此，当班的工作人员，都要做好加班加点工作的准备。

李先念曾说，他做财政经济工作，有两个老师。一个老师是陈云。李先念对我党著名经济专家陈云十分尊重，对财政部前任部长邓小平也十分尊重，自觉地拜他们为师，虚心地向他们学习。李先念多次对自己身边的工作人员说过，陈云同志是自己的老师，是他教会我理财的。当时陈云在中央分管财政经济工作，李先念算是他的部下，二人在工作中接触比较多。在实际工作中，李先念确实像对待老师一样尊敬陈云，不懂的，就去向陈云请教，有时打电话向陈云请教。有需要长谈的问题，就主动登门到北长街陈云家里去请教，陈云也真诚无私地把自己的知识、经验介绍给陈云，有问题，两个人就平等地共同商量。就是在这种密切接触中，李先念从陈云那里学到了不少管理财政经济的知识和经验。尤其是陈云在实际工作中所表现出来的实事求是作风，对李先念的影响很大。

李先念常说：自己还有一个老师，那就是邓小平。战争年代，邓小平教我怎样打仗，和平年代，邓小平教我理财。邓小平作为李先念前任的财政部部长，是有理财经验的。李先念经常向邓小平请教，他对邓小平提出的理财方针十分信服，在工作中认真贯彻执行。李先念特别对邓小平提出的统一领导、分级管理、归口包干、结余不上交的理财方针，理解很深，他说：如果没有这些方针，钱再多也可以花掉。

更加难能可贵的是，李先念能够虚心地向他的下级学习。李先念任财政部部长时，财政部的人都知道，他没有架子，平易近人，尊重每一个干部，而更重要的是，李先念这种对待下级的态度，是真诚的，出自他的本色。他知道，财政部的干部都是财政经济工作方面的业务内行，有渊博的知识和工作经验，因此，每当有不懂得的问题，他都向这些干部请教，而不论他们的职务高还是低。在财政部，李先念请教的人，有司局长，有处长，有科长，也有一般干部。总之，凡是遇到不懂的问题，他就抓紧时间向人请教，不管对方是什么级别的干部，他都要向人家讨教明白。对于李先念的这一特点，李先念任财政部长时的老部下段云、王丙乾都回忆道：李先念真正做到了虚怀若谷，不耻下问，向一切内行的人们学习。

由于李先念刻苦自学，虚心请教，加上他记忆力强，悟性高，他任财政部部长时，不仅马上就担起了财政部部长这副重担，而且成为中央领导财政经济工作的专家。在中央高层研究重大经济问题，拟定重要决策的会议上，李先念的发言总是包含着很深刻的经济理论观点，而且，国家许多重要的财政经济方面的数字，都装在他的脑子里，在会上，他能脱口说出许多重要的数字，并对数字进行分析对比，而且，他提出的意见、方案，都是站在全局的高度，是有长远打算的。毛泽东、周恩来、陈云、邓小平，都对李先念的这种迅速而巨大的进步发自内心地感到高兴。毛泽东就说过这样的话：我们党，在经济方面也有"四大名旦"，周恩来算一个，陈云算一个，李先念算一个，薄一波算一个。毛泽东把李先念称为我党经济工作"四大名旦"之一，是对李先念工作的充分肯定。

提出了"勒马缓行"的主张

1956年社会主义改造结束后，激发了我国人民的社会主义建设热情。

在群众的影响下，广大干部的建设热情更加高涨。在高涨的建设热情下，不少干部头脑发热，在经济建设中产生了不顾实际、盲目冒进的情况。处在领导全国财政经济工作第一线的李先念，比较早地发现了这种情况。

他发现，在制订1956年国民经济发展计划时，基本建设投资增长过多。国家原来计划投资112.7亿元，这个数字在当时本来已经很高了，但各地区和各部门还觉得少，要求增加。这样，国家又把投资增加到了153亿元。可是，各地区、各部门还是嫌少，还要求增加。当时中央许多领导干部也赞成大幅增加基本建设投资，这样，就促使国家计划一增再增，又从153亿元增至180亿元，再增至200亿元。一五计划限额以上的基建项目，由694个增加到745个，后来又追加项目，达到800多个。追加资金，追加项目，每一笔都要从李先念那里经过。李先念当时不是最高决策者，他阻止不了追加的趋势，但是，已经成为我国财政经济方面专家的李先念懂得，这种经济上的盲目冒进，不是好现象，国家财政是负担不起的。国家投资规模不断扩大，将使国家财政资金和市场供应难以承受。他主动向周恩来、陈云提出，要把财政计划指标压下来。周恩来、陈云赞成李先念的意见，并由国务院出面召开了两次各部门各地方领导干部会议。李先念在会上运用他掌握的财政经济方面的理论知识和反映国家财政经济方面实际情况的数据，如实地向与会同志作了说明，并耐心地做大家的工作。李先念的讲话得到了全体参加会议的同志的赞成。参加会议的同志同意，把1956年的基建投资压缩到147亿元。李先念经过认真计算，认为压缩得还不够，经过他再次做工作，大家又同意，压缩到140亿元。

但是，1956年3月下旬，毛泽东在中央政治局会议上提出，要加大基建投资，加快建设速度。对毛泽东的意见，参加会议的中央政治局委员大多数表示赞成，陈云持保留态度。列席会议的李先念则从财政经济工作的角度，提出了不同意见。他提出：国家建设一定要与财力相适应，如果超过负担能力，财政会出问题的，国家经济建设速度反而上不去。毛泽东虽然认为可以考虑李先念的一家之言，但在当时毛泽东和中央政治局大多数委员的头脑都发热的情况下，李先念的意见没有受到足够的重视。

1956年上半年，毛泽东为了研究经济问题，找各部长谈话，也找了李先念谈话。谈话时，李先念再次提出了自己的观点。这个观点后来被毛泽东所接受，并写入《论十大关系》，这就是后来毛泽东在此文中所说的，要快速发展，就要打好基础的观点。

毛泽东虽然形成了他在《论十大关系》中的观点，但他关于国民经济应该有一个比较高的发展速度的思路并没有改变，在实际领导国家经济建设时，他仍然主张高速度，他甚至公开说：我就是好大喜功。与此同时，中央高层领导内部也形成了一种反对冒进的观点，这就是以刘少奇、周恩来、陈云为代表的中央领导同志所主张的：国民经济的发展，要放在稳妥可靠的基础上，既要反保守，也要反冒进的观点。按照这一观点，由中央宣传部出面，以陆定一和胡乔木为主，写了一篇题为《要反对保守主义，也要反对急躁冒进》的社论，于1956年6月20日在《人民日报》上公开发表，这篇社论，就代表了著名的反冒进的观点。

李先念是从心里赞成刘少奇、周恩来、陈云关于反对冒进的观点的。他拥护6月20日的《人民日报》社论，在实际工作中也认真贯彻反冒进的原则。他在主持财政部的日常工作时，坚决压缩过多的基本建设指标，力争保持财政平衡。同时，他也利用各种机会，向其他领导干部宣传反冒进的观点。1957年1月，他在中央召开的各省、自治区、直辖市党委书记会议上讲了这样一番话：去年我们国家的财政、信贷、商品都入不敷出，而我们国家的工作人员、城市人口都增加了，这说明，去年我们国家的财政预算和信贷计划，在执行过程中都有若干冒进。我们国家搞建设，必须保持财政、信贷、物资三大平衡，才能稳步发展。三大平衡，是我们社会主义经济建设的一条客观规律。三大平衡的每一项，都有保持平衡的界限，我们不能突破这个界限。只要我们保持在界限之内发展，就是遵循了三大平衡的客观规律，具体说，在财政工作中，我们就是要有多少钱办多少事，现在，我们就要压缩财政收支计划指标，保证财政收支平衡。李先念强调：搞建设，也和打仗一样，大进军之后，应该勒马缓行。有很多同志对于大进军之后应该勒马缓行的意义，并不是完全认识清楚了。现在，中央提出要进一步研究这个问题，是完全必要的。

李先念十分清楚，当时毛泽东是主张要在社会主义建设中搞跃进的，是主张要保持一个高速度的。他公开提出"勒马缓行论"，是违拂毛泽东的观点的，因此，是冒着一定政治风险的。但他基于对党和人民的利益高度负责的精神，还是公开提出了自己的这一观点。

李先念在反冒进问题上不得不作检讨

果然，毛泽东对反冒进十分不满。他认为这种观点拖了中国社会主义建设的后腿，也不符合社会主义要快速发展的要求。1957 年底，他开始批判反冒进，说，有的人和赫鲁晓夫一样动摇。

在 1956 年下半年中央召开的一次会议上，毛泽东问刘少奇：有人提出宁可右也不左，这种右是指什么右？刘少奇说：是指发展速度上的右。毛泽东虽然没有直接否定这种右，但心里已经十分不满。他在 11 月召开的中共八届二中全会上提出：社会主义经济建设有进有退，但主要还是进。要保护干部和人民群众的社会主义建设积极因素，不能在群众头上泼冷水。他还否定了综合平衡的观点，提出了平衡又打破平衡，再寻求平衡的积极平衡的主张。1957 年，他在中共八届三中全会上公开批评反冒进，说反冒进使我们吃了亏，泄了几亿人民的劲，反掉了多快好省，反掉了农业发展纲要四十条，反掉了促进委员会。他还亲自主持起草了一篇《人民日报》社论，向全国公开批判反冒进的观点。到 1958 年初，毛泽东已经下决心发动经济发展的"大跃进"，他把批判反冒进当作发动"大跃进"的先声，多次在不同的中央会议上批判反冒进。

毛泽东在批判反冒进时，四次明确表示了对李先念的不满。第一次，是在 1958 年 1 月 11 日至 22 日由毛泽东亲自主持的南宁会议上，毛泽东在会议上，向与会者下发了 12 个材料，这 12 个材料，都是主张反冒进的，是作为会议批判的反面教材的。其中，就有李先念 1956 年 6 月 15 日在一届人大三次会议上关于反冒进的一段话。这说明，毛泽东批判反冒进的观点中，就包括了李先念的观点。第二次，也是在南宁会议上。

毛泽东在会上发言时，直接点了李先念的名。他说：《人民日报》那篇反冒进的社论（指1956年6月20日的《人民日报》社论——笔者注）发表时，离李先念同志在一届全国人大三次会议上的报告只有5天。李先念的那个报告，是反冒进的。第三次，仍然是在南宁会议期间，毛泽东找李先念，听取李先念关于财政工作的汇报。汇报中，李先念仍然讲了三大平衡的观点，还如实汇报了财政、商业方面存在的问题。毛泽东当时对李先念的汇报很不满意，几次插话，打断李先念的汇报。第四次，是在1958年3月成都会议上。毛泽东在会上说，国务院有两种意见，一种是多搞，一种是少搞，财贸系统就主张少搞，在反冒进中起的作用最大。他还批评李先念提出的稳妥可靠的观点，说：所谓稳妥可靠，是既不稳妥，又不可靠。毛泽东还对反冒进的同志说了很重的话，说这些同志已经到了右派的边缘，与右派的距离，只剩50米了，还说反冒进的人，是"稳妥派""观潮派"。

李先念受到毛泽东的批评，心情是沉重的。一方面，他十分敬重毛泽东，认为中国只有在毛泽东的领导下，才能从胜利走向胜利。因此，他坚决听毛泽东的话，贯彻毛泽东的指示。另一方面，他已经认识到反冒进是真理，他要坚持真理。因此，他陷入了极大的痛苦之中。从南宁会议之后，他几个晚上都睡不好觉，思想压力很大。他也为周恩来、陈云同志担心。一天，他斗胆直接向毛泽东请教：批判反冒进，主要是批谁的？是谁跟赫鲁晓夫一样动摇？毛泽东说：你去问周总理。后来，毛泽东干脆说明白了：主要是批陈云的。

不久，在反冒进问题上，刘少奇、周恩来、陈云都作了检讨，这样，李先念也不能不作检讨。

1958年2月18日，李先念出席了在北京召开的中央政治局扩大会议。在这次会议上，他就反冒进问题违心地作了检讨。李先念在检讨中首先承担了责任。他说：在反冒进这个带方针性的错误上，我有一份责任。我的责任，不是很小的责任，而是很重要的责任，很大的责任。李先念在检讨中承认，他自己在反冒进问题上，与毛泽东关于搞社会主义建设要大搞快搞的思路是不一样的，我是属于慢搞的思想方法。接着，李先念说：我拥护毛主席讲的积极平衡的观点。但李先念同时又说，在计划经济中，一定的平衡是必要的，不能否定平衡。今后怎么搞财政经济？李先念说：我认为陈云同志讲得对，我的意见，还是照陈云讲的那几条办。在1958年5月召开的八大二次会议上，李先念继周恩来、陈云之后，又一次作了检讨。他在检讨中，对自己在反冒进中的责任、表现、思想根源等，又作了新的自我批评，同时也讲了改进财贸工作的设想和建议。

在反冒进的同志都多次作了检讨之后，毛泽东也表了态：在反冒进问题上，是我们内部的一种不同观点的争论，不是路线上的，而是在具体做法上的争论。毛泽东这样为反冒进定了性，就在这个问题上解脱了一大批同志，批判反冒进也就算告一段落了。

直接指出"大跃进"中有唯心论

在对反冒进进行反复批判的基础上，"大跃进"终于发动起来了。但是，由于"大跃进"违背了客观经济规律，造成了国民经济全面失调，同时，"大跃进"中的共产风、强迫命令风、浮夸风也刮了起来，这不仅给国民经济造成了重大损失，也严重损害了人民群众的利益，使许多地方的人民生活陷入了严重困境。

原来就主张反冒进的李先念，在"大跃进"中，是头脑比较清醒的一个中央领导干部，他不赞成过快地改变农村的所有制关系，不赞成对粮食高征购，对一些吹牛吹出来的数字，他采取怀疑态度。虽然在"大跃进"之初，李先念分管的财贸系统也采取了下放权限，把供销社同国营商业合并等措施，但李先念很快就发现，下放的权力太多，又统不起来，权力收不上来，供销社合并到国营商业，混淆了全民和集体的界限，挫伤了各方面的积极性。因此，他很快就清醒过来。

在"大跃进"中，李先念认为自己有必要到基层去了解真实的情况。就在"大跃进"热火朝天的时候，李先念先后去河北、河南、湖北调查。他到河南时，就发现了农民口粮不多，棉花大片大片烂在地里无人采摘，因此他心情很沉重，同时他也发现基层报上来的数字水分太大。在河南，他看到一个工人背来一麻袋钢铁，就走过去敲了敲说：这不是钢铁，什么也不能造。他又进一步了解到，炼出这种钢铁的原因，是土高炉的温度达不到。他又听到，干部群众中有相当一部分人，对"大跃进"持怀疑态度。

李先念感到，事情到了这个地步，有必要把他调查了解到的情况，如实向中央汇报。回到北京后，他向周恩来如实汇报了自己所见所闻，并谈了自己的看法。

这时，毛泽东、周恩来也发现了"大跃进"中存在的问题，决定纠"左"。李先念是纠"左"的积极拥护者，在实际工作中，他纠"左"也最得力。1959年4月14日，李先念在商业厅局长会议上讲话，直截了当地指出："大跃进"的经验是不够成熟的。我们国家搞社会主义经济建设的速度要快到什么程度，要经过实践证明。"大跃进"中，我们热的多，冷的少，虚的多，实的少，"大跃进"中有唯心论。"大跃进"跃到什么程度，我们的经验还不成熟，可能会爬到一定程度又掉下来，最后产生一个"马鞍形"。他要求大家要实事求是，老老实实，多谋善断，反对浮夸、说假话。也是在1959年4月，李先念在全国省、市、自治区财贸书记会议上讲话时，又指出了"大跃进"中的问题，提出了纠"左"的十个措施。1959年5月，李先念在一次会议上专门就粮食工作问题，提出了纠"左"的措施。

李先念纠"大跃进"中的"左"，主要是从财政工作入手的。1959年上半年，李先念提出：要查清财政、信贷、物资工作中的严重浮夸问题，说假话，报假数字的问题。他还起草了《当前财政金融中存在的问题和调整措施》的报告，交给刘少奇、周恩来审阅。刘少奇、周恩来对这个报告给予了很大支持，准备提交庐山会议讨论。

不料，在1959年夏季召开的庐山会议上，由于彭德怀向毛泽东上书，坦言"大跃进"中存在的问题，引起了毛泽东的不满，庐山会议批判了彭德怀，随后又在全国展开反右倾的斗争。

在反右倾中，李先念也受到了牵连。本来，在庐山会议初期，李先念就在发言中提出：要总结"大跃进"中正反两方面经验，不应当上的项目，要舍得下马。在庐山会议上彭德怀的信被印发下来后，彭德怀见到李先念时问他：对我的信有什么看法？李先念明确表示：赞同彭总的意见。李先念在7月20日的小组会上发言时，也明确表示了支持彭德怀的态度。他说：办食堂存在很费粮食的现象，办人民公社步子太快了，对农民的觉悟和干部水平估计过高了。"大跃进"违背了综合平衡，这是我们的主要教训，今后必须注意"三个平衡"。对小高炉要整顿，对小高炉的账要细算。李先念在会议期间，没有私心，也没有那么多顾虑，他向很多同志坦率地讲了自己的看法。会上，有一些激进思想的人把李先念看作"保守派"。

正是由于上述原因，当庐山会议开始反右倾时，李先念也是被思想激进的人批判的对象之一，并被定为思想上"右倾"。李先念不得不检讨自己思想上"右倾"的问题，同时他还不得不"交代"他在庐山会议上同彭德怀、黄克诚、张闻天来往和谈话的内容。由于李先念的发言没有超出会议讨论的范围，口气又很和缓，没有直接否定"三面红旗"，因此，没有被划入"彭德怀反党集团"。毛泽东和中央其他主要领导人都了解李先念是个纯粹从工作出发，没有私心的人，因此，只把他列入"一批二帮"的对象之一。周恩来为李先念做了不少开脱工作，加上李先念在历史上没有同彭德怀共事过，才使李先念没有继续挨批。

李先念对毛泽东说：我是忧几亿人开不了饭

庐山会议之后，李先念虽然没有继续受到批判，但毛泽东已经明显减弱了对李先念的信任。毛泽东在此后的讲话中曾经提到：财贸口是"右倾思想"比较严重的地方。1959年9月初，毛泽东决定把财贸口和农林口合并，由谭震林主持召开两个口各部的党组书记开会，集中几天时间，批评帮助李先念。在会上，有人发言，对李先念说了很多过头的话，此后，李先念不得不多次作检讨。那一时期，毛泽东对李先念很注意，他要求，要把李先念的多次检讨稿调去，他要亲自看。

毛泽东把李先念的多次检讨稿仔细看了后，约李先念去谈话。李先念到了毛泽东的住处，毛泽东一见面就说：杞国人来了，坐下。接着，毛泽东就问李先念，知道不知道杞人忧天的故事？你不要学那个杞国人呀。李先念听毛泽东这样说，心里明白，毛泽东这是在批评他。但是，具有实事求是精神的李先念并没有在此时过多地考虑个人的处境，依然没改他磊落、直言的本色。他对毛泽东说：我知道这个故事，但是，我不是像杞国人那样忧天塌下来，我是忧几亿人开不了饭。毛泽东听了李先念这句话，十分吃惊，他吃惊李先念在自己处于不利的情况下，仍然不隐瞒自己的观点，敢于讲话，同时也明白，李先念话中有话，一定有很多隐情要说。于是，毛泽东让李先念细谈。李先念把全国粮食供应情况，向毛泽东如实作了汇报，毛泽东不但耐心地听李先念讲，还不时地提出一些问题。这表明，毛泽东对李先念的话听进去了。李先念谈了很长时间，仍未说完，毛泽东就留李先念一起和他吃饭，边吃饭边谈，慢慢地，二人就谈到了一起。

毛泽东这次与李先念谈话，是李先念命运的转折点。就是这次谈话，使毛泽东对李先念的气消了，也了解了真实情况，对李先念的话也听得进去了。毛泽东表示：他支持李先念为解决几亿人民吃饭问题所做的各项工作。毛泽东的这句话表明，他继续支持李先念当财政部部长，主管全国的财政、贸易、商业工作。

自从这次谈话之后，财政部部长李先念在毛泽东、周恩来的领导下，担负起了在实际工作中继续纠"左"的重担，与全国人民共同渡过了20世纪60年代初期的难关。

贺龙担任国家体委主任

新中国的体育事业的起步和发展，是与贺龙的名字联系在一起的。正是在贺龙出任国家体委主任之后，新中国的体育运动急起直追，大步赶上世界发达国家，在许多运动项目上走在了世界前列。在今天中国已经成为世界公认的体育大国时，我们不能忘记新中国首任国家体委主任贺龙的奠基作用。

毛泽东亲自决定贺龙担任新中国首任国家体委主任

新中国刚刚成立时，体育运动处于十分低的水平。其中的缘由，在于旧中国体育本来就是一片荒漠。20世纪30年代，国民党政府忙于打内战，加上面临日本灭亡中国的威胁，根本顾不上体育。1932年举行第十届奥运会时，也邀请中国参加。国民党政府为了应付一下，只派了教练宋君复和大学生刘长春一人去参加这届奥运会。比赛时，刘长春在预赛中就被淘汰。1936年第十一届奥运会时，中国也仅派很少的几个人去应付一下，结果，只有撑竿跳高运动员符保卢取得了决赛权。1948年，已经风雨飘摇的国民党政府再次派人去参加奥运会，没有获得任何奖牌。当时英国《镜报》发表了一幅漫画：一个身材瘦小、穿着中国运动服装的人，举着画有5个鸭蛋的白色大旗。这是对中国人的侮辱。但中国体育运动本来就没有取得什么成绩，除了心中羞愧外，说不出什么话来。

为了发展新中国的体育事业，增强人民体质，改变中国在世界上的"东亚病夫"形象，新中国成立不久，中共中央和政务院就指示在各省市建立体育机构。但由于中国体育运动的基础实在太差了，也缺乏人才，过了三年时间，全国各地成立体育机构的还不足半数。在中央也没有一个主管体育的机构。国家的体育工作由新民主主义青年团中央委员会主管。

毛泽东对新中国的体育事业十分重视。他一直考虑怎样发展中国体育事业的问题。1950年初，他亲笔题写了《新体育》杂志的刊名。为了明确中国体育事业的发展方向，毛泽东于1952年6月10日题写了"发展体育运动，增强人民体质"12个大字。同时，他也思考着在中央建立一个主管全国体育运动的领导机构的问题。这时，胡耀邦和荣高棠也与毛泽东想到了一起。

1952年7月29日至8月14日，中华全国体育总会副主席兼秘书长荣高棠率领中国体育代表团到芬兰的赫尔辛基，参加了第十五届奥林匹克运动会。这是中华人民共和国成立后第一次参加国际奥林匹克运动会。由于旧中国体育运动基础太差，也不是短期即可抓上来的，中国在这届奥运会上自然没有取得好成绩。代表团回来后，新民主主义青年团中央书记胡耀邦和代表团一起研究了如何把新中国体育运动搞上去的问题，他和荣高棠一致的意见是，新中国必须建立一个领导全国体育运动的机构。他们决定向中央打报告。不久，一份以中国新民主主义青年团名义写给中央的报告就送到了刘少奇手上。报告是呈送中共中央的，题为：《关于参加第十五届奥运会的情况报告》。这份报告向中央提出建议：在政务院下设立一个与各部委平行的全国体育事务委员会，并提出："委员会的主任委员，最好请贺龙那样的一位将军来担任。"

刘少奇看了报告后，很快就把这份报告送到政务院处理。在政务院主持常务工作的邓小平非常赞成报告中提出的意见，特别是赞成由贺龙当首任国家体委主任。他在把签署了自己意见的报告转给周恩来总理时，专门向周恩来谈了自己的意见。周恩来也十分赞成建立这样一个领导全国体育事业的机构，赞成由贺龙担任国家体委主任。

他们向毛泽东主席呈送报告时，汇报了同意建立国家体委的初步打算，并向毛泽东建议由贺龙担任国家体委主任。毛泽东听后非常高兴，他同意建立国家体委，请贺龙担任国家体委主任。邓小平从毛泽东住处回来后，立即给在重庆主持西南工作的贺龙打电话，告诉贺龙，青年团中央建议由他担任国家体委主任，并说自己和周恩来也赞成贺龙担任体委主任这一职务。

贺龙在电话里问："毛主席的意见呢？"

邓小平说："毛主席赞成。他要请你担任国家体委主任。"

贺龙毫不犹豫地说："毛主席叫我干，中央叫我干，我就干！"

贺龙一生都在带兵打仗，现在是大军区司令员，指挥着千军万马。虽然他知道大区一级要撤销，他的工作也会有所变动，然而，让他去管体育，大概不是他预料之中的。但是，毛主席赞成了，他无条件地服从。

在 1952 年 11 月 15 日召开的中央人民政府委员会第十九次会议上，通过了由贺龙担任国家体委①中央体育运动委员会主任、蔡廷锴担任副主任的任命。1953 年 8 月 21 日，中共中央批准成立了中国共产党中央体育运动委员会党组，由贺龙、荣高棠、黄中三人组成，由贺龙任书记。9 月 4 日，中共中央会议和中央人民政府委员会第二十八次会议批准了中央人民政府体育委员会。委员计 28 名，为：贺龙、蔡廷锴、曾昭抡、韦悫、苏井观、萧华、陈沂、箫克、傅秋涛、刘子久、章泽、刘加林、于北辰、田德民、王纪云、朋斯克、吴克坚、车向忱、杨成武、曾震五、蔡树藩、刘斐、荣高棠、黄中、马约翰、吴蕴华、徐英超、张轸。

搭起了领导中国体育运动的班子

贺龙初任国家体委主任时，中国体育事业的基础十分薄弱。就运动水平来说，中国处在世界较低水平。就拿当时中国人自己认为成绩算比较好的跳高运动来说，过去中国的最高纪录仅仅是女子跳高运动员朱天

---

① 当时称中央体育运动委员会。1954 年改称国家体委。

真创造的 1.35 米。1948 年这个纪录被吴树森打破，成绩也仅为 1.40 米。其他体育运动就更谈不上了。世界上发达国家已经开展的体育运动项目，在中国有一多半没有开展，大多数中国人甚至没有听说过这些体育运动项目。例如，现在在中国比较普及的乒乓球运动，过去中国绝大多数人不知道，甚至没有见过乒乓球。

中国的体育设施也非常少，只有个别体育爱好者在自己家里搞一些他所爱好的单项体育设施，一些大学里有少量十分破旧且项目不全的体育运动设施，民间根本没有为民众提供的运动设施和场所。直到 1950 年，中国尚无一所体育学院，没有自己培养的一名体育教师。贺龙就是在这种状况下出任国家体委主任的。

面对中国体育运动的这种状况，贺龙担任国家体委主任后，要抓的工作千头万绪。贺龙首先集中力量抓的，是建立国家的和地方的领导体育运动的机构。中央决定贺龙担任国家体委主任后，他就着手建立国家体委班子。在他的筹备下，中央人民政府人事部于 1953 年 2 月 27 日下达文件，确定国家体委 239 个编制，干部 212 人，勤杂人员编制 27 人，荣高棠、黄中担任体委的正副秘书长。贺龙在北京选定了国家体委的地址是西单未央胡同。编制有了，但干部只有十几个人。贺龙说，这不行，一定要调干部。可是，当年许多人对体育工作认识不足，认为那不是正当职业。特别是军队中许多干部，认为打天下才是好样的，搞"玩"的不是正路。因此，干部们不愿意来体委。怎么办？贺龙想到了团中央。过去团中央书记胡耀邦一直支持体育工作，而且过去中央体育工作也是由团中央负责的。于是贺龙把胡耀邦和团中央组织部部长金栋请到家中，对他们说："体委刚刚成立，需要加强。你们是做青年人的工作的，我们这里也是做青年人的工作的，任务很繁重，要靠各方面支持。耀邦啊，这也是你的事，从你那里调点儿人吧。"胡耀邦十分爽快地说："老总要谁我给谁。"贺龙也不客气，点名把团中央一些骨干人员调来。不久韩复东、李达、赵正洪以及胡耀邦的秘书任思治等一批干部来体委报到了。光从团中央调干部是不够的，贺龙还果断地起用了一批曾在部队和西南区从事过体育工作的干部到国家体委机关工作。他们之中，有西南军区司令部干部处长兼西南军区战斗体工大队队长张之槐，第一二○师战斗篮球队的老队员、时任中国人民志愿军某炮兵团的政治委员张联华，"东干队"老队员、时任东北军区空军某部军械处处长朱德宝，内务部副部长蔡树藩，地质部干部王凌原，西南军区保卫科干部、曾在贺龙身边做过保卫工作的武岳松，中共西南局宣传部副部长张非垢，外文出版社的张彩珍，起义将领、西南行政委员会副主席卢汉及李梦华。不久，贺龙又调来了中南区体委办公室主任陈先。之后，贺龙又从华北调来曹建纯，从西北调来董念黎。曾在联防军司令部搞过行政管理和后勤工作的金鉴萍也被贺龙调到体委，让他抓机关管理工作。

为了把全国体育机构建立起来，贺龙又把注意力放在建立地方体委上。他初任国家体委主任后就在一些重要会议上多次说：为了保证体育运动的开展，必须迅速建立和健全各级体育运动委员会，配备一定数量的干部。原来已经建立体委的省市，要加强体委机构，没有建立的要尽快建立。他还建议，全国总工会，各地市总工会和各产业工会，要设立体育工作机构或专职干部，厂矿企业单位可在工会基层工作委员会下设体育运动委员会，以加强对职工体育运动的领导。贺龙对过去主管体育工作的共青团组织更加重视，他建议各级青年团要继续积极倡导体育运动。对于军队，贺龙建议，军队要加强各级军事体育部的工作。此外，省、市以上的教育部门里面也要健全体育处（科），以加强学校体育的管理。贺龙虽然是以建议形式提的，但他的威信高，他的建议很有分量，各地各级政府和军队的领导人都十分重视，都按贺龙的意见抓紧落实。

贺龙抓体育既宣传又实干

为了转变很多人认为干体育不是正当职业的认识，贺龙到处讲体育工作的重要性。以他的很高威望，他自己亲自出面宣传体育运动的重要性是非常有效的。1953年4月27日，贺龙在北京主持召开了第一次全国体育工作会议，会议讨论了中央体委秘书长荣高棠所作的1953年体育工作计划的报告，以及各地体委的编制等问题。会上，贺龙着重讲述了体育事业的重要意义和方针、规划。4月30日会议结束时，贺龙再次说："体育工作者今天的任务是重大而艰巨的……我们必须克服各种困难，争取在一定的时期内作出一定的成绩来。但由于我国过去的体育运动的基础较差，所以，对于体育工作，目前还不能要求过高。此外，还必须积极地、及时地取得各地党委和政府的领导，以及青年团、工会等有关机关团体的支持与协助。"说到普及和提高，贺龙说："普及和提高是统一的，不矛盾的。有普及才能提高，提高是为了普及。所以，我们训练运动员的重要目的，就是为普及体育运动准备干部、创造条件，决不是单纯地为提高而提高。每一个运动员，都应当成为群众性体育运动的宣传员、组织员、指导员和体育工作者。因此，训练运动员，也必须进行政治训练，克服单纯技术观点，提高运动员的阶级觉悟，要组织运动员学习马列主义，改造思想。"为了搞好宣传工作，贺龙每召开体育工作会议，都请一些党政军中有影响的老同志来参加，还请他们讲话。1954年1月，贺龙主持召开中央体育运动委员会第一次全体会议，除了请体委委员参加外，他还把廖汉生、梁必业、莫文骅、王新亭、李一氓、柴泽民以及各大行政区体委负责人请来，开幕式时又请朱德和郭沫若莅会，请他们讲体育工作的意义。郭沫若是没有任何准备就被贺龙请来的，但才华横溢的他即席讲的一段话却让人记忆犹新，他说："我们中国过去是一个文弱的国家，重文轻武。特别是像我们地主家庭的子女，离家5里之外都不敢走路。家里也不让下水，下了水要挨打。这种习惯流传下来，到现在还没有完全去掉。一般人对体育的兴趣还不高。因此，有加强宣传教育的必要。"

贺龙清楚地认识到，为了转变人们的错误认识，光是宣传还不行，必须实干，必须把体育工作搞起来。贺龙上任初始，就搞了几个大动作。他先从部队下手抓体育工作。由于贺龙在军队中有很高的威望，解放军的体育运动很快就开展起来了。在贺龙的倡导下，部队把开展体育运动、增强指战员的体质，看成建设正规化、现代化国防军必不可少的一部分，把体育运动列为各兵种军事训练的基本科目之一，使体育运动更好地为国防建设服务。在1953年的全国男女篮排球、足球、田径、体操等项目中，中国人民解放军的运动员都取得了冠军的光荣称号。与此同时，贺龙着手抓全国和省一级的体育运动会。仅1953年，就召开了5个全国性的体育运动会，省（市）以上召开了较正规的运动会219次，参加的运动员有129576人。在1953年全国田径、体操、自行车运动大会上，有19个运动项目创造了全国最高新纪录。其中，男子跳远打破了保持20年之久的纪录。在全国民族形式体育表演及竞赛大会上，有20名举重运动员创造了全国最高新纪录。贺龙还把目光投放到世界，决定我国要积极参加世界体育运动。1953年第四届世界青年与学生和平友谊联欢节上，我国游泳选手吴传玉以1分8秒4的成绩，荣获男子100米冠军。这一年，我国派遣体育队参加了在罗马尼亚布加勒斯特举行的第二十届世界乒乓球锦标赛及第四届青年与学生和平友谊联欢节的国际青年友谊运动会，出席了国际乒乓球联合会年会、国际足球联合会代表大会及国际排球联合会的年会；中国乒乓球队在参加世界乒乓球锦标赛之前，访问了捷克斯洛伐克及匈牙利；派代表参加了保加利亚全民体育节。在国内，我们接待了苏联体育代表团；中华全国体育总会还加入了国际摔跤联合会，成为临时会员。从而扩大了中国的政治影响，并促进了中国人民及运动员与各国人民及运动员之间的了解与友谊。

贺龙总结近年的实际工作时说：群众性的体育运动有了比较广泛的开展，对改进人民的健康开始显示了它的作用。全国铁路职工中，1950年经常参加体育活动的有10万人，经过逐年发展，到1953年就达到52万余人。学生现在参加体育活动的，已较过去更为普遍和经常。"体育锻炼标准"已在全国更广泛地推行。参加这一锻炼的，据不完全统计，全国已达80余万人。许多省、市以上及部分县级机关都已推行了工间操或早操，在广大农村和各个兄弟民族地区，体育运动也有了一定的开展。贺龙的总结，反映的是当时中国体育工作开展的实情。

贺龙着手抓的这几项工作，一下子就在全国造成了重大影响。人们开始关注体育运动，各级政府也把体育工作当作一项重要工作来抓了。

贺龙抓住了开国之初体育工作存在的四个问题

在领导体育工作一段时间后,贺龙很快就发现了发展新中国体育事业面临的主要问题,以及我们抓体育工作的缺点。为人直爽,工作雷厉风行的贺龙立即提出了这些问题。在谈我国体育工作面临的问题时,他说:一是"目前体育运动在不少地方开展得不很好,或者几乎没有什么开展。造成这种情形的原因虽然很多,但有些人不了解体育运动对改善人民健康状况和增强人民体质的作用也是一个重要原因。所以,必须加强宣传教育工作,提高人民对体育运动的正确认识"。二是"群众性的业余体育运动的工作方针贯彻不够"。三是"各级体委机构多未建立或不健全。全国有84个省辖市,建立体委的只有39个。体育师资缺乏的情况也很严重。厂矿、机关、部队普遍缺乏体育技术指导"。四是"工作上还存在着严重的缺点"。在谈我们工作的缺点时,他说:一是"了解情况不够"。二是"工作中存在着严重的事务主义作风"。三是"领导一般化,缺乏具体指导,使下边不能从中央体委得到及时的、有力的帮助和指导"。四是"没有很好地争取有关方面的共同努力"。

贺龙是有很高政治水平的领导人,他提出问题后,接着就讲了解决问题的方针和方法。他先确定了抓体育工作的方针,即"结合实际情况开展群众性的体育运动,并逐步地使之普及和经常化"。为了实现这一方针,必须做好下列几项工作:一要加强体育运动的宣传工作。一要"加强培养和训练体育干部的工作"。二要"加强领导"。"为了保证体育运动的开展,必须迅速建立和健全各级体育运动委员会,配备一定数量的干部,并建议全国总工会、各地市总工会和各产业工会设立体育工作机构或专职干部,厂矿企业单位可在工会基层工作委员会下设体育运动委员会,以加强对职工体育运动的领导。建议青年团积极倡导体育运动,加强各级军事体育部的工作。此外,省、市以上教育部门应健全体育处科,以加强学校体育之管理。"

贺龙的很高威望,贺龙的宣传,贺龙的实干,贺龙的组织能力,贺龙抓体育工作的很高政策水平,使毛泽东非常满意。他对贺龙抓体育工作十分支持。1953年12月4日，毛泽东主持中共中央政治局会议，特别把审议《中央人民政府体育运动委员会党组关于加强人民体育运动工作的报告》列为政治局会议的议程。在这次会议上，贺龙让荣高棠汇报。荣高棠一进会场，毛泽东就说："该讨论体育了，体育是关系6亿人民的大事嘛！"这次会议批准了体委的工作报告，决定将报告转发全国，要求全国各级政府全力支持体育工作。这是对贺龙抓体育工作的肯定。

为了"取经"，贺龙不辞辛苦在苏联多地考察

当年，中国与苏联的关系非常友好，而苏联在体育方面已经算是排在世界前列的国家了。我国在体育方面要向苏联学习，是很自然的事情。贺龙是赞成中央关于要向苏联学习抓体育的经验的，他还决定亲自去苏联"取经"。但是贺龙在学习苏联问题上，始终保持中国自己的独特性，他认为，我们要以中国人自己总结出来的经验为主抓体育工作。1954年7月18日是苏联的体育节，苏联政府和人民都把这个节日看得很重，称之为"全民的节日"。苏联方面邀请贺龙去参加，贺龙认为这是向苏联"取经"的好机会，向中央打了报告。中央支持贺龙去苏联。7月13日，贺龙率体育代表团赴苏，参加苏联人民的这一盛会，但贺龙的主要目的是"取经"，因此，他率团提前几天到达苏联，在苏联参观体育设施，与苏联方面交流体育工作经验。加上参加苏联体育节，总共在苏联的时间有一个多月。在此期间，贺龙与代表团不辞劳苦，先后在莫斯科、列宁格勒、基辅、索契、梯比里斯等城市观看了各种类型的大小运动场馆、文化宫；访问了各级政府的体育运动委员会和工厂、集体农庄的体育组织，青少年业余体校，莫斯科航空俱乐部和列宁格勒体育研究院，参观了全苏农业展览会和其中的农村体育运动展览馆。

贺龙在苏联边参观学习边思考，他深深地认识到，中国和苏联在体育方面的差距很大，中国要急起直追，赶上苏联。贺龙经过认真思考，认识到，苏联体育工作先进经验，主要有三条：第一条，苏联方面对竞技体育运动十分重视，他们舍得花力气培养"尖子"运动员，能够集中

人力物力，并且通过严密的组织领导，在短期内突破世界纪录。第二条，苏联重视全民体育工作，重视通过体育锻炼，达到提高全民身体素质的目标。在苏联，群众性体育运动规模很大。当时，苏联城市和乡村的运动员和体育工作者达数百万人。男女老少都对体育运动表现出极高的兴趣和热爱，体育运动真正成为全民的事业。第三条，苏联在全国普遍推行的"准备劳动与卫国"的体育制度（简称"劳卫制"）。十年制学校毕业的学生必须通过劳卫制一级标准，七年制学校毕业生必须通过劳卫制少年标准，体育不及格就不能毕业。这种"准备劳动与卫国"体育制度，是1931年由苏联列宁共产主义青年团倡议推行的，目的是使苏联人民，首先是使苏联青年的身体全面发展，并对他们进行爱国主义教育，使之成为健康、勇敢、乐观的祖国忠实保卫者和共产主义积极建设者，这对于开展群众性的体育运动起着巨大的作用。

贺龙率团回国后，立即组织国家体委的同志研究苏联的经验。国家体委开的重要研究会议都是贺龙亲自主持的。贺龙谈了自己的看法，国家体委其他领导同志也谈了自己的看法，贺龙把这些看法集中起来，形成了一个初步认识，即，从中国的实际情况出发，借鉴、学习苏联抓体育的经验，重点学习苏联的劳卫制。8月27日，贺龙向中共中央和国务院文委党组呈递了题为《苏联的体育运动是推动共产主义建设的力量》的报告。报告重点介绍了苏联推行的"准备劳动与卫国制度"开展的情况，提出"我们在发展体育运动方面，和其他工作一样，必须向苏联学习"。报告还提出："今后拟有计划地派遣一些留学生到苏联和其他兄弟国家学习，并聘请一些苏联体育专家来我国工作。"报告认为"目前各级体委干部太弱，编制太小，很难适应当前工作需要。望能趁此大区撤销之际，予以充实"。中央很快就批准了贺龙的这份报告。从此，国家体委即有计划地选派了一批运动员到苏联和匈牙利等国家学习，也聘请了一批苏联和匈牙利体育专家来中国任教。中央也决定扩大各级政府体委的编制，充实得力干部抓体育工作。特别重要的是，中央决定加强国家体委的领导干部配置，委任包括民主党派要人在内的一些重要干部到国家体委工作。这一年的9月，在第一届全国人民代表大会上，贺龙被任命为国务院副总理、国防委员会副主席和国家体育运动委员会主任。11月1日，国务院任命蔡廷锴、蔡树藩、卢汉、黄琪翔、荣高棠为国家体委副主任。接着，中共中央组织部批准张非垢任国家体委秘书长，黄中为副秘书长。贺龙还安排在新中国成立前曾担任过中华全国体育协会总干事、1947年被选为国际奥林匹克委员会委员的著名体育家董守义先生为政协全国委员会委员兼中央体育学院教授。毛泽东和党中央这样重视体育事业，贺龙非常高兴，他特别对中央配备的这个国家体委班子十分满意。贺龙夫人薛明回忆说："贺龙对国家体委这个班子是满意的，很喜欢。用他的话说：是来自五湖四海的、团结的班子。他们都很年轻，懂专业，有朝气，工作效率高，事业心强，没有官僚主义；有文有武；打仗的，打球的，又有秀才，又有搞管理工作的。他们相处很亲切、自然，形成了一个拳头。"

抓"尖子"人才，建一流队伍

贺龙抓体育工作的一个重要理念就是，国家在广泛开展群众性体育运动的同时，也必须集中力量抓人才，各个项目都要有向世界纪录冲击的目标，只有在竞技项目上走在世界前列，才能在世界上产生广泛影响。这关系到中国在国际上的地位和形象，这里面有很大的国际政治问题。贺龙早在20世纪50年代就认识到这一点，是有先见之明的，后来中国在70年代展开的乒乓外交，今日中国体育大国的影响，以及中国主办奥运会，都证明了贺龙的先见之明。

贺龙深深认识到，中国体育事业要创造一流的成绩，必须有一流的人才。这些人才就是体育运动的"尖子"运动员，而要培养出"尖子"运动员，就必须有高素质的教练员。而在国家体育工作刚刚展开时，最缺乏的就是好的教练员，差不多每个体育项目都缺乏教练员，优秀运动人才更是屈指可数。

怎样尽快把这方面工作抓上去？贺龙决定，一方面要花大力气抓紧培养我国自己的教练员和运动员，另一方面要发现和大胆起用我国现有的好的教练员和运动员。当年,在许多干部眼里,个人和家庭出身十分重要,一个好的教练员、运动员,技术水平再好,家庭出身、社会关系复杂一点,就不用。贺龙不赞成这种看法和做法,他以自己很高的威望,带头打破这种观念,并且自己亲自决定起用一些所谓"社会关系复杂"的优秀运动员和教练员。当年,西南战斗队曾就徐广斌是否入队问题发生过争论。有人认为他技术水平不错,本人政治表现也好,可以吸收为队员;有人则认为他曾随他舅舅去过台湾,社会关系复杂,不能当国家队的队员。贺龙说:"他能从台湾回来,就说明他爱国。这样的运动员,不但应该吸收到国家队,还应当很好培养。"贺龙表态后,徐广斌很快就进了国家队,并且取得了好成绩。女排队员曹其纬是在五四运动中被国人斥为"卖国贼"的曹汝霖的嫡孙女。贺龙夸奖她在电影《女篮五号》里演"小五号"演得好。贺龙还给曹其纬写了封亲笔信,鼓励她积极上进,争取早日加入共青团。曹其纬没有辜负贺龙的期望,思想上进步很快,工作中也做出了很大成绩,不久就加入了共青团。

贺龙还把目光投放到海外,从海外吸引体育人才回国效力。正是出于这样一个想法,贺龙把在香港打球的傅其芳、容国团等请回国。傅其芳是中国著名乒乓球运动员,曾击败世界冠军英国的李奇和格曼,他还代表香港到新加坡参加国际比赛,打败了实力很强的日本队,夺得冠军。容国团打乒乓球在世界上水平也是相当高的。傅其芳和容国团先后回国,中国乒乓球队就有了几个尖子队员,提高了中国乒乓球运动的水平。1954年,傅其芳参加布达佩斯世界大学生运动会的乒乓球赛,获得了男子单打第二名。1958年后,傅其芳开始当国家乒乓球队的教练,使中国乒乓球队的整体实力大为提高。容国团等从香港归来后,成为中国乒乓球队的主力。他也有一套自己的打法,这就使中国乒乓球队在打法上走在了前面,在世界上是先进的球队。从印度尼西亚归国的华侨吴传玉是优秀的游泳运动员,贺龙邀他到自己家中做客,鼓励他努力提高游泳技术,为国争光。此外,贺龙还把海外优秀羽毛球运动员王文教、林丰玉、陈福寿、方凯祥、汤仙虎、侯加昌、陈玉娘、梁小牧请回大陆,还给他们创造良好的训练条件。事实证明,这些人回国后,表现都是好的,都在体育运动中取得了好成绩，为祖国争了光。

贺龙认为，体育运动员与普通人不一样，他们要消耗比常人更多的体力，因此，营养一定要搞上去。在他亲自关心安排下，国家对体育运动员实行"特供"政策，即在食物、着装方面高于普通民众的政策。从新中国成立之初，直到现在，这项政策坚持实行了70年。

由于贺龙在抓新中国自己培养体育人才的同时，广泛吸收海内外优秀运动员回国，国家一些重要体育运动队很快就组建起来了。仅1954年一年，国家足球队、篮球队、排球队、乒乓球队、田径队、网球队、体操队、游泳队等就都组建起来，并且形成了完整的建制、训练规范、生活管理制度等。贺龙还以超前的眼光，盯住世界上其他运动项目，要求国家体委的干部研究这些项目，努力创造条件，建立这些项目的运动队。有的运动项目，我国暂时没有条件建立运动队，也要积极支持某些单位和个人坚持搞下去，创造发展的条件，条件成熟后，马上建立运动队。例如，过去中国根本没有棋类运动队，下棋仅仅是个人爱好，贺龙却从日本棋类发展的情况断定这是一个有前途的运动项目。在没有条件建立运动队时，他采取许多措施，支持一些棋类高手发展棋类运动，由政府出资，鼓励他们搞各类比赛，鼓励他们收徒授技，把中国象棋、围棋、国际象棋这三项棋类发展起来。一旦条件具备，就建立棋类运动队。现在中国棋类运动已经形成规模，并有严密的运动组织机构，这与贺龙当年的努力是分不开的。

倾注心血抓体育场馆建设

搞体育运动，总要有运动场地。可是，在贺龙初任国家体委主任时，中国的体育场馆极少。旧中国，全国只有26个非常小的体育场馆，是供富人们娱乐用的，观众席位非常少，有的根本没有观众席位。在首都北京，只有先农坛一个体育场，还是1937年建的，建起来后，日本人曾将其作为军队训练场地。日本投降后，国民党"接"而不"管"，任其荒废。平时也很少用来竞赛。除了有比赛时预先临时派人打扫一下外，平时缺少管理人手，已经破烂不堪。这种情况使中国连请外国运动队来华表演的条件都不具备。新中国成立后，有一次苏联派篮球队来中国表演，中国竟然没有场地，北京市只好临时搭建席棚。贺龙出任体委主任后，立即着手抓场馆建设。他亲自订出建设计划，首先在北京、上海、天津等大中城市建设一批体育场馆，连场馆设在什么地方，建成什么规模，场馆的样式，观众的视觉效果等问题，他都想到了。

贺龙提出设想，要在北京建一个在国际上属于先进的、能够有数十年有效使用期的中国大型体育场馆，中央很快就同意了这个设想，并且在很短时间内就确定了建设规划，建设资金、物资也在短时间内到位。为了建设好这座体育场，总要有一个得力领导干部来主抓。贺龙经过反复思考后，把曾担任西南军政委员会财经委员会委员、在重庆组织过城市建筑、当时在北京担任副市长的万里请出来，请他出马筹建北京体育馆。接着，贺龙又调来曾在重庆参加修建"重庆市人民大礼堂"的张一粟参与一些重要体育场馆建设的领导工作。这样，由万里挂帅，管平、张一粟等负责，北京市设计院设计，大通公司施工的体育馆，开始筹备。贺龙不仅审查图纸，连馆内的沙发、茶几的样式，都提出了具体的意见。当建设领导班子讨论建成工期时，贺龙决定，只给一年工期，1954年秋动工，1955年必须交付使用。参加施工的数千名职工不负众望，昼夜三班倒。到1955年4月，一座占地16公顷的多功能体育馆建成。在新落成的体育馆举行的第一次国际比赛，是中国和印度的男子排球比赛。贺龙邀请毛泽东、刘少奇、周恩来等中央领导同志出席观看。当毛泽东看到宏伟的体育馆时，兴致极高，幽默地说："你们盖了这么大一个屋啊，不错嘛！"

贺龙在抓北京这座大型体育场建设的同时，还重视抓各地体育运动场的建设。从1952年到1966年，在贺龙主持下修建的体育场馆有：占地9万平方米的重庆大田湾体育场，占地9544平方米的重庆市体育馆，为召开第一届全国运动会而兴建的北京市东郊工人体育场和工人体育馆，北京西郊翠微山下的射击场和占地24公顷的北京老山摩托车赛车场，占地5公顷、拥有6个水池的陶然亭游泳场，广州二沙头体育训练基地、青年训练基地，南京五台山体育场，等等。同时，在成都、广州、昆明、兰州、南京、西安等地还有计划地兴建了中小型体育馆38座。

这些体育场馆的建设，无不倾注着贺龙的大量心血。

把体育当作一种文化

初任国家体委主任的贺龙，从一开始就不是单纯把体育运动看作仅仅是搞比赛，他从内心深处是把体育当作一种文化的，因此，他特别抓了体育文化建设。他在抓体育场馆建设的同时，下决心要把《新体育》杂志办好。贺龙要求，这份杂志一定要面向群众，要办得十分生动活泼，图文并茂，内容健康，要介绍体育运动的一些知识，也要介绍一些运动员的情况，要有故事性，熔知识性、趣味性为一炉。按贺龙确定的这个方针，《新体育》杂志很快改观，可读性大大增强了，受到了全国人民的欢迎，发行数量猛增，此后的发行量非常高，许多干部、大学生、中学生都自费订阅这份杂志。接着，贺龙决定办《中国体育》杂志（英文刊物）和《体育报》。办《中国体育》的目的，是向国外介绍中国体育运动情况，进行国际交流。办《体育报》的目的，是向全国人民报道体育运动的大事，介绍体育运动常识。毛泽东十分赞赏贺龙发展体育文化的举措，他应贺龙之邀，为中国有史以来的第一份《体育报》题写了报头。朱德也为《体育报》题了词，郭沫若为《体育报》写了题为《体育战线插红旗》的诗，陆定一撰写了《祝体育报创刊》一文。李济深也为《体育报》的创办写了一首诗。

贺龙一直在寻找扩大体育文化的途径。1953年的一天，贺龙从收音机里听到中央人民广播电台播音员张之在天津现场解说全国4项球类运动会的实况，立即认识到，这是扩大体育影响，发展体育文化的好形式。当时中国还没有电视，广播是最广泛的传播方式了，贺龙很高兴他发现了这种传播方式，他说："过去有说书的，现在有人会说球，这个办法好，生动活泼，引人入胜，可以普及体育，应当推广。会说球的，也是专家呀！"从那以后，每当有重大体育比赛，贺龙都先问：中央人民广播电台是否派人到现场转播？后来，由中央人民广播电台转播重要赛事，就成了惯例。从那时起，直到今天，中国有了专门解说体育运动赛事的人才队伍。不仅如此，在贺龙的亲自过问下，中央人民广播电台还加强了体育报道的记者队伍，设置了专门报道体育的部门。

有了运用广播电台宣传体育文化的经验，贺龙举一反三，又把目光投放到体育摄影、体育新闻电影拍摄工作上，在他的过问下，摄影机构和电影部门，都专设了报道和体育工作的人员。贺龙不光要求配备人员，还要求达到一定质量，因此，凡有新摄制的体育电影，他都参加审查。他多次夸奖《女篮五号》和《小足球队》这两部故事片拍得好。今天，拍摄体育照片和体育电影已经很普遍了，人们已经不觉得稀奇了，但在当年，中国体育运动无声无息时，贺龙出面打开了这方面工作的局面，不能不承认，他是有很长远的战略眼光的领导人。

建设"又红又专"的体育队伍

体育队伍有了，但如何带好这支队伍，是贺龙反复考虑的问题。他从长期带兵实践中深知，要使这支体育大军有战斗力，就必须有高度的政治觉悟、过硬的体育运动技术、顽强的战斗作风和严格的组织纪律，换言之，就是要"又红又专"。

贺龙特别注意运动员要"红"的问题。但他不是用"左"的观点看待"红"，更不是搞形式主义，他把"红"与为提高人民的体质服务、为祖国争光紧密联系在一起，他对运动员们说："你们是新中国第一代运动员，要为革命而搞体育运动；打球不是为了好玩，不是为了求一技之长，争个人名利，而是为了党和人民，为了祖国的荣誉。"

贺龙特别重视体育事业为国争光的问题，他常常用弱国无外交的例子教育运动员，说，弱国也无体育，国家强大了体育就能够搞上去，中国逐步强大，体育也一定会逐步强大。反过来，体育运动也是为国争光的事业，体育的发展，体现出新中国的强大，体现出中国人民的风格，因此，我们一定要把体育搞上去，如果体育上不去，软弱无力，什么项目都落后，外国就看不起中国。他说："软弱，就会被外国人瞧不起。你们一方面要卧薪尝胆，刻苦训练；一方面要敢于和外国强手较量，夺取胜利。"

初任国家体委主任的贺龙，是下定决心一定要在短时间内把中国"东亚病夫"的帽子甩掉的。他以此激励教练员和运动员，认为这是当前体育运动最大的政治，运动员的"红"就要体现在为此作出贡献上。1958年，贺龙提出："'东亚病夫'的帽子一定要摘掉！""解放了的中国人民，要有争取胜利、破世界纪录的雄心气魄，不要跟在人家屁股后头跑。"迎接第二十六届世界乒乓球锦标赛之际，女运动员胡克明在接受《北京晚报》记者采访时说："我自己的打算是打出风格，打出水平。"这句话没引起多少人的注意，但贺龙从《北京晚报》读到这句话，立即从中发现了闪光的内涵。他对运动员们说："小胡的话很好，我们要在体育界大力提倡打出风格，打出水平。要打出什么风格？就是打出中国的风格。打出什么水平？就是打出世界水平。只要你们打出风格，打出水平，赢了算你们的，输了算我的。""打出风格，打出水平"的口号很快成了全国各运动队的行动指南，直到今天，仍然是中国参加体育竞赛的一条重要思想。

贺龙经常用战争年代一些英雄人物的事迹鼓励教练和运动员，要求他们学习英雄人物的理想和品格。他和教练、运动员谈话时，在关于体育工作的许多讲话中，都提倡一种奉献精神。他多次提到刘胡兰、邱少云、黄继光等英雄人物，要求教练和运动员要向他们学习，为人民多作贡献。

贺龙在抓教练和运动员的"红"的同时也抓他们的"专"。他主张，教练员要有很高的体育运动专业知识，要达到国际先进水平，每个人都要在某一方面成为专家，这样才能培养出世界顶尖的运动员。而运动员不能"四肢发达，头脑简单"，要成为有知识、有头脑，全面发展的人才。在国家队组建之初，贺龙就指示运动员除练自己的专业技术外，还要读书，要读政治方面、文化方面的书。贺龙最关心的是运动员的政治思想表现。他和运动员接触时，不仅对他们的谈话认真听，就连床头摆的什么书，墙上挂的什么画，他都仔细看。发现有什么不健康的地方，哪怕是极细小的，他也要提醒对方注意。他要求运动员不吸烟、不喝酒、不过早谈恋爱。他说，谁坚持晚婚，他就给谁献花。

教练员、运动员政治思想上进步了，贺龙就积极培养他们入党，与各级组织商议，给他们以政治上的荣誉。贺龙特别重视在教练员和运动员中发展党员。有一段时间，国家体委在运动员中发展党员的工作抓得不够，没有及时将一些条件比较成熟的骨干吸收入党。优秀举重运动员陈镜开，不顾腰伤，9次打破世界纪录，表现很好，曾多次要求入党，但都没引起有关人员的注意。贺龙知道了，在国家体委党组会上专门讨论了这个问题。贺龙说："有些运动员就是将来的干部。军队有的新兵，3年内由团员到党员，我们运动员最少的有5年的历史，但入党的很少。陈镜开9次打破举重世界纪录，郑凤荣打破女子跳高纪录，为什么不能入党？这说明体委领导没有做好政治思想工作，有保守思想。应该看到运动员为国家争光不是一件容易的事，是有功的。"贺龙建议体委党组每年要专门讨论两次发展教练员、运动员入党的问题，注意"从政治上培养运动员，培养接班人"。在贺龙的过问和关心下，郑凤荣、陈镜开、徐寅生、李富荣、邱钟慧、郑敏之、姜玉民、陈文彬、傅其芳、林慧卿等一大批优秀运动员和教练员，都很快地成长起来，光荣地加入了中国共产党。

贺龙要求教练员和运动员"又红又专"，当他们真正做到了"又红又专"时，贺龙认为，他们已经是国家的特殊人才了了，而且，由于他们的特殊贡献，他们在社会上也有一种榜样作用和影响力，因此，他们要有较高的荣誉和社会地位，让他们影响全社会，特别是影响青年一代，使全民族形成奋发向上的精神风貌。出于这一考虑，贺龙积极为达到"又红又专"的教练员和运动员参政提供条件。为了表彰为国家争得荣誉的优秀运动员，提高他们的社会地位，培养他们参政、议政的能力，贺龙提名推荐他们为全国人民代表大会代表、政治协商会议全国委员会委员的候选人。这无论对于提高体育界在社会上的地位，还是提高运动员本人的政治素质，都起到了很大的作用。

提出"三从一大"原则

贺龙身上有一种马克思主义者实事求是的作风,在工作中特别务实。他担任国家体委主任后,所把握的检验体育工作是否发展、是否做出了成绩的标准就是:通过开展体育运动,全民的体质是否提高了,我国体育运动在世界级竞赛中的成绩是否提高了。他在担任国家体委主任时,目光始终盯住这两项指标不放。

全民体质的提高,是需要逐步实现的,但贺龙并不因为这种指标不明显而有一丝的马虎。他每年都要对体育对全民身体素质提高程度的情况进行检查,指标不明显,他就更加仔细检查,对每个细小的数据,他都反复对比,从中发现问题。事实上,贺龙每年都会发现许多问题。他一旦发现问题,就要找体委其他领导干部来一起反复研究,针对存在的问题认真解决。而抓竞技体育,难度就比较大。贺龙是以不怕难著称的,越难他越要抓。他在抓竞技体育上,花费的心血也比较多。贺龙是善于总结经验的领导人。他在抓竞技体育运动的过程中总结出了一套经验,并且把这套经验概括为"三从一大"原则。

所谓"三从",就是运动员训练要"从难、从严、从实战出发"。这是他把军队训练的经验加以发挥,增加体育运动的内涵而提出的。所谓"一大",就是"大运动量训练",要求运动员平时的训练难度要大幅度地超出比赛的难度。贺龙认为,教练员和运动员都没有"超天才",任何运动员的好成绩都不是天上掉下来的,而是平时训练积累的结果。只有做到了"三从一大",运动员在竞赛中,才能取得好成绩。贺龙十分重视精神力量,认为在体育比赛中运动员要有一种奋发向上的拼命精神。因此,他在提出"三从一大"原则基础上,又进一步对运动员提出了"三不怕"(不怕苦、不怕难、不怕伤)和"五过硬"(思想过硬、身体过硬、技术过硬、训练过硬、比赛过硬)的要求。"三从一大""三不怕""五过硬",构成了贺龙完整的抓竞技体育训练的思路。事实证明,按着贺龙这一思路抓体育,中国的竞技体育提高的速度是惊人的。新中国仅仅用了几年的时间,就有取得世界冠军的运动员;新中国成立不到 7 年,就有许多项目打破世界纪录；新中国刚刚成立10多年，就已经能够举办世界大型运动会了；现在，新中国已经成为体育大国了。新中国体育事业的快速发展，使自己的形象在世界上高大起来。中国已经成为世界上不可忽视的体育大国。

体育不能搞"花架子"

贺龙在国家体委会议上多次讲这样一个观点：体育工作是硬碰硬的，搞虚假的东西不行，谁也不能搞花架子。你搞了花架子，到比赛场上就露底了，于国于民于个人都有害处。因此，贺龙强调，体育工作必须扎扎实实地抓。

怎么样扎扎实实地抓？贺龙认为，所谓扎扎实实，对不同的人有不同的要求，对于运动员来说，就是重视并搞好基础训练。他认为，不否认有的人在某项运动上有才能，但即使有才能，你骄傲了，看不起基础训练，训练时基本功不扎实，照样出不来好成绩。对于教练员来说，就是特别重视对于体育训练基本知识的学习，对于训练规律的把握。要学习、借鉴世界其他一些国家的训练方法，结合我们的实际，形成有我们特点的训练方法。对于全国的体育工作来说，就是要从基础抓起，而全国体育工作的基础是田径运动，体育工作首先要抓田径。田径既是各项体育运动的基础，也是普及体育运动，提高全民身体素质的基础。1958年10月20日，贺龙在山西省代省长卫恒的陪同下，接见山西省第一届人民体育运动大会的运动员和体育工作者代表时说："田径是基础。各项体育运动都离不开田径。要把田径运动搞起来。田径运动不受场地限制，到处都是战场，什么人都可以参加，所以也容易普及。"从这一思想出发，贺龙每到一地检查体育工作，总是要问到田径运动搞得怎么样。他对于建立国家和省一级的田径运动队也特别重视，只要发现田径运动中存在的问题，他总是叮嘱干部们想尽一切办法妥善解决。田径运动项目多，贺龙要求，对于每个项目都要抓好，要建立运动队，有的相近的项目可以合并为一个运动队，但训练时要有专门的教练、专门的场馆，要有针对性，训练的目标一定要盯住世界最高水平。

中国体育运动的发展离不开世界体育运动发展这个大环境。新中国也一定要学习借鉴外国体育运动的好经验和好方法。当时在中国其他工作领域里，有人提出了一切照搬苏联的口号。贺龙对此不赞同。他坚定地认为，在体育工作中，我们决不能照搬苏联，也不照搬其他一些国家。他主张，对外国经验我们要积极、虚心、广泛地学习，但不能盲目照搬。当年，有个别运动队看到苏联在某些项目上是世界最高水平，就在本队里照搬苏联的训练方法，把我们国家自己创造的行之有效的方法也丢掉了。贺龙发现这个情况后，并没有过多指责这些运动队的负责人，而是耐心地向他们讲道理。贺龙在和他们谈到照搬苏联体操运动员的"减轻体重"经验时说：我国人民的身体素质和苏联人不一样，苏联的体操运动员有的体重70公斤，而我们体操运动员只有四五十公斤，如果我们照搬苏联经验，也跟着减体重，结果搞得在平衡木上站也站不住了，还是不要这样搞。我们搞体育训练，要在自己的基础上学习外国先进的东西，不能学了别人的而丢了自己的特长和固有的风格。中国人搞体育一定要从中国实际情况出发，根据中国的特点，打好我们自己的基础，形成我们自己的风格。有了自己的特点和风格，照样能得第一，照样能打破世界纪录。

贺龙认为，运动员的风格和水平是教练员教出来的，因此，教练员的思想素质、工作作风、训练方法特别重要。因此，他对教练员的要求也就特别严格。他领导国家体委时，有一条不成文的规定：所有教练员都要下场和运动员一起练。如果教练员不练，贺龙就认为他不称职，要撤换。他说："天桥的把式，光说不练，当不了教练员。"贺龙自己就非常深入实际，他经常不打任何招呼，在教练员和运动员不知道的情况下出现在训练场，坐在后面静静地观看训练情况，看到一些问题时，他也不马上说话，而是自己悄悄离开。因此，很多体育教练员、运动员搞完一场训练，竟然一直不知道国家体委主任来过现场，一直坐在后排看完全部训练过程。他要反复考虑成熟后再从更高的角度提出问题和解决问题的方法。贺龙正是在这种亲自深入实际当中，发现有一些运动员出身的教练，由于长期不运动，变成了大胖子，连示范动作也做不到位了。贺龙通过观察，发现这是一个普遍现象时，就说话了。他说：这些教练员有运动经验，也掌握了一些运动的规律，但他们自己现在做示范做不好，光动嘴，也不能训练出好的运动员来。对于这些教练员，我们要强迫他们下场，要让他们的体重下降几公斤，要让他们做运动员的表率，在训练中要做好示范，也要有好的作风。身教重于言教呀！

贺龙抓体育的务实作风也受到了一些人的反对。贺龙是1964年军队"大比武"的倡导者和组织者。贺龙搞"大比武"，林彪看不惯，他认为贺龙搞"大比武"冲击了政治。那时，林彪是主管军队的领导人，他说话还是很有分量的。他说贺龙搞"大比武"冲击政治后，社会上产生了批评单纯业务思想的舆论，体育界也有人对贺龙用务实的方法抓体育的风格提出了质疑。但贺龙不为所动。他在军队里仍然抓"大比武"，抓体育工作仍然坚持务实的作风，主张政治和业务的辩证统一，反对脱离实际去谈政治。1964年6月和7月，贺龙先后两次在国家体委党组会议上指示："体委机关要为事业服务，要保证事业出成绩。事业有了成绩，就是为政治服务。""首先政治为训练服务。把政治思想工作做活，是为了训练，为了出成绩。出了成绩反转来又为政治服务。"这一年的7月25日，贺龙约体育报社的负责同志谈话，提出在宣传上不能搞片面性，片面性就违背马克思主义辩证法，是错误的。业务搞不上去，你的政治理论也一定没有学好。你们"在宣传上，要摆正政治和业务的关系，即政治学习要结合业务学，泛泛地学，没有什么用"。贺龙还批评个别体育运动队说："某单位学毛选搞卫生不错，但运动员比赛时就是不出成绩，这不叫学，是花架子。"在贺龙的领导下，中国体育战线始终不渝地抓基础训练，抓提高运动员和教练员的业务水平，着力解决现实问题，因此，体育工作没有受到60年代林彪搞"突出政治"的更多影响，一直稳步发展。

必须办好体育院校

要大批地系统地培养出体育人才，必须办专门的体育院校。贺龙初任国家体委主任时，就想到了这一点。他指示刚刚成立的国家体委，把办中央体育学院当作一件大事来抓。他自己也亲自出面调人、调经费、调物资，筹建中央体育学院。在他的亲自过问下，建立中央体育学院的经费、场所、物资、干部等，在很短时间内就大体具备了，只是缺一个合适的院长。贺龙找到习仲勋，提出要他调一名院长来。那时缺少干部，更缺少领导人才，习仲勋也很为难。习仲勋请贺龙提人选，他保证全力支持。贺龙反复思考后，提出要钟师统来当第一任中央体育学院院长。钟师统是贺龙的老部下，抗日战争时期曾在第一二〇师军政干校担任过副校长，后来随贺龙入川，担任四川文教委员会副主任。这一年，钟师统刚刚40岁。习仲勋一听，十分赞成，这件事就定下来了。不久，钟师统奉调入京，贺龙马上找他谈话，他对钟师统说：我搞体育，先得抓干部。现在中央已经决定在北京办个体育学院，你有经验，体育学院的院长就由你当吧。钟师统说：贺总，我办过学，但不懂体育，怕干不了啊！贺龙说：不懂就学。我跟你一样不懂，不是也要当体委主任吗？钟师统说：贺总，可不可以由你当院长，我们干些具体工作。过去我们办"贺龙中学"不就是这样做的吗？贺龙说：现在情况和以前不一样了，已经定了，你就大胆地干吧。钟师统听贺龙这样说，二话不说，立即担起了筹建中央体育学院的重担。钟师统来了，还缺少一个副手，贺龙就接着为钟师统物色副手，但反复考虑，也没有找到合适的人。正好1953年国庆观礼，贺龙在天安门观礼台上见到了原一二〇师战斗排球队老队员赵斌，赵斌当时是中国人民志愿军某部坦克团团长，在朝鲜战场上立下了战功，这次回国被邀请参加1953年国庆观礼。贺龙见到他，当即把他留下，要他协助钟师统建体校。赵斌二话没说，脱下了军装，到体育学院报到。赵斌后来说：我在军队时间长了，的确不愿意来，但贺龙太有感染力了，让人不能不来。不久，贺龙又调来徐超英担任副院长。

体育学院的领导班子搭起来了，但还没有校址，贺龙决定，为了尽快培养新中国的体育人才，没有校址，先借个地方也要开学。贺龙出面找北京市委商定，中央体育学院暂借北京先农坛为临时办学地点。1953年11月1日，中央体育学院在这里正式开学。开学式上宣布：钟师统任院长，徐英超、赵斌任副院长，中华人民共和国第一所体育学院就这样诞生了。后来，贺龙又在北京市政府协助下，在圆明园遗址北面为体育学院选定了新址，正式开工建院，1956年建成。建成后，中央体育学院迁到这里，并且更名为北京体育学院。建成的体育学院占地面积60公顷。有教学楼、实验室、8座室内体育馆和各类运动场，建筑面积达9万平方米。这在当时与其他学院相比，是占地面积较大，建筑面积较多，设备比较齐全的。在建设中央体育学院时，贺龙从体育学院的校舍蓝图审定、基本建设、办校方针、学制安排、课程设置到学生生活都一一过问，在他的带动下，体育学院的领导人更是如此。

贺龙办体育学院，是他有先见之明的体现。因为他从初任国家体委主任时就认定，体育是一门科学。建体育学院时，他多次对钟师统等学院负责人说过：体育是门科学，我们办体育学院就是要由这个学院担负起研究这门科学的任务，体育学院要在战术、技术、解剖和体育理论等方面搞出一套东西来，为加速提高运动技术水平和训练工作服务。他还说：体育学院是我国体育界的最高学府，学术上要强，要能够赶上国际水平，要有我们自己的教授，要把体育学院办成世界上权威的体育中心。贺龙说：体育学院要培养两类人才，一类是师资，培养出体育教师，到全国各地教授体育；一类是教练员、运动员、体育干部，培养出的这类人才直接搞体育。与之相应，应当有两种教育形式：一种是办长期班，培养师资；一种是办短期轮训班，训练干部、教练员、运动员。但这两方面不是平起平坐的，体育学院办学的重点是培养高级体育人才，高级体育人才包括体育专业的高级研究、教学人员和运动健将两种。他说：体育学院要出体育教授，要出运动健将。

由于贺龙重视办体育学院，经常过问体育学院的工作，经常亲自出面解决体育学院的问题，新中国第一所体育学院发展得很快。刚办时，体育学院只有14个教员，51个学生。仅仅过了6年，到1959年时，就已经有336名教师，2644名学生了。此后，在贺龙的指示和过问下，国家体委和有关行政区、省体委相配合，先后建立了中南体育学院、西南体育学院、西北体育学院、东北体育学院、上海体育学院。加上北京体育学院，到 1954 年，全国共建立了 6 所体育学院。6 所学院到 1954 年时已经培养毕业生 4075 人，训练干部 3621 人，还吸收了 3 万多名体育教师进行短期进修。

贺龙在建体育学院的同时就考虑到了第二步：以体育学院为依托，办体育科学研究所，展开体育科学研究工作。在他的组织、协调下，在建中央体育学院的同时，就建立了北京体育科学研究所。此后，他十分关心体育科学研究所的工作。他在国家体委党组会上强调：体育科学研究所要加强，要给他们出些体育科学研究题目。现在许多题目需要研究，钉子鞋、乒乓球拍就值得研究。当时中国乒乓球运动正处在上升阶段，贺龙让体育科学研究所先重点研究乒乓球拍。体育科研所接受任务后，反复分析各国乒乓球拍的优劣，与有关工厂协作，研制了 4 批多种类型乒乓球拍，15 种胶皮，7 种海绵护品，然后进行组合制作，制作中又反复试验，进行数据分析，还反复征求乒乓球运动员的意见，最后制出了适合中国乒乓球运动员使用的乒乓球拍。这种球拍，中国运动员使用起来得心应手，为后来中国乒乓球运动长期称雄世界作出了贡献。

贺龙对以体育学院为依托的体育科学研究十分重视。1965 年，北京体育学院年度校庆时，贺龙决定亲自到北京体育学院去听师生们的学术报告。听学术报告时，贺龙的态度十分虚心。他坐在那里，对包括学生在内的每个人的学术演讲都听得十分仔细，还不时提出问题。贺龙的这种态度，对体育学院的师生们是个极大的鼓励。贺龙听完学术报告后，一方面对学院所取得的成绩很满意，另一方面又提出了一些新的课题请他们继续研究。他离开学院前，同学院师生员工们合影留念。

开展全民体育运动

贺龙初任国家体委主任时就反复强调：体育是全国人民的事业，我们搞体育最基本的工作，是广泛开展群众性的体育运动，要把体育普及到群众中去，并且使群众体育活动经常化。这是我们的一个方针。贯彻这个方针时，贺龙抓的重点工作是群众体操。他认为，体操容易做，不需要更多体育器械，工人在车间，学生在校园里，干部在办公地点，都能做，应该普及。他要求在全国各厂矿推行工间操，全国各机关中推行早操或工间操，在全国中学的学生中推行"劳卫体育制度"的预备级，并选择其中条件最好的学校，重点试行"劳卫制"。在军队中更应该在军事训练的同时，推行体育训练制度。

为了发展全民体育运动，贺龙还专门写文章加以宣传。贺龙于1954年1月16日发表的《在总路线的照耀下，为开展群众性的体育运动而奋斗》的文章中就明确写道：我国体育运动以服务于人民健康、经济建设和国防建设为目的。我们今天搞体育的目的，是为了把人民体质搞好，使学生不缺课，工人不缺勤，战士们的手榴弹扔得远些，同敌人拼刺刀时勇气更足些，使害神经衰弱的减少一些。各级体委必须抓住开展基层体育运动这个中心环节，善于组织群众体育活动。

贺龙认为，抓群众体育，必须有专门的机构。1954年，在他的倡导下，国家体委成立了群众体育运动指导司，并成立了民族形式体育运动研究会。贺龙在群众体育指导司成立后，特别强调要推行"劳卫制"。为此，群众体育指导司抓了体育教学改革，解决了体育课与"劳卫制"结合的问题，充实了体育课和课外活动的内容，加强了学生们的组织性、纪律性，培养了他们的集体主义观念。

贺龙抓职工体育运动的主要方法是成立工人体育协会。在贺龙亲自关怀和国家体委的重点组织下，中国铁路工会建立的中国火车头体育协会的基层组织发展特别快，到1954年底，就有了1018个基层组织，到1960年，其基层组织已经超过3000个。贺龙主张，抓职工体育运动，也要适当开展职工体育运动会。1954年11月召开的第一次全国职工体育工作会议，就贯彻了贺龙的这一主张。会议制定了《关于开展职工运动暂行办法纲要》。第二年年初，国家体委又下达了《关于批准中华全国总工会〈职工体育协会组织暂行条例〉的指示》，对开展职工体育运动会等问题做了规定。1955年7月，全国煤矿第一届职工运动会于北京先农坛体育场举行。贺龙亲自参加了开幕式，又多次现场观看。在此过程中，他形成了搞一次全国性工人体育运动会的想法。经紧张筹备，在同年10

月，全国第一届工人运动会在北京举行。对于这种一个系统搞的体育运动会，贺龙仍然极为重视。他不仅亲自过问，亲自参加，还专门请毛泽东、朱德、刘少奇、周恩来等党和国家领导人参加开幕式。这届运动会，有10名运动员打破了11项全国纪录。这次工人运动大会对全国职工开展体育活动起了很大的促进作用，运动会之后，全国职工掀起了体育活动的热潮，成立了近2万个锻炼小组，业余运动队近8万个。有些职工运动队的水平同国家运动队不分上下。许多职工业余运动员打破了全国纪录。

有这样一个故事可以体现贺龙对职工体育运动的关心。1958年1月的一天，贺龙偶然听说全国总工会要大大压缩职工体育经费，立即给全总负责人赖若愚写了一封信，信中直言：盼你大力把工人体育运动搞起来，以引导全国人民体育运动事业的发展。据说，今年总工会体育规划数字小了（经费也大大缩小了）。望加修改，因这笔钱也是有关工人福利的，仍应保持去年工会会费的10%到15%才好。另，总工会和各级工会的体育部宜迅速建立起来，以便有领导地开展国防体育活动。赖若愚收到贺龙的信后十分重视。他尊重贺龙的意见，很快，全国总工会就修正了原来的计划，仍然保持过去的经费数量不变。

贺龙认为，中国农村人口占多数，在农村普及体育运动，就能从总体上提高全国人民的体质和运动水平。但是，农村开展体育运动的条件不像城市那么好，抓农村体育活动，就应该按照农村特点，遵从农民的习惯，不能号召高强度劳动的农民都去搞体育锻炼。贺龙反复调查研究后，提出开展农村群众体育运动的方针是：主要结合民兵训练，利用农闲时节，重点试行一定运动项目的经常锻炼，也可以一般地提倡农民中固有的有利于增进健康的民族形式体育。农村体育运动的开展要因地制宜。工作一向务实的贺龙说过这样的话：农村体育搞什么？都打篮球也不行。在农村可以主要搞田径运动，跑、跳、掷，搞体操。

为了开展农村体育运动，贺龙特别注重县一级体委的工作。他认为，县一级体委一定要加强。要有专职体育干部。即使在精简机构、下放干部时也不能减少体育干部和地方体育经费。

在开展农村体育运动时，有些地方在搞武术竞赛时，"走江湖"卖艺的形式一度复苏。贺龙对此特别反感。他直言批评了这种现象。之后，从小就武功娴熟、熟知武术特点的贺龙还耐心地讲了其中的道理：民间传统武术是很好的，要花力气去挖掘。譬如一座宝山，要探明情况之后，才能挖掘出宝藏来。这是头一件要做的事。被挖掘出来的是真宝还是假宝，还要很花力气去淘汰、整理，剔除其违反科学的东西，打开人们的眼界，恢复它固有的健康的东西，使它符合科学原理，使它易于掌握，收到增强体质的效验。这是很重要的第二件事。要提高拳艺，不外两个方法：一是从现有基础上开拓新境界，二是博采他人的长处。只有经过刻苦认真的揣摩，道路才能越走越宽。习前人之习，也才能在自己手里发扬光大，取得更大更多的成效。这是第三件事。民族形式体育中有些封建味道的东西要否定掉，这些对增强人民体质没有益处。我们要的是真功夫，这对人民体质的增强有好处。在贺龙的倡议下，国家体委于1956年6月召开了首次全国农村体育工作会议。这次会议极大地推动了全国农村体育运动的发展，到1957年，全国农村建立了三万多个基层体育组织，会员近百万。

战争年代，贺龙就重视军队体育运动。他初任国家体委主任后，对军队体育运动抓得更紧了。结合军队的特点，贺龙提出了这样的方针：军队体育运动要为战斗和国防建设服务。为了贯彻这一方针，要做到：在部队中普遍宣传体育运动对增强部队人员体质的科学价值和对国防建设的重要意义；要加强体育正课的领导，提倡适应军事需要的各种体育活动；培养专业的和业余的体育干部。贺龙认为，军队有组织严密、绝大多数是青年人的特点，因此，军队的体育应该为国家作出重要贡献。在他的倡导下，各军区都成立了运动队，而且，在军队的运动队中产生了一大批达到国家专业运动员水平的运动员，成为向国家输送人才的重要方面。中国人民解放军至今仍然保持着这一传统。

群众体育运动开展起来后，为了检验成果，为了进一步推动体育运动，也为了把中国人民的体育运动与世界级比赛联系起来，贺龙提出了要定期开全国运动会的思路。考虑成熟后，贺龙正式向中央提出建议。中央同意了贺龙的这个建议。1959年9月，新中国成立10周年大庆时，我国在北京举行了第一届全国运动会。贺龙是这次全运会的筹备者和组织者，为办这次全国运动会花费了许多心血。

贺龙抓这次全国运动会的工作是十分周到细致的。有这样一件事：在第一届全运会开幕之前，正好工人体育场落成，中央事先决定在这里举行全国运动会开幕式，毛泽东等中央领导人都来参加。贺龙担心刚刚落成的工人体育场的台阶不牢，怕毛泽东等党和国家领导人登台时不方便，于是他亲自去检查通道、台阶。在检查时，贺龙十分仔细，许多别人不注意的地方他也去看一看，结果一时不慎，自己摔伤了。伤后，他也不住院，因为他惦记着全运会这件大事。

参加这次全国运动会的运动员有12000多人，共42个竞赛项目，这在我国历史上是空前的。这次运动会取得了很好的成绩，在世界上也引起了极大反响。成功举办第一届全国运动会后，贺龙又于1965年9月亲自组织了第二届全国运动会，毛泽东等党和国家领导人也参加了这届运动会的开幕式。从此，除了"文化大革命"中断了全运会外，定期举办全运会至今仍是中国的传统，国家的大事。每当举办全国运动会时，中国人就像过节一样。在这样的节日里，人们都不会忘记为新中国体育事业的发展作出重大贡献的贺龙。

李德生与上甘岭战役

上甘岭战役,是中国人民志愿军入朝作战后,打得十分艰苦、十分顽强,能够展现我军顽强作战风格的一场战役。今天,打赢上甘岭战役仍然是中国人的骄傲。志愿军战士在这场战役中表现出来的不怕牺牲、顽强拼搏、敢于同强敌血战到底的精神,被称为"上甘岭精神"。对于这场战役,过去已经有过不少记述,但很少有人知道,李德生是打这场战役的第一线指挥员之一。

主动请缨,要求率部入朝作战

开国之初,李德生是第二野战军的一个师长,正率部在驻地进行休整训练。没有想到,休整不久,朝鲜战争就爆发了,中共中央决定抗美援朝。李德生从中央文件中认识到了抗美援朝的重大意义,主动请缨,要求率部入朝作战。中共中央和中央军委同意李德生的请求。1951年,李德生所率部队被改编为中国人民志愿军的一个师,他担任师长,入朝作战。

李德生率部入朝后,正赶上第五次战役。他们立即投入战斗。在同美军和李承晚军作战中,李德生率领的部队不仅保持了在解放战争时形成的敢打敢拼同时灵活机动善于运用智谋的作风,还在艰苦的战争中形成了吃苦耐劳,善于在现代化战争中科学组织兵力,对敌人开展近战、夜战的作风,因此,在第五次战役中,李德生率领的师打了许多胜仗,成为志愿军部队中一支能征惯战的主力师。

使美李军队闻风丧胆的指挥员

李德生率部入朝后不久，就因立有战功而被提拔担任了三兵团第十二军的副军长，接着又参加了金城战役。这是一次以进攻为主兼有防御的战役。在这次战役中，李德生组织部队担任主要作战任务，他组织部队修建了各种各样的坚固工事，科学配备火力，和其他部队一起，守住了阵地，并且将阵地向前进行了拓展，予敌以沉重打击，打出了志愿军的威风。李德生这个中国人民志愿军指挥员的名字，使美军和李承晚的军队闻风丧胆。

金城战役和上甘岭战役是相互联系在一起的。金城战役后，上甘岭战役的重要性更加突出了。守住上甘岭，成为我军与美军和李承晚军较量的关键。当时，上甘岭战役已经打了前期阶段。按照我军部队轮流作战的安排，上甘岭前线的部队需要换下来休整，由另一支部队顶上去。当时李德生率领的部队完成了金城防御作战任务后，按计划应该于1952年11月撤至谷山地区休整，充实兵员和武器。但当李德生于10月底率部向谷山地区转移时，突然接到兵团命令，让他抽出部队精锐力量，作为第十五军的预备队，准备参加上甘岭战斗，李德生本人则应该立即去兵团接受任务。

接受指挥上甘岭战役的重任

李德生到达兵团指挥部后，兵团司令员王近山亲自向他交代任务：为了打赢上甘岭战役，已经决定，第十二军为兵团的战役预备队。由十二军和十五军联合进行上甘岭战役。为了统一指挥，决定建立五圣山前线指挥所，指挥所由你负责，统一指挥兵团下属的第十五军和十二军在上甘岭的兵力。战役情况，要直接上报兵团司令部，也要报第十五军军长秦基伟。十二军和十五军要搞好协调。当时，李德生的职务只是十二军的副军长，而现在接受的任务是：担任五圣山战斗指挥所总指挥，统一指挥上甘岭前线的第十二军和十五军在上甘岭的所有部队。李德生心里清楚，这是一种非常特殊的安排，打好上甘岭后期战役，坚决守住上甘岭的重担，已经落在了他的肩膀上。

接受任务后，李德生顾不上休息，立即回到军部，向军部其他首长讲了接受任务的情况，和军部其他首长一起研究了作战计划，做好了十二军部队调动工作。之后，李德生立即赶到上甘岭。

李德生在上甘岭前线指挥所，见到十五军军长秦基伟、政委谷景生，听他们介绍了前线战斗情况，大体掌握了当面之敌的数量、装备和敌人进攻作战时的特点，以及我方防御中存在的问题，和他们一起总结了经验教训。此次李德生到上甘岭，主要任务就是来了解情况，加强前线兵力的，但他到达上甘岭后了解到，十五军防守上甘岭阵地的部队已经十分疲惫，减员也很严重。李德生在和前线部队领导人反复研究后，决定撤出已经疲惫的十五军第四十五师，将十二军第三十一师拉上去，接守第四十五师的阵地。十二军的第三十四师、三十五师也调上去，作为第三十一师的预备队，如果敌人与我决战，则将第三十四师、三十五师全部调上去，与敌决战。

接下来的任务就是迅速建立五圣山指挥所。此时，向上甘岭前线调动的部队已经开进，李德生则跳上吉普车，命令司机加快速度，开往五圣山。李德生要先期赶到那里，接手指挥所的指挥工作。去五圣山原来根本没有路，战役开始后，部队草草修建了一条简易路，很狭窄，道路本来就崎岖不平，加上敌军飞机和大炮的轰炸，路面上坑坑洼洼。急速开进的吉普车上下颠簸，李德生紧紧抓住扶手，否则就会被甩出车去。敌军的炮弹不时在吉普车旁边炸开，爆炸掀起的泥土、石块打向李德生，但他面无惧色，仍令司机全速开进。很快，他们就到达了五圣山。

李德生到达五圣山时，这里已经接到军部命令，建立了指挥所，参谋人员已经到齐，只等总指挥李德生到来。李德生到五圣山指挥所后，立即命令大家投入指挥工作。在处理完紧急事情后，他召集前线的师、团领导干部到指挥所来开会，研究下一步的作战方针。

这是一次发扬军事民主的会议。会议开始，李德生让师、团领导干部们先谈防御作战中存在的问题和解决办法。一边谈问题，一边商议解决办法，李德生和志愿军其他指挥员在战争中养成了雷厉风行的作风，往往是提出的问题马上就有了解决办法。李德生则从总体上思考着打好上甘岭战役的统一布置问题。

"兵力前轻后重，火力前重后轻"

当时，上甘岭战役进入最艰苦的阶段，敌人集中重兵，使用较我军先进的步兵武器，以连为建制向我军阵地不断发起集团冲锋，还调来许多重炮和飞机，日夜向我军阵地轰炸。我军则顽强地坚守阵地，打退敌人一次又一次的进攻。我军的士气高昂，战士们的勇敢精神无与伦比，防守战术安排也是没有问题的。存在的主要问题有三个：一是在敌军强大炮火和飞机轰炸下，弹药供应、食物供应、通信保障经常被打断，这严重影响了我军作战。二是前线战士伤亡严重。三是工事构筑中还有些缺点。三个问题中，最紧迫的问题是第一个。李德生和大家反复考虑后，决定加强保障弹药、食物、通信的兵力，对供应线路也进行了调整，在阵地后方挖掘较深较隐蔽的通道，做到不管战斗多么严酷，也能够保证前线的弹药和食物饮水的供给。决定作出后，立即执行。实践证明，作出这个决定后，上甘岭战役后期，我军的供应线一直保持畅通无阻。对于第二个问题，李德生和大家议出了"兵力前轻后重，火力前重后轻"的办法，即，在阵地相对平静时，前沿阵地只放少数兵力监视敌军，大部分兵力放在阵地侧后，前沿我军的数量能够打退敌人小规模进攻即可，这样，可以减少敌军炮火和飞机轰炸造成的我军伤亡。当敌军发起大规模集团冲锋时，我在阵地侧后休息的部队立即进入前沿阵地与敌军作战。我军的火炮和其他一些重武器，集中放在前沿阵地隐蔽，当敌军发起集团冲锋时，我军大部分兵力进入前沿阵地即可运用这些火炮和重武器打击敌人。实践证明，这样做，既能有效运用重武器打击敌人，又减少了武器搬运中造成的不必要损失。对于第三个问题，李德生在与大家反复商议后，决定在加强地表工事修筑的同时，重点修筑地下掩体工事。原来我军已经修筑了一些地下掩体工事，现在的任务是，要增加修筑一些新工事，同时对原来的工事要进一步加固，要保证工事的坚固，能经受住敌军重炮的轰击，还要增加修筑一些通道。有了这样的地下掩体工事，即使地表工事一时被敌军攻占，我隐蔽在地下掩体工事中的部队也能从地下工事中突然反击，重新夺回地表工事。

在最严峻最艰苦作战阶段打赢一场硬仗

李德生和大家议定之后，立即执行，果然克服了我军在前一段作战中的不足，我军阵地更加坚固了。李德生总结这些办法时认为有三大好处：一是能避开敌人优势火力，二是能减少我军伤亡，三是能发挥我军长处，大量歼灭敌人。会议结束后，李德生和其他指挥员一起到最前沿了解情况，发现问题，及时调整。

在李德生的统一指挥下，上甘岭我军给予进攻之敌以沉重打击，以较小的代价，歼灭了大量敌人，一直坚守着阵地。敌人恼羞成怒，组织重兵对上甘岭进行重点进攻，我军也进入了严峻、艰苦的作战阶段。

在李德生负责指挥上甘岭防御战期间，敌军对我军阵地的进攻，最大规模的是1952年11月初的那一次。这次战斗打得十分激烈，最后发展成战役规模。

在当年11月1日至5日的5天时间里，敌军集中重炮和飞机，先对我九十一团防守的597.9高地进行地毯式密集轰炸，接着，以营、团建制的兵力，向我阵地进攻。李德生亲自指挥我防御部队打退了敌军的进攻后，敌人又调来更多的飞机和重炮对我军阵地进行了反复轰炸，我军防守的这一高地被敌军炮火削去了一米多，我军阵地被反复炸平，我军战士伤亡也很大。但李德生是以能打硬仗闻名的，他组织部队，按照确定下来的"兵力前轻后重，火力前重后轻"的方针，及时而又机动地调动部队，前沿阵地战士牺牲过半时，他立即调动在前沿侧后休整的部队顶上去，顶上去的部队再次付出巨大牺牲时，他再调部队顶上去。就这样，他指挥部队打退了敌人一次次进攻,边打击进攻之敌,边重新修筑工事,硬是坚持了下来。此次战斗,打退了敌军数十次进攻,大量毙伤敌人。在北京的毛泽东得知上甘岭我军作战情况,亲自起草电报,嘉奖李德生所部说:"此次五圣山附近的作战,已发展成为战役的规模,并已取得巨大胜利,望你们鼓励该军,坚决作战,为争取胜利而奋斗。"

把上甘岭牢牢抓在志愿军手中

李德生率领部队坚守住上甘岭阵地后,又经过反复思考,决定实行积极防御,在总体打防御战中,也找机会对敌实施主动进攻,对认为我军只能防守、不能进攻的敌军发起突然袭击。在他的直接指挥下,1952年11月11日下午,经过精心组织的我军在猛烈炮火掩护下,分三路突然冲入敌军阵地,仅仅用了半个小时,就全部歼灭守敌,占领了北山阵地,接着,又组织力量打退反扑之敌营、团规模的十多次进攻,巩固了阵地。

在李德生统一指挥下,上甘岭最前线的我三十一师,一直坚守上甘岭阵地一个月,把上甘岭牢牢抓在志愿军手中。到11月28日,才将已经牢不可破的上甘岭阵地移交给第十五军。此时,上甘岭我军阵地已经十分巩固。兵团命令,五圣山指挥所撤销,李德生率部撤出休整。至此,李德生胜利地完成了兵团交给他的指挥上甘岭作战的任务。

抗美援朝战争结束后,李德生与十二军一起回到祖国。不久,他被提拔担任十二军军长,授予少将军衔,率十二军驻防在淮阴地区。此后,国内在宣传上甘岭战役时,常忽略了十二军三十一师的作用,十二军的许多同志不高兴,也在下边议论过。李德生听说后,找来议论的同志说:不管怎么宣传上甘岭战役胜利,都是志愿军的功绩。你有功劳,是抹不掉的,党和人民是记得的,不要计较这些。由此可见李德生的高风亮节。

开国之初十世班禅大师返藏的艰辛历程

开国之初,十世班禅为了维护祖国统一,也为了实现九世班禅返藏驻锡大昭寺的遗愿和他实现藏传佛教领袖团结的志愿,毅然返回西藏。在返藏过程中,班禅大师经历了种种曲折和艰险,也展现了他的大慈悲大胸怀大智慧和坚强意志。

"十七条协议"确立十世班禅的地位,为他返藏奠定基础

作为藏传佛教格鲁派两大活佛,达赖喇嘛、班禅额尔德尼曾在历史上数百年的时间里相处融洽,又都拥护中央政府,共同维护西南边疆稳定。19世纪末期起,他们及其系统之间不断发生摩擦、冲突,中华人民共和国成立前已处于对抗、对立状态。九世班禅被迫逃亡内地而至于圆寂。返回西藏,是九世班禅圆寂前的遗愿,更是其转世十世班禅的意愿。新中国成立后,中共中央确定了和平解放西藏的方针,并与西藏地方政府达成了《中央人民政府和西藏地方政府关于和平解放西藏办法的协议》(史称"十七条协议")。在商讨这个协议过程中,中央人民政府主动提出维护班禅地位和职权,以及班禅回藏问题。但西藏地方政府代表一开始根本不谈这个问题,他们强调"我们来的时候没有受到这个委托",但中央人民政府代表坚持必须谈这个问题,并且要在协议中写明白。双方僵持不下,几乎使谈判濒于破裂。为了既确立班禅的地位,又不使谈判破裂,中央政府代表多次做西藏地方政府代表的工作,并出示了中华民国

中央政府批准十世班禅的全部公文和当时坐床典礼时的照片，西藏地方政府的谈判代表才表示要请示十四世达赖和噶厦。他们通过自己携带的密码电报请示后，十四世达赖和噶厦很快给予回复，表示可以认可十世班禅是九世班禅灵童，但是对班禅返回西藏和地位问题未明确表态。经过做工作，他们同意在协议中写上：维持十三世达赖喇嘛和九世班禅额尔德尼彼此和好相处的固有地位及职权，在班禅返藏问题上，他们仍然没有表态。虽然如此，这个协议在明确班禅地位问题上有了很大进展，协议中除了和平解放西藏的主要内容外，在班禅地位问题上，由第五条规定：班禅额尔德尼的固有地位及职权，应予维持。虽然第六条附加了一个解释：达赖喇嘛和班禅额尔德尼的固有地位及职权，系指十三世达赖喇嘛和九世班禅额尔德尼彼此和好相处时的固有地位及职权。但结合十四世达赖和噶厦回电中表示认可十世班禅是九世班禅灵童这一事实，十世班禅固有地位和职权在协议中得以明确。

主动示和展现十世班禅大师的博大胸襟

"十七条协议"为促进达赖、班禅两大系统的和解创造了条件，但班禅返藏问题仍然没有解决，而解决这一问题十分重要，因为历世班禅都真心诚意维护祖国统一，十世班禅及班禅堪布会议厅也是如此。在1949年西藏发生分裂祖国的"驱汉事件"中，班禅和班禅堪布会议厅就主动发电谴责分裂主义分子。班禅返藏，将进一步增强西藏维护祖国统一的力量。另外，十世班禅返藏也是他继承九世班禅的遗愿之举，他返回西藏，可以促成藏传佛教格鲁派两大活佛的和解，由此奠定藏族内部团结的基础，进而维护中华民族内部团结。

当时，年轻的十世班禅已经看到了这一点，为了尽早实现返回西藏的意愿，促成藏族内部和解和中华民族团结，他以博大胸襟，主动向达赖示和。

"十七条协议"公布当天，十世班禅和班禅堪布会议厅发表声明，特别强调：十四世达赖亲政之日"即响应中央人民政府和平解放西藏的号召,派遣代表团来京谈判,并签订了协议,这也是我们深为敬重的",表示"为了西藏民族的彻底解放和发展,为了巩固和发展中国人民的胜利,我们今后将坚决拥护毛主席的领导,拥护中央人民政府和中国共产党的领导,为正确执行全部协议,为西藏民族与中国各民族的团结和西藏民族内部的团结而奋斗"。这段话是自从历史上达赖、班禅两大宗教领袖失和后,班禅首次主动致电达赖,并且在电文中称赞了达赖。为了团结达赖,5月30日,班禅又致电达赖,既表示对"十七条协议"衷心拥护,对中央人民政府领导西藏人民走向繁荣和幸福充满希望和信心,又一再肯定十四世达赖亲政后派代表团进京谈判、签订协议的做法,表达对达赖本人的敬意,还表示愿在中央领导下,协助达赖和西藏地方政府彻底实行协议。这些都表明班禅方面尽快与达赖方面消释前嫌、实现和解的强烈愿望,也为中央人民政府调解两大宗教领袖矛盾,解决班禅回藏和解决历史遗留问题创造了良好条件。

但是,十世班禅致电达赖后,达赖方面却迟迟没有回应。在此情况下,班禅进一步主动和解,并且表示要返回西藏面见达赖。1951年6月27日,班禅致电扎什伦布寺政教官员和僧俗民众,希望他们在中央政府领导下团结一致,"不但达赖佛和我团结,西藏的一切地区、部落和教派都要团结起来",积极地彻底实现"十七条协议","援助人民解放军入藏部队,驱逐帝国主义在西藏的势力"。7月,班禅系统在西藏的僧俗民众致电班禅,强调"现在我们朝不待夕地要叩见金面,恳求我佛要在很短的时间回到西藏和达赖会见,使全西藏人民得到安居乐业和幸福"。为了促进双方和解,尽快解决班禅回藏和历史遗留问题,中央人民政府驻西藏代表张经武做了大量工作。经过张经武等的协调,1951年9月19日,达赖致电班禅,表示已收到班禅在5月30日的电报,对班禅的致电"甚慰",感谢他"对于宗教、政治及人民走上和平的大道起见,而使中藏(问题)和平解决,并将西藏所有的政教照旧尊重保护"的努力;达赖回电肯定了十世班禅的合法性,强调经"卜卦所得良好征兆,您确是前辈班禅化身,决定已经公布扎什伦布讫。届时已由亚东去电告知北京西藏代表阿沛噶伦矣"。达赖回电希望班禅返回西藏,说:"现在希望您即速启程回寺，所经道路决定后希先来电为荷。"10月24日，达赖致电毛主席，表示西藏地方政府及藏族僧、俗人民一致拥护"十七条协议"，并在中央领导下，"积极协助人民解放军进藏部队，巩固国防，驱逐帝国主义势力出西藏，保卫祖国领土主权的统一"。这是九世班禅圆寂十多年后达赖方面首次表态无条件地欢迎班禅回藏，并且是继"十七条协议"谈判期间十四世达赖和噶厦复电他们派出的谈判代表承认十世班禅是九世班禅的转世之后，第二次正式承认十世班禅是九世班禅的转世。能有这个良好结果，很重要的原因，是年轻的十世班禅大师以慈悲为怀；以博大胸襟主动示和。达赖于11月4日还专门致电毛泽东，主动询问十世班禅返藏的时间。11月10日，毛泽东回电，指出此事"已嘱西北地方人民政府负责帮助，一俟准备停当，即可起程"。

十世班禅大师决定哪怕历经千辛万苦也要返藏

在此情况下，十世班禅决定哪怕历经千辛万苦也要返回西藏，与达赖见面，进一步巩固藏传佛教两大领袖的团结。中央人民政府对十世班禅的这一行动非常高兴，也非常支持。为了巩固藏传佛教两大宗教领袖团结的成果，中央给予达赖、班禅在国家政治生活中更高的地位，努力促进双方进一步和解。1951年10月下旬，全国政协一届三次会议召开，补选达赖喇嘛、班禅额尔德尼、阿沛·阿旺晋美为西藏地方的全国政协委员。这使班禅深受鼓舞，为此专门致电政协全国委员会，表示坚决拥护此次会议通过的各项决议，特向全体委员对我的信任和期望致以谢意，并誓以个人力之所及，号召各地藏族人民与佛教界信徒，积极参加各地抗美援朝运动，踊跃捐献武器，争取早日完成"佛教"号战斗机的捐献计划。

著名民族学家、曾任中央驻班禅行辕助理代表、中共西藏工委秘书长的牙含章，生前曾多次谈到有关部门协助班禅返藏之事。牙含章回忆，在十世班禅一到北京时即已向中央表达返回西藏的意愿。中央协助班禅返回西藏的准备工作从1951年初就开始了。在中央和西藏地方政府关于和平解放西藏谈判开始以前，中共西北局统战部长汪锋、范明和牙含章就曾专门前往北京，同中央统战部长李维汉一起商议有关事宜。李维汉指示，中央拟成立西藏军政委员会，作为成立西藏自治区的过渡。军政委员会主席由中央的一位领导人兼任，达赖、班禅和西藏工委负责人担任副主席。要注意争取达赖，为了达赖和班禅的团结，由西北军政委员会派代表驻班禅行辕比较适当，如果由中央派代表，可能刺激达赖方面。李维汉还指示，班禅大师返藏，要给他配备一个警卫营，对班禅行辕中国民党派进去的特务进行清理。1951年1月31日，周恩来专门接见了牙含章等人。周恩来指出，中央答应班禅的事必须尽快办完，派干部和卫队等事必须3月底前办完。将来进藏时可以分为若干梯队，现在要做的是必须马上准备驮畜和粮秣。周恩来特别交代：你们行动时，要和西南进藏部队通电报联络，可以找杨尚昆同志另要一份密码。出发后，第一梯队即归十八军指挥。进藏以后，可能统一归西南局领导。

牙含章谈到他这次不平凡的人生经历时回忆道：护送班禅返回西藏的工作完全按照周恩来的指示进行。准备工作主要是调人调物。李维汉曾几次召集由中央各有关部门负责人参加的协同解决，协商方案最后向周恩来报告，由中央作出决定。准备工作虽然紧张，但各方面考虑得都非常细致，调集的预选干部既要年轻又要有丰富经验，还需要具有宗教和民族知识，懂得藏语。首先要体检，一定要身体特别强壮才能过第一关，接下来的才是政治方面考察。尽管入选者都已经具备精湛的军事素质，通过后仍然要接受一个月的各种培训，包括骑马、射击等。中央人民政府在经费方面拨付特别充足、顺利。物资方面的筹备工作，主要由中央民委办公厅主任杨静仁和中共西藏工委的牙含章、萧生负责，并由中共西北西藏工委统一筹办。采购各种物资，配备武器弹药，组织医疗队、电台和电影队等，只要到各部门去一讲，马上解决，并且拨付数量足够质量最好的物资。经过筹备，为班禅行辕特制了活动房子，购买了马骡、驮牛，购置了帐篷、炊具、粮秣等。武器装备调来的是当时解放军中最好的枪支弹药。

按照周恩来分梯队入藏的指示，1951年8月28日，由堪布会议厅代表札萨（该厅最高文员）计晋美和范明、慕生忠（原西北军区政治部民运部长）带领一部分人组成先遣部队从西宁前往拉萨。他们于12月1日到达拉萨，同张经武、张国华和谭冠三等会师。12月19日，中共西藏工作委员会宣布成立，委员包括张国华、范明、牙含章等11人。

计晋美等到拉萨后，即与西藏地方政府商议班禅返藏的有关事宜，主要就恢复班禅的职权和地位，归还他原辖地区等问题进行讨论。为此，达赖喇嘛专门致电表示欢迎，并同意班禅和护送部队进抵西藏境内以后，沿途由西藏地方派"乌拉"（即差役）解决运输问题。班禅复电致谢，同时以班禅堪布会议厅名义，向班禅原属地区僧俗官员和群众发电报，要他们积极做好欢迎班禅回扎什伦布寺的各项准备工作，号召他们在准备过程中与达赖的官员搞好团结。

接下来是"班禅行辕入藏工作委员会"200余人入藏。为了保护他们，不仅在解放军中抽调军事素质最好的人员组建成特殊部队，还在青海招募政治可靠、身体素质好的藏族青年，护送班禅行辕的人随人民解放军西北入藏部队进藏。为了保卫工作的方便，将"班禅行辕入藏工作委员会"编入十八军独立支队。他们在12月初到达拉萨，与噶厦协商后确定了把扎什伦布寺归还班禅方面和十世班禅返藏时间。

在这一切工作准备就绪后，1951年12月12日，十世班禅在塔尔寺致电毛泽东，强调：在您的英明正确的领导下，使好多年来没有也不可能解决的西藏问题获得了解决。这不仅使全国大陆胜利统一，而且拯救了西藏民族与西藏人民于苦海，走向光明幸福的大道，在离青返藏之际，谨以至诚向您致以崇高的敬意，并以至诚坚决表示：这次返藏后，一定要在您、中国共产党和中央人民政府领导之下与达赖佛紧密团结，共商一切，为彻底实现和平解放西藏办法的协议，驱逐帝国主义在西藏的影响，巩固国防和建设新西藏而奋斗。这些电文再次表明了十世班禅大师拥护中央、维护统一的爱国主义立场，表明他反对帝国主义侵略和维护西藏内部团结、中国各族人民大团结的决心。12月15日，班禅离开塔尔寺到达西宁，准备数日后起程。中央对班禅返藏非常重视，专门派习仲勋代表毛泽东和党中央为他送行。习仲勋同志在1989年2月20日在

《人民日报》上发表的《深切怀念中国共产党的忠诚朋友班禅大师》一文中回忆道："1951年12月15日，班禅大师自青海西宁返藏前夕，我受中央委托，代表毛主席、中央人民政府和西北军政委员会，专程赴西宁为他送行。班禅大师及其堪厅派了喇嘛仪仗队欢迎我。在各族各界1000多人的欢迎大会上，班禅大师发表了热情洋溢的讲话。他激动地说：'如果没有中国共产党和毛主席的正确领导，与中国各兄弟民族的热诚帮助，西藏和平解放是根本不可能的，我们返回西藏亦是不可能的。因此，我们说中国共产党和毛主席是西藏人民的大救星，是我们的大恩人。我们只有跟着共产党和毛主席走，只有同祖国各兄弟民族紧密地团结起来，我们西藏民族才能得到彻底的解放，别的道路是没有的。'班禅大师这段话情真意切。他的前世即第九世班禅曲吉尼玛，由于同十三世达赖喇嘛失和，被迫离开西藏，长期流落内地，直到圆寂时也没能回到西藏。如今，返藏回寺的愿望终于由十世班禅额尔德尼·确吉坚赞实现了。他高兴、激动是很自然的。"①12月19日，班禅和堪布会议厅人员从西宁正式启程前往西藏。青海各界在西宁城的西门外搭上帐篷，按藏族的仪式，举行了隆重的欢送十世班禅大师启程返藏大会。中共西北军政委员会主席习仲勋和青海省人民政府、省军区领导人，塔尔寺的喇嘛与西宁市汉、回各族各界市民共1万余人参加了大会。会后，班禅大师及其亲属、行辕的全体官员，在牙含章等人的护送下分乘多辆汽车，从西宁出发前往香日德（今都兰）。

十世班禅大师以智慧和毅力踏过入藏艰险路

班禅大师返藏之路充满艰辛。牙含章回忆，中央为护送班禅返回西藏做了充分准备。牙含章率领护送班禅进藏的部队共约2000人，对外的正式称呼是中国人民解放军第十八军独立支队，包括进藏干部、卫生部派遣的医疗队、文化部派来的电影摄影队、西北军区调拨的通信电台

---

① 习仲勋：《深切怀念中国共产党的忠诚朋友班禅大师》，《人民日报》1989年2月20日。

以及警卫部队。班禅行辕的人员，包括官员、家属和卫队等，共400多人。这么一支庞大的队伍，所需物质非常可观。由于当时公路只通到青海中部的香日德，在这以后只能使用驮畜运输，因此需要大量的牛马骆驼。独立支队向甘肃民勤等县的农牧民租用了3万余峰骆驼，组织了庞大的骆驼运输队。向青海都兰县等地的蒙古族和藏族牧民租用了约8000头牦牛。另外，还调拨了4000余匹军马，供所有人员骑乘。由于是长途行军，所以每人要配备两匹马，并备有200头骡子，专供抬担架使用。

班禅返回西藏，维护祖国统一，进一步巩固达赖与班禅两大宗教领袖和解成果，意志非常坚定。牙含章对笔者讲述的一个故事足以体现班禅的意志和预见性：当班禅及护送队伍在香日德准备出发时，听说唐古拉山下了大雪，雪封了山。当地群众的传统说法是："十冬腊，学狗爬。"当时正是严冬，严冬加上"雪封山"，人马根本过不去。牙含章把这个情况如实向中央、西藏工委作了反映。周恩来和李维汉回电说：如果雪封山的情况属实，可考虑在香日德停留下来，等到次年夏季再走。这说明中央对班禅大师的安全非常重视，不希望冒险前进。但是，如果一住半年的话，给养将成为很大问题。特别是停留这么长时间，势必贻误时机，关系重大。这里又离唐古拉山很远，往返要花几个月的时间，也不可能派人前去侦察确切情况。于是，牙含章便与堪布会议厅商议是继续前进还是暂停行军的问题。此事自然被班禅得知。班禅决绝地表示：不能停。他预见，不会有大雪封住唐古拉的情况。他还说，如果真有这种情况，我们可以走"三十九族"（地名）一线，绕过唐古拉山，虽然多走一个月的路程，但是同样能进入西藏。护送部队最后决定接受班禅意见：队伍继续行进到唐古拉山前，如果发现大雪封山，就绕"三十九族"前进；如果没有封山，就径行穿山而过。这一方案很快得到中央和西藏工委的批准，队伍继续前进。

班禅返回西藏之路，艰险异常。据牙含章回忆，一路上，看到的是许多摔下山崖的骆驼、马匹的死尸，时间长的已经被鹰啄得剩下一堆白骨。时值严冬，高原寒冷异常。尽管帐篷很厚，仍然抵不了夜晚刺骨的寒冷。班禅虽然年轻，有专门的活动房子，但比帐篷暖不了多少，住在里边仍然极为寒冷。当时，河川冰冻，只能收集冰雪融化成水，供应煮饭和饮用，燃料是从草原上捡的干野牛粪。班禅及身边工作人员吃的水，也是雪融化成的，用的燃料也是干野牛粪。队伍行进一路均为牧区，拿大洋也买不到东西，因此生活物资是自己队伍筹备充足后携带，这就必须增加运物资的牲口，而牲口要吃的草料又不能多带，因此，他们在休息时就要放牧，让牲口在草原上吃饱。每天走半天路，放半天牧。早上天不亮就起来，做早饭，卸帐篷，备马鞍，随即列队上路。可以说，护送人员基本上没有休息时间。一路上很少见到人，如果碰上人，就是土匪。土匪见到这样庞大的队伍，武器装备又好，一般不敢怎么样，有的打了几枪就自己跑了。虽然如此，仍然险象环生。独立支队要求战士们不得少数几个人离开大部队。年轻的班禅，为了祖国统一，为了与达赖和解，却不畏惧艰苦，不避风险，坚定地向西藏行进。

在寂寞寒冷的高原上跋涉一个多月后，独立支队于1952年2月底护送班禅到了唐古拉山前。果如班禅所料，唐古拉山没有被大雪封住。山上虽然覆盖着几十厘米厚的积雪，但人马是可以通过的。但通过唐古拉山却异常危险。这座横亘在青海和西藏之间的山，最高处达海拔5800多米。据牙含章回忆：过唐古拉山时，山上几乎全被冰雪覆盖，山风酷烈。两只脚冻得疼痛难忍，高山缺氧更使年轻力壮的每个人都头昏脑涨，脑袋疼得好像快要炸裂一般，胸口也似压着千斤重担喘不过气，两腿更是虚软得挺不起脚来。牲畜也因为缺氧，嘴里喷着白沫，晃晃悠悠迈不开步子。再加上雪山缺草，牲畜又冻又饿，体力消耗非常大。骆驼和马匹走着走着，一下子扑倒在地，就再也起不来了。在低空盘旋的兀鹰一看见骆驼倒下，马上成群飞来撕食整头骆驼。仅仅过唐古拉山的短短几天，我们的招募的拉骆驼老乡就牺牲了几十人，还有好几位干部也牺牲了，骆驼、马和牦牛损失近一半，其中，骆驼死了近1万峰。行路倒是不用向导就能找到路，因为历史上的行人翻越此山时，沿途留下一堆堆牛马骆驼的骸骨，连绵不断排在路上，成了现成的路标。过唐古拉山需要快走，因为山上又冷又缺氧，越停留越危险，队伍必须整个白天都要赶路。晚上宿营时帐篷扎在冰上，只能用石头压住帐篷边。做饭就靠进山时驮来的一点儿干牛粪。十世班禅大师和大家一样面对艰险，过艰苦的生活。但他面对如此艰险，却毫不动摇，既坚忍不拔，又淡然以对，表现了活佛的坚定意志。对于生活的艰苦，他表现出吃苦耐劳的精神和乐观态度，展现了他的博大胸襟。

独立支队的人本来都是政治信念坚定、意志坚强者，大家不怕困难，不怕牺牲，又看到年轻的班禅有这样的坚强意志和淡定精神，更受鼓舞，大家豁出命去闯天险，只用了7天时间就通过了唐古拉山。过山以后，西北军政委员会和西藏工委立即给班禅及独立支队发来电报，习仲勋也以个人名义发来电报，热烈祝贺他们胜利、安全地越过这座大雪山，大家受到很大鼓舞。班禅大师和独立支队接电后都非常高兴。他们也知道，之后通向拉萨的路就好走了。

十世班禅大师沉着坚毅平风波

牙含章曾经回忆，闯唐古拉天险还不是最危险的，最危险的还是那些搞"藏独"的人。牙含章特别指的是1952年3月发生的伪"人民会议"事件。而年轻的班禅大师在应对这一重大政治风波中表现出了沉着坚毅的品格，也表现出他的超人智慧。

班禅和独立支队越过唐古拉山来到安多麦马游牧部落，西藏地方政府派四品僧官堪穷和四品俗官任木西前来迎接，他们向班禅大师敬献哈达，说明代表达赖和噶厦前来欢迎。迎接者官阶不算高，但班禅大师不计较，毕竟他们是代表达赖和噶厦的，而且再往前行即由他们下令向沿途牧民派差役，支应班禅大师和护送部队，方便多了，一路上也能看到一些藏族牧民的帐篷和牲畜了。

十世班禅大师和独立支队进藏后到达藏北重镇黑河（今那曲）。这里约有几百户人家，两座寺庙，有一些小商店出售日用品。西藏地方政府在这里设有那曲基巧（总管），相当于内地的专员公署，一僧一俗，都是四品官。他们和当地的活佛、喇嘛以及附近的牧民上千人前来欢迎十世班禅和独立支队。牙含章代表人民解放军拜访了当地总管和活佛，赠给他们藏汉文合璧的《十七条协议》和许多宣传品以及砖茶等礼品。又给喇嘛庙放了布施，每人一枚银圆。

十世班禅大师和独立支队在黑河期间，发生了伪"人民会议"事件，西藏两个司曹（代理首相，一僧一俗）组织的伪"人民会议"，纠集约4000人包围了中央代表张经武的住处，要人民解放军撤出西藏。司曹命令拉萨朗仔辖（市政府）的莫本（市长）和拉萨附近各宗的宗本①，严禁向人民解放军出售粮肉等一切食物和干牛粪等燃料，扬言如果解放军不走，就把他们饿死在拉萨。这一事件一发生，西藏工委立即电函班禅和独立支队通报情况。十世班禅清楚，这是严重的政治斗争，不光是针对解放军的，也是针对刚刚进入西藏境内的十世班禅的。他的看法与中共中央不谋而合。中央4月6日发来指示说，这不应看作只是鲁康娃·泽旺饶登、本珠仓·洛桑扎西"两司伦等坏人做的，而应看作是达赖集团的大多数向我们所作的表示"，目的是要"把协定的全部实行延缓下去"；他们选择十世班禅尚未到达之时"举行这次示威，是经过考虑的。十世班禅到拉萨后，他们可能要大拉一把，使十世班禅加入他们的集团。如果我们工作做得好，十世班禅不上他们的当，并安全到了日喀则，那时形势会变得较为有利于我们"。年轻的十世班禅应对这一重大事件，表现出沉着刚毅的品格。他首先考虑的是黑河的稳定。他和堪布会议厅与牙含章等一起开了紧急会议，牙含章传达中共西藏工委指示，独立支队进入一级战备状态，做好应付各种可能事变的措施，全体人员做好了战斗准备，外出携带武器，结伴同行，做好应变准备。另一方面，十世班禅堪布会议厅、独立支队同黑河官员和活佛搞好关系。独立支队还给牧民们免费治病，送给他们许多宣传品，对他们平等相待，严格执行"三大纪律八项注意"，从而赢得了牧民对人民解放军的信任。他们称独立支队为"金珠玛米"（解放军）和"嘉沙巴"（新汉人）。因为班禅和独立支队有这些准备，所以在黑河的"藏独"分子没敢轻举妄动。十世班禅认识到，解决这一政治事件，要从根子上做起。为此，他于4月15日致电达赖，

---

① "宗"，藏语为城堡的意思。原指吐蕃王朝屯边部队营地。

指出这一事件"不仅破坏了和平解放西藏办法的协议,破坏汉藏团结,破坏祖国统一,而且破坏了你我之间的亲密团结,尤其破坏了您的政教威信",要求达赖"迅速予以弭平,妥善处理,而安民心"。他在电文中既谴责了分裂活动,又表明了以他为代表的西藏爱国上层人士的鲜明立场,可以说有理有节,得到了广大藏族民众的支持,体现出他的政治智慧。在班禅致电达赖的同时,中共西藏工委也同分裂分子进行了坚决斗争。张经武亲自去见达赖,指出伪"人民会议"是反动组织,必须立即解散。并提出要将在幕后进行策划的两名司曹立即撤职,限于数日内答复。同时宣布成立中国人民解放军西藏军区,任命十八军军长张国华为军区司令员,十八军政委谭冠三为军区政委,阿沛·阿旺晋美为军区副司令员。命令人民解放军为应付一切可能发生的事变,做好充分的战斗准备。当时到达拉萨的解放军先遣支队虽然只有1000多人,但是他们是久经考验的精锐部队,战斗力很强,有很强的震慑力。毛泽东分析此事后,为了缓和汉藏民族关系,缓和中央和西藏地方政府之间的关系,以利于进藏部队站住脚跟,决定暂缓成立西藏军政委员会和改编藏军。同时决定争取早日修通从四川到拉萨的川藏公路,命令第十八军指战员投入修路工程,采取了一系列退中有进的策略。经过班禅大师、中央驻藏代表、部队和西藏爱国力量的斗争,4月27日,达赖下令撤销鲁康娃、洛桑扎西的职务,解散伪"人民会议"。西藏政治形势初步稳定。在此情况下,十世班禅和独立支队向拉萨前进。1952年4月,独立支队护送十世班禅大师平安抵达拉萨。从1951年12月18日离开西宁算起,十世班禅大师和独立支队在路上走了将近4个月,行程近2000公里。

十世班禅大师坚忍为国

班禅到达拉萨,是一个重大历史事件,它标志着九世班禅和十三世达赖失和后,特别是九世班禅流亡内地之后,双方恢复了联系,也达到了中共中央、中央人民政府、毛泽东主席所期盼的西藏民族内部的团结,对于祖国统一和民族团结有重大意义。但是,班禅到达拉萨后,事情并非一帆风顺，他遇到了许多问题的困扰，但年轻的十世班禅却以他博大的胸怀，大慈大悲大忍的精神，为国家统一作出了贡献。

十世班禅大师到拉萨是大事，全国甚至全世界佛教人士都十分关注，达赖自然早已得知，达赖本应该立即会见十世班禅，以示和解与友好，但是，达赖却在十世班禅到拉萨的第17天，即4月29日才会见班禅。这显然是一种怠慢。但十世班禅却以国家统一和民族团结为重，胸襟宽广，毫不介意。4月29日，十世班禅与达赖会晤时，彬彬有礼，没有任何不满之表示。十世班禅此举也感染了达赖，二人相见，礼仪和谈话都非常顺利。此次相见，标志着藏传佛教两大宗教领袖的和好，在藏传佛教和祖国统一历史上都具有重大意义。

这次会晤前后，十世班禅大师遇到的困扰是，少数分裂分子有意压制班禅地位和恶意造谣。十世班禅到拉萨后，住锡大昭寺，但达赖方面未给予相应的地位，不顾僧俗民众的要求，禁止群众朝拜十世班禅，以致包括噶厦部分官员在内的信徒不得不在晚上偷偷到大昭寺朝拜。有极为阴险的反动分子还散布谣言，说十世班禅是假班禅，甚至暗中勾结藏军企图袭击大昭寺。对于这些，年轻的十世班禅大师再次表现出镇定、大度和宽容。他对少数分裂分子勾结藏军袭击大昭寺的企图毫无惧意，沉稳应对，淡然置之。对于达赖方面限制人们去大昭寺朝拜自己，没有计较，从不向达赖和达赖方面的官员提起此事。对于少数阴谋造谣者，他也一笑了之，没有提出追查。十世班禅大师这种勇气，使分裂分子未敢轻举妄动。十世班禅大师的宽容大度，使拉萨广大藏族同胞更加敬佩班禅，去大昭寺朝拜班禅的人更多了。

十世班禅大师遇到的另外一个问题是达赖方面在班禅与达赖会晤的礼仪上反复变动，故意降低十世班禅的地位。达赖、班禅会晤时的仪式主要是磕头、座位高低和班禅向达赖献礼品时的礼仪问题。在班禅进拉萨前协商此事时，达赖方面提出达赖、班禅会见时班禅要向达赖磕头，班禅的座位要比达赖低两格，班禅给达赖朝觐，不让班禅驻锡大昭寺。这些意见转告班禅后，堪布会议厅官员很生气，提出索性不进拉萨，直接回日喀则。双方对此争执不下。西藏工委根据中央指示，说服双方同意直接谈判，并注意，一方面要说服十世班禅作些让步，另一方面要维护十世班禅的固有地位。双方代表多次谈判，争执不下，工委调解后形成折中方案，即班禅给达赖磕头，达赖站在宝座前；班禅与达赖互换哈达；十世班禅与达赖互相磕头；班禅与达赖座位一般高。十世班禅方面对此勉强同意，但达赖方面在第一次见面时擅自更改礼仪，当十世班禅给达赖磕头时，达赖不站起来；而且把达赖、班禅额尔德尼互换哈达，变成十世班禅献哈达，达赖接；把十世班禅的座位不仅压得很低很小，而且摆在旁边。这激起了班禅堪布会议厅官员的强烈不满，也引起了中共西藏工委的警惕。在藏传佛教中，这可不是小事。搞不好会造成两大宗教领袖之间再次失和，甚至会发生尖锐冲突，造成藏族内部分裂，进而影响祖国统一大业。面对这样重大的问题，十世班禅大师却相忍为国，不予计较。但中央代表为了维护班禅权威，主动出面做工作。张国华去达赖方面质问此事，达赖方面解释说：可能是译仓（秘书处）改变的。这等于承认了他们那种做法是错误的。在此情况下，范明和牙含章又向十世班禅解释，十世班禅听后，只是微微一笑，从无计较的表示。他从大局出发，表现出很高的修养。时隔几十年后，牙含章谈起这件事，仍然对十世班禅大师极为敬佩，称赞十世班禅大师具有"相忍为国的宽阔胸襟"。

由于上述礼仪问题中包含着按照"十七条协议"中恢复和维护班禅的固有地位的问题。因此，班禅堪布会议厅向达赖方面提出了合理的意见，中共西藏工委也做了说服工作，达赖方面和噶厦不得不有所收敛，第二次会晤时就按照协商的仪式，互换哈达，互相磕头。6月9日，噶厦派首席噶伦前往大昭寺，举行隆重的仪式，正式承认了班禅的宗教领袖地位。16日，经中央代表调解，噶厦、班禅堪布会议厅签订《西藏地方政府与扎什伦布喇章谈判备忘录》，基本上消除了两大系统历史上的隔阂。23日，班禅回到日喀则，这是九世班禅阔别西藏很长时间之后，班禅的平安重归。为此，举行了隆重的升座仪式，张经武派牙含章赠送礼品表示祝贺。至此，十世班禅大师返藏问题得到圆满解决，藏传佛教两大系统间终于实现了具有历史意义的和解。

朝鲜战争前后美国决策者的几个错误判断

对于朝鲜战争的起因，有不同说法。其实，只要从当时世界格局来分析一些重大事实，许多疑问会不言自明。当时美国决策者的几个错误判断，虽然仅是当时重大事实的一部分，却足可证明历史之真实。

美国决策者没有料到朝鲜人民军会在极短时间内超过李承晚军队

形成南北两个朝鲜，是1945年8月日本投降后的事。当时世界上已经形成社会主义和资本主义两大阵营，金日成领导的朝鲜劳动党在朝鲜北部建立的人民政权属于社会主义阵营，而李承晚在美国支持下建立的南朝鲜政权则属于资本主义阵营。两大阵营的对立，在朝鲜半岛，就是体现在南北两个政权对立之上。但是，在苏联军队和美国军队分别驻扎在北、南朝鲜时，两个政权的对立还不大可能形成军事冲突。

1948年底，苏联军队撤出北朝鲜时，美国军队则决定于1949年5月撤出南朝鲜。这样，美国军队就在实际上比苏联军队晚撤5个月。在这5个月的时间里，美国极力扶持李承晚政权扩大军队，为李承晚提供现代化的武器，帮助李承晚训练军队，并且为李承晚政权提供大量经费。当时，在美国支持下的李承晚政权竟然规定，17岁到60岁的男人都在服兵役的范围，因此，他的"国防军"很快就发展到15万人。美国则派出教官，积极帮助李承晚训练军队，为李承晚的军队提供现代化军事装备。

这样，李承晚的军队扩充十分迅速，而且他扩充的军队，是完全美式装备并经过美式军事训练的军队。

李承晚不仅以"反共急先锋"著称，也是一个有一点儿野心的人物，他打算在外国军队都撤走后，由他用武力统一朝鲜。早在1949年10月，他在一次记者会上说："要不流血，统一独立是不可能实现的。即使实现了也不会长久。"10月31日，他到美国的"圣福尔"号巡洋舰上发表演说称："南北分裂是必须用战争来解决的。"1950年2月，李承晚率领部分高级军官到东京向麦克阿瑟汇报了他进攻北朝鲜的计划，还听取了麦克阿瑟的"具体指示"。4月，他集结在三八线的5个师得到了直属炮兵和其他技术兵种的加强。因此，李承晚在美国军队还在时，就开始计划向北进攻，占领北朝鲜了。在苏联军队已经撤出北朝鲜而美国军队仍然驻扎在南朝鲜的近半年时间里，李承晚就在美国军队支持、鼓动下，从1949年1月1日到4月15日，37次在三八线挑起军事摩擦，并且秘密向三八线附近调集了多达41000人的军队。李承晚的向北进攻统一朝鲜的计划得到了美国的暗中支持。在美国军队撤离之前，美国向李承晚军队提供了价值达1.1亿美元的武器装备。其中包括10万件轻武器，5000万发子弹，2000具火箭筒，4万多辆各种运载工具和火炮。美国军队还拓宽了仁川到汉城（今首尔）、汉城到釜山以及经过金浦机场和横断三八线的战备公路，扩大了以金浦机场为中心的飞行基地，花费巨大资金改进了仁川、浦项、丽水等港口，在木浦、墨湖等地修建了海军基地。在重要地区修建了半永久性工事，沿三八线构筑了几百公里的战壕和交通壕。朝鲜南部几乎到处是军事工事。到1950年6月，李承晚在美国的帮助下，已经拥有陆军8个师，近10万人，海岸警卫队6.1万人，空军近2万人，警察近5万人。美国驻南朝鲜军事顾问团长罗伯特称：李承晚手下的军队，是"亚洲之雄"。李承晚也觉得自己的军事实力足够强大，开始着手向北发起军事进攻的准备。他和美国高级军官及南朝鲜军队高级军官连续召开"高级将校会议"，详细讨论了"完成战斗准备的问题"和"北伐计划"。他将手下8个陆军师分为两个梯队，第一梯队由5个师组成，沿"三八线"展开，第二梯队由3个师组成，集中在汉城附近。美国是积极支持李承晚向北进攻，用武力统一朝鲜的。1950年6月19日，美国总统外交顾问杜勒斯出现在三八线李承晚部队的战壕里，举着望远镜向北方眺望，并且与李承晚等具体商议"北进统一"的计划问题。19日，他在汉城发表演说，鼓动李承晚部队说："你们处于自由世界的最前沿"，"你们要继续担负起自己为实现人类自由应负的责任"。

在苏联军队撤出北朝鲜时，北朝鲜只有三个师，这三个师的骨干是金日成从中国抗日联军中带回朝鲜的朝鲜族官兵，在朝鲜新招收的士兵尚缺少军事训练，武器装备还是收缴的日本老旧步枪，许多士兵手中还没有枪。大炮的数量更少。更重要的是，当时美国有意造成南北军事不平衡的意图非常明显；美国决策者们支持李承晚消灭北朝鲜政权的话，已经在国际上公开。李承晚的野心也已经暴露无遗，他打算在美国和苏联军队都撤出朝鲜半岛后，凭借绝对优越于金日成人民军的这些军队，一举消灭北朝鲜的人民政权的意图已经十分明显。在这种情况下，金日成不能不感到极大压力。

为了朝鲜人民政权的生存，金日成曾经于1948年12月和1949年1月两次向苏联方面要求缔结朝苏友好互助条约，请求苏联向朝鲜提供武器援助。但斯大林考虑到美国可能会以此为借口攻击苏联有意永久分裂南北朝鲜，没有同意金日成关于迅速缔结朝苏友好互助条约的提议。但斯大林根据苏联驻朝鲜大使史蒂科夫的报告，批准了由苏联远东军向北朝鲜提供军事援助的计划。但这些援助，只是提供些轻型武器。金日成认为这远远不能保障朝鲜人民政权的安全。他于1949年3月亲自到苏联面见斯大林，和他讨论北朝鲜的安全问题，斯大林明确表示：加强北朝鲜的军队是必要的，但是没有必要害怕南朝鲜人。斯大林这个回答显然不能让金日成放心。

金日成回国后的1949年4月，接到准确情报：李承晚当局准备在5月美军全部撤出南朝鲜后，于6月对北朝鲜发动一次大规模的进攻，两个月消灭北朝鲜政权。金日成对此十分担心，他再次向斯大林求援，要求苏联方面于5月底之前帮助朝鲜人民军实现机械化，于9月底以前转让航空技术。但苏联的援助不是一下子就能到位的。

面对如此危险的局势，金日成想到了毛泽东，1949年5月，他亲笔写了一封自己署名、以朝鲜劳动党中央的名义的求援信，派特使金一持信秘密到北平，面见毛泽东。金一见到毛泽东后，向毛泽东说明了北朝鲜面临的严重局势，突出强调了南北朝鲜难以并存的情况，并转交了金日成给毛泽东的求援信。毛泽东赞同金日成的看法。他认为金日成的分析很对，北朝鲜与南朝鲜的冲突在所难免，这种冲突，"既可能是闪电战，也可能是持久战。对你们来说，持久战是不利的，因为到时候即使美国不干涉，也会唆使日本向南朝鲜提供援助"。

金一所带来的由金日成署名的朝鲜劳动党中央的信，在讲明了南北朝鲜军事力量对比的悬殊情况后，请求毛泽东，必要时把中国人民解放军中的朝鲜族师转属朝鲜政府，编入朝鲜人民军。当时，在中国人民解放军第四野战军林彪指挥下的朝鲜族官兵共有5万多人。其中，整编师有三个，整编团一个，其他人分散在四野各部队中。这些朝鲜族官兵经历过抗日战争和解放战争，有丰富的作战经验，能征善战。这些军队在林彪的部队中装备也是较好的。现在，金日成既然在信中要求将这些朝鲜族官兵编入朝鲜人民军，毛泽东基于国际主义精神，明确向金一表示：考虑到朝鲜南北军事力量对比的情况，可以应金日成所请，将在林彪指挥下的3个整编师的朝鲜族官兵，编入朝鲜人民军，其中，现在分别布防在东北沈阳和长春的两个朝鲜族师可以马上编入朝鲜人民军，随林彪在江南作战的一个朝鲜族师也可以随后编入朝鲜人民军。由武亭率领的朝鲜族团1000多人早些时候已经回到朝鲜。一旦中国共产党统一中国的战争基本告一段落，分散在人民解放军中的其他朝鲜族士兵和军官，也都可以编入朝鲜人民军，以便加强北朝鲜军队的实力。毛泽东还表示，一旦情况需要，中国就会派兵与你们并肩作战。等到中国大陆全部解放，并且也解放了台湾后，更会大力支持朝鲜人民政权。在此之前，朝鲜半岛最好不发生大规模军事冲突。

毛泽东说办就办。金一刚走，他就指示高岗，将分别驻扎在沈阳和长春的中国人民解放军两个朝鲜族师，即李德山任师长的一六四师（实员10821人）和方虎山任师长的一六六师（实员10320人）编入朝鲜人民军，于 1949 年 7 月开入朝鲜。这两个师在开赴北朝鲜前,全部换上了当时中国人民解放军中最好的装备。金日成随即对人民军进行了重新整编。到这年的 8 月,人民军总兵力已经达到 8 万多人,其中有 5 个步兵师,一个步兵旅,1 个机械化旅,2 个炮兵团,还建立了拥有 74 架飞机的空军。人民军已经全部更换为苏联装备,执行苏联军队式的编制。另外还建立了 4 万多人的警备部队。1950 年 4 月,驻扎武汉的中国人民解放军另一个朝鲜族师一五六师 16000 人更换夏装和解放军中的最好武器后开回朝鲜,编入朝鲜人民军。金日成也派朝鲜人民军作战部长金光侠到中国洽谈此事,并派人来武汉接收朝鲜部队。此后,分散在中国人民解放军部队中的一万多名朝鲜族官兵也陆续编入朝鲜人民军。以三个整编师和一个整编团为基干、陆续编入朝鲜人民军的朝鲜族官兵有 5 万多人。在后来的 1950 年 9 月 22 日,中国政府在公开声明中表示:"居留中国的朝鲜人民有权力回去保卫祖国。"实际上已经把中国人民解放军中朝鲜族官兵回国参战公之于世。

中国人民解放军朝鲜族官兵回国,使朝鲜人民军很快就扩充到 9 万多人。原在中国人民解放军中的以 3 个整编师和 1 个整编团为骨干的 5 万名朝鲜族官兵,战斗能力很强,武器装备与朝鲜人民军中其他部队比也是最好的,他们回国编入人民军后,立即成为朝鲜人民军的主力部队,大大加强了朝鲜人民军的战斗力。1949 年 9 月,苏联援助朝鲜人民军的第一批武器装备运抵平壤,其中包括重型武器。1950 年 1 月 8 日,斯大林正式同意向金日成提供援助(但是,这种援助是有偿的,北朝鲜以 9 吨黄金、40 吨白银、1.5 万吨其他矿石换取苏联 1.38 亿卢布的武器装备),不久,苏联的武器装备陆续运抵平壤,朝鲜人民军的战斗力更强了。此时手握重兵的金日成已经不同从前,他满怀信心地向斯大林表示:如果李承晚北犯,朝鲜人民军不仅能够有效保卫朝鲜人民政权,还能够有效反攻,在两个星期之内占领南朝鲜,最多是两个月。金日成还拟了一个一旦北朝鲜遭到李承晚军事进攻的完整作战计划,这个计划使有丰富的指挥大兵团作战经验的斯大林感到满意。

李承晚没有预料到朝鲜人民军会在短时间内有如此巨大飞跃,仍然频繁在三八线挑起冲突,还公开宣布:南朝鲜人正在准备给金日成领导的北朝鲜政权一个毁灭性的打击。李承晚没有料到的事，美国政府高层决策者同样没有料到。他们依据美国发展军队的经验，怎么也没有想到，金日成会在很短的时间里，就使人民军在数量和装备两个方面都超过李承晚的军队。他们更没有想到，经毛泽东批准回到北朝鲜并且编入朝鲜人民军的原中国人民解放军三个朝鲜族整编师另加一个朝鲜族整编团，均是经过长期战争考验，打过大仗、硬仗，有丰富作战经验的能征惯战之师。他们不知道，这些军队归金日成指挥后，朝鲜人民军已经有了质的飞跃，超过了南朝鲜李承晚军队。

在当时和现在，许多人仍然十分奇怪：第二次世界大战后，美国的战略重点在欧洲，因此美国一直集中军力财力物力在欧洲谋取利益，却为什么要在远东一个半岛上打一场耗费如此巨大的大战？美国任何一个有头脑的政治家都不会作出如此决策！但是，美国决策者却真的作出了这个决策。其实，美国决策者作出这样的决策，与他们没有料到金日成会在极短时间内使人民军的数量和质量都超过李承晚的军队有直接的关系。正是因为他们没有料到这一点，才有这样的打算：让在军队质量和数量都占绝对优势的李承晚，在美国军队撤走后向北方发起攻击，武力统一朝鲜，在远东建立一个西方对抗社会主义阵营的桥头堡，使社会主义阵营中的核心国家苏联处于东西两面夹击状态。

这个打算对于美国决策者来说，似乎是一个"妙招"。

美国决策者低估了毛泽东等中共领导人的魄力

正是由于美国决策者没有料到金日成手下的人民军会在几个月时间里在数量和质量上超过李承晚军队，才鼓动李承晚向北进攻。当时的李承晚也很狂妄，曾制订计划，要在两个月内消灭北朝鲜。1950年6月，早就在三八线集结大量军队的李承晚开始逐步扩大军事挑衅规模，并着手实施其向北进攻的计划。在此情况下，金日成仍然寄希望于和平统一。19日，他向南方发出建议：朝鲜民主主义共和国最高人民会议和南朝鲜的国会联合起来，建立单一的全朝鲜的立法机关，以便统一祖国。但这个建议遭到李承晚拒绝。

1950年6月25日上午9时，朝鲜内务省发出令人震惊的消息："南朝鲜伪政府的所谓国防军，于6月25日拂晓，在全三八线地区向三八线以北开始了出其不意的进攻。""现在共和国的警备部队，正展开着激烈的防御来抵抗敌人。"当天，金日成召开朝鲜劳动党中央政治委员会和内阁非常会议，研究了形势和对策，接着召开了朝鲜民主主义共和国最高人民会议常任委员会会议。在这次会议上，金日成被推举为军事委员会委员长和朝鲜人民军最高司令官。会议决定，整个国家进入战时体制。但是，6月25日凌晨在三八线向北朝鲜军队发起进攻的李承晚没有想到，已攻入北朝鲜的他的军队，陷入了北朝鲜人民军的包围圈。在数量和质量上已经占据优势的朝鲜人民军主力部队于1950年6月25日在打退李承晚军队进攻后，立即转入反击，很快就击溃李承晚军队主力部队，推进到朝鲜半岛南部，占领朝鲜南部重要城市汉城，眼看整个朝鲜半岛就要全部解放。

这时，美国决策者才知道金日成是不好惹的，他手下的人民军的实力已经超过了李承晚军队。他们发现，自己支持李承晚武力统一朝鲜的如意算盘眼看要落空，朝鲜半岛也有全部丢掉的危险。在此情况下，美国决策者们急了，决定出兵支持李承晚，用美国强大的军事力量，保证他们的如意算盘不落空。6月27日，美国总统杜鲁门命令美军直接介入朝鲜战争。为了牵制已在东南沿海集结准备解放台湾的中国人民解放军，他还命令第七舰队入侵台湾海峡。7月7日，美国操纵联合国安理会，并纠集15个国家拼凑成以美军为主的"联合国军"紧急入朝，军事支援南朝鲜李承晚当局。

美国决策者们之所以会决定直接出兵到朝鲜去支持李承晚作战，与他们低估了刚刚成立新中国的中共毛泽东等领导人的魄力有直接关系。他们设想：美国和苏联签订有条约，第二次世界大战后的这两强不可能相互碰撞，苏联不可能出兵朝鲜打第三次世界大战，走"两败俱伤"的道路。唯一能出兵支持北朝鲜的只有中国，而中国是不能也不敢出兵的。

美国决策者们认为，中国共产党刚刚取得政权不久，大陆还不稳定；恢复和发展经济迫在眉睫；新中国经济底子薄弱，支撑不起一场现代化的大战；新中国军事力量也不能和现代化装备的美国军队比，甚至比不上李承晚的军队；新中国还有一个解放台湾的重大任务没有完成，其战略重点在南方，没有力量北顾。在这种情况下，新中国领导人毛泽东如果敢于出兵朝鲜，与美国交手，将使新中国陷入社会不稳定、经济崩溃、军事失败等十分被动的局面，搞不好，中共刚刚建立起来的政权会垮台。因此，他们认定，毛泽东没有出兵朝鲜和美国交手的魄力。正因为美国决策者有上述估计，才决定直接出兵朝鲜，并且派第七舰队开入台湾海峡。

美国决策者们的估计有一定道理，但是，他低估了毛泽东从全局考虑问题并下决心直接出兵朝鲜的魄力。早在朝鲜战争爆发前，毛泽东就对到访的金日成说，一旦朝鲜境内爆发战争，我们打算在鸭绿江边摆上三个军，帝国主义如果不干涉，没有妨碍；帝国主义如果干涉，不越过三八线，我们也不管；如果过了三八线，我们一定打过去。朝鲜战争结束后，1956年，毛泽东回忆当时的情景时又说：“美帝国主义如果干涉，不过三八线，我们不管，如果过三八线，我们一定打过去。”

当美国入侵朝鲜和台湾时，周恩来总理兼外长于6月28日发表严正声明，强烈谴责美国"对中国领土的侵略"和"对联合国宪章的彻底破坏"。那个时候，毛泽东、周恩来等中共领导人就有派兵入朝作战的打算。美国操纵联合国组成"联合国军"后的7月13日，中共中央决定成立东北边防军，调了五个军摆在鸭绿江边，加强东北边防。这已经是为出兵朝鲜做准备了。1956年毛泽东会见苏共代表团，谈到这一情况时说："战争开始后，我们先调去三个军，后来又增加两个军，总共五个军，摆在鸭绿江边。所以，到后来当帝国主义过三八线后，我们才有可能出兵。否则，毫无准备，敌人很快就过来了。"[1] 1970年毛泽东会见金日成时说："可惜那时只有五个军，那五个军火力也不强，应该有七个军就好了。"[2]

---

[1] 逄先知、李捷：《漫长的18天——毛泽东与抗美援朝出兵决策》，《大地》2000年第19期。

[2] 逄先知、李捷：《漫长的18天——毛泽东与抗美援朝出兵决策》，《大地》2000年第19期。

当 1950 年 8 月朝鲜战局紧张时，毛泽东就反复考虑了派兵入朝的诸多问题。8 月 25 日，周恩来在第四十七次政务会议上说，朝鲜战争拖长的可能性增加了。26 日，周恩来召开检查和讨论东北边防军准备工作的会议，他在会上指出："我们对于朝鲜，不仅看作兄弟国家问题，不仅看作与我东北相连接有利害关系的问题，而应看作是重要的国际斗争问题。"[1] 要设想战争的长期化，要考虑到出国作战的问题。他说："如果出国作战的话，主要对象是美帝国主义"。[2] 毛泽东预先就对中国出兵朝鲜敌我双方情况作出了分析："美帝国主义在今天是有许多困难的，内部争吵，外部也不一致。它在军事上只有一个长处，就是铁多，另外却有三个弱点，合起来是一长三短。三个弱点是：第一，战线太长，从德国柏林到朝鲜；第二，运输路线太远，隔着两个大洋，大西洋和太平洋；第三，战斗力太弱。"[3]

接着，毛泽东讲了这样一段气势如虹的话："敌人是不可怕的，它的装腔作势和气势汹汹是吓唬人的……无非是打第三次世界大战，而且打原子弹，长期地打，要比第一、第二次世界大战打得长。我们中国人民是打惯了仗的，我们的愿望是不要打仗，但你一定要打，就只好让你打。你打你的，我打我的，你打原子弹，我打手榴弹，抓住你的弱点，跟着你打，最后打败你。"[4] 从毛泽东的这段话来看，他已经下决心派兵入朝。

9 月 15 日美国军队成功地在仁川实施登陆以后，朝鲜的局势急转直下，美国要消灭北朝鲜，进抵鸭绿江，威胁中国国家安全，已很明显，出兵朝鲜的问题已经作为应急方案摆在中国领导人面前。9 月 17 日，中央军委决定立即派遣一个 5 人小组随柴军武[5] 赴朝熟悉情况。9 月 22 日，

---

[1] 郭志刚：《对抗美援朝几个重大问题的认识》，《军事历史》2013 年第 5 期。
[2] 郭志刚：《对抗美援朝几个重大问题的认识》，《军事历史》2013 年第 5 期。
[3] 《毛泽东文集》第 6 卷，人民出版社 1999 年版，第 93 页。
[4] 《毛泽东文集》第 6 卷，人民出版社 1999 年版，第 93—94 页。
[5] 柴军武，又名柴成文，1936 年参加革命。当时是中华人民共和国驻朝鲜大使馆使衔参赞。板门店谈判期间，任中国人民志愿军朝鲜停战谈判秘书长。1961 年被授予中国人民解放军少将军衔。历任中国人民解放军总参谋部二部副秘长、总参谋部外事局局长等职。2011 年在北京逝世。

中国政府公开声明：中国的朝鲜人民有权力回去保卫祖国，实际上已经对美国企图进犯朝鲜发出警告。当美李军进抵三八线一带时，中国政府向美国发出警告。9月30日，周恩来总理在国庆节大会上作了题为《为巩固和发展人民的胜利而奋斗》的报告。报告中警告美国：中国人民决不能容忍外国侵略，也不能听任美国侵略邻国朝鲜。①

当毛泽东、周恩来等中共领导人得知美李军队已经越过三八线向北进攻时，周恩来在10月3日凌晨1时，紧急召见潘尼迦，向他郑重说明中国政府对待朝鲜战争的严正立场，再次向美国发出警告，请潘尼迦将中国政府的警告转达给美国政府。潘尼迦第二天即拍电报将中国政府的强硬态度，经本国政府先后转给了英国和美国政府。

但是，美国决策者们却认为，中国领导人的警告是"虚张声势"。他们仍然认定，中共领导人没有派兵入朝和他们打仗的魄力，毛泽东不会下这个决心。艾奇逊认为，周恩来和潘尼迦的谈话只是私下谈话，不值得一顾，因为中国随时可以对此否认，如果中国人"打算参加扑克牌游戏的话"，他们就应该比现在亮出更多的牌，我们美国不应该对大概是中国共产党的一个恫吓过分惊恐。艾奇逊还说，看过潘尼迦电报的人"都得出了这样的结论，即他们（指中国领导人）更为可能的是不介入，而不是介入"。杜鲁门则认为："潘尼迦先生在过去就是经常同情中国共产党的家伙，因此他的话不能当作一个公正观察家的话来看待，充其量不过是一个共产党宣传的传话筒罢了。"而在朝鲜的"联合国军"最高指挥官麦克阿瑟则更加狂妄，他得知中国政府警告的话后，不仅置之不理，反而筹划起从满洲里到苏联境内如何展开美国部队问题来。他还说：即使中国军队过了鸭绿江，也不可能在朝鲜半岛维持几万军队作战，中国出兵，至多出动几千人在朝鲜做个样子，这几千人也不堪一击。他还宣称，如果美国通过海上再向仁川输送一支精锐部队的话，就可以把毛泽东镇住，使毛泽东不敢派兵入朝。

其实，毛泽东此时已经下了出兵朝鲜的决心。就在美国决策者为他们在朝鲜战场上得手而得意，做着短时间实现其北进计划、占领全部朝

---

① 《人民日报》1950年10月1日。

鲜半岛的美梦的时候，毛泽东即决定召开中央政治局会议，讨论派兵入朝作战的问题。1950年10月1日，毛泽东接到金日成的求援信和斯大林的来信后，又把朝鲜特使朴一禹请到住处，听取了他对朝鲜战况的介绍。之后，毛泽东让秘书紧急把刘少奇、周恩来、朱德请到他的住处。刘、周、朱来到后，毛泽东把苏联和朝鲜两国首脑的来信给他们看了，又向他们介绍了朝鲜战局。四个人讨论起来。周恩来主张出兵，朱德和刘少奇则对朝鲜局势和中国出兵问题谈了自己的看法。总的来说，他们的意见是对出兵朝鲜有很大顾虑，认为出兵对中国不利。毛泽东决定，第二天召开中央书记处扩大会议，邀请在京高级军事领导人参加，再行讨论。在10月2日下午召开的会议上，毛泽东主张出兵朝鲜，并且认为出兵朝鲜已是万分火急，他鉴于林彪有病，提议要彭德怀挂帅。当然，这还要征求更多人的意见，特别是彭德怀本人此时正在西安，没有参加会议。但是，会议上的多数人不同意立即派兵进入朝鲜。大家对国内和国际局势进行了认真分析，摆出了许多理由。

10月4日，中央政治局开扩大会议。在这次会议上，当大家就出兵援朝摆了许多困难之后，毛泽东说了一段非常有分量的话："你们说的都有理由，但不管怎么说，别人要亡国了，我们站在旁边看，不论怎么说，心里也难过。"

10月5日下午，中央政治局继续在熙年堂开会，对是否出兵援朝再次进行讨论。在发言中，彭德怀讲了自己的观点：出兵援朝是必要的，打烂了，最多等于解放战争晚胜利几年。如让美军摆在鸭绿江岸和台湾，它要发动侵略战争，随时都可以找到借口。如等美国占领了朝鲜半岛，将来的问题更复杂，所以迟打不如早打。彭德怀发言后，毛泽东站起来，坚定地说："彭老总说得好！我们出兵参战的困难确实很多，但是，朝鲜是中国的友好邻邦，中国人民不能眼看着美国侵略者对其肆行践踏而置之不理；唇亡则齿寒，户破则堂危。我们应当参战，必须参战，参战利益极大，不参战损害极大。"

中共中央关于出兵朝鲜的决策就这样定下来了。10月8日，毛泽东发布组成中国人民志愿军的命令：

> 为了援助朝鲜人民解放战争，反对美帝国主义及其走狗们的进攻，借以保卫朝鲜人民、中国人民及东方各国人民的利益，着将东北边防军改为中国人民志愿军，迅即向朝鲜境内出动，协同朝鲜同志向侵略者作战并争取光荣的胜利。①

但是，在中共中央作出派兵入朝同美国作战的前后，美国决策者们此时仍然认为毛泽东没有派兵入朝的魄力，完全不理会新中国领导人的一再警告，于1950年10月7日，美国再次操纵联合国，通过了"统一"朝鲜的决议。10月9日，麦克阿瑟发出了向平壤进攻的命令。接着，又有大批美军越过了三八线。周恩来后来回忆说："当时，我们发表政府声明，警告美国不要越过三八线，进逼鸭绿江，否则，中国决不能置之不理。美国不听。这时，我们再次警告。除这两次公开警告，我们还正式通过印度向美国提出过。当时，印度相信我们的警告，劝美国要谨慎。美国不听，一直进逼鸭绿江，逼我们到墙角，我们才进行抗美援朝。"

毛泽东下令派兵入朝。他不仅下令派兵入朝，而且有这样的魄力：即使苏联不出动空军支持中国赴朝作战的志愿军，中国也要派兵入朝作战。在毛泽东发出志愿军入朝作战命令的10月8日，周恩来和林彪也奉中共中央之命飞赴莫斯科见斯大林，请求苏联出动空军支持中国志愿军作战。但是，斯大林出于当时国际关系的种种考虑，特别是考虑到，苏联不能直接出兵和美国开战而冒发生第三次世界大战的危险，明确表示：苏联不能出动空军到朝鲜为志愿军提供支持。10月11日，毛泽东接到在莫斯科的周恩来关于苏联不打算派空军支持志愿军作战的电报。但是，毛泽东有这样的魄力：即使苏联不提供空军支持，我们也派志愿军入朝作战。13日，他在发给仍在莫斯科的周恩来的指示中说："我们认为，应当参战，必须参战。"当周恩来把毛泽东的这一决定转告斯大林时，斯大林感动得流下了眼泪。

就在毛泽东发出这个电报的前一天（即10月11日），彭德怀已经到

---

① 《毛泽东文集》第6卷，人民出版社1999年版，第100页。

达鸭绿江边的安东市[①]，指挥志愿军入朝。当天，首批参战的志愿军中，已经有两个军跨过鸭绿江进入朝鲜前线。在毛泽东发出这封电报的当天（即10月12日），毛泽东又作出决定：不光已经过江的两个军，为了打赢首战，首批参战的志愿军部队必须全部过江。

10月18日晚，毛泽东给改编成志愿军的原解放军第十三兵团司令员兼政委邓华发出电令：4个军及3个炮兵师坚决按预定计划进入朝北作战，自明19日晚从安东和辑安（今集安）线开始渡鸭绿江。为严格保守秘密，渡江部队每日黄昏开始至翌晨4时即停止，5时以前隐蔽完毕并须切实检查。

按照毛泽东的这个电令，10月19日晚，组成志愿军的我第四十军、第三十九军、第四十二军、第三十八军，共4个军，另加3个炮兵师，分别在安东、长甸河口、辑安3个鸭绿江渡口跨过鸭绿江，进入朝鲜。而在此前，彭德怀已经进入朝鲜，在深入敌后观察敌情之后，于10月21日晨与金日成见面。从此开始了中朝人民携手同美李军作战的数年历程。

美国决策者们根本没有料到毛泽东会有如此胆略，敢于派与美国军队和李承晚军队比装备大大落后的志愿军入朝与他们作战。他们认定毛泽东没有这样的魄力，可是，他们想错了，毛泽东就是有这样的魄力，就是敢于派志愿军入朝与美国开战。这也是抗美援朝战争初期美李军队遭到惨败的重要原因之一。

美国决策者低估了志愿军的战斗力

当美国决策者们得知志愿军已经开赴朝鲜时，并没有在意。他们认为，中国的志愿军，武器装备十分落后，士兵们缺少现代化作战经验，后勤保障也很困难，到朝鲜来与具有现代化军事装备和作战经验的美李军作战，等于是来送死。麦克阿瑟在从东京赴朝鲜之前，大肆吹嘘侵朝美军的"制海权与制空权"，说什么中国志愿军的力量是"过分夸张"的，

[①] 今辽宁省丹东市。

说什么中国志愿军的"前方战区部队的必需品已经不足以维持战斗",等等,他还说,他要在一个月的时间里把问题彻底解决。他甚至狂妄地说:"如果联合国决定改变它为了把战争限制在朝鲜境内而作的容忍的努力,把军事行动扩展到它的沿海区域与内地基地的话,红色中国就必定有立即发生军事崩溃的危险。"麦克阿瑟还声明:他"准备随时和敌军总司令在战场上举行会谈,寻求可以不须继续流血而实现联合国在朝鲜的政治目标的任何军事方法"。

但是,他们没有料到,志愿军刚刚入朝不久,就连续打了五次战役,把美李军打得落花流水,不得不退回到三八线一带。并且在三八线形成双方犬牙交错的形势:美李军占领三八线北部一些山头,中朝军队则占领了三八线以南的开城地区。这说明,美李军处于十分被动的地位,实际上已经遭到重大失败。

美国的决策者们不得不承认,他们低估了志愿军的战斗力。但是,事隔几十年,美国当年的决策者们、军事分析家、历史学家仍然不明白:为什么武器装备如此落后的志愿军会有这样强的战斗力?许多西方人对此至今也十分疑惑。朝鲜战争结束后,日本出版的一本记述这场战争的书中曾这样写道:"中国军队……好像对美军炽烈的火网毫不在意似的,第一波倒下,第二波就跨过尸体前进,还有第三波和第四波。他们不怕死,坚持战斗到最后一个人……这支军队的这种勇敢精神和坚忍性到底来源于什么?"该书作者至今也没有给出答案。

实际上,毛泽东、周恩来早就对此作了回答:敌人大炮比我们多,但士气低,是铁多气少;我们大炮比敌人少,但士气高,是铁少气多。

为什么志愿军铁少气多?原来,这与志愿军通过深入的思想政治工作,使官兵们有很高的觉悟有直接关系。

组建志愿军时,中国共产党的政治工作系统也在志愿军中建立,思想政治工作随即展开。在动员阶段,思想政治工作主要围绕着"该不该打""愿不愿打""能不能打"展开。志愿军中的党组织采取多种形式,结合参观美机轰炸现场、听朝鲜难民控诉美军罪行,开展了自上而下地仇视、鄙视、蔑视美帝国主义的"三视"教育和爱国主义、国际主义、革命英雄主义精神的教育。在志愿军入朝不久接连打了几个大胜仗后，即评选战斗英雄，召开英模大会，开展了争立大功、争当英模的动员。深入的思想政治工作，使志愿军全体官兵认清了美帝国主义的侵略本质，懂得了唇亡则齿寒、户破则堂危的道理，树立了敢打必胜的信心。志愿军战士创作的一首快板诗反映了当时战士的认识。这首快板诗是这样写的："美帝好比一把火，烧了朝鲜就要烧中国。中国邻居快救火，救了朝鲜就是救中国。"有了这种认识，志愿军官兵的斗志十分高昂。他们在没有空军掩护而对方却在强大空军支持下作战的情况下，真是前仆后继，不怕牺牲，美国人看到志愿军战士不怕牺牲，一往无前，竟然吓得魂不附体。他们没有想到，中国的志愿军竟然是这样的不怕死。看到志愿军如此不怕牺牲，连有武士道传统的日本军人看了也感到恐惧。

在朝鲜战场上的志愿军，真正是勇往直前，不怕牺牲，拖不垮、打不烂的钢铁队伍。志愿军在攻打战略要点老秃山的战斗中，突击队践行"剩下一人一枪一口气，也要把红旗插上敌阵地！"的誓言，以排山倒海之势向前冲锋，在敌人最后一道铁丝网前，敌人加强了火力，战士们一个又一个地倒下去，十一班的几个新民主主义青年团团员用身体铺成"人桥"，让战友们从上面跨过去，夺取阵地后，战士们在坚守阵地的过程中两天一夜没吃东西，仍然斗志昂扬，打退敌人一次次进攻，守住了阵地。志愿军在攻打石岘洞北山的战斗中，六十七师一九九团二连60炮班配合五连反击敌人时，班长牺牲了，小组长代理班长，小组长阵亡了，青年团员便挺身而出代理指挥，这样，一个班6个人打退了成连敌人的10多次反扑。第四十七军某师后勤担架一连在战斗中伤亡较大，班排干部几乎全部阵亡，立即由战士代理。在战斗中，此连的排、班、组，整顿组织30多次，有的人一夜间就先后变动4次职务。在上甘岭战斗中，"联合国军"炮兵和航空兵，对该地共发射炮弹190余万发，投炸弹5000余枚，把总面积不足4平方公里的两高地的土石炸松1—2米。但坚守在坑道内的志愿军官兵们始终保持了高昂的士气，克服缺少食物和弹药等各种困难，在"联合国军"进行轰炸、爆破、放毒、熏烧、堵塞、封锁的情况下，充分发挥党支部的战斗堡垒作用和思想政治工作的威力，团结一致，克服缺粮、缺弹、缺水和空气污浊的困难，坚持作战，并先后组织班或战斗小组向坑道外出击数百次，大量毙伤敌人，多处阵地多次失而复夺。志愿军还多次集中兵力，向597.9高地和537.7高地北山实施反击，并及时向坑道内增派人员，补充物资；炮兵19个连进行火力支援，配合坚守坑道作战，打退了敌人一次又一次的进攻。此役，志愿军打退"联合国军"营以上兵力冲击25次，营以下兵力冲击650余次，进行数十次反击，共毙伤俘敌2.5万余人，击落击伤敌机270余架，击毁击伤其大口径火炮60余门、坦克14辆，最终守住了阵地。"联合国军"由于伤亡惨重，被迫停止进攻，上甘岭战役遂告结束。上甘岭战役，创造了现代战争史上坚守防御作战的范例，也使对面的敌人不解：志愿军竟是这样超乎想象的顽强。

后来彭德怀曾总结道：志愿军全体将士普遍而深刻认识到他们所进行的战争是正义的反侵略战争，代表着祖国人民和世界爱好和平人民的意志和愿望，他们所执行的是保卫祖国安宁、保卫朝鲜人民独立和自由、保卫远东和世界和平的伟大光荣任务。因此，他们的士气非常旺盛，战斗意志非常昂扬。每个战士在战场上都表现了无比的勇敢坚强和主动机敏，表现了惊天动地的革命英雄主义和自我牺牲精神。

相反，美国军队则不知道为什么打这场仗，士气极低。1950年12月26日，接替麦克阿瑟的"联合国军"地面部队指挥官李奇微曾叹息道：我们的部队表现出那样的精神状态是有其原因的，他们想知道为什么来到朝鲜？打算让他们干些什么？如果说我们国家进行过的战争有一场可以称得上不为人所理解的战争，那么，朝鲜战争就是这样的战争。不仅如此，实际上美国军队也在战场的较量中被志愿军打怕了，他们一遇到志愿军就发抖，确实出现过志愿军炊事员手拿扁担俘虏美国兵的情况。在朝鲜战场上有这样一件真实的事情：在第二次战役遭到志愿军沉重打击的美第八集团军在向三八线撤退时，官兵全部惊恐万分，争先逃命，该集团军司令沃尔顿·沃克的汽车竟然被一辆仓皇撤逃的卡车撞翻而丧命。

美国人没想到，中国人民志愿军即使在没有制空权的情况下也敢与美国人开战

在朝鲜战争还没有爆发但局势开始紧张时，斯大林曾表示，如果美国和李承晚越过三八线，中国派志愿军入朝作战，苏联将为志愿军提供空军支援。

在中共中央作出派兵入朝决策之前的 1950 年 7 月 5 日，斯大林曾经要苏联驻中国大使罗申转告周恩来："我们认为，在敌人越过三八线时，集中 9 个中国师在中朝边境以便志愿军入朝作战是正确的。""我们将尽力为这些部队提供空中掩护。"在这里，斯大林第一次向中国领导人作出为中国援朝部队提供空中掩护的承诺。但斯大林当时没有说清楚这种掩护究竟是在朝鲜境内展开，还是只限于在中国的后方。7 月 13 日，斯大林又一次请苏联驻华大使罗申转告毛泽东或周恩来：我们不清楚，您是否已决定部署 9 个中国师在朝鲜边境。如果您已作出决定，我们准备给您派去一个喷气式歼击机师——124 架飞机，用于掩护这些部队。我们考虑，在协助我们的飞行员时，用两三个月时间教会中国的飞行员，而一旦中国的飞行人员掌握了这些飞机，这个飞行师及已经在上海担任防空任务的另外一个飞行师的所有装备，都可以移交给中国方面。斯大林提到的"在上海的飞行师"，是指 1950 年 2 月 6 日上海市区遭受国民党飞机轰炸后，苏联政府应中国政府所请，派到上海临时帮助防空的苏联空军部队。

不久，苏联也开始安排空军到中国东北，当时派到中国东北的苏联喷气式歼击机师有 3 个团，120 架喷气式飞机；原已经在上海防空的是空军混成师，有两个团，分别有 40 架喷气式飞机和 40 架拉-11 式飞机，还有 1 个有 10 架杜-2 式飞机的轰炸大队和有 25 架冲击机的两个冲击大队。加起来，苏联派到中国南北的这两个空军师共有 235 架飞机。这两个空军师对于加强中国防空作战能力起了大作用。

但当时金日成打得很顺利，朝鲜人民军的地面战暂时不需要苏联空军的支援也能节节胜利；而美国当时主要是加强了对朝鲜后方的轰炸，

试图毁掉朝鲜人民军的后方补给线，同时，派飞机到中国东北地区侦察并实施轰炸、投细菌弹，想以威胁中国东北地区的方式，阻吓中国派兵入朝。在此情况下，苏联派到中国上海和东北的两个空军师，苏联驻上海的空军师是为了防止国民党空军轰炸上海，驻中国东北的空军师主要任务是加强中国东北防空力量，将中国作为朝鲜战场大后方加以巩固，因此，斯大林在电报中没有提派苏联空军进入朝鲜掩护中国人民志愿军陆地作战的问题，他只是建议担负掩护任务的苏联空军部队将飞机转交给中国，没有给入朝志愿军提供空中支援的意图。中国方面也没有过多注意这个问题。7月20日经毛泽东审定后中共中央发给斯大林的电报中只是提：关于对位于中朝边境线地区我军部队航空兵掩护、我航空兵改装喷气式飞机并接收苏联两个航空兵师的全部武器装备的问题，我们已进行了研究，对于您的这一提议特表示欢迎，并对您和苏联政府所给予的援助和支持深表感谢。电报还提出了中国对这两个飞行师的接收、改装和人员培训方案，并提议派中国空军代表及苏联首席空军顾问普鲁特科夫前往莫斯科就此相商。25日，苏联外长维辛斯基致电苏联驻华大使罗申：受斯大林委托，请转告毛泽东或周恩来，拟议的训练中国的喷气式飞机飞行员的方式和期限，已经同意。

但是朝鲜战场却发生了急剧变化。9月中旬，美军仁川登陆，随后"联合国军"越过三八线并继续北进。中国派兵赴朝参战的问题被迅速提上日程。10月5日，中共中央政治局扩大会议决定组建中国人民志愿军。在政治局开会讨论中，苏联派空军掩护中国入朝参战部队的问题成为全体与会人员关注的焦点，也是他们决定派兵入朝参战的重要前提。10月8日，就在毛泽东发出志愿军入朝作战令的同一天，根据中央政治局会议讨论的意见，周恩来与林彪率一个谈判组离开北京前往莫斯科，准备就苏联为志愿军提供空军支援问题与斯大林等苏联领导人紧急磋商。

周恩来、林彪率谈判组于10日抵达莫斯科后，第二天在布尔加宁的陪同下，到了黑海海滨的克里米亚休养地。斯大林正在那里休养，几乎全体苏联政治局成员都等候在那里。周恩来和林彪直接向斯大林提出了苏联出动空军掩护入朝作战的志愿军的问题。斯大林表示，苏联将向中国军队提供武器和装备，但苏联不能直接出兵。他此时说的苏联不能直接出兵，已经包含不能直接出动空军的意思。他说：苏联可以向中国志愿军提供空军支援，但不能进入敌后，以免飞机被击落而造成国际影响。斯大林的意思很明确：苏联方面不能派空军进入朝鲜协助中国人民志愿军陆地作战。

这是一个重大变化，周恩来和林彪不能作主，立即将此情况向毛泽东汇报。考虑到这是斯大林的意见，周恩来的汇报采取了与斯大林联名的方式。11日，斯大林和周恩来联名致电毛泽东，其中说道，苏联可以完全满足中国提出的飞机、坦克、大炮等项装备，但是苏联空军尚未准备好，在两个月或两个半月后才能出动空军。

周恩来、林彪代表中国方面与斯大林进行了将近两天的会谈。双方讨论来讨论去，也都觉得，没有苏联空军支援，装备较差的中国志愿军步兵入朝作战很难取得胜利，很有可能被美军打回来，那样的话，局面更加严峻，最后的意见是：只好放弃北朝鲜，让金日成及其政权和军队暂时退到中国的东北地区。斯大林于13日正式通知苏联驻朝鲜大使史蒂科夫：告诉金日成，最好把剩余的部队从朝鲜撤到中国和苏联来。14日，史蒂科夫向金日成转达了斯大林的建议，金日成痛苦地表示将照此执行。

毛泽东接到斯大林和周恩来联名发来的电报后，也意识到，苏联方面不派空军为志愿军提供空中支援，入朝作战的志愿军将面临极为严重的困难，并且有极大可能被有现代化装备的美李军打回来。但他没有轻易放弃派兵入朝，而是采取了更为慎重的态度。12日，毛泽东致电已赴东北前线的彭德怀等人，告诉他们十三兵团各部仍在原地进行训练，暂不出动。请彭德怀和高岗二人来京一谈。13日，彭德怀、高岗赶到北京，参加中央政治局紧急会议。经过讨论，中央政治局一致认为，我军还是出动到朝鲜为有利。当天，毛泽东把这个决定电告周恩来："与高岗、彭德怀二同志及其他政治局同志商量结果，一致认为我军还是出动到朝鲜为有利。在第一时期可以专打伪军，我军对付伪军是有把握的，可以在元山、平壤线以北大块山区打开朝鲜的根据地，可以振奋朝鲜人民重组人民军。两个月后，苏联志愿空军就可以到达。""我们采取上述积极政策，对中国、对东方、对世界都极为有利；而我们不出兵让敌人压至鸭绿江边，国内国际反动气焰增高，则对各方都不利，首先是对东北更不利，整个东北边防军将被吸住，南满电力将被控制。""总之，我们认为应当参战，必须参战。参战利益极大，不参战损害极大。"

13日，苏联大使罗申在给斯大林的电报中通报了中共中央仍然决定派兵入朝的决定，同一天，斯大林又收到了毛泽东给他的电报。毛泽东说，中共中央重新讨论了局势，决定尽管中国军队的武器装备不足，但还是要向朝鲜同志提供军事援助。14日，斯大林又进一步得到了在莫斯科的周恩来的正式通报。但是，当时，毛泽东、周恩来、林彪仍然相信并希望苏联给中国入朝作战的志愿军以空军支持，因此，毛泽东在致周恩来的电报中有"两个月后，苏联志愿空军就可以到达"的话。之后，毛泽东还直接致电斯大林，提出苏联出动空军支持志愿军的请求。周恩来将毛泽东来电内容通过莫洛托夫转达给斯大林。斯大林作出答复说：苏联将只派空军到中国境内驻防，两个月或两个半月后也不准备进入朝鲜境内作战。在苏联的态度已经明确的情况下，毛泽东于17日再度紧急将彭德怀和高岗召回北京，商议派兵入朝之事。在当天的政治局会议上，毛泽东明确表示：不管苏联是否派空军支援志愿军，我们都要派兵入朝作战，支援朝鲜同志。毛泽东的意见得到中央政治局的支持，最终决定派兵入朝。次日，毛泽东电告志愿军总部："决按预定计划进入朝北作战。"

这样，中国人民志愿军在没有任何空中力量的情况下出兵朝鲜，与装备精良又有空军支持的美国军队、李承晚军队作战。在中国人民志愿军入朝作战的开始阶段，志愿军是在美国空军天上轰炸，后方补给线经常被炸毁的情况下作战的。尽管如此，志愿军仍予美李军以沉重打击，很快就把美国军队赶回三八线。直到战局基本稳定，苏联才派空军入朝，但也是伪装成中国空军，与美军作战。

后来，毛泽东、周恩来曾谈到苏联在派空军入朝掩护中国参战问题上不断反复的情况。毛泽东、周恩来在20世纪70年代初曾回忆起过。毛泽东说："我们只要他们空军帮忙，但他们不干。"周恩来说："开始的时候，莫洛托夫赞成了，以后斯大林又给他打电话说，不能用空军掩护，空军只能到鸭绿江边。"毛泽东说："最后才决定，国内去了电话，不管苏联出不出空军，我们去。"

斯大林得知毛泽东的态度和中国的决定后，感动得流下了眼泪。他通知金日成："……中国同志终于下定出兵援助朝鲜的最后决心。有利于朝鲜的最终决定终于下定了，我为此感到高兴……与中国军队出动有关的具体问题，您需要同中国同志一起来决定。而中国所需要的技术装备将由苏联提供。祝您成功！"此时，斯大林仍未下决心出动空军入朝协助志愿军作战。

在朝鲜，处境困难的金日成在得知毛泽东说的话和中共中央作出的最后决定时，十分感动。是中国共产党在朝鲜人民最困难时，不惜付出巨大牺牲，在没有任何空军支援的情况下协助朝鲜人民军打退了美李军，稳定了朝鲜战局。金日成永远牢记中国人民的伟大友谊，牢记毛泽东的国际主义精神，他与以毛泽东为首的中共中央领导人结下终生的深厚友谊，朝鲜人民也与中国人民结下了深厚友谊，中朝人民都把这种友谊形容为"鲜血凝成的"。

毛岸英为国捐躯前后

毛泽东的长子毛岸英第一个报名参加中国人民志愿军,第一批入朝参战,牺牲在朝鲜战场。中朝两国人民都记着他的名字。朝鲜人民至今仍在唱着赞颂毛岸英的歌曲:《明同光》,而且,金正恩的夫人李雪主也多次演唱这首歌曲,可见毛岸英的地位在朝鲜人民心中十分高大。

经过长期艰苦磨炼的毛岸英具有较高政治觉悟

毛岸英是毛泽东与杨开慧的儿子,小名永福,于1922年出生。他出生后,曾在毛泽东与杨开慧共同抚养下,度过了欢乐的童年时光。1927年,国民党发动"四一二"反革命政变,中国共产党武装反抗国民党。毛泽东领导秋收起义失利,率起义余部上了井冈山。后来,隐蔽在板仓的杨开慧被国民党抓获,带着毛岸英和毛岸英的两个弟弟坐牢。杨开慧受尽酷刑,坚贞不屈,被国民党杀害。当时,毛岸英只有七八岁,带着弟弟毛岸青(小名永寿)流浪在长沙街头。反动派要斩草除根,他们只好到处躲藏。中共地下党组织设法找到了他们,把他们送到当时中共中央所在地上海。但上海的中共中央机关也受到破坏,毛岸英就带着弟弟在上海卖报纸、捡破烂,给人打扫房子,勉强生存,但经常饿肚子,有时连续一两天吃不上饭。国民党军警和上海小流氓经常打骂他们。中共上海地下党组织为了使他们受到教育,也为了他们的安全,通过许多关系,把他们送到上海基督教会。但基督教会并不知道他们的身份,把他们当作无家可归的儿童对待。因此，他们在基督教会受到百般虐待。他们被强迫干成年人都感到吃力的重活。如果干不了，就要挨打。当时，毛岸青年龄更小，只有五六岁，不会干活，也干不动，便受到更严重的摧残。毛岸英自己要干重体力劳动的活，还要替弟弟干活，保护弟弟，这使他过早地成熟起来。上海不是久留之地，1936年，中共党组织同共产国际取得联系，请求帮助，将毛岸英两兄弟送到苏联。共产国际通过张学良与上海基督教会头面人物董健吾疏通，由董健吾出面，委托法国轮船上的熟人，把毛岸英兄弟俩及其他一些烈士子女送上了开往法国的轮船。这样，毛岸英兄弟二人离开中国，先是到达了法国的马赛港。中共驻共产国际派康生到马赛，把毛岸英他们接到莫斯科。

毛岸英兄弟二人到莫斯科后，被中共驻共产国际组织送进第二国际儿童院（即莫尼诺儿童院），这时已经是1937年了，毛岸英15岁，毛岸青也10多岁了。他们为了融入苏联的生活，都改了名字，毛岸英的苏联名字叫塞尔盖伊，毛岸青的名字叫亚力山大。刚刚进入苏联第二国际儿童院时，毛岸英出于在国内养成的警觉性，和毛岸青商量好，二人都不透露身世。不论谁问他们，都不说实话，别人和他们谈起毛泽东，他们也直呼其名，以示他们和毛泽东没有关系。后来，在第二国际儿童院担任副院长的师哲告诉他们：组织上已经知道他们的身世，并且知道每一个进入国际儿童院的儿童的身世，这里是无产阶级的国家，不会迫害他们，什么都不用隐瞒，毛岸英才敢于说出自己是毛泽东的儿子。

毛岸英在苏联的学习和生活也是十分艰苦的。他要参加军事训练，又要学习俄罗斯语言和文字。毛岸英对自己要求很严格，学习也十分刻苦，很快便掌握了俄语，并且能够流利地运用俄语和俄文，也掌握了一定的文化知识。毛岸英特别注重学习理论，在苏联的学校中，他系统地学习了马克思列宁主义理论，有很高的理论素养，他的政治觉悟也迅速提高。在苏联，他们兄弟能够吃饱饭了，毛岸英的个子也迅速长高，到十七八岁时，他已经是一个大小伙子了。

1941年，苏联卫国战争开始，毛岸英立刻报名参加了苏联军队。在苏联军队中,他严格要求自己,遵守纪律,政治上又有了进一步的提高。他作战勇敢,在血与火的战场上经受了磨炼,也积累了很多军事经验,很快就被提拔为苏军上尉,担任苏联一个坦克连的连长。在苏联军队攻克柏林的战役中,毛岸英率这个坦克连参加了战斗,在攻克柏林战役中立下了战功。苏联卫国战争胜利后,毛岸英率部队回到莫斯科,受到了斯大林的亲切接见,斯大林还把一支手枪送给毛岸英作为纪念。毛岸英在苏联卫国战争中,能够舍生忘死,为别的社会主义国家服兵役,到战场上真刀真枪地干,没有很高的觉悟是做不到的。

毛泽东对自己的子女要求很严格

1945年,毛岸英要求回国。正好,斯大林派两名苏联医生到延安为毛泽东治病,苏联方面就让毛岸英与这两位苏联医生同乘一架飞机到达延安。当时身体状况不好的毛泽东,亲自到延安机场接自己的儿子。毛岸英与毛泽东分离15年后,才见到自己的父亲。他见到自己的父亲时,是戴着苏联的上尉军衔的。毛泽东自然十分高兴。毛泽东能够抱病亲自到延安机场迎接毛岸英的到来,可见毛泽东的爱子之情。

但是,毛泽东对毛岸英的爱与众不同。他对子女的爱,表现在要把子女培养成革命事业接班人之上。为此,他对自己子女的严格要求近于苛刻。毛岸英一到延安,毛泽东就让他到大灶和战士一起吃饭。不久,毛泽东把这个在苏联军队里当上了军官,会打仗,又精通俄文的儿子送到了农村,交给了延安一个农民,让他和这个老农民学习种地。毛泽东说:你在俄国学习了革命理论,但你还不懂得中国,更不懂得中国的农民,你在上中国的大学,要向农民学习。毛泽东让毛岸英拜农民为师,学习种地,实际上也是让毛岸英了解农民,了解农村。毛岸英果然按照毛泽东的要求,去跟这位老农民学习种地一整年,直到浑身晒得透黑,双手磨出了老茧,回来给毛泽东看,毛泽东才高兴地说,你对中国的农村和农民了解了一些,身体也结实了,算"毕业"了。此时,已经是1946年10月,延安为准备胡宗南的进犯而开始疏散了。毛岸英撤离延安，东渡黄河，到晋绥解放区参加土地复查工作，1948年5月到达西柏坡，在中共中央宣传部担任编辑助理工作。此时，他打算和早在延安就认识的刘思齐结婚。毛泽东到西柏坡后，毛岸英和刘思齐去毛泽东处，向毛泽东提出了要结婚的要求，毛泽东得知刘思齐还不到结婚年龄，坚决不同意二人结婚，毛岸英想不通。为这件事，毛泽东还向他心爱的儿子大发脾气。最终，自然是毛岸英听从了毛泽东的意见。毛岸英从这件事上学到了毛泽东在原则问题上决不让步的作风。新中国成立后，毛泽东把毛岸英送到北京机器总厂，让他向工人学习，同时学会做基层工作。毛岸英赴朝鲜前，就是从北京机器总厂党总支副书记的任上走的。

毛泽东对子女的严格要求，使自己的子女懂得：党和国家的利益高于一切，为了维护党和国家的利益，应无私奉献，甚至牺牲生命。这是毛岸英赴朝参战，最终为中朝人民的事业而献身的重要因素。

毛岸英是志愿军第一个志愿兵

在许多人的回忆和记述文章中，都说毛岸英是按毛泽东的要求参加志愿军去朝鲜的。这有一定道理。但从当年在毛泽东身边工作人员的大量回忆中可以看到，毛岸英是按他个人意愿，自愿报名参加中国人民志愿军的，用彭德怀的话说："毛岸英是我们志愿军的第一个志愿兵。"而毛岸英的这一决定，也正好和毛泽东的想法相同。毛泽东积极支持并且主动送毛岸英赴朝作战。在中央政治局决定派兵入朝作战的第三天，毛泽东"送子参军"的意愿就实现了。

10月7日晚，毛泽东在菊香书屋内设家宴为即将赴任的中国人民志愿军司令员兼政治委员彭德怀送行。当年的菊香书屋还是一个面积不大的四合院，不像现在人们参观过的那样大，院子中间的设备也与现在不同，总之，当年那是一个十分俭朴的居所，东西南北四面的五间房子也很旧，毛泽东也不让修理。他只把南房西头的两间屋作为书房，平时就在这里读书。菊香书屋没有专门的餐厅，毛泽东平时吃饭，就在自己办公的地方或者卧室里。这一天，因为要请彭德怀吃饭，卧室里显然不行，毛泽东的家宴就摆在了书房里。彭德怀到时，毛泽东招呼他坐下，和他谈了志愿军赴朝作战的许多问题。家宴开始时，毛岸英也出来帮忙摆桌椅，并热情地和彭德怀见面交谈。因为毛泽东的夫人江青没在家，这次家宴，就是三个人：毛泽东、彭德怀，还有毛泽东的长子毛岸英。

彭德怀在延安时就认识毛岸英，也知道毛泽东送他去农村向农民学习种地的事情，对毛岸英是很有好感的。新中国成立后彭德怀一直在西北主持工作，很少回京，与毛岸英没有再见过面。据毛新宇在《我的伯父毛岸英》一书中的叙述。那天毛泽东、彭德怀、毛岸英三人在一起吃饭时，有这样一段对话。

彭问："岸英，你在哪个单位工作？"

毛岸英回答道："北京机器总厂。"

彭德怀又问："工人对朝鲜战争有什么反应？"

岸英回答说："工人的觉悟很高，坚决要求支援朝鲜人民，大家都被发动起来了。"

毛泽东插话说："不是发动，正义的战争还用发动吗？岸英，你要去朝鲜难道是我'发动'的吗？"

彭德怀听毛泽东说岸英要去朝鲜，表情愕然。他停下手中的筷子，转向毛泽东问："主席，这……"显然，他感到事情来得很突然。

毛岸英忙解释说："彭叔叔，是这样，我要第一个报名去当志愿军。"

彭德怀把目光投向毛泽东说道："主席，这怎么行！"

毛泽东语气平和地说："岸英想跟你去朝鲜参战，我可没有这个权力批准，你是司令员嘛，收不收他这个兵哟？"

彭德怀立刻推脱说："去朝鲜有危险，你在工厂好好干，也是支援了抗美援朝！"

毛岸英一听彭叔叔要封口，有点发急地说："我在苏联当过坦克兵，参加过追击德国鬼子的大反攻，朝鲜战场的战火再这样烧下去就要到鸭绿江边了，'唇亡齿寒'，我应当带头上前线……"

毛泽东端起一杯酒，站起来说："德怀，那我就替岸英求个情，你就收下他吧！"

对于毛岸英赴朝问题，也有另一种说法：毛岸英是毛泽东让他去朝鲜的。对这件事，聂荣臻是这样回忆的："彭总入朝时，为了和驻朝鲜的苏联顾问取得联系，确定带一名俄文翻译。原先确定从延安时期就担任中央领导俄文翻译的张伯衡同志，但当时张已担任军委外文处处长。由于大批苏联顾问来到北京，张伯衡工作很忙，难以离开。后又挑选一名年轻的翻译，可是军委作战部部长李涛同志提出，入朝作战非常机密，应选一名经过政治考验和可靠的翻译。当时时间很紧，我立即向毛主席请示怎么办。主席立刻就说：'那就让岸英去吧，我通知他。'就这样，毛岸英就随彭总一起入朝了。"

说法虽不同，但有一个共同点：毛岸英完全是个人自愿参加中国人民志愿军的；他的这个意愿正好与毛泽东吻合。毛泽东积极支持并且主动和有关方面"说情"，让毛岸英奔赴炮火连天的朝鲜战场。

毛泽东肯定比谁都更清楚，中国的军队并不缺人，新中国当时有550万军队，是世界上人数最多的一支部队。中国人口众多，当时有5亿人口，是世界上兵员最为充足的国家。大战在即，他"送子参军"，其含义绝不单纯是给彭德怀推荐一名政治可靠的年轻翻译。

听说毛泽东要送岸英入朝参战，毛泽东的夫人江青及其他身边工作人员都曾劝阻过，说毛岸英在北京机器总厂里担任总支部领导职务，负有重要责任，离不开，不要去参战了。据当时担任毛泽东卫士长的李银桥回忆："毛泽东讲了应该去的道理。给我印象最深的仍然是那一句话：'谁叫他是毛泽东的儿子！他不去谁还去？'"

几年以后，毛泽东在与好友周世钊的一次谈话中，周世钊问他"毛岸英为什么要上朝鲜前线"。毛泽东说："我是极主张派兵出国的，因为这是一场保家卫国的战争。我的这个动议，在中央政治局会上，最后得到了党中央的赞同，作出了抗美援朝的决定……要抗美援朝，我们不只是物资的援助，金日成同志的告急电报是明写的'急盼中国人民解放军直接出动援助我军作战',要作战,就要有人,派谁去呢?我作为党中央的主席,作为一个领导人,自己有儿子,不派他去抗美援朝,保家卫国,又派谁的儿子去呢?人心都是肉长的,不管是谁,疼爱儿子的心都是一样。如果我不派我的儿子去,而别人又人人都像我一样,自己有儿子也不派他去上战场,先派别人的儿子去上前线打仗,这还算是什么领导人呢?这是一个方面。另一方面,岸英是个年轻人,他从苏联留学回国后,去农村劳动锻炼过,这是很不够的,一个人最好的成长环境就是艰苦!在战斗中成长要比任何其他环境来得更严更快。基于这些原因,我就派他去朝鲜了。"

上述这些说法,虽然和毛新宇记述中关于毛岸英参加志愿军的过程的说法不尽相同,但不论是哪一个说法对头,有一点可以肯定:毛泽东和毛岸英在这个问题上意见是一致的。毛泽东特别想送毛岸英去朝鲜参加作战,毛岸英自己也自愿去朝鲜参加志愿军,正如当年苏联卫国战争时期,毛岸英主动要求参加苏联军队,赴前线同法西斯作战一样。

毛岸英到朝鲜后总是考虑别人的安全

1950年10月23日黄昏,毛岸英搭乘志愿军政治部组织部长任荣的车,从长甸河口渡过鸭绿江,踏上了烽火连天的朝鲜战场。

关于毛岸英在朝鲜的那段经历,不少人都作过回忆。回忆中反映的一个共同点,是毛岸英总是考虑别人的安全。在这个问题上,当时和毛岸英朝夕相处的赵南起讲了这样一件事。当时赵南起担任彭德怀朝语翻译,他回忆说:"当时,我俩同住一个房间,由于都享受团级待遇,组织上配备了一名战士,担任警卫员兼勤务员。志愿军司令部的驻地在大榆洞,生活用水需要下山去挑,按正常需求这位战士每天必须下山挑两次水。谈何容易啊!敌机时常狂轰滥炸,战士每下山一次,都冒着生命危险,挑的每一滴水都是以鲜血和生命为代价。针对这个情况,岸英跟我商量:'南起同志,敌机轰炸得这么厉害,咱俩节省点用水,让"小鬼"每天少下山一次,就减少一份危险,您看怎样?'我和岸英想到一块了,十分赞成他的意见。这样，我俩的用水就几乎到了苛求自己的程度。岸英洗漱只用一杯水，刷牙漱口用一两口，余下的倒在毛巾上，再擦把脸。岸英在用水上受'委屈'了，但'小鬼'一两天才下山一次，不用总下山挑水了，又感到无限的欣慰。"①

毛岸英在美国飞机的一次轰炸中牺牲

毛岸英是在他随军入朝一个月后，在一次美军飞机轰炸志愿军司令部时不幸牺牲的。

那一天的上午7时，毛岸英和志愿军司令部的同志进入防空洞，毛岸英和3个参谋在房间里忙于工作。到11时，有4架敌机飞来，毛岸英和志愿军司令部的干部们一起跑了出来。但此次敌机没有投弹，而是飞了过去。敌机飞走后，毛岸英和几个参谋又回到防空洞中忙于工作，但没有想到又飞来4架敌机，一到志愿军司令部的防空洞就投弹，一下子就投了近百枚燃烧弹，击中了志愿军司令部的防空洞，防空洞中，只有两名参谋跑了出来，毛岸英和另一位名叫高瑞欣的参谋没有来得及跑出来，被烧死了。下午3时，彭德怀和志愿军司令部党委商量后，把这件事向军委作了汇报："我们今日7时已进入防空洞，毛岸英同3个参谋在房子里。11时敌机4架经过时，他们4人已出来。敌机过后，他们4人返回房子内，忽又来敌机4架，投下近百枚燃烧弹，命中房子，当时有两名参谋跑出，毛岸英及高瑞欣未及跑出被烧死。"

毛泽东得知毛岸英牺牲的消息后说："谁叫他是毛泽东的儿子呢。"

志愿军司令部的电报最先送到了周恩来的手上。周恩来读到电报后深感事情突然及严重。再三斟酌后，他在来电上给刘少奇、朱德写下这

---

① 赵南起：《毛岸英不是在弄饭时遇难的》，《纵横》2010年第8期。

样一句话："因主席这两天身体不好，故未给他看。"

过了一个多月以后，周恩来才将志愿军司令部党委的那份电报转交给毛泽东。他还特意给毛泽东和江青写了封信："毛岸英的牺牲是光荣的，当时因你们都在感冒中，未将此电送阅……"

这封信由江青和机要室主任叶子龙呈送给毛泽东。李银桥回忆说：

当时，毛泽东正坐在沙发里。听到消息，先是一怔，盯着江青和叶子龙一声不响。

江青和叶子龙不敢说第二遍，也不好说什么劝慰的话，不约而同垂下了头。

于是，毛泽东眨了一下眼，目光开始缓缓移动，望着茶几上的烟盒。

他去拿烟，两次都没将烟从烟盒里抽出来。我忙帮他抽出一支烟，再帮他点燃……又沉默了很久，毛泽东吸完第二支烟，把烟头熄灭在烟缸里，用略带沙哑的声音，发出催人泪下的一声叹息："唉，谁叫他是毛泽东的儿子呢。"

朝鲜战争中新中国的重大外交活动

在朝鲜战争爆发之后,新中国领导人进行了一系列重大外交活动。这些外交活动,既表达了中国人民热爱和平的愿望,也展现了新中国领导人高超的国际斗争艺术。更重要的是,这些外交活动,对于揭露美国的阴谋和结束朝鲜战争起了很大作用。

美国入侵朝鲜及台湾海峡,中国发出严正警告和抗议

1950年6月25日,朝鲜战争爆发。战争爆发不久,美国即插手进来,并且决定派兵入侵朝鲜。6月27日,美国总统杜鲁门命令美军直接介入朝鲜战争,并命令第七舰队入侵台湾海峡。7月7日,美国操纵联合国安理会,并纠集15个国家拼凑成以美军为主的"联合国军",紧急入朝,支援南朝鲜李承晚当局。

美国入侵朝鲜,特别是美国第七舰队驶入台湾海峡后,新中国领导人立即在国际上作出强烈反应。除了声援朝鲜,还对美国干涉中国内政,插手中国台湾事务给予愤怒声讨和严正抗议。

由于美国派第七舰队侵入台湾海峡已经侵犯新中国国家主权,因此新中国领导人的强烈抗议首先针对美国侵略台湾问题。6月28日,周恩来总理兼外长发表严正声明,强烈谴责美国"对中国领土的侵略"和"对联合国宪章的彻底破坏"。不久,周恩来外长代表中国政府向联合国安理会提出了美国侵略台湾的控诉,要求安理会公开谴责并严厉制裁美国武

装侵略中国领土台湾的罪行。8月24日，周恩来总理兼外长代表中国政府向联合国安理会提出了美国侵略台湾的控诉，控告美国干涉中国内政、侵犯中国主权。当联合国安理会通过决议将中国政府控诉"美国侵略台湾案"列入联大议程时，美国政府却倒打一耙，向联合国"控告"中国"侵略朝鲜"。这样，当年的联合国安理会的议程上，就出现了两个重要议题：由中国提出的"美国侵略台湾案"和美国诬蔑中国而提出的"中国侵略朝鲜案"。按照联合国宪章有关条款的规定，安理会在讨论有争端的问题时，应当邀请有关当事国参加讨论。因此，中国政府一方面积极准备在联合国会议上揭露美国，一方面多次向美国提出抗议和警告。新中国领导人在对美国的警告中，很重要的内容是：美国不要派兵入朝支持李承晚政权，不要扩大它在朝鲜的军事行动。美国军队不要越过三八线，美国军队如果越过三八线，中国要管。当时，周恩来总理在会见外宾时多次谈到这一点。

但是美国将中国的抗议当作耳旁风。9月15日，美国军队在朝鲜仁川登陆成功，将朝鲜人民军切为南北两半，并且急速向已经攻入朝鲜南部的朝鲜人民军包抄过去。当美李军队在朝鲜南部军事上得手后，立即派出重兵越过三八线，向朝鲜北方推进。鉴于此，周恩来再次对美国发出警告，要求美国军队退回三八线以南。9月22日，中国政府在公开声明中表示："居留中国的朝鲜人民有权力回去保卫祖国。"这个声明一方面表示中国人民坚决支持朝鲜人民与美国进行斗争，一方面也对美国企图进犯朝鲜北部提出警告。虽然声明中只提到"居留中国的朝鲜人民""回去保卫祖国"，但这已经强烈暗示：美国如果进犯北朝鲜，中国将派兵入朝作战。

但当时美国认为，中国刚刚结束内战，经济凋弊，中国海军虽然成立于1949年4月23日，空军成立于1949年11月11日，但都刚刚搭起架子，还没有形成强大战斗力。中国的军队实际上只有陆军一个军种，装备也破烂不堪，是不敢与世界上装备最好的美国军队交手的，中国政府的警告不过是"虚声恫吓"和"外交上政治讹诈"，因此，美国决策层对中国政府的警告置之不理，而美国在前线的指挥官更是狂妄得很，认为消灭北朝鲜人民政权是不费吹灰之力的事。因此，他们根本不理睬周恩来要他们撤回三八线以南的要求，对新中国的暗示更是不屑一顾，继续实施他们占领北朝鲜"饮马鸭绿江"的计划。

在此情况下，中国政府仍然希望朝鲜战事不扩大，能够通过外交努力解决。中国政府考虑到，需要通过"中间人"传话的方式，再次对美国发出警告。

中国政府通过印度政府这个"中间人"再次向美国发出外交警告

当时中国实行"一边倒"外交政策，与美国没有外交联系。新中国的领导人为了把中国政府的态度和意见更明确地传递给美国，想到了印度。

当时的印度奉行不结盟政策，同东西方两大阵营都保持着正常的国家关系。但是长期遭受殖民统治独立不久的印度，与支持民族独立的苏联关系更好一些。与新中国关系也很好。新中国成立不久，印度即承认了中华人民共和国。朝鲜战争爆发不久，印度想通过协调，解决这场冲突。印度总理兼外长尼赫鲁在事先征得中国的意见后，分别致函斯大林和艾奇逊，以协调苏联和美国的立场，消除分歧。他提出的解决办法是：消除安全理事会中目前的僵局，以便使中国人民政府的代表能在安全理事会占有其地位，苏联能回到安全理事会来；并使苏联、美国和中国能在安全理事会机构以内，或者在安全理事会以外，经由非正式的接触，在其他爱好和平国家协助和合作之下，为停止冲突，并为朝鲜问题的最后解决寻求基础。尼赫鲁提出的这个办法，尊重中华人民共和国的主权，突出了新中国的地位，也得到了斯大林的积极回应。斯大林在7月15日给尼赫鲁的复函中说：您认为宜经由包括中国人民政府在内的五大国代表必须参加的安全理事会，来使朝鲜问题得到和平处理，这一观点，我完全赞同。此外，1950年9月初，印度政府代表在五届联大上，向大会提议：接受中华人民共和国代表出席联合国大会。印度的这些活动明显倾向于中国和苏联的立场。虽然尼赫鲁调解朝鲜战争双方的努力因为美国的拒绝而失败，印度在联合国大会上关于接受中华人民共和国出席联大的提案也因美国的阻挠未能获得大会通过，但印度领导人的一系列活动得到了新中国领导人的关注，并认定，倾向于中国和苏联且与美国也有外交关系的印度，是向美国传递新中国领导人信息的最合适的"中间人"。

于是，新中国领导人决定，先由中国人民解放军总参谋长聂荣臻出面，通过印度，再次向美国发出中国政府的严正警告。而此时的美国，也选中印度作为摸新中国领导人"底牌"的"桥梁"，并通过英国向印度透露此意。在此背景下，印度首任驻华大使潘尼迦，便担负起了"斡旋"的重任。新中国领导人也注意到了潘尼迦的"新角色"。

9月25日，聂荣臻奉命会见印度驻华大使潘尼迦。双方谈话的主题是朝鲜战争爆发后的中美关系。潘尼迦说："我丝毫不怀疑，没有任何人能征服中国，击败解放军。我所担忧的是万一发生什么事情，将要使中国的建设拖后十年、八年。"这实际上是向中国表明，如果中国决定在朝鲜与美国较量的话，新中国的建设将受到严重影响。但是，聂荣臻明确表示："如果帝国主义者果真要发动战争，那么，我们也只有起而反抗了。"潘尼迦提醒说："中国的工业，不是在沿海就是在中国东北满洲，一旦发生事故，是很容易遭受破坏的。"这实际上是表明，新中国如果卷入朝鲜战争，中国大陆有受到美国攻击的危险。听了此话，聂荣臻坚定地申明："一旦战争起来了，我们除了起而反抗外，是别无它途可循的。"

聂、潘这次谈话的内容自然很快通过英国传到了美国决策层，但是，美国政府的决策者们在研究聂荣臻的话之后却认定，这只不过是中国恫吓威胁的宣传而已。

对中国友好的印度政府也及时把国际上的一些情况向中国政府通报。9月29日，尼赫鲁派印度驻华大使潘尼迦交给周恩来一封信，信中对于印度努力在联合国争取新中国席位、台湾问题、朝鲜问题等事作了通报。

9月30日，周恩来总理在国庆节大会上作了题为《为巩固和发展人民的胜利而奋斗》的报告。报告中警告美国：

中国人民热爱和平，但是为了保卫和平，从不也永远不怕反抗侵略的战争。中国人民决不能容忍外国的侵略，也不能听任帝国主义者对自己的邻人肆行侵略而置之不理。谁要企图把中国近五万万人口排除在联合国之外，谁要是抹杀和破坏这四分之一人类的利益而妄想独断地解决与中国有直接关系的任何东方问题，那么，谁就一定要碰得头破血流。①

1950年10月1日，是中华人民共和国成立一周年喜庆的日子。但这一天却发生了许多大事。这一天，《人民日报》全文发表了周恩来的上述讲话；这一天，美国前线最高指挥官麦克阿瑟公然要求金日成无条件投降；这一天，大批美韩军队越过三八线向北推进；这一天，登上天安门城楼参加国庆活动的毛泽东收到了金日成的求援信；这一天，毛泽东也收到了斯大林希望中国出兵援助朝鲜的电报……面对如此严峻而复杂的局面，毛泽东陷入反复思量之中。历史纪录片留下了当时毛泽东在中南海海边一边散步一边思索的镜头。10月2日这天深夜，毛泽东、周恩来得到了南朝鲜军队已在东海岸越过三八线向北进犯了15公里的确切消息。另一个消息说，沃克指挥的美国部队也已经越过三八线。至此，毛泽东关于美韩军不能越过三八线的底线已经被美国突破。毛泽东早就说过这样的话：美军越过三八线，我们一定要管。既然美国越过三八线已经成为事实，毛泽东和周恩来就已经下决心：准备派志愿军援助朝鲜。但是，出兵朝鲜，是牵动中国全局的大事，也是影响世界局势的大事，毛泽东要把这个打算在中共中央政治局会议上讲清楚，得到政治局多数同志赞成，同时也需要得到当时具有与美国抗衡力量的世界大国苏联的支持，因此，毛泽东一方面召集政治局会议，另一方面把这个打算通知了苏联的斯大林。

事情到了这个地步，中国政府领导人仍然希望能够和平解决朝鲜冲突。毛泽东和周恩来商议后，决定再次动用印度这个"中间人"向美国

---

① 《人民日报》1950年10月1日。

传话。周恩来在 10 月 3 日凌晨 1 时紧急召见潘尼迦，向他郑重说明中国政府对待朝鲜战争的严正立场。

历史文献记载着周恩来会见潘尼迦谈话的主要内容，这些文献以铁的事实表明，当时新中国领导人确实是抱着极大诚意，想通过和平办法消弭朝鲜战争的。

周恩来在会见潘尼迦时，见面第一句话就以极大诚意说：朝鲜问题应该和平解决。说完这句话，周恩来话锋一转，严正地说出铿锵有力的话：现在，"美国军队正企图越过三八线，扩大战争。美国军队果真如此做的话，我们不能坐视不顾，我们要管"。在潘尼迦说明他已经将此事报告给印度政府，尼赫鲁总理已经分别向英、美政府提出警告。印度驻联合国代表团团长也已经把周恩来 10 月 1 日对美国发出的警告在记者招待会、安理会以及联合国大会上宣读了之后，周恩来说："关于朝鲜事件，我们曾经交换过意见。我们主张和平解决，使朝鲜事件地方化。我们至今仍主张如此。我在 10 月 1 日的报告中也声明了我国政府的态度，我们要和平，我们要在和平中建设。过去一年中，我们在这方面已经作了极大的努力。美国政府是靠不住的。尽管在三国外长会议中有了协议，不经联合国同意，不得越过三八线，但是美国政府不一定受其约束。"当潘尼迦问到"阁下所称朝鲜事件应该地方化，是否指朝鲜战事应该限于三八线以南？或是指朝鲜战事应该即刻停止？"时，周恩来给予肯定回答并且强调："朝鲜战事应该即刻停止，外国军队应该撤退，这对于东方的和平是有利的。朝鲜事件地方化的意见，就是不使美军的侵略行动扩大成为世界性的事件。"周恩来明确表示了两条："第一，美军企图越过三八线，以扩大战争，我们要管，这是美国政府造成的严重情况。第二，我们主张朝鲜事件应该和平解决，不但朝鲜战事必须即刻停止，侵朝军队必须撤退，而且有关国家必须在联合国内会商和平解决的办法。"

周恩来和潘尼迦谈话结束后，双方谈话内容很快就由印度方面转给了英国和美国。纽约时间 10 月 3 日上午，美国已经得到了尼赫鲁转来的潘尼迦与周恩来会谈详细内容的报告。

但是美国实在是太狂妄了。他们在接到这个报告之前，已经在朝鲜战争中走得太远了。9月27日，杜鲁门已经给麦克阿瑟发出了正式的命令：

"你的军事目的是摧毁北朝鲜的武装力量。为达此目的，授权你在朝鲜的三八线以北进行军事行动，包括两栖登陆和空降或地面行动。"

9月29日，国防部长马歇尔给麦克阿瑟发了一封"只许他本人阅读"的电报。马歇尔在电报中说："我们要你在战术和战略上放开手脚，向三八线以北推进。上述宣告在联合国会引起尴尬，因为人们显然不愿意就越过三八线这一问题进行必要的投票，而是想看到，你已认为在军事上有必要如此行事。"

同一天，韩国李承晚手下大批军队开始在西海岸越过三八线向北进攻。如果联合国军的行动到此为止的话，事态也还不能说已经完全失控，朝鲜问题仍存在和平解决的一线生机。

当时，美国国务院也不是一点事情没有做，他们把周恩来总理在10月1日发出的警告转给了国防部长马歇尔，随后陆军部又通知了麦克阿瑟。但是，已经沉迷于消灭北朝鲜计划的马歇尔和麦克阿瑟没有理会这一信息。

也就是在这种情况下，从印度方面传来了尼赫鲁向英国、美国转达的潘尼迦与周恩来谈话的内容。周恩来的话，就是刚刚诞生不久的新中国政府的严正立场。但是，潘尼迦转达的新中国政府总理的警告，却没有受到美国决策层应有的重视。杜鲁门对印度人的话半信半疑，他评论说，潘尼迦"曾时不时地为中国共产党人效力"。杜鲁门是傲慢的美国总统。他以为，美国已是世界强国，而新中国刚刚成立，经济基础很薄弱，军队的武器是过去打仗缴获的"万国牌"，自己连落后的武器也不能造，又没有空军和海军，是不敢和美国打仗的。他怀疑周恩来的警告可能是一种宣传策略，或者是企图阻止联合国大会通过干预朝鲜的决议。美国高层中也不是没有人重视周恩来的警告。美国国务院远东问题专家亚历克西斯·约翰逊就说过：虽然周恩来发出的信息"无疑含有极大的虚张声势的成分"，但他觉得美国不能完全以为这是虚张声势，并建议在三八线以北只使用韩国军队，联合国的空军和海军可提供支援。亚历克西斯·约翰逊也是在主张扩大美国介入朝鲜战争的前提下，提议加强军事行动，以防止中国真的派兵入朝作战。但是，即使是这样的提议，也没有受到美国决策层的重视，艾奇逊认为，周恩来的声明是苏中试图迫使联合国撤军所做努力的一部分。他的言外之意是：中国不过是吓唬我们，不必理睬。

美国根据潘尼迦的信息所采取的唯一直接行动是，经杜鲁门批准，参谋长联席会议给麦克阿瑟发了一份通知。通知说，万一"在朝鲜的任何地方发现中共公开或秘密部署的主力部队"，只要"有获胜的机会"，他仍可以继续行动；但是，除非得到华盛顿的授权，否则不得对中国境内的目标采取行动。这个意思很明确：即使中国派军队入朝作战，美国军队仍然要按照既定计划向北推进，只是暂时不对中国境内目标实施攻击。但是，骄横的麦克阿瑟对于经杜鲁门批准、经美国军队参谋长联席会议决定向他发出的这一指令，也没有完全遵守，在他的命令下，美国在朝鲜的侦察机甚至作战机早就越过中朝边境，侵入中国领空了。

当时美国决策层几乎所有人都轻视新中国，看不起新中国领导人。他们对中国人民的能力和新中国领导人的决心，不是低估，而是根本不予考虑。这一点，曾经作为"中间人"的印度人看得十分清楚。1951年，尼赫鲁的妹妹潘迪特夫人在见到周恩来时曾说："当时，我正在华盛顿任印度驻美大使。每次您与潘尼迦大使谈话后，我都从我们政府得到指示，并即刻与美国国务院联系。我曾警告美国国务院，如果继续进军，势必迫使中国采取行动，到那时将后悔莫及。当时，美国国务院认为我们东方国家只是说说而已。""自从你们起而抵抗以后，现在美国政府中甚至最反动的，也都承认他们做错了。"

当时的美国政府根本看不起新中国，完全不理会新中国领导人的警告，于1950年10月7日，再次操纵联合国通过了"统一"朝鲜的决议。10月9日，麦克阿瑟发出了向平壤进攻的命令。接着，又有大批美军越过了三八线，和平解决朝鲜问题的希望已最后破灭。彭德怀在回顾这段历史时说："美军一过三八线，我就知道不打不行了。"

10月8日，毛泽东发布组成中国人民志愿军入朝作战的命令，中国人民志愿军雄赳赳气昂昂跨过鸭绿江，一过江就予美国为首的所谓"联合国军"以重创。

中国通过联合国这个讲台对美国进行了揭露

中国派志愿军入朝支援朝鲜人民军作战，经过几次战役，沉重打击了所谓"联合国军"，同时也着手在国际上开展外交斗争，揭露美国的侵略行径，争取国际支持。可以说，当时新中国领导人开辟了两个战场，一个是军事斗争战场，一个是外交斗争战场。

前文说过，周恩来代表中国政府向联合国安理会控诉美国侵略台湾后，美国却反咬一口，向联合国控诉中国"侵略朝鲜"。联合国决定请当事国到联合国讨论此事。10月2日，联合国秘书长赖伊正式通知中国政府，同意由中国派代表到联合国大会和安理会上讨论"美国侵略台湾案"。毛泽东、周恩来和其他中央领导人商议后决定，组成新中国赴联合国大会代表团，由伍修权任特派代表（同时也是新中国赴联合国大会代表团团长），乔冠华任顾问，龚普生、安东、陈忠经、浦山、周砚、孙彪、王乃静为代表团成员，前往联合国，出席联合国大会和安理会。代表团组成后，周恩来以外长名义于10月23日致电联合国秘书长赖伊："中华人民共和国中央人民政府业已任命伍修权为大使衔特派代表，乔冠华为顾问，其他7人为特派代表之助理人员，共9人出席联合国安理会讨论中华人民共和国中央人民政府所提出控诉美国武装侵略台湾案的会议。"[①] 电文还提出，代表团成员均持有中华人民共和国外交护照，因中国与美国没有外交关系，特请赖伊帮助中国代表团成员办理赴美入境手续。不久，联合国就通知中国政府说，入境签证地点安排在捷克斯洛伐克首都布拉格，并从那里前往美国。

当时美国虽然能够操纵联合国，但请中国代表团来联合国讨论是联合国宪章规定的，美国也不好反对。这使新中国赴联合国大会的代表团得以成行。11月14日，中国代表团9名成员登上了飞往苏联的民航班机离开北京。11月20日，中国代表团飞抵布拉格，在布拉格办理了签证手续。11月23日，中国代表团由布拉格乘飞机经瑞士到达伦敦，之后又换

---

① 《新中国外交代表首次亮相联合国》，《湘潮》2011年第4期。

乘了英国海外航空公司的班机直飞纽约。11月24日，中国代表团飞抵纽约，苏联代表马立克和波兰、捷克斯洛伐克等国代表和联合国礼宾联络科长到机场欢迎。美国一些进步人士也到机场欢迎。伍修权在机场向各国记者发表了简短讲话，这个讲话的主旨，是表明新中国维护世界和平的原则和争取和平解决朝鲜战争问题的立场。他说："中美两国人民从来就存在着深厚的友谊。我愿趁这个机会，向爱好和平的美国人民致意。"中国代表团到达联合国后，受到世界各国政治家的格外关注，也成了美国以及世界各大报的要闻。但美国政府则对中国代表团十分反感，还操纵少数国家在联合国政治委员会上对中国代表出席会议进行阻挠。但埃及代表力主正义，表示：讨论有关某个国家的问题，让这个国家的代表出席会议，符合联合国宪章，并且已有先例，邀请中国代表团来联合国，也是顺理成章的事。经过激烈辩论，大会再次作出决议，重申了对中国的邀请，并立即通知了中国政府。周恩来外长随即复电说，中国代表团已在纽约，随时可以参加会议。

11月27日，伍修权和中国代表团其他成员在安理会主席的邀请下，首次出席了联合国政治委员会的会议。受到苏联代表和许多进步国家的欢迎。伍修权在联合国官员的引导下在写有"中华人民共和国"英文席卡的座位落座，这是新中国代表首次在联合国亮相，既使美国气恼和惊恐，也引起世界各国关注。会场上的记者和摄影师对着中国代表团成员又是照相又是拍纪录影片。第二天，世界各大报都发表了中国代表团出席联合国大会的照片。

11月28日下午，联合国安理会开始讨论中国提出的美国武装侵略台湾案。伍修权在安理会会议厅代表中国政府在会上发表了长篇演讲。他在揭露了美国派第七舰队侵入台湾并揭露了美国的阴谋是"为使台湾成为美国太平洋前线的总枢纽，用以控制自海参崴到新加坡的每一个亚洲海港"，把台湾当成美国的"不沉的航空母舰"之后，谴责美国侵略朝鲜。他代表中国政府向联合国安理会提出的三项建议中的第三项是：联合国安全理事会立即采取有效措施，使美国及其他外国军队一律撤出朝鲜，朝鲜内政由南北朝鲜人民自己解决，以和平方式处理朝鲜问题。①伍修权的演说，有力地揭露了美国在朝鲜的阴谋，震动了会场，当时全场鸦雀无声。美国代表十分被动。美国常驻联合国代表奥斯汀说，中国代表的发言使"我的政府感到不愉快……"杜勒斯表示：他当时"被一种悲哀的情绪支配着自己的感情"。相反，伍修权的演说受到社会主义阵营国家和爱好和平国家的赞成。他演说结束后，许多人上前同伍修权热烈握手，向中国代表团表示欢迎和祝愿。②

国内舆论也配合我们的外交斗争，伍修权在联合国发言不久的11月30日，《人民日报》和全国各报都用大字标题整版地刊登了伍修权在安理会上发言的有关消息和发言全文。《人民日报》发表的社论这样评论伍修权的发言："它与我国人民抗美援朝志愿部队在朝鲜前线的英勇作战，同是对于制止美国扩大侵略战争，与维护远东和平具有重大意义的举动。"③苏联和东欧各社会主义国家的报纸也发表社论和评论，高度评价伍修权在联合国的发言。

11月29日，安理会安排讨论美国诬蔑新中国的所谓"侵略朝鲜案"。美国企图借此把水搅浑，争取国际舆论。他们事先安排了南朝鲜的代表第一个发言，对此，中国代表团表示抗议，拒绝参加讨论。当蒋介石的代表蒋廷黻全部使用英语发言后，伍修权予以反击，并讽刺道："我怀疑这个发言的人是不是中国人，因为伟大的四万万七千五百万中国人民的语言他都不会讲。"④

11月30日，安理会继续就中国控诉"美国侵略台湾案"和美国的所谓"中国侵略朝鲜案"进行讨论。美国通过操纵表决机器，否决了中国代表关于谴责和制裁美国侵略者及美军从台湾和朝鲜撤退的提议。鉴于此，伍修权在安理会上再次发言，对美国侵略中国的历史进行有理有据的揭露。12月7日，联合国在美国的操纵下，将诽谤中国"侵略朝鲜"

---

① 《人民日报》1950年11月30日。
② 吴光祥：《中国在联合国控诉"美国侵略台湾案"始末》，《世纪风采》2010年第3期。
③ 《人民日报》1950年11月30日。
④ 吴光祥：《中国在联合国控诉"美国侵略台湾案"始末》，《世纪风采》2010年第3期。

的提案列入了联合国大会议程。12月15日和18日,在美国操纵下,联合国又分别通过了联合国大会和联合国大会政治委员会无限期休会的两项决定。这样,实际上就取消了中国利用联合国讲坛揭露美国侵略朝鲜和台湾的机会。在这种情况下,中国代表团只能把在联合国会场内的斗争转移到了会场外。12月16日下午,中国代表团举行了记者招待会。伍修权向各国记者发表讲话,对美国操纵联合国,拒绝了新中国政府的合理的和平的建议,表示坚决的反对和抗议。伍修权在讲话中再次揭露了美国侵略朝鲜和台湾的阴谋,并且对于美国政府操纵联合国,不让新中国政府代表团有继续发言的机会表示愤慨。伍修权讲话结束后,向各国记者散发了译成英文的发言稿。①

完成在联合国揭露美国侵略朝鲜阴谋的任务后,12月19日,中国代表团启程回国。离开美国前,中国代表团在纽约机场向报界发表声明说:我们为和平来到美国,虽然我们有利于和平的提案被美英统治集团加以拒绝,可是我们并不失望,我们将为和平继续奋斗。

1951年元旦,中国代表团回国。

中国代表团的这次联合国之行,在国际讲坛上公开揭露了美帝国主义者侵略朝鲜的罪行,阐明中国政府的立场和政策,意义重大,影响深远,在新中国外交史上写下了重重一笔。

中朝军队沉重打击美李军后迫使美国签订停战协议

中国人民志愿军入朝作战后,与朝鲜人民军一起,接连打了五次战役,予美李军队以沉重打击,美国军队和李承晚军队损失惨重。美国高层这才意识到,他们是不可能在朝鲜战场上取胜的,相反,可能会陷入朝鲜战争不能自拔,还可能削弱美国在欧洲与苏联对抗的力量。于是,美国想通过停战谈判,尽快结束这场战争。

1951年5月17日,杜鲁门批准了寻求用停战谈判办法从朝鲜脱身的

---

① 吴光祥:《中国在联合国控诉"美国侵略台湾案"始末》,《世纪风采》2010年第3期。

建议，但是，当时中美两国没有外交关系，也就没有正常的沟通信息的渠道。美国和朝鲜方面就更无法沟通了。为了向中国政府领导人和朝鲜政府领导人传递停战谈判的信息，美国政府通过非官方渠道，找到了苏联驻联合国大使雅可夫·马立克，说明了美国方面的意图。苏联方面把这一信息告诉了中国和朝鲜。1951年6月3日，金日成秘密来到北京与毛泽东会晤，他们商讨了可能到来的停战谈判问题。他们一致认为，谈判可以，但美国必须停火，把军队撤离三八线。毛泽东与金日成形成的这个意见，得到苏联方面的完全赞成。

但是，苏联政府只以中间传话人身份出现，主张美国和中国、朝鲜直接谈，这样，中国政府就走上了与美国直接谈判的外交斗争第一线。

6月25日，《人民日报》社论《朝鲜战争的一年》中传达了中国政府同意进行朝鲜停战谈判的信息。6月30日，联合国军总司令李奇微经广播电台向中朝军司令部发出希望举行停战谈判的信息。这样，双方都通过这种特殊方式决定坐下来谈判了。

毛泽东对这次谈判很重视，他把正在大连休养的周恩来召回北京，和他共同商定了谈判的原则。原则确定后，周恩来即开始工作。周恩来选定外交部第一副部长兼军委情报部部长李克农为一线谈判主要负责人。又指派对国际问题富有研究的乔冠华担任李克农的助手。李克农一行临行前，周恩来特别交代，要认真听取朝鲜方面的意见，尊重金日成的意见，要先见金日成，与他们共同确定谈判方案，达到中朝双方的完全一致。因此，李克农一行赴朝后就去会见金日成。金日成指定人民军最高司令部动员局局长金昌满少将以上校名义为中朝方首席联络官。中朝方面很快组成了谈判代表团。中国方面确定志愿军方面由邓华、解方参加谈判代表团。朝鲜方面指派人民军总参谋长兼第二军团长南日大将为朝中方面的首席代表，李相朝为代表。全世界都在关注这次谈判。

7月10日，朝鲜停战谈判开始。中朝军队在战场上取得了胜利，中朝方谈判代表出席停战谈判，腰杆子也硬。相反，美李军队在战场上接连失利，他们的谈判代表也心虚胆怯。当时留下的历史照片和纪录片充分表现了谈判双方代表不同的神态。

抗美援朝战争中的停战谈判

对于抗美援朝战争的胜利,人们往往重视军事斗争因素,而忽略了谈判的因素。实际上,停战谈判对于结束这场战争,以及战争的后果,都起到了相当重要的作用。毛泽东、周恩来等中共中央领导人从决策抗美援朝那一刻起,就预想过这场战争的多种结局,他们认为:"有迫使美国和我进行外交谈判之可能。"①周恩来从敌我双方情况分析,指出:中国出兵抗美援朝的军事战略目标,就是要使"外国军队必须退出朝鲜"。我们力争的是和平。"假如敌人知难而退,就可以在联合国内或联合国外谈判解决问题。"②果然,在中国人民志愿军予"联合国军"以沉重打击后,美国方面开始寻求谈判了。谈判并不简单,这是一场重大政治斗争。这场政治斗争,同样是以中朝方面取得胜利而告终的。

美李军队受到重创,不得不坐下来谈判

朝鲜战争一开始,美国狂妄得很,他们认为中国和北朝鲜的军事力量加起来也阻止不了美国军队向北进攻,占领朝鲜全部指日可待。但是,让他们想不到的是,中国人民志愿军和朝鲜人民军并肩作战,很快就使美国军队遭到惨败。到1950年底,中朝军队打退了"联合国军",并歼灭包括美军在内的一部分侵略军的精锐部队,在战场上取得优势。此时,

---

① 《毛泽东军事文集》第6卷,军事科学出版社、中央文献出版社1993年版,第107页。
② 《周恩来军事文选》第4卷,人民出版社1997年版,第76、92、94页。

印度联合 12 个国家出面调停，在联合国提出停战的议案。12 月 14 日，联合国大会通过了印度等 13 国提出的朝鲜停战议案。美国等国家却提出，朝鲜可停战，但不讨论朝鲜停战之外的任何问题。周恩来断定，这是美国的"政治试探和政治欺骗"[①]。毛泽东、周恩来作出决策：断然拒绝谈判，直到打痛美国为首的"联合国军"从而不得不谈判为止。1951 年春夏之间，中国人民志愿军发起第五次大规模战役，打得美国军队和李承晚军队损失惨重。中朝军队与美李军已处于均势，战场基本稳定。

第一至第五次战役，平均间隔是一至两个月，每次战役美军平均损失 2 万人。依据范弗里特发动的"快速前进"的进攻速度，那么美军连续不断地北进，需要发动 7 次大规模的攻势，还需要 6 个月的时间才能到达鸭绿江边。按一次战役再损失 2 万人计算，美军将再损失 14 万至 18 万人。从物资损失来讲，战争进行了一年，耗费美国的金钱已达 100 亿美元，以致 1951 年美国军费开支增加到 600 亿美元，这个数字意味着每个美国人平均需要负担 300 多美元的战争费用。战争中美军每月平均消耗的物资达 85 万吨，相当于美国援助北约一年半的物资总量。美国在朝鲜集中了全部陆军的 1/3，空军的 1/5，海军的 1/2，总兵力从战争开始时的 42 万人已增加到 70 万人。尽管这样，美国政府仍感到与中国军队作战中兵力不足。如果再打下去，美国主要军事力量将被迫放在东北亚地区，相应地，美国在欧洲的军事力量就会削弱。而当时美国的战略重点在欧洲。美国如果长期陷入朝鲜战争，既不符合美国利益，在军事上也将因受到东西两个战线的牵制而陷入被动。美国的战略预备队只剩下在日本的 2 个师、在朝鲜的 3 个师以及在美国本土的 6 个师，向朝鲜战场再派军队已不可能，而英、法等国均已明确表示，不再向朝鲜增派一兵一卒。

在同时代世界政治舞台上的政治家中，斯大林和毛泽东显然要比杜鲁门高明得多。朝鲜战争打响后，苏联并没有向远东调动重兵，中国也只是以志愿军的名义派出部分兵力赴朝作战，但以美国为首的西方世界却陷入了战争的泥潭。直到美国在朝鲜战场上遭到惨败，美国才认识到，

---

① 《周恩来军事文选》第 4 卷，人民出版社 1997 年版，第 105 页。

打这场战争对他们来说是不划算的。美国参谋长联席会议经过研究后认定美国在朝鲜占不到便宜。美国陆军副参谋长魏德迈说:"朝鲜战争是个无底洞,看不到联合国军有胜利的希望。"杜鲁门也认为,即使联合国军打到鸭绿江边,非但战争不能因此而结束,反而意味着更大规模的战争就要开始。特别是苏联人并没有公开卷入战争的迹象,这也成了杜鲁门最大的心病,使他对全力以赴投入朝鲜战场充满后顾之忧。对此,杜鲁门回忆说:在朝鲜战争过程中,"我从来没有忘记,美国的主要敌人是苏联,只要这个敌人还没有卷入战场而在幕后操纵,我们就决不会浪费自己的力量"。

急于从朝鲜战场脱身的美国主动寻求谈判

在战场上惨败的情况下,美国打算结束这场战争,急于从朝鲜战场脱身。结束这场战争的途径有两个:一个是通过战场取胜,达到预期目的后,结束战争;另一个是通过谈判来结束这场战争。第一个途径显然是不行了,中国人民志愿军赴朝作战后,"联合国军"节节败退,连在三八线顶住都很难,已经谈不上取胜了,而中国人民志愿军的阵地则坚如磐石。美国想从朝鲜战场脱身,出路只有一条,就是寻求谈判。4月5日,美军参谋长联席会议在一份备忘录中断定,"单靠军事行动"无法解决朝鲜战争。5月1日,美国国家安全委员会开会讨论了参谋长联席会议提出的备忘录,并根据备忘录精神提出了关于结束朝鲜战争的政策建议:一方面在朝鲜进行一定规模的军事行动,以便建立一条更有利的防线,同时,主要通过政治谈判,寻求停战。5月17日,杜鲁门批准了这项建议。

然而,美国想通过谈判结束战争却并不容易。为了向与美国没有外交关系的中国政府传递停战谈判的信息,美国方面费了好大的劲儿,用艾奇逊的话说:"我们就像猎狗一样到处寻找能和中国方面取得信息交流的线索。"[①] 但他们的劲儿是费了,效果却不佳。

---

① 《艾奇逊回忆录》下册,上海译文出版社1978年版,第407页。

万般无奈，美国政府只好求到了与他们处于对立状态的苏联。一开始，美国政府是通过非官方渠道与苏联沟通的，他们派人找到了苏联驻联合国大使雅可夫·马立克私下谈话，谈话中说明了美国方面的意图。苏联方面没有即时作出反应，而是把这一信息告诉了中国和朝鲜。1951年6月3日，金日成秘密来到北京与毛泽东会晤，他们商讨了可能到来的停战谈判问题。自然，毛泽东与金日成会谈的结果也很快反馈给苏联。6月5日，苏联方面就对美国政府表示：希望和平解决朝鲜问题，但由于苏联人没有直接卷入战争——因此任何解决途径都必须通过中国人和朝鲜人。6月23日，马立克在联合国新闻部举办的"和平的代价"广播节目中发表演说时，说了这样一段话："目前最尖锐的问题，朝鲜的武装冲突问题是能够解决的。而做到这一点，就必须各方有和平解决朝鲜问题的意愿。苏联人民认为，第一个步骤是交战双方应该谈判停火与休战，双方把军队撤离三八线。"这段话实际上算是苏联政府的正式表态。苏联政府的表态，实际上已经透露了中朝方面关于谈判的前提：停火。实际上也表明了苏联政府的立场。6月25日，中国也表态了，这一天的《人民日报》社论《朝鲜战争的一年》中有这样的文字："本月二十三日苏联驻联合国代表马立克发表广播演说，再一次提出了和平解决朝鲜问题的建议，我们中国人民完全赞同这个建议。这是给予美国的又一次考验，看它是否接受已往的教训，是否愿意和平解决朝鲜问题。"

美国人终于看到了通过谈判使自己从朝鲜脱身的希望。美国方面立即行动，并通过前方军事长官表示了谈判的意图。6月29日，美国国家安全委员会向李奇微发出如下指示：

"奉总统指示，你应在30日，星期六，东京时间上午8时经广播电台将下述文件向朝鲜共军司令发出，同时向新闻界发布：本人以联合国军总司令的资格，奉命与贵军谈判下列事项——因为我得知贵方可能希望举行一停战会议，以停止朝鲜的一切敌对行为及武装行动，并愿适当保证此停战协议的实施。我在贵方对本义的答复以后，将派出我方代表并提出会议的日期，以便与贵方代表会晤。我更提议此会议可在元山港一只丹麦伤兵船上举行。联合国军总司令李奇微。"

对美国方面的这一动向，中国和朝鲜立即作出积极反应。7月1日，金日成和彭德怀联名发出复电。复电也是通过广播发出的：

"联合国军总司令李奇微将军：你在6月30日关于和平谈判的声明收到了。我们受权向你声明，我们同意为举行关于停止军事行动，举行和平谈判，我们的代表和你们的代表会晤，会晤地点，我们建议在三八线上的开城地区。若你同意，我们的代表准备于1951年7月10日至15日和你的代表会晤。朝鲜人民军总司令金日成，中国人民志愿军司令员彭德怀。"

在战场上讨不到便宜的美国，很怕自己陷入朝鲜战场而失去欧洲这一重心，因此，他们对于谈判是迫不及待的。这从一件小事上可以看出来：本来，美国方面和李承晚当局都不愿意在开城谈判，因为这是中国人民志愿军控制区，但好不容易中朝方面同意谈判了，他们为了不让期待已久的谈判流产，也就勉强同意了。双方通过电文交换，达成了如下协议：（一）谈判地点：选定在三八线上的开城。（二）正式谈判日期：从1951年7月10日开始。（三）为安排双方代表第一天细节，双方各派联络官3人，翻译2人，于7月8日上午9时在开城举行预备会议。（四）应对方的要求，中方负责保证对方联络官及随行人员进入中方控制区后的行动安全。（五）双方代表团的车队前往开城赴会时，每辆车上均覆盖白旗一面，以便识别。

美国方面对这次谈判确定的基调是：限于军事谈判。他们认为，中国和朝鲜都不是他们承认的实体，不能涉及政治问题，例如台湾问题等。但事情不会以美国的意志为转移，中国和朝鲜都把维护本国核心利益放在首位。毛泽东一开始就把这次谈判看作全面的谈判，包括政治和军事。

毛泽东让周恩来主持谈判工作

这毕竟是新中国成立后第一次与以美国为首的西方敌对者进行的重要谈判，而且谈判关系朝鲜战争的结局，因此毛泽东对这次谈判很重视。

虽然中美没建交，美朝也没建交，但毛泽东必须按照全面的国家关系来设想这次谈判，因此，他在选择谈判主要负责人方面有自己的考虑。他选择周恩来主持这次谈判。毛泽东和周恩来共同商定了谈判的原则问题后，周恩来即开始工作。周恩来把谈判人员分成三线：一线是直接与美国及李承晚当局代表谈判的，二线是赴朝实地指挥谈判的不出面的负责同志，三线是周恩来为主的国内指导谈判方针大略的领导小组。周恩来考虑的我方谈判基本策略和目标是："先从结束朝鲜战争并保证能实现朝鲜境内的停火和休战入手。"[①]"如果朝鲜战争真结束了，那么我们便可进一步提出有关各方举行和平解决远东问题的谈判，当然这将是一个长期的斗争，但是和平的主动权将更加掌握在我们手中。"[②]考虑到谈判主要涉及军事，因此周恩来选定外交部第一副部长兼军委情报部部长李克农为一线谈判主要负责人，又指派对国际问题富有研究的乔冠华担任李克农的助手。李克农、乔冠华等一行临行前，周恩来对他们作了一次全面的工作指示，告诉他们："行于所当行，止于所不可止"，要注意把握好行和止的时机和分寸。[③]周恩来还特别交代，要认真听取朝鲜方面的意见，尊重金日成的意见，要先见金日成，与他们共同确定谈判方案，达到中朝双方的完全一致。因此，李克农一行赴朝后就要先见金日成，他们于7月6日晨抵达平壤东北约15公里的君子里。这是金日成指挥作战的地方，中国驻朝鲜大使倪志亮的住地也在附近。金日成早就得知中国谈判代表要到了，当天就等候在那里，李克农一行刚刚到达的当天上午，金日成就在他的办公地点接见了李克农、乔冠华，倪志亮、柴军武也在座。就在金日成接见李克农一行之前，他已经接到毛泽东的电报，毛泽东在电报中请金日成指派一名人民军的上校为首席联络官，另指派一名中校联络官，并指派柴军武以中校名义为志愿军联络官。这是因为李奇微来信中说他们所指定的三名联络官最高官阶的一人不超过上校。金日成也

---

① 《周恩来年谱（1949—1976）》上卷，中央文献出版社1997年版，第157页。
② 《建国以来周恩来文稿》第5册，中央文献出版社2018年版，第4页。
③ 唐蕊：《略论周恩来的谈判艺术——以抗美援朝战争谈判为例》，《党的文献》2018年第3期。

感觉到毛泽东对这次谈判十分重视，考虑得很细，当即指定人民军最高司令部动员局局长金昌满少将以上校名义为中朝方首席联络官，另派金一波为中校联络官。金昌满改名为张春山，柴军武改名为柴成文[①]（此后他一直使用柴成文的名字）。

中朝方面谈判的主要负责人确定后，还要组成谈判代表团，要派一些有经验的人参加。毛泽东让彭德怀在志愿军中选择。由彭德怀提名，中共中央同意，确定志愿军方面由邓华、解方参加谈判代表团。朝鲜方面，金日成指派人民军第二军团长南日为朝中方面的首席代表，李相朝为代表。因为当时还不知道对方究竟派几个代表前来，所以开始确定的中朝方代表仅有4人。

7月6日傍晚，中朝代表团的3名联络官及随员分乘3辆吉普车赶往开城，7日开始会同当地朝鲜党政组织选择会谈的地址、各方代表团住地和休息位置。考虑到市区房屋密集，不利于安全警卫，最后确定市区西北约两公里的来凤庄为谈判会址。

按照中朝双方的商议，中朝双方参加停战谈判的第一线仍是周恩来在国内就确定的李克农、乔冠华负责，朝鲜方面派出重要干部协助。在实际谈判中，李、乔二人对外都不出面，为了安全起见，按照习惯像一个"工作队"一样给他们规定代号，李克农称"李队长"，乔冠华称"乔指导员"。直接与美国和李承晚当局代表谈判的第一线谈判小组，中国方面派出邓华，朝鲜方面派出南日，二人同为负责人，谈判中相互密切配合，用一个声音说话。

美国和李承晚当局都对谈判没有诚意

美国政府的总方略是从朝鲜战场上脱身，但美国军方人士却另有想法，他们认为美国军队在第二次世界大战中有"光荣历史"，同时，美国军队无论是在训练上还是在武器装备上都是一流的，他们自认为是强

[①]《柴成文将军回忆朝鲜停战谈判》，《解放军报》2000年10月20日。

大的，因此，他们看不起武器装备落后的中国军队和朝鲜人民军。虽然在战场上他们遭到惨败，但他们并不甘心，想通过谈判捞到一点儿便宜，赚回一点儿面子。这注定了这次谈判的打打谈谈的特点。毛泽东和金日成都预料到了这一点，在这方面，二人可以说是不谋而合，因此，中朝方面对谈和打都早有准备。

美国在朝鲜的军队最高领导人李奇微在失败面前仍很狂妄，他从心里不赞成停战谈判。他认为，是他到朝鲜战场上重新为第八集团军树立了信心，并且是他把战线推进到三八线以北，他不愿意就这样把他的战功拱手让出。即使他已经得到国内关于谈判的指示，但依旧给参谋长联席会议打电报表达自己的看法，说"停火是完全不可能接受的"，他"拒绝停火，除非是受命而为"。作为美国为首的"联合国军"在朝鲜战场上的指挥官，李奇微主观地认为，美国军队绝对有打到鸭绿江边的实力，美国的空军、海军和装甲兵的力量能保障这一目的的实现，当然，这要付出巨大的人员伤亡和物资的代价。但是，李奇微是美国政府派出的将领，他不能不听美国政府的话，因此，有重大事情他必须请示，最后仍要遵照上方的指令行事。

谈判开始后，李奇微对参谋长联席会议说：他有"确凿证据"证明，对面的中国人"正在调兵遣将，准备决战"。他在发出愿意谈判电报的同时，也向所谓"联合国军"下达了注意不要松懈战斗意志的特别指示。

为了保持军事优势，美国空军以最大的努力增强了对志愿军后方供应线的轰炸，其轰炸的密集程度超过第二次世界大战中的任何一个时间段的任何一个地点。同时，朝鲜战场上的局部战斗从未间断，即使在双方已经达成开始谈判的协议时依旧在发生。战斗基本上是以争夺三八线以北、铁原附近的有利地形而展开的。

中朝方面在军事上早有准备。毛泽东在同周恩来商谈时就重复自己1945年重庆谈判时说的话："以革命的两手，对付反革命的两手。"在停战谈判开始前的7月2日，他指示志愿军："极力提高警惕，我第一线各军，必须准备对付在谈判前及谈判期内敌军可能对我来一次大的攻击，在后方，则举行大规模空炸，以期迫我订立城下之盟。如遇敌军大举进攻时，我军必须大举反攻，将其打败。"①

彭德怀深刻领会毛泽东的意图，他也早已经看透了美国与李承晚当局方面的用意。在谈判尚未开始时，彭德怀就对下级说过："要政治斗争与军事斗争双管齐下，使美帝国主义完全陷于被动。"根据毛泽东的指示，彭德怀明确向部队提出："打的坚决打，谈的耐心谈，必须树立持久战和积极防御的思想，绝不能对敌人停战谈判抱有幻想。"7月2日晚，彭德怀又电示各兵团、各军及人民军首长："敌虽急于求和，但不会改变其帝国主义侵略本质，可能玩弄种种花招与欺骗阴谋。我全军必须高度警惕，不准丝毫松懈。望转饬所属加紧备战工作，对进犯之敌予以沉重打击，须知惟有经过坚决激烈的斗争，才能换得和平，也惟有持久作战的充分准备，才能获得较速的胜利，望各级首长深刻体会，坚决执行之。"

在谈判到来之前，毛泽东和金日成都预计到朝鲜战争将转为持久战，中朝方面要为此做好准备，并且确定了打持久战、在持久战中贯彻积极防御的战略方针。志愿军司令部对这一方针是坚决贯彻执行的。谈判开始之前，志愿军党委就命令第一线部队立即开始利用朝鲜山多林密的有利地形，构筑坚固的防御阵地，以积极防御的手段大量杀伤敌人。当时志愿军党委确定在作战形式上改为"以运动防御与反击相结合的拉锯战形式，即积极防御与短促出击相结合的作战形式"。在作战指导思想上，毛泽东提出了"零敲牛皮糖"的新的战术思想，就是以打小歼灭战的方针：我军每一个军在一次作战中，"歼灭美、英、土军一个整营，至多两个整营，也就够了"②。这样，积小胜为大胜，逐渐消耗敌人的力量。

但是，毕竟是要开始停战谈判了，双方都有所克制，因此，谈判之前，大战的硝烟就淡了许多。停战谈判开始后，战场形势一度趋向缓和。双方只有小部队进行前哨战斗。美方的行动方针是：在谈判期间不实施大规模的军事行动，但根据谈判进展情况，如有需要，随时准备恢复全面攻势。中朝方面自然对此有所准备，并且早已经有了对付办法。因此，

---

① 《毛泽东文集》第6卷，人民出版社1999年版，第174页。
② 《毛泽东文集》第6卷，人民出版社1999年版，第172页。

双方都在调兵。"联合国军"在第一线共部署了14个师另两个团的兵力，与之相对抗，中朝军队在第一线共部署了11个军的兵力，双方为了争取政治上的主动和军事上的有利态势，都利用相对稳定的时机，积极进行作战准备。

美国和李承晚当局都在停战谈判问题上早就有拖延的打算。

美方从其全局战略上考虑，是要拖延停战谈判的。美国的战略分析家们认为，朝鲜战争打打停停，会吸住中国的力量，使中国共产党继续压住经济重建步伐，造成中国经济的困难。这种困难将在1952年达到顶峰。中国的经济困难将加重苏联负担，影响中苏关系。美国在军事上也断定，朝鲜战争打打停停，还会削弱中国共产党在其他地区用兵的能力，至少减轻大陆对台湾的军事压力。如朝鲜战争停止，中共会将军事重心南移，对台湾造成威胁。中国还会加强在边界以外地区的活动，尤其是向印度支那施加压力，并向港、澳、台、日、菲等国家和地区渗透。此外，美国还担心，如果在朝鲜过早地达成停战协议，英国将会因香港问题而向中国共产党妥协，不愿继续参加对华贸易控制，非共产党国家反对中国的联合阵线将发生分裂。根据这些看法，美国决策人断定，边谈边打和拖延停战谈判对美国最为有利。

李承晚当局原本就坚决反对停战。美国决定谈判后，李承晚也不积极，他多次表示，他"誓死不与共产党谈判"。另外，韩国政府还多次组织大规模的群众集会，他们喊出的口号是："打到北方去！"当谈判即将开始的时候，李承晚又于6月27日发表声明说："决不接受导致恐怖战争序曲的任何停战方案。"6月30日，他再次代表李承晚当局阐述了他们关于停战问题的立场：（1）中共军应全部撤走；（2）人民军应解除武装；（3）联合国应制止第三国援助朝鲜；（4）关于朝鲜问题的国际会议，应邀请李承晚当局的代表出席；（5）反对对李承晚当局主权及领土完整引起纠纷的任何决定或计划。李承晚的想法是：谈也可以，但他们要照样打。他仍在做打到鸭绿江边的梦。

中朝方面对于这场谈判做了认真准备。在一线的谈判组，在正式谈判开始前拟出了一个首次谈判发言稿传回请各首长审阅。1951年7月9

日,毛泽东仔细审阅了这份谈判发言稿之后,给李克农告金日成、彭德怀的电报中写道:"南日、邓华两个发言稿均可用。惟南日稿内称'愿意接受苏联驻联合国代表马立克先生的提议,并准备举行停战谈判',改为'愿意接受谈判',将'接受苏联'以下二十一个字删去,因为李奇微的声明在文字上并无愿意接受马立克提议的表示。"

由此可见,中朝方面也对谈判做好了多手准备,包括谈判破裂的准备。正是由于以上几个方面的原因,加上停战谈判涉及内容繁多,双方利益冲突尖锐,因此使得这次谈判旷日持久。朝鲜战争 2/3 的时间是在谈判中度过的。

停战谈判一开始双方各提议案

1951 年 7 月 10 日,朝鲜停战谈判开始了。谈判代表们到底是外交官,见面时并没有横眉冷对,但气氛却是很冷的。大家坐下后,美国和李承晚当局的首席代表乔埃抢先发言。他在强调谈判的重要性以后说,停战协定没有生效之前,战争仍在继续进行,延迟达成协议将会延长战斗,增大伤亡。像这样本来是一般意义的话,在这种场合,这个时候讲,总会被认为有点儿威胁的意思。乔埃在发言将要结束的时候提出:"我们谈判所讨论的范围仅仅限于有关韩境纯粹的军事问题,如果你方同意,请就此签字作为我们谈判的第一个协议。你同意吗?"

中朝方代表并不理会美方的问题,而是正面阐述自己的主张。朝鲜方面的谈判代表南日发言说,朝鲜人民历来主张,现在仍然主张朝鲜战争应该迅速结束,因此赞成苏联驻联合国代表马立克先生 6 月 23 日提出的建议,交战双方应该谈判停火与休战,并且双方把军队撤离三八线。接着他提出了三条原则建议:第一,在相互协议的基础上,双方同时下令停止一切敌对军事行动。他着重加了一句:"双方停火不但可以减少生命财产的损失,而且是扑灭朝鲜境内战火的第一步。"第二,确定三八线为军事分界线,双方武装部队应同时撤离三八线 10 公里,并于一定时限内完成以双方撤离的地区为非军事地带,这里的民政,恢复到 1950 年 6

月 25 日以前的原状。同时立即进行交换战俘的商谈。第三，应在尽可能短的时间内撤退一切外国军队。外国军队撤退了，朝鲜战争的停止与朝鲜问题的和平解决便有了基本保证。

接着是中国人民志愿军代表邓华发言。他说，商讨在公平合理的基础上实现的朝鲜境内停火与休战，这是和平解决朝鲜问题的重大一步。在朝鲜作战双方停火、确定三八线为双方军事分界线及撤退一切外国军队是符合朝鲜人民、中国人民以及全世界人民的愿望和要求的。中国人民志愿军完全支持南日将军所提出的三项原则建议。

中朝代表的发言合情合理，美国和李承晚当局方面抓不住什么，于是，他们迫不及待地抛出了他们预先准备的一份 9 项议程草案：（1）通过议程。（2）俘房营地点和准许国际红十字会代表前往访问。（3）会议所讨论之范围，只限于有关朝鲜半岛境内纯粹的军事问题。（4）停止朝鲜半岛境内武装部队之敌对及军事行动并商定保证敌对及军事行动不再发生之条款。（5）议定朝鲜半岛境内之非武装区域。（6）朝鲜半岛境内停战监督委员会之组织、权力及职司。（7）协议设立军事观察小组在朝鲜半岛境内视察之原则，该项小组隶属于停战监督委员会。（8）以上小组之组织及职司。（9）关于战俘之处理。

美国和李承晚当局方面提出议程草案，出乎中朝方面意料。中朝方面当然不能接受对方的草案，决定研究一下。会下，中朝代表紧急研究后认为，既然是双方对等的谈判，对方主张要个议程，中朝方不便反对，但我们可以自己提出另外的草案。紧急研究后形成意见后，请示二线、三线领导，得到同意。中朝代表在下午的会议上，也提出一个 5 项议程的对案：（1）通过议程。（2）以北纬 38 度线为双方停战的军事分界线，并设一非军事区，作为停战的基本条件。（3）撤退一切外国军队。（4）实现朝鲜停战的具体措施。（5）关于战俘的安排。中朝方面提出对案后，美国和李承晚当局方面也不好答复。于是，双方决定休会，第一天的会谈就这样结束了。

全世界都在关注这次会谈。会谈的情况很快就被世界各大通讯社所报道，其中尤其是苏联东欧的通讯社对南日提出的三项原则建议报道最多。而美方通讯社的报道则过于简单。这使西方记者极为不满，记者们向美方施加压力，他们认为美方发布的新闻过于简单，远不能满足新闻界人士的要求。但历来主张"新闻自由"的美国方面却一反常态，就是不发表更多的会谈内容。

美国和李承晚当局威胁退出谈判，中朝方不为所动

谈判双方各自提出了自己的议程草案。两个议程草案分歧明显。分歧较明显之处是：中朝方提出应把讨论撤退外国军队问题列入议程。而美方的发言，却首先提出了记者采访会议的问题，要求中方 12 日即容许 20 名记者前来开城进行采访。美国和李承晚当局抓住这个问题纠缠，这就出现了"记者问题"。

中朝方在这个问题上是通情达理的，会谈中表示，可以对美国和李承晚当局方面意见加以考虑，并于 12 日上午 6 时 3 刻通过联络官将中朝方考虑的结果告知对方：赞成贵我双方记者在适当时机前来开城进行采访活动，一俟停战谈判达成某项协议，我即欢迎记者前来。

但是，与中朝方相比，美国和李承晚当局却显得有些不讲理了。他们不管中朝方有没有正式答复，就派一个车队，载着 20 名记者和 65 名代表团人员，于 7 时 45 分开至开城东中方板门店防区。这种狂妄态度，理所当然被中朝方拒绝。中方派驻板门店联络人员当即告知对方：新闻记者采访问题尚未达成协议，我方不同意记者通过。但是美国和李承晚当局的态度却十分强硬，表示：谈判代表要么与记者一起进去，要么全部返回。中朝方当然又一次拒绝了美国和李承晚当局的无理要求，于是，美国和李承晚当局代表和记者全部返回。

这是一种威胁，意思是说：你们不让记者一同前来，谈判就中止了。但是，中朝方面不怕这个威胁，而是沉着应对，并不发表意见，也不主动退出谈判。美国和李承晚当局见此计不成，又主动来信联系了。信是乔埃写给南日的，信中说："（1）1951 年 7 月 12 日 9 时 30 分，载有我在会议地点所需人员沿汶山、开城路上行驶的我方汽车队，被贵方的武装卫兵拒

绝通过贵方岗哨。（2）我已命令这个车队驶回联合国军前线。（3）在接获贵方通知携带我所遴选的人员，其中包含我认为必需的新闻代表人员，将不受阻拦而到达会议地点时，我准备偕同我的代表团重来，并继续昨天休会的商谈。"这封信表明，美国和李承晚当局还是急于谈判的。

南日当即复函乔埃，信中说："（1）我们12日上午7时45分并未阻拦你的代表团前来开会。至于随车同来的新闻记者，因为双方并未达成协议，自然不能允许他们来谈判地区。你们的代表团因而拒绝到会，是没有道理的。（2）对于新闻记者及新闻代表人员采访问题，我们意见是：未得双方协议，任何一方的新闻记者与新闻代表人员，均不能进入谈判地区。（3）我们建议：今天上午9时（平壤时间）继续开会。"①中朝方仍然在记者问题上不让步。这也表明，中朝方无论是对战场上的打还是对开城的谈，都充满信心。

中朝方在记者问题上不让步，自有道理。当年参加谈判的柴成文在《板门店谈判》一书中写道："对于'记者问题'的敏感性，我们当时的认识是不够的。只想到谈判还没有任何结果，连议程都未统一起来，记者来采访没有必要。朝鲜停战谈判，是世界人民关注的一件大事，世界各大新闻机构都在争时间抢新闻，抢镜头，抢发搞，早发一分钟和迟发一分钟，新闻价值截然不同。在这种情况下对方的新闻代表不能进入开城，自然向对方代表团施加压力。引起对方抓'记者问题'的另一个原因，是谈判第一天上午中方确有一名摄影人员进到会场内拍摄过会谈的照片，虽当即被中朝方首席代表挥手出去了，但不管怎样，总是一方的记者照了，另一方的没照，在这种敏感的场合，也有伤美方的面子。"②

但是，美国和李承晚当局却抓住记者问题不放，立即把这个问题提交到了双方司令官一级，并且提到双方在会场区享受平等待遇的高度。7月

---

① 黎云：《板门店谈判始末》，《共产党员》2011年第17期。又见：柴成文、李鞍明：《板门店谈判》，解放军出版社1992年版。赵勇田、牛旻：《板门店谈判纪实》，重庆出版社2016年版。

② 黎云：《板门店谈判始末》，《共产党员》2011年第17期。又见：柴成文、李鞍明：《板门店谈判》，解放军出版社1992年版。赵勇田、牛旻：《板门店谈判纪实》，重庆出版社2016年版。

13 日,李奇微致函金日成、彭德怀称,6 月 30 日,他曾建议在丹麦伤兵船上会晤,因为那样可使双方都有同等的出入自由,包括属于任何一方的新闻记者这种人在内,这种地点可以有一种完全中立的气氛,不致有任何一方的武装部队在场而产生威胁的作用。当他接受以开城为会晤地点时,原以为开城能完全具备上述条件的。他说:7 月 8 日联络官会议上,他们曾建议沿着金川—开城—汶山公路建立一道 10 英里宽的中立区,双方武装部队让出开城,遭你方联络官拒绝……但自从谈判以来,事实证明双方的待遇是不平等的。最后他建议:划一个圆形地区为中立区,以开城的中心为圆心,半径为 5 英里,东面以板门桥为界。在整个会议期间,在中立区内不能从事任何敌对行动,会议区和对方代表团人员前往会场区所经过的公路不驻扎武装人员。并建议各方代表团在中立区内的人员总数构成完全应由该方司令官决定。并说:如果你方同意这些建议,目前休会即可终止,会议即可恢复,不致迟延,而且可望有所进展。①

李奇微实际上还是拿"记者问题"说事,还以停止谈判相要挟。

中朝方不怕美国和李承晚当局的要挟。金日成和彭德怀认真研究了李奇微的信,达成共同意见后复函李奇微说:"为了扫除在一些枝节问题上的误会和争论,使和平谈判工作得以顺利进行起见,我们同意你所提的将开城地区划为在会议进行期间的中立区,在此区域内双方停止任何敌对行动,及将武装人员完全摒除于会址区域及你我代表团通往会址区域的通路之外的建议。至于这个会址区的大小及其他有关的具体问题,我们建议交给双方代表团在一次会议上去解决。关于引起这次停会原因的新闻记者问题是和划中立区问题无关的。后一个问题自从 7 月 8 日贵方联络官提过一次之外,贵方的代表团再也没有提出过。而联络官的任务是讨论细节问题的,无权讨论像划分中立区这样性质的问题。此次引起停会原因的新闻记者问题是一个小问题,值不得为这个小问题引起停会,更加值不得为这个问题而引起会议的破裂。贵方代表团曾经在会议

---

① 黎云:《板门店谈判始末》,《共产党员》2011 年第 17 期。又见:柴成文、李鞍明:《板门店谈判》,解放军出版社 1992 年版。赵勇田、牛旻:《板门店谈判纪实》,重庆出版社 2016 年版。

上提出这个问题，我方代表团当时认为在会议还没有任何成就，并且连议程也没有通过的时候，各国新闻记者来到开城是不适宜的，这个问题因而没有取得协议。我们坚持一切问题必须由双方协议才能执行的原则，我们认为这个原则是公平的，无可辩驳的。新闻记者既然没有达成协议，就不应当由贵方一方片面地强制执行。为了不因这件小事而使会议陷于长期停顿或破裂起见，我们现在同意你的建议，即将贵方新闻记者20人作为你的代表团工作人员的一部分。我们已命令我方代表团在这个问题上也给贵方以便利。"[1]

由于美国和李承晚当局在记者问题上扯皮，使谈判中断了三天。三天之后，美国和李承晚当局方面沉不住气了，又提出继续谈议程问题。中朝方面自然同意，双方又走到谈判桌前继续讨论议程。至7月26日，双方终于达成了5项议程：（1）通过议程。（2）作为在朝鲜停止敌对行为的基本条件，确定双方军事分界线以建立非军事地区。（3）在朝鲜境内实现停火与休战的具体安排。包括监督停火休战条款实施机构的组成、权力与职司。（4）关于战俘的安排问题。（5）向双方有关各国政府建议事项。[2]

谈判中的核心问题是军事分界线怎么划

中朝方在谈判一开始，是坚持以美国为首的"联合国军"全部撤出朝鲜半岛的。毛泽东说："各国派兵到朝鲜是来作战的，不是来旅行的。"[3] 1951年7月17日，周恩来以毛泽东的名义给李克农发电报要求："应采取坚持的方针和态度，尤其对一切外国军队撤出朝鲜问题应再三说明，这是保证在朝鲜不再发生敌对行为的必要条件。"但美国方面发表

---

[1] 黎云：《板门店谈判始末》，《共产党员》2011年第17期。又见：柴成文、李鞍明：《板门店谈判》，解放军出版社1992年版。赵勇田、牛旻：《板门店谈判纪实》，重庆出版社2016年版。

[2] 黎云：《板门店谈判始末》，《共产党员》2011年第17期。又见：柴成文、李鞍明：《板门店谈判》，解放军出版社1992年版。赵勇田、牛旻：《板门店谈判纪实》，重庆出版社2016年版。

[3] 《建国以来毛泽东文稿》第2册，中央文献出版社1988年版，第422页。

声明，拒绝从朝鲜半岛撤军。毛泽东、周恩来、金日成分析了朝鲜战局，看到战争拖久了，敌人困难，我们在财政上也会出现危机，将敌人赶出朝鲜半岛，我们将付出巨大代价，而且"现在我们看不出这种可能"。因此，与其在朝鲜半岛打长期战，"不如不以撤兵为停战谈判必须立即解决的条件"，"保留对此问题的回旋余地"。① 因此，中朝方不再坚持"联合国军"全部撤出朝鲜半岛，作出了让步，为停战谈判开启了大门。接下来的谈判，就转入如何划军事分界线问题上了。

双方都希望停战，不再打了，但是，又都希望在自己获得政治和军事上最有利的条件下停战，都希望军事分界线的划分对自己有利。

本来，美国和李承晚当局方面一开始是确定沿三八线停火的，他们认为，这也就恢复了战前状态，达到了联合国的主要目的。美国国务卿艾奇逊也公开表示过愿在三八线解决争端。中朝方面也确定了以三八线为军事分界线停战的原则。7月26日，中朝方面提出了一个原则性建议：以三八线为停战分界线，双方各自后退5公里，建立非军事区，脱离接触。这件事情眼看就顺利解决了，不料此时美国和李承晚当局的军队将领又提出：以三八线为界，对"联合国军"的军事态势极为不利，不能以三八线为界。美国和李承晚当局方面的谈判代表接受了他们的意见，想在谈判桌上捞一点儿便宜，转脸就自我否定，提出不能以三八线为界了。他们说三八线只是一个纬度线，没有可以利用的地形，以此为军事分界线不利于建立防御阵地与部队的安全。在一次谈判会上，美李方谈判代表霍治② 说："如果以三八线为军事分界线，根据地形，我方在东线后撤之后难以重新攻取，而你方在西线后撤之后，则易于重新攻取。"对此，参加谈判的中方代表解方反问道："我们在这里到底是在讨论停止战争以和平解决朝鲜问题，还是在讨论停火一下再打更大的战争呢？"这一问，霍治哑口无言。

在谈判第三线的周恩来得知这一情况后，于7月28日在给李克农

---

① 《建国以来周恩来文稿》第5册，中央文献出版社1997年版，第16、27、28页。
② 霍治，全称亨利·霍治，当时为美国陆军少将。

的电报中指示:"必须坚持以'三八线'为军事分界线的主张,并以坚定不移的态度,驳回其无理要求,才能打破敌人以为我可以一让再让的错觉。"①中朝方一线谈判代表得到这个指示后,始终坚持以三八线为军事分界线,寸步不让。

美国和李承晚当局代表见此计不成,又生一计,由他们提出了一个方案:中朝部队在临津江以东从现有阵地后撤38—53公里,在临津江以西从现有阵地后撤约68公里,双方以此线为界实现停战。美国和李承晚当局提出这个建议,等于推翻了原来的意见,重新提出了一个停火分界线。如果这个方案被接受,等于美国和李承晚当局不经战斗就轻而易举地得到12000多平方公里的土地。对于美国和李承晚当局代表的这一方案,中朝方理所当然予以否定。双方在这个问题上僵持下来。8月10日下午双方关于军事分界线辩论的场面明显表现出这种僵持状态。会议开始时,中朝方面的首席代表南日重申了坚持以三八线为军事分界线的主张,而美国和李承晚当局方面则认为这是"老掉牙的论点"。南日发言后,乔埃竟拒不发言。南日强调了一句:"我们目前没有更多的东西要说。"乔埃也只说了一句:"我也没有什么要说的。"②

谈判双方都不说话了,南日嘴里叼着一支象牙烟嘴,怒视着乔埃。乔埃理亏,不敢与南日对视,只是手捧两腮,又玩弄着面前的两支铅笔。美国和李承晚当局方面其他人见乔埃不说话,他们也不说话,有的吸烟,有的用笔写着或画着什么。③

双方就这样静坐不说话达一个小时。柴成文见此情形,便轻轻地离开了会场,到百米远的"工作队"办公室向李克农汇报。李克农说:就这样坐下去。柴成文回到会场手写了"坐下去"三个字交给解方,解方

---

① 《周恩来军事文选》第4卷,人民出版社1997年版,第207页。
② 黎云:《板门店谈判始末》,《共产党员》2011年第17期。又见:柴成文、李鞍明:《板门店谈判》,解放军出版社1992年版。赵勇田、牛旻:《板门店谈判纪实》,重庆出版社2016年版。
③ 黎云:《板门店谈判始末》,《共产党员》2011年第17期。又见:柴成文、李鞍明:《板门店谈判》,解放军出版社1992年版。赵勇田、牛旻:《板门店谈判纪实》,重庆出版社2016年版。

看过又传给邓华，然后依次传下去。这可能是世界谈判史上的奇迹：双方就这样一直坐了2小时11分钟。①

最后，美国和李承晚当局代表沉不住气了。乔埃先说话了，他问南日："你还打算说些什么吗？"南日答道："目前我什么也不想说。"乔埃说："我建议休会，明天上午10时继续开会。"②

周恩来很快得知一线谈判的这一情况，指示我方谈判代表：要继续坚持，除非敌人准备破裂，否则，总要转弯的。③ 美方休会我也不怕，坚决拒绝乔埃的全部提议。④

新一轮战争较量，"联合国军"没讨到便宜

美国和李承晚当局见讨不到便宜，就建议将军事分界线问题转到小组会继续探索，理由是小组会比较灵活。中朝方接受了这个建议。8月15日，小组会继续讨论军事分界线问题，美国和李承晚当局由霍治、勃克出席，中朝方由李相朝、解方出席。

中朝方通过小组会才知道美国和李承晚当局的真实意图。他们总以为他们在三八线以北占的地方多，以三八线为界，他们似乎吃了亏，因此他们在这个问题上争得很厉害。小组会开了两天，结束后，志愿军谈判代表团于8月17日召开了一次党委会议，讨论军事分界线问题。就在这一天，传来周恩来的指示：可以不以三八线为界，如果在三八线南北附近依地形及军事形势画一条线，名字就叫军事分界线。⑤ 周恩来的这个指示，为我谈判代表打开了思路。经讨论，大家在会上确定的原则是：

---

① 黎云：《板门店谈判始末》，《共产党员》2011年第17期。又见：柴成文、李鞍明：《板门店谈判》，解放军出版社1992年版。赵勇田、牛旻：《板门店谈判纪实》，重庆出版社2016年版。
② 黎云：《板门店谈判始末》，《共产党员》2011年第17期。又见：柴成文、李鞍明：《板门店谈判》，解放军出版社1992年版。赵勇田、牛旻：《板门店谈判纪实》，重庆出版社2016年版。
③ 参见《周恩来军事文选》第4卷，人民出版社1997年版，第209—210页。
④ 参见《周恩来军事文选》第4卷，人民出版社1997年版，第117页。
⑤ 《周恩来年谱（1949—1976）》上卷，中央文献出版社1997年版，第172页。

在保证获得更实际的利益的前提下让一点步。后来,柴成文在他与李鞍明合著的《板门店谈判》(解放军出版社 1992 年出版)一书中叙述道:"这次讨论集中在实际接触线为军事分界线同以三八线为军事分界线的差别到底有多大?经过计算对比,一致认为在东线对方虽在三八线以北占的地方比西线我在三八线以南占的地方要多一些,但那里多是山区,交通不便,人口少,耕地不多。而西线我在三八线以南所占地区,从经济讲,那里多是平原,交通发达,人口多,产粮多,又有开城的高丽人参。从面积讲,瓮津半岛加上沿海岛屿,虽比东线略少一些,但保住了开城这个正在进行谈判的古都。从政治上讲,如以三八线为停战的军事分界线,停战后我再退出开城,从开城人们的心理讲并不有利。因此,无论从经济、面积还是政治上讲,以实际接触线为军事分界线对我并无不利。"

但这只是中方的意见,还要征求朝鲜方面的意见。会后,李克农又找南日、李相朝等朝鲜方面的代表商量,他们同意这个意见。于是,中朝代表团分头向两国最高领导人汇报了这个提议,毛泽东和金日成很快就批准了这个意见。

正在中朝方准备让步时,美国和李承晚当局反而自恃武器装备好,也觉得自己的兵力调配得很好了,便开始发起军事进攻。8 月 19 日,在谈判中立区,韩国军事人员枪杀了朝中方面军事警察姚庆祥,22 日,美国军用飞机轰炸了朝中方谈判代表团的住所,使停战谈判被迫中断。随后,美国和李承晚当局发起夏季攻势和秋季攻势。志愿军和朝鲜人民军立即予以反击。中朝军队并肩作战,顶住了美国和李承晚当局的军事进攻,予敌以重创。战场上,双方打了一个平手,美国和李承晚当局见在战场上讨不到便宜,又提议开始谈判。

周恩来指示:谈判可以,但美国和李承晚当局方面必须"先从结束朝鲜战争并保证能实现朝鲜境内的停火与休战入手"[①]。中朝方郑重表明这一原则后,美国和李承晚当局被迫停止军事行动。10 月 25 日,谈判重新

---

① 《周恩来年谱(1949—1976)》上卷,中央文献出版社 1997 年版,第 157 页。

开始。

10月24日,在谈判第三线的周恩来对停战方针作出具体指示:"我方在复会后的第一次会议上可主动提出双方可将原提议的分界线保留不谈,而各提一个双方可以接近并准备对方考虑的新分界线。如果对方仍坚持原来他所提的深入我方战线内的分界线而不同意各提一个可以接近的新分界线,在我们也不忙提出新的方案,看他几天再说。如果对方同意,我方即可提出依照现有战线加以调整的方案。照此方案与对方争论的结果,有可能达到在就地停战加以调整的现实基础上划定军事分界线的目的。"周恩来的指示为中朝方继续谈判指明了方向。

双方重新开始的谈判,气氛比以前要平和些。开始的几天,双方都在摸对方的底。试探之后,10月31日,中朝方提出了新的方案:就地停战,稍加调整,确定军事分界线。但美国和李承晚当局却故意找借口,提出种种疑难问题,这自然要争辩。经过双方反复争辩,11月10日,中朝方又提出一个新方案:(1)确定以双方实际接触线为军事分界线,并由此各退2公里,以建立非军事地区。(2)小组委员会应即根据上述原则校正现有实际接触线,以确定双方同意的现有实际接触线为军事分界线。并由此确定军事分界线两侧各2公里之线为非军事区的南北缘,划出非军事区。(3)小组委员会在停战协议全部商定后但尚未签字前必须按照双方实际接触线届时所发生的变化,对上述军事分界线与非军事区作相应的修改。美国方面的代表说,要把这个方案上报美国政府决策人。他们上报后,艾奇逊却不同意。

但此时美国的立场,已经引起了国际上一些国家的反对。11月19日,印度驻中国代办巴杰帕致电英国驻印专员称:中国的空军力量正在迅速增长,地面部队正将美军赶回三八线。他们提出沿目前军事接触线划分军事分界线是他们所能作出的"最大让步",表明了他们真诚希望停战。并宣称:"美国如错过这个机会或是将这视为中国的软弱,将是一个错误。"印度的基本思想是要求英国施加影响,促使美国接受中国的新方案。美国的主要盟国英、法等国也对美国维持战争局面的立场不感兴趣。艾奇逊形容他们说:"他们对朝鲜战争的热情已达到了无可再低的最低点。"他们尤其对美国"可能轰炸中国基地、封锁中国、贸易禁运"及重新武装日本感到害怕。此外，华盛顿军方从尽早摆脱朝鲜战争、移兵于欧洲的军事观点出发，也对国务院以划分军事分界线为由，无限期拖延停战谈判感到困惑。参谋长联席会议主席布莱德雷发牢骚说："我不知道我们为何要在开城问题上争吵不休，这对我们毫无意义。"他指示李奇微说，参谋长联席会议同意以目前战线为"最后分界线"。

在国际舆论发生不利于美国的变化的情况下，美国方面也不能不考虑接受中国的方案。17日，美国和李承晚当局代表初步表示接受中国的方案，但要加上有效期为30天的限制。中朝方见美国和李承晚当局有所松动，也作了让步，对此略作修正。22日，小组委员会就"作为在朝鲜停止敌对行为的基本条件，确定双方军事分界线以建立非军事地区"达成协议如下：

（1）以双方现有实际接触线为军事分界线，双方各由此线后退2公里以建立军事停战期间的非军事区。（2）如果停战协定在本协议批准后30天内已经签字，则不论双方实际接触线有何变化，该军事分界线及非军事区应不再予以变更；如果军事停战协议在本协议批准后30天之后签字，则应按将来双方实际接触线的变化修正上述军事分界线与非军事区。

23日，停战谈判双方代表对第二项议程达成正式协议。之后，双方参谋人员开始按照实际接触线的方位和坐标确定军事分界线并划出非军事区的南北缘。27日，协议经双方代表团会议通过。至此，双方在实质问题上总算取得了第一个协议。尽管这一协议费尽周折，但毕竟有了结果。

在战俘问题上双方各不让步

朝鲜战争经过一段时间后，双方都有一些战俘。原来中朝方面的谈判代表把这个问题看得简单了，认为已有国际公约和惯例的规定，按规定办就是了。但周恩来却从一开始就认为，美国会利用这个问题做文章的，因此，他预先就规定了谈判战俘问题的方案。1951年9月，"志愿军战斗英雄代表团"回国参加国庆观礼，周恩来曾专门召见代表团团长、志愿军政治部主任杜平，研究战俘交换问题，周恩来建议俘虏中的"外俘"由志愿军负责，"伪俘"由人民军负责。所谓"外俘"是指美、英等外国军队的被俘人员，"伪俘"是指李承晚军队的被俘人员。周恩来指示杜平回朝鲜时去见金日成，将上述建议同金日成商量。金日成得知周恩来的方案后，表示赞同周恩来的建议，让杜平与朝方负责战俘工作的张平山具体研究，拿出办法。

果然，美国开始在战俘问题上做文章了。他们早就有预谋，要在这个问题上刁难中朝方面。杜鲁门在10月29日明确表示，不赞成全部交换战俘，除非能以此换取中朝方面的重要妥协，而这些妥协靠其他方法是得不到的。美方态度理所当然被中朝方拒绝。1951年11月15日，周恩来为毛泽东起草给李克农等的电报，其中特别讲道："不要受敌人虚声恫吓的影响，不要束缚于被动的解释，而要主动地寻找敌人的矛盾和弱点，向敌人采取攻势，定能逼使敌人在这类问题上让步。""凡易为敌人所利用的语句和理由，你们应避免使用；凡提问题，必须设想对方各种可能的答复，如有不利于我的可能，就避免提出；凡能击中敌人要害的，可从各方面围绕这一个问题向敌人进攻，不要分散力量，扯得很远，反而暴露了自己的弱点。"①

12月11日下午，双方开始谈判战俘问题。中朝方的代表是柴成文和李相朝，美国与李承晚当局代表是美国海军少将李比和陆军上校希克曼。谈判是在一顶绿色帐篷内进行的。时值隆冬，尽管帐篷内炉火正旺，但仍使人感到明显的寒意，特别是双方代表都紧绷着面孔，更强化了谈判中的寒冷气氛。刚开始，双方代表碰面后还能相互点点头，但随着舌战的加剧，这仅有的一点儿礼仪也消失了，代之以相互的攻击和指责。

在战俘问题谈判中，中朝方面掌握的原则是：不急于说出双方被俘人员的数字，着重确定遣返战俘的原则、时间和手续，"反对敌人所提一对一换俘的原则而坚持我们有多少送多少即全部遣返的原则"。按此原则，会谈一开始，中朝方代表即提出停战以后迅速释放与遣返全部战俘

---

① 《建国以来周恩来文稿》第5册，中央文献出版社2018年版，第428、429页。

的原则。但美国和李承晚当局拒绝先讨论这种原则问题，坚持先交换有关战俘数字等材料，否则就拒绝讨论遣返战俘问题。

在这个问题上，周恩来指示：我们"既不怕和，也不怕战"，"不怕破裂，才能停战"。① 周恩来在为毛泽东起草的给金日成、李克农的电报中表示：不接受敌人挑拨性引诱性方案，准备谈判破裂，如谈判破裂，我们应决心与敌人战下去，"从敌人不得解决的战争中再转变目前的形势"②。

由于双方在这个问题上立场不同，因此争吵得很厉害。中朝方为了防止对方长期扣留战俘，主张首先确定全部遣返战俘的原则。而美国和李承晚当局方面自以为手中抓着东西，不怕中朝方不让步，因此态度很强硬。联合国军司令部发言人李维甚至对记者谈话时也公开说："联合国军不打算给共军以很大的人力，不愿把战俘释放回去。"但是，中朝方的态度也很坚决。毛泽东、周恩来坚定地表示：只有以不怕破裂的决心，才能迫使对方让步，绝对不能在不公平、不合理的条件下接受停战谈判的任何协议。我们只有做好迎接和平和准备战争的两手准备，才能争取主动，才能立于不败之地。③ 中朝方就是按此原则应对美国和李承晚当局的。双方僵持不下，这样，会谈就陷入了僵局。

还是美国和李承晚当局方面沉不住气了。16日，他们先退步了，明确表示放弃将红十字会访问作为先决条件，而只谈交换战俘材料，并说材料一经交换即进入遣返原则的讨论。中方代表立即把这一情况报告给毛泽东。17日，毛泽东致电李克农并告金日成、彭德怀："你们既已掌握了准备交换的全部外俘和伪俘的名单，同意你们在17日下午会议中答应对方先行交换俘房材料，并就材料的编制交换意见，以便18日正式交换全部材料。""材料交出后，敌人必有一番反宣传，我们应准备反击，并将外俘伪俘名单广播发表。"金日成、李克农都同意毛泽东的意见。于是，中朝方谈判代表在会谈时表示同意。双方在这个问题上终于靠近了一步。12月18日，双方交换战俘名单。美国和李承晚当局向中朝方交来一份

---

① 《周恩来军事文选》第4卷，人民出版社1997年版，第235页。
② 《周恩来年谱（1949—1976）》上卷，中央文献出版社1997年版，第250页。
③ 《周恩来军事文选》第4卷，人民出版社1997年版，第226页。

132474 人的战俘名单，中朝方向对方交出了一份 11511 人的名单。①

名单拿来后，双方代表都仔细看了，都对名单不满意。中朝方代表指出，对方交来的战俘名单只是用英文字母拼写的姓名和战俘番号，中朝战俘均没有中文和朝文姓名，更没有部队编号、职务、衔级，根本无法核对。而且交来的 132474 人的战俘名单，比对方所称战俘总数少 1456 人，比对方红十字委员会宣布并转交中朝方的战俘名单少 44205 人。中朝方代表质问对方：这些人到哪里去了？为什么不列入移交名单？美国和李承晚当局对名单不满意的理由是：美军"失踪"12000 多人，中朝方提出的美军战俘只有 3000 多人。美方据此向中朝方提出质询，要求中朝方面对 1058 名非朝鲜籍战俘作出交代，要求中朝方面对所提供的李承晚军队战俘数字与李承晚当局"官方档案中列为在战争中失踪的数字"不符给予"完全适当而满意的答复"。

其实，美国和李承晚当局方面这是故意刁难。中朝方自然予以驳斥，在驳斥中说明：726 人是在由前线送回战俘营途中由于飞机或炮火轰炸死亡，或在战俘营因病死亡，或在转运途中逃亡。另有 332 人正在清查中，希望对方提出名单来源。同时，中朝方代表谴责对方没有任何权利以失踪数字为依据提出战俘数字的要求。强调：释放战俘是我方一贯的政策，我方目前收容的战俘数字小于我方曾经俘获的你方人员的数字，这是很自然的。中朝方站在理上，美国和李承晚当局代表也就没有话说了，不得不同意进入下一阶段——讨论遣返战俘的原则。

关于遣返战俘原则，中朝方早就主张按照日内瓦公约关于战俘遣返的原则，有多少就交换多少，坚持全部交换。而美国与李承晚当局不同意这一原则。1952 年 1 月 2 日，他们拿出一个解决战俘问题的六点方案。这个方案的基本原则是"一对一"的交换。如果一方交换完了，战俘名额不够时，就用"平民"顶替，再不够就让这些无人交换的战俘宣誓"我以后不再参加战争了"，然后假释，让他们在对方的严密控制下"愿意到

---

① 黎云：《板门店谈判始末》，《共产党员》2011 年第 17 期。又见：柴成文、李鞍明：《板门店谈判》，解放军出版社 1992 年版。赵勇田、牛旻：《板门店谈判纪实》，重庆出版社 2016 年版。

哪就到哪"。美国与李承晚当局称这种方法为"自愿遣返"。中朝方认为，这一方法的实质是想扣留中朝方面十余万被俘人员，当然不能同意。①

为了打破僵局，中朝方于 3 月 27 日提出了一个关于遣返战俘的谅解方案：双方所收容的非朝鲜籍的战俘及原籍不在收容一方地区的朝鲜籍战俘应全部遣返，原籍在收容一方地区的朝鲜籍战俘，如本人愿意返回家乡，恢复和平生活，可不予遣返。这个谅解其实是一个让步。

但美国和李承晚当局却自认为他们在战场上还有优势，自傲得很，他们不同意中朝方的建议，而于 4 月 1 日另提出了这样的方案：每方所收容的一切战俘及被挽留平民，在 1950 年 6 月 25 日居住于收容一方地区者，除愿留原居住地者外，应予遣返；其他战俘，除不以强力即不愿遣返者，予以释放并使其定居于所选定之地点外应予遣返。遣返数字大约 7 万。

双方在谈判桌上斗争时，双方的战俘命运却很不同。美国和李承晚当局对战俘采取虐待政策。他们用毒打、虐杀等手段，强迫志愿军战俘刺字、写血书、打手印，表示"不愿遣返"。国民党特工还策动、布置扣留大批志愿军战俘的计划。志愿军战俘对此进行了坚决反抗，引起了战俘营内的冲突，后来竟酿成美军开枪，甚至动用坦克和空降兵屠杀战俘的严重事件。

谈判桌上的斗争仍在继续，而美国方面却发生了人事变化。1952 年 5 月，李奇微接替艾森豪威尔担任驻欧洲盟军司令，他在朝鲜的职位由克拉克担任。克拉克上任的同时，乔埃也离开了板门店的谈判桌，接替他的是哈里逊。

美国新上任的谈判首席代表哈里逊对于战俘谈判问题，设想了这样的方案：在军事上继续对中朝两国施加压力，而在表面上则作一点儿让步。对此，中朝方谈判代表只看到了谈判桌上的斗争，并没有看到战场上的整体斗争，还是毛泽东从整体上看到了这场不寻常的斗争。

---

① 黎云：《板门店谈判始末》，《共产党员》2011 年第 17 期。又见：柴成文、李鞍明：《板门店谈判》，解放军出版社 1992 年版。赵勇田、牛旻：《板门店谈判纪实》，重庆出版社 2016 年版。

哈里逊于 7 月 1 日表示，愿意"诚意地觅求停战，以终止朝鲜流血"。同时承认解决战俘遣返问题的方案，"必须是一个在合理的程度上适合双方要求的解决方案"。对哈里逊的表态，中朝方在重申了全部遣返战俘的立场以后，也表示在遣返战俘的人数上可以作些让步。7 月 13 日，美国和李承晚当局提出要先遣返 83000 名战俘，其中志愿军 6400 人。得到这一消息的中国赴朝谈判第二线负责人李克农立即向毛泽东、金日成和彭德怀报告说："这个总数比我们的估计高，离我们 9 万上下的底盘不远。很显然对方在会内不会再和我们在数字上讨价还价，因此继续争取数字已无意义。我们经过初步考虑，觉得必须走下一步：或者就 83000 数字和对方达成协议，不再进行非军事区共同访问；或者形式上不接受 83000。"第二天，李克农又报告说："我们继续研究了 83000 的对策……对方答应遣返人民军 76000，大体上人民军中好的分子皆已回来，不回来的可能大部分是那些敌人在仁川登陆后新参军的人。至于志愿军方面国民党特务是做了长期的工作的，这是对方扣留的重点。因此，我们考虑到这样一种可能：一方面 12000 对 83000 成交停战，另一方面则建议将未被遣返的 59000 交停委会或政治会议继续讨论解决。估计对方一般地是不愿意背上这个包袱的。"由于谈判不能达成协议，美国飞机对朝鲜方面进行狂轰滥炸，朝鲜方面有些受不了了，心情比较急。金日成就想接受这个提议，他于 14 日致电毛泽东，建议接受美国人的提议，尽快就停战问题达成协议。他明确讲，为了几万名战俘，朝鲜正在经受着巨大的损失，仅 7 月 11 日到 12 日夜，平壤居民就因为敌机的狂轰滥炸死伤了 6000 多人。

毛泽东高瞻远瞩。他接到报告后，经过思索，觉得敌人有新的阴谋，他与周恩来商量后，让周恩来继续了解情况，并让周恩来与中朝方谈判代表联系。当周恩来得知中朝方代表团倾向于接受对方提出的遣返战俘数字及构成后，即刻打电话给代表团：对方这个方案，我方绝对不能接受。15 日，毛泽东致电金日成并李克农：经我们两天考虑后认为，在敌人目前军事压力的情况下，接受敌人这一挑拨性、引诱性的并非真正让步的方案，对我极为不利。如果接受，敌人必将利用我方这一弱点，继续采取攻势,并启其扩大挑衅之念,必然是长他人志气,灭自己威风。

考虑到苏联在当时的地位和作用,以及苏联与朝鲜方面的关系,毛泽东决定把中方意见通告给斯大林。他在致斯大林的电报中说:美方提出83000人的遣返数字,其中遣返朝鲜人民军76600人,占应被遣返人数的68%,中国志愿军6400人,占应被遣返人数的32%。"两者比例极不相称。敌人企图以此来挑拨朝中人民的战斗团结。"斯大林支持毛泽东的立场,他于第二天复电毛泽东:"你们在和平谈判中所持的立场是完全正确的。"同一天,金日成也来电表示,经过慎重考虑,认为毛泽东对形势的分析是正确的。

谈判已经拖了很长时间了,到8月,其他一些问题都达成了协议,只有战俘问题没有结果,在这个问题上,双方各不让步。到10月8日,宣布无限期休会,谈判濒临破裂。在这种情况下,毛泽东沉着冷静,从容镇定,下定决心,决不让步,不怕拖延谈判,也不怕谈判破裂。

双方在战俘问题上达成妥协

朝鲜战争打了两年,美国政府也觉得打这场战争不符合自己的战略重点,美国人民也厌恶这场战争。美国的政客们认识到了这一点,在1952年总统选举时都打出了结束这场战争的招牌。参加竞选的艾森豪威尔在一次演说中表示:"如果我当选总统,我将亲自去朝鲜,判断那个国家的情况,并设法结束这场战争。"他的这句话赢得了美国选民的支持,使他顺利当选为第34任美国总统。艾森豪威尔在还未入主白宫时,便于12月2日按其大选时的诺言,由布莱德雷等人陪同,对南朝鲜作了为期三天的访问,再度重申了尽快解决朝鲜问题的决心。而结束这场战争的关键,是谈判中涉及的战俘问题,美国政府决心通过让步来解决这个问题。此时,国际红十字会的一项提议,给了他们重新提出这个问题的面子。12月13日,国际红十字会发出倡议,提议朝鲜战争双方在达成交换战俘协议以前,从人道主义立场出发,先行交换伤病战俘。美国方面经过一段时间的研究,决定利用这个机会打出恢复谈判的信号。第二年的2

月 22 日，联合国军总司令克拉克致函朝中联军领导人，提出了与国际红十字会相同的建议。

收到克拉克的信后，中、朝、苏三国领导人之间进行了沟通，而在此时，斯大林逝世了。斯大林是坚决主张抗击美国的，在苏共中央拥有最高权威，他逝世后，苏联最高决策机构在朝鲜问题上出现了新的动向，妥协倾向占了上风。莫洛托夫在苏共中央提出了一份立即在朝鲜停战的备忘录。备忘录认为，朝鲜战争拖延至今，给苏联以及中朝两国都造成了极大的负担，以往曾经有过几次实现停战的机会，但都没有引起足够的重视，这是一个错误。现在已经到了需要立即停止这场战争的时候了。莫洛托夫的提议迅速得到了苏联部长会议主席团的同意。根据这一文件起草的苏联政府致毛泽东和金日成的信提出：继续执行迄今为止推行的路线"是不正确的"，从中国、朝鲜和苏联三国的利益出发，应当在停止战争方面表现出一种"主动精神"，而主动精神的关键是表现在战俘谈判的让步上。据此，苏联方面提议：立即由金日成和彭德怀就联合国军司令克拉克 2 月 22 日发出的关于交换伤病战俘问题的呼吁，作出积极的回答。然后由周恩来和金日成分别发表声明，说明积极解决战俘问题，保证朝鲜停战和缔结和约的时机已经到来。

苏联政府态度的变化影响到了中朝态度。因为苏联是抗美援朝战争的有力支持者，志愿军可以与美国军队抗衡的先进武器装备大多来自苏联，空军支持力量主要也来自苏联，中朝方不考虑苏联的意见是不可能的。毛泽东虽然对苏联政府态度的变化感到吃惊，也很不满意，但既然在战俘谈判中让步能够利于结束这场战争，他也同意。毛泽东同周恩来商议，并和金日成商议后，中朝方决定：响应克拉克的建议。3 月 28 日，志愿军谈判代表将金日成、彭德怀致克拉克的信交给美国和李承晚当局谈判代表，信中写道："你方既然表示准备对双方收容下的伤病战俘实施日内瓦公约的规定，我方为表示同一愿望起见，完全同意你方所提出的关于在战争期间先行交换双方伤病战俘的建议。我们认为，关于在战争期间交换双方伤病战俘的问题的合理解决，应当使之引导到全部战俘问题的顺利解决，使全世界人民所渴望的朝鲜停战得以实现。因此，我方建议：双方谈判代表应即恢复在板门店的谈判，我方联络官并准备与你方联络官进行会晤，以商定恢复谈判的日期。"

此时，美国方面也急于从朝鲜战场脱身，无论美国士兵还是李承晚当局军队的士兵都有厌战情绪，见到中朝方有了积极反应，就像抓到了救命稻草。克拉克接到信后，立即让手下工作人员向中朝方表示愿意恢复谈判。双方都有此意，加上此前的原则大体已定，使恢复的谈判很顺利，4月11日，双方先就交换伤病战俘达成协议。4月20日，伤病战俘遣返工作在板门店开始，到5月3日结束。中朝方遣返美方伤病战俘684人，美国和李承晚当局遣返中朝方伤病战俘6670人。

有了好的开始，下边的工作也顺利了许多。但工作的进行也要先有上层的推动。毛泽东显然看到了这一点。早在双方就伤病战俘的交换进行谈判的1953年3月30日，周恩来就发表声明指出：为尽早实现停战，中朝政府共同研究后一致建议："谈判双方应保证在停战后立即遣返其所收容的一切坚持遣返的战俘，而将其余的战俘交中立国，以保证对他们的遣返问题的公正解决。"[①]第二天，金日成发表声明支持周恩来的新建议，随后，苏联外长莫洛托夫发表声明支持周恩来和金日成的主张。同时，在第七届联大政治委员会上，苏联代表团团长维辛斯基发表声明："苏联支持中华人民共和国和朝鲜民主主义人民共和国在这个问题上的崇高举动。""热烈支持关于恢复朝鲜谈判，以达成交换伤病战俘和解决全部战俘问题的协议，并从而解决朝鲜停战和缔结停战协定问题的建议。"对这个决定，周恩来解释说："本来按照美国政府所曾签字的一九四九年日内瓦公约，战争一旦停止，双方即应无条件地释放并遣返所有战俘。因此，这本来是很简单，而不应该成为问题的。但美国政府却无理由地以此拖延会议。""我们不想压倒双方，我们所要求的就是：公平与合理。"[②]

中朝两国政府的行动得到了国际上的肯定。4月18日，七届联大通过决议："希望病伤战俘的交换迅速完成，并希望在板门店的进一步谈判

[①] 《周恩来外交活动大事记》，世界知识出版社1993年版，第44页。
[②] 《周恩来传》下，中央文献出版社1998年版，第1041页。

导致在朝鲜早日实现停战，以符合联合国的原则和宗旨。"这个决议无疑对美国和李承晚当局形成了压力。美国方面决定走到谈判桌上来，但他们并不想马上让步，这样，4月26日恢复的停战谈判就不能不发生争论了。经过几天的争论，美国和李承晚当局也没有新的主张。5月7日，中朝方首先做出让步，在提出的新的8点建议中采纳了美方的主张，提议将不直接遣返的战俘继续留在原拘留地，交由双方同意建立的中立国遣返委员会接管。这个建议立即被记者在世界各大媒体上广泛宣传，得到了世界许多国家的欢迎，连美国的老盟友英国都表示：中朝方面的这个方案是一个"新的和平希望"。但美国和李承晚当局方面还想在战场上再讨一点便宜，一直拖着。中朝最高领导人早就料到了这一点，命令部队在战场上坚决反击。经过谈判桌上和战场上的反复交锋，美国和李承晚当局彻底认识到他们再也讨不到便宜了，才不得不罢手。5月25日，美方谈判代表表示：基本接受中朝方面的建议。

李承晚横生枝节，四方谈判变成三方谈判

不料，此时李承晚却横生枝节，在谈判中制造起矛盾来。

本来，李承晚就是美国政府扶持上台的，是个傀儡式的人物，战场上，他需要美国军队支撑，谈判中，也要由美国人拿主张。美国一开始还对李承晚当局表示一点儿尊重，谈判之前都与李承晚当局反复商量。但李承晚当局代表对美国方面的意见提出的疑问很多，却拿不出办法，最后还是照美国人的意见办。美国代表后来就不耐烦了。他们认为反正李承晚当局代表也不可能独立提出什么方案来，如果把美国方面提出的方案和决定过早地泄露给李承晚当局的人，会遭到他们的干扰，因此，尽量对他们保密，不再事先与李承晚当局商量，而是由美国单独作出有关停战谈判的决定，作出决定后，也不告诉李承晚当局的代表，只是在谈判开始之前几分钟，才同其领导人"会商"，实际上只是告诉他们一声。时间一长，李承晚不高兴了。他指示其代表要戒备美国人。战俘问题谈判有了积极成果时，李承晚看出了美国人要从朝鲜战场脱身的意图，

他担心美国为了早日停战，会"出卖"其利益，但是，他作为一个傀儡，只能仰美国人的鼻息，不好发作，只是指示李承晚当局的谈判代表，要想方设法早些得知美国有关谈判的决定。李承晚越是想了解，美国方面越是不告诉他们。有这样一件事：5月16日，美方建议休会3天，后又延续5天。这期间，美军代表飞赴东京，李承晚当局的军队代表崔德新为探得有关情况，也找借口一起飞往东京。在东京，他与美国代表密切联系，经常探问美国的谈判方案的决定，可是美国代表一丝口风也不露。直到5月24日晨，崔德新随美国代表返回汶山，竟对有关谈判的新决定一无所知，他觉得无法向李承晚交代，便询问克拉克。克拉克马上要与李承晚会谈了，却仍然告诉崔德新："现在尚无法奉告。"到汶山后，克拉克借口时间问题，将同李承晚的会谈推迟至25日上午10时。25日，哈里逊也把应在早晨8时举行的例行参谋会议，推迟至9时45分开始。而美国的新方案在11时的板门店谈判会上就要宣布。

李承晚当局的谈判代表把所经历的情况告诉李承晚时，李承晚内心十分恼怒，却不好发作。25日上午10时，克拉克与李承晚会谈。在李承晚面前，克拉克表面上十分谦和，但他在还差不到一个小时的时间里，才把美国方面要在板门店谈判中代表美国和李承晚当局方面宣布的决定告诉李承晚，还是伤了李承晚的自尊心。李承晚勃然大怒。他说："你们可以撤走所有的联合国部队，撤走所有经济援助。我们将决定我们自己的命运。我们不要求任何人为我们打仗。我们可能一开始就犯了错误，依赖外交来援助我们。很抱歉，在目前这种情况下，我不能向艾森豪威尔总统保证我的合作。"他警告克拉克说，一个不规定朝鲜统一的停战"是我的政府所不能接受的"。李承晚为了挽回自己的面子，在会谈之后立即找美国驻军最高将领，要求他布置所谓的"联合国军"和李承晚的军队一起，向鸭绿江进行一次全面的军事进攻。李承晚余怒未消，当晚举行记者招待会，会上他声嘶力竭地叫喊："我们要继续下去，如果必要的话，我们单独打下去！"李承晚的态度得到李承晚当局一些政客和某些舆论的支持，第二天，汉城各大报刊都登载了措辞激烈的社论，反对在朝鲜达成军事停战。在李承晚当局的导演下，在汉城、釜山等地还举行了反对停战的"群众示威"。

李承晚为了继续朝鲜战争，以便通过战争状态巩固自己的地位，捞到政治上的好处，也为了装出有一点儿"自主权"的样子，采取了反对停战的立场。为了表示对美国的抗议，李承晚令其谈判代表退出了谈判会议。直至朝鲜停战实现，李承晚当局的谈判代表再没有出席谈判，"四方谈判"实际上变成了"三方谈判"。

美国知道李承晚的地位是靠战争支撑的，但美国不能因为李承晚的地位而陷入亚洲，抛弃欧洲。美国是决计要从朝鲜脱身的。于是，美国人不理会李承晚的态度。他们不参加谈判，美国人就单独参加。中朝方也知道美国拥有决定权，李承晚到什么时候都要听美国人的，也就接受了美国人单独谈判的现实。6月8日，美方与中朝方代表团在板门店正式签订关于遣返战俘的协议，同时签订了《中立国遣返委员会的职权范围》的文件。长期阻碍朝鲜停战谈判进行的战俘遣返问题终于解决，美国的脱身政策可以实现了，而中朝方面也达到了预期目的，板门店出现了和平的曙光。

正在双方准备签字事宜时，不甘心丢脸的李承晚出来捣乱了。李承晚让下属发表声明，反对这个协议，他自己也多次出面声言："将继续单独战斗，直到达到目的为止。""不能接受如同对我们宣告死刑的停战协定。"他们捣乱的办法，就是由李承晚当局单方面搞所谓的"释放战俘"，实际上是假释放后，让战俘参加他们的军队。李承晚于6月7日让李承晚当局谈判代表崔德新、内务部长陈宪植和宪兵总司令元容德，具体研究实施这种策略的步骤，并决定由元容德专责办理。正当6月17日板门店谈判校正军事分界线的工作全部完成，准备于第二天由双方司令官签字停战时。李承晚急忙下令于17日午夜"释放战俘"。这立即引起了中朝方面的注意。双方中止签字，都在观察。到19日，李承晚当局将拘留在大邱、光州、论山、马山、峰山等战俘营人民军被俘人员27000余人全部"释放"，被"释放"的还有数十名志愿军被俘人员。李承晚当局的军队发言人直白地说，这些人将被编入南朝鲜武装部队中去。

李承晚当局的这一行动遭到全世界的谴责。采取中立态度的印度总理尼赫鲁的发言人 19 日说，这是一件"很遗憾而极其令人反对的事"，他并于 25 日致电联合国大会主席要求联合国召开特别紧急会议，讨论因李承晚当局释放战俘而引起的严重局势。李承晚当局的这种打算显然也不合西方价值观。美国的盟友——英国首相丘吉尔于 22 日宣读英国致李承晚当局的抗议照会，美国其他盟国的政府也纷纷向华盛顿提出抗议和质询。这使美国很被动，也对李承晚充满了怨恨。美国方面决定向中朝方面"解释"，同时向李承晚当局施压。艾森豪威尔给李承晚发出一份急电。在电报中他告诫李承晚："要是你坚持目前的行动方针，就无法使联合国军司令部继续同你一致行动，除非你准备立即毫不含糊地接受联合国军司令部的指挥，处理并结束目前的敌对行动，否则就将另行安排。因此，联合国军总司令已受权将根据你的决定而相应采取必要的步骤。"不久，美国国务卿杜勒斯又给李承晚发出一封措辞更为激烈的信，并通知他，助理国务卿沃尔特·罗伯逊将亲自前来与他商谈有关问题。

志愿军发起金城战役，予敌以沉重打击

李承晚当局单方面处理战俘的事件传到北京，毛泽东十分愤怒，当即指示中方谈判代表团："鉴于这种形势，我们必须在行动上有重大表示，方能配合形势，给敌方以充分压力，使类似事件不敢再度发生，并便于我方掌握主动。"毛泽东的意见得到了金日成的赞同。第二天，金日成、彭德怀致函克拉克，严厉要求立即追回全部被李承晚当局强迫扣留的中朝方面的被俘人员。金、彭在信中还质问对方：究竟联合国军司令部能否控制南朝鲜集团和它的军队？如果不能，那么朝鲜停战究竟包括不包括李承晚集团在内？如果不包括李承晚集团在内，则停战协定在南朝鲜的实施有何保障？中朝方谈判代表按照中朝最高领导人的意见，于 6 月 20 日提出谈判休会，直到美方作出保证再重开谈判。

就在这一天，已经到达平壤的彭德怀认真研究了朝鲜战争目前的全局，特别是研究了美国的政策、李承晚的态度、谈判与打仗的关系，决定推迟停战协定签字时间，在中止谈判时，应予李承晚当局的军队以沉

重打击。他于 26 日晚间致电毛泽东，提出了这一建议，还具体提出要再歼灭李承晚当局军队 1.5 万人。毛泽东复电，基本同意彭德怀的意见，指出：停战签字必须推迟，推迟至何时为宜，要看情况发展才能作出决定，再歼灭万余李承晚当局军队极为必要。

彭德怀就在朝鲜前线对打击李承晚军队的战役进行布置，志愿军司令部针对李承晚军队，调动重兵，准备从 6 月 25 日起，在宽达 200 余公里的正面开始此次作战，重创李承晚军队主力，特别是要重创其主力第二军和首都师。这就是著名的金城战役。

金城战役的准备工作全部做好之后，志愿军司令部一声令下，万门大炮一齐开火，短时间内即摧毁了李承晚当局军队的炮兵阵地。第二十兵团在第二十四军配合下，对金城以南敌军 4 个师的阵地发起进攻，一个小时内即全部突破李承晚军队 4 个师防守的正面 25 公里的阵地。打到 14 日黄昏，拉平了金城以南战线，向南最远推进 9.5 公里，重创李承晚军队。李承晚军主力第二军损失 7300 人，其首都师也遭到致命打击。接着，志愿军和人民军在坚守阵地的战斗中，以强大炮火和不断的攻势，持续予敌以打击，李承晚军队招架不住，只能依靠美国军队的支持。但美国军队也陷入挨打境地，自顾不暇，加上对李承晚的做法不满，作战也不积极，这就使美国和南朝鲜在战场上处于被动地位。此役，共歼灭"联合国军" 4.5 万多人。

毛泽东始终掌握着战争全局。他经过思考认为，从总体上讲，朝鲜战局已经定了，即在三八线一带停战，而美国要脱身，停战的大局也已经定了，他知道李承晚当局为了自己的政治利益而出来捣乱，才决定发起金城战役，再予李承晚军队以沉重打击，根本目的还是要促成谈判，因此，金城战役具有"惩罚性质"。打还是为了促谈。毛泽东指示，在金城战役准备及进行的过程中，也要与美国方面保持接触，以非正式方式继续谈判。

通过金城战役，美国政府认识到，朝中方面在战场上已经有了绝对的主动权，美国与李承晚军队在战场上占不到任何便宜。中朝方面在谈判中是不会让步的，如果不就此通过谈判结束战争的话，美国就会长期陷入朝鲜，这将严重损害美国的全球政治利益。但是，他们还不能抛弃李承晚。保留李承晚及其军事实力，可以抗拒中朝军队，也能够为美国挽回面子。他们制定了一个既要停战又要支持李承晚的"两全之策"，要停战；也要为李承晚当局保留驻朝鲜半岛的美国军队以支持李承晚当局的存在，用李承晚当局这块阵地抗拒朝鲜人民军。美国制定这一政策后，即派助理国务卿罗伯逊到汉城同李承晚谈判，再次实行安抚；另一方面在板门店向中朝方作出保证。罗伯逊与李承晚谈判后，李承晚并不放心，因为罗伯逊只是一个助理国务卿。不得已，艾森豪威尔只能亲自出面了，他在6月27日致李承晚的一份私人电报中答应说：不愿遣返的朝鲜战俘将被转移至非军事区，美国不能够单方面为政治会议规定一个时间限制，但是如果在90天之中一事无成的话，美国将会"考虑"退出的问题，美国将给予李承晚当局所要求的经济援助和军事援助。美国将愿意谈判一项双边防备条约。李承晚接到电报后感到，美国政府已经保证支持自己，自己的政治利益得到了，南朝鲜仍然可以存在，面子也保住了，便召见罗伯逊，向他表示："总统满足了我的所有要求。"罗伯逊也对李承晚回敬了一个不信任，要求他以书面形式表示自己的态度。李承晚惹不起罗伯逊，于7月9日以书面形式告知罗伯逊："虽然我不能签订停战协定，但是我们不会阻挠它，只要根据该协定采取的措施和行动不损害我们民族的生存。我将尽力在通过政治途径和平实现我们民族统一中全心全意地予以合作。"

朝鲜战争终于画上了休止符

李承晚态度明确了，美国人便着手进行下一步。他们决定主动认错后，提出恢复谈判，并在这次谈判中达成协议。6月29日，克拉克致电金日成、彭德怀，承认李承晚"释放战俘""是一个严重的事件"，并保证"联合国军与利害相关的各国政府将尽一切努力以取得大韩民国政府的合作"。意思是说，他们是可以约束李承晚的。但是，克拉克在电报中也透露了美国要在朝鲜半岛保留军队以支持李承晚当局的决定，在电报中说:"遇有必要之处,联合国军将尽其所能建立军事上的防御措施,以保证停战条款将被遵守。"

对于朝鲜战争之后的朝鲜半岛军事格局,毛泽东和金日成早有预料。他们从国际形势和远东军事格局以及中朝两国国家安全考虑,认为,在三八线一带停战,划定军事分界线,已经达到了打击美国,维护远东和平的目的。就此停战,正当其时。因此,毛泽东决定,同意恢复谈判,并对谈判作出具体指示:"此次复会后的谈判应分两个步骤进行。首先应讨论有关停战协定实施的各种保证,然后再谈签字前的准备工作……应表示在停战协定的实施保证尚未商妥前,无法进行签字准备工作。"①7月7日,金日成、彭德怀复函克拉克,同意双方代表团定期会晤。7月10日,休会20天后双方代表团在板门店复会。

中朝方在战场上取得了主动权,在谈判桌上的气也壮,中朝方谈判代表在恢复谈判一开始就向美国方面提出,美国方面必须就焦点停战问题做出具体保证。美国方面不得不接受这个意见,又不甘心,便一点一点地后退。从7月11日至16日,美方首席代表哈里逊,在谈判中陆续向中朝方做出了9项保证,其中包括:保证李承晚当局"将不以任何方式阻挠停战协定草案条款的实施";如果李承晚当局进行任何破坏停战的侵略行为时,联合国军将不予支持;如果李承晚的军队在停战后破坏停战协定,采取侵略行动,而朝中方面采取必要行动抵抗侵略,保卫停战时,联合国军仍保持停战状态,不给李承晚当局以任何支持,包括不给予装备和供应上的支持等。

中朝方谈判代表把美国方面陆续作出保证的情况及时报告给在北京关注谈判的毛泽东,也报告给金日成。毛泽东一贯倡导对敌斗争要"有理有利有节"的原则,他认为这样已经可以了,现在是实现停战,结束朝鲜战争的最好时机。他的意见得到了金日成的赞成,于是,中朝两国最高领导人以特殊的联系方式和最快的速度,作出了一个重大决定:就此与美国签订停战协议。

---

① 《建国以来毛泽东文稿》第4册,中央文献出版社1990年版,第272页。

7月19日，中朝方代表团将美方的上述保证公之于世。同时表示，尽管美方对部分问题的保证尚不能令中朝方面满意，但鉴于美方已作出了这些保证，中朝方面仍然愿意尽快讨论停战协定签字前的各种准备工作。在军事分界线问题上，中朝方提出，按原来讲的分界线划分并不合理，还要进行具体修订，同时提出了对中朝方十分有利的方案。在战场上的优势和主动，使中朝方谈判代表在谈判桌上的提议也极具分量。美国方面不得不接受中朝方的提议。双方派出军事地理专家到现场再次校正军事分界线，并于7月22日确定了最后军事分界线，制成图本呈报双方谈判代表。24日，双方谈判代表经过审议后，予以核准。双方决定：27日在板门店举行停战签字仪式。

7月27日，朝鲜战争停战协定的签字仪式在板门店举行，中朝方谈判代表在协定上签字后，把文本送到中国人民志愿军司令部和朝鲜人民军司令部签字，再分别送到彭德怀和金日成手上签字。美国方面的谈判代表签字后，最后送到了李奇微手上。李奇微感到了耻辱，但又不能不签字。签字后，他说：我是美国历史上第一个在没有取胜的战争协定上签字的将军。

朝鲜战争最终以中朝军队取得最后胜利而结束。

毛泽东形成和平解决台湾问题的构想

早在新中国开国之初到20世纪60年代,毛泽东就形成了解决台湾问题的基本构想。这个构想,为和平统一祖国奠定了思想基础,也是后来邓小平提出"一国两制"构想的先河。在纪念新中国成立70周年时,我们应该记住毛泽东的这个重大贡献。

毛泽东看出蒋介石不想分裂中国

毛泽东形成和平解放台湾的构想,是以他看出蒋介石不想分裂中国为开端的。

新中国刚刚成立时,毛泽东是打算用武力解放台湾的。按此打算,他亲自调动兵力,中国人民解放军精锐部队纷纷集结在福建沿海,刚刚建立的新中国海军将仅有的几艘舰艇也调往福建。炮兵中的重炮也大部分调往福建。此时,逃往台湾的蒋介石岌岌可危,每日惊惶失措,已经准备逃往国外。当时,中国人民解放军用武力解放台湾有必胜的把握,但就在此时,朝鲜战争爆发了。1950年,朝鲜战争爆发不久,美国即派第七舰队开入台湾海峡。6月27日,杜鲁门以共产党占领台湾将直接危及太平洋地区安全为由,公开抛出了"台湾地位未定论"。随后发生了第一次台海危机。

由于抗美援朝战争的需要,原来集结于南方的中国人民解放军精锐部队调往北方,加上美国向台湾海峡派出第七舰队后,使情况发生了变化。第一，国民党军队和美国海军联手，使他们在台湾海峡的海空防御能力发生了质的飞跃，如果中国人民解放军采用军事手段解放台湾，付出的代价将十分巨大，并且没有确胜把握。第二，在抗美援朝战争已经打响的情况下，我们如果再于台湾海峡作战，势必开辟两个战场，不能确保抗美援朝这一用兵重心。同时，我们的经济力和军力亦难以支撑。第三，台湾问题已经牵涉中美关系问题，而且更为重要的是，由于当时社会主义和资本主义两大阵营的对立，中美关系问题某种程度上又是国际问题。这三个直接结果，成倍地增加了我们武力解放台湾的难度。在抗美援朝战争胜负未决的情况下，刚刚建立不久的新中国政府不得不对武力解放台湾采取从缓的方针。在此背景下，台湾问题的发展出现了两个趋向：一个趋向是将海峡两岸的问题仍然置于中国人内部问题范围，在国共两党之间解决；另一个趋向是把台湾问题国际化，使之成为更大范围的国际性问题。后一个趋向，是以美国为首的反华势力促发并竭力争取的。中国争取的是第一个趋向，反对的是第二个趋向。

  当时的蒋介石处于一种矛盾心情。一方面，以他自己的兵力，不可能守住台湾，因此，他希望美国人帮助他守台湾，希望美国第七舰队这个"保护伞"能长期在台湾海峡存在。另一方面，他也看出美国人有分裂中国的阴谋，杜鲁门的"台湾地位未定论"就是他们分裂中国阴谋的一部分。因此，他在美国人抛出"台湾地位未定论"之前和他商谈此事时，一开始就没有表示同意。他在反复思考和权衡。最后，他下定决心，即使美国人从台湾海峡撤走第七舰队，自己也要坚持一个中国的立场。当美国人再次公开抛出"台湾地位未定论"时，蒋介石决定要公开表示自己维护中国统一的态度。6月28日，经蒋介石授权，国民党"外长"叶公超发表声明，一方面接受美国关于台湾防务的计划，另一方面明确表示：台湾是中国领土之一部分，仍为各国所公认，国民党接受美国防务计划，自不影响国民党维护中国领土完整之立场。他特意在声明中表示："台湾属于中国领土一部分。""中国对台湾拥有主权。"

  毛泽东看到叶公超这个声明后表示，蒋介石还有一点儿良心，他不想分裂中国，不想成为千古罪人。此时，毛泽东虽然没有放弃武力解放台湾的方针，但武力解放台湾的军事行动已经在实际上放置了下来。

第二次台海危机发生在 1955 年。1954 年 12 月，美台签署了针对大陆的"共同防御条约"。为了表示中国政府的强烈反对立场，打破美国使台湾海峡现状固定化的阴谋，毛泽东决定，给美蒋以一定打击。1955 年 1 月 18 日，中国人民解放军实施了新中国成立后首次陆海空三个军种协同作战，一举攻克了作为台湾门户的一江山岛。美蒋慌了手脚。他们一方面在台湾海峡增加兵力，布置抵抗中国人民解放军的进攻；另一方面也极力寻求国际上的"支持"。在这个过程中。美国和蒋介石各有各的打算。蒋介石寻求国际支持，是为了扩大自己的国际生存空间，多争取一些外援。而美国人则打算借此机会，把台湾从中国分裂出去，搞"两个中国"。美国人为了达到这个目的，搞了一个把台湾问题国际化的阴谋。美国总统艾森豪威尔急切呼吁通过联合国的斡旋"来停止中国沿海的战斗"。他们还搞了大量外交活动，想通过联合国的介入来实现海峡两岸的停火，把台湾问题，从中国一国之内的问题，变为必须经过联合国的国际问题。对于美国人的这个阴谋，蒋介石也心知肚明。他决定，不接受美国总统的这个"好意"，不能把台湾问题纳入联合国管辖。当年的 2 月 14 日，蒋介石在答中外记者问时说："在四千余年的中国历史上，虽间有卖国贼勾结敌寇叛乱之事，但中华民族不久终归于一统。"在维护祖国统一问题上，"汉贼不两立"，这也是中国人立身报国的基本立场。他还说：我"决不放弃收复大陆的神圣责任"。他强调，大陆和台湾皆为中国领土之一部分，不容割裂。

毛泽东看到蒋介石这个谈话材料后表示：在维护祖国统一问题上，蒋介石和美国人考虑的不一样。在毛泽东的决策下，中国政府也通过外交努力，争取到了苏联和东欧一些国家对我国台湾问题立场的支持，挫败了美国人企图把台湾问题国际化的阴谋。

在此情况下，毛泽东把解决台湾问题的方略，从原来的"一手"（即武力解放），转为"两手"（武力解放与和平解决）。1955 年 4 月 25 日，周恩来在万隆会见黎巴嫩驻美国大使马立克时说，台湾问题，"让我们和平地解决它，让我们谈判"①。5月12日，周恩来在中南海西花厅与印度驻联合国首席代表梅农举行会谈时说："中国从来没有说不同蒋介石谈判，在4月23日八国代表团长会议上，我们曾说愿意同蒋介石谈。这一点我们还没有公开讲，在适当的时机我们是会宣传的。停火是中国中央人民政府同蒋介石集团之间的问题，应该由这两方面直接谈判，这种谈判同中美之间的国际谈判在性质上是不同的。"②5月13日，周恩来在全国人民代表大会常务委员会第十五次扩大会议上作关于亚非会议的报告时，代表中国政府郑重表示：中国人民解放台湾是中国的内政问题。解放台湾有两种可能的方式，即用战争方式和和平的方式。中国人民愿意在可能的条件下，争取用和平的方式解放台湾。这是周恩来代表中国政府首次表示可以和平方式解决台湾问题。1956年6月28日，周恩来在第一届全国人民代表大会第三次会议上又重申：中国人民解放台湾有两种可能的方式，即战争的方式和和平的方式，中国人民愿意在可能的条件下，争取用和平的方式解放台湾。在这次讲话中，周恩来代表中国政府正式表示了我党和我国人民愿意同台湾当局协商和平解放台湾的具体步骤和条件，并且希望台湾当局在他们认为适当的时机，派遣代表到北京或者其他适当的地点，同我们开始这种商谈。③为了早日实现祖国完全统一，他再次宣布：爱国不分先后，不管过去犯过多大罪过，都本着"爱国一家"的原则，采取既往不咎的态度。他欢迎国民党军政人员为和平解放台湾发挥重要作用，并希望他们回大陆省亲、探友、通讯，中央人民政府准备给予各种方便和协助。④

第三次台海危机发生在1958年。在这一年的6月、7月、8月三个月里，蒋介石频繁派特务、海军骚扰大陆，而当时由于发生了"中东事件"，美国把主要注意力和军事力量投入到了中东地区。为了打击蒋介石骚扰大陆的活动，毛泽东于8月17日作出了炮击金门的决策。从8月23

---

① 《周恩来外交活动大事记》，世界知识出版社1993年版，第107页。
② 《周恩来外交活动大事记》，世界知识出版社1993年版，第111页。
③ 《周恩来外交活动大事记》，世界知识出版社1993年版，第152页。
④ 《周恩来外交活动大事记》，世界知识出版社1993年版，第152页。

日起，中国人民解放军部队一连三天对金门实施了连续大火力炮击，给予国民党守岛部队以沉重打击。接着又多次集中炮兵火力轰击金门。突然而猛烈的炮击，使蒋介石和美国人都十分惊慌。蒋介石急忙向美国人求援。美国总统也搞不清中国人民解放军炮击金门的真实意图，急忙从地中海、美国西海岸、菲律宾调来第六舰队的大量兵力，帮助蒋介石守卫金门。

美国人以为他们帮助蒋介石守金门有功，加上中国人民解放军炮击金门造成的声势使蒋介石害怕，觉得这是压迫蒋介石搞"台湾独立"、分裂中国的一个好时机，于是，他们抛出了一个"划峡而治"方案。9月30日，美国国务卿杜勒斯在记者招待会上说，如果中共愿意在台湾海峡地区停火，美国可以劝说蒋介石撤出金门、马祖。十分明显，美国人是想在台湾海峡划一条永久停火线，以此来实现"划峡而治"，接下来搞"两个中国"就方便了。但是，美国人万万没有想到，他们的这一打算，毛泽东和蒋介石都看穿了，国共双方都坚决反对美国这一主张。蒋介石对美国人表示，他决不从金门、马祖撤军。而且就在9月30日杜勒斯发表讲话当天，蒋介石专门接见美联社的记者，对他们说："假如杜勒斯先生真的说了那句话"，那也"只是片面的声明"，我"没有任何义务来遵守它"。

毛泽东认为蒋介石的这个谈话，表明他还是要维护中国统一的。后来毛泽东在《告台湾同胞书》中特意向蒋介石说了这样的话：美国人是靠不住的。

毛泽东说：台湾还是蒋介石当"总统"好

20世纪50年代末，在美国的干预下，台湾政坛出现了一个奇怪的现象——在本来是实行专制统治的国民党的眼皮下，出现了一种特殊情况：台湾有些人，包括国民党内部一些人，也打出了"民主选举"的旗号，要竞选"总统"。原来，这背后有美国人的阴谋。

美国人见蒋介石对美国搞"两个中国"不配合，不太听他们的话，就打算把蒋介石换掉，让另外一个更听美国人话的人来当"总统"。美国人为什么敢于在台湾这样搞？原因在于：在三次台海危机中，美国人确实在军事上支持了蒋介石，而在此过程中，蒋介石要防卫台湾也必须要依靠美国人，对美国军队产生了一定的依赖性，美国人这样搞，蒋介石也不敢公开反对，更不敢镇压美国人支持的所谓"民主派"。所以美国人才有胆量也能够放手投入一部分财力在台湾搞"民主选举总统"。美国人的想法是，即使搞不掉蒋介石，通过这一举动，也会在台湾形成一种对蒋实行制约的政治力量。

在美国人的活动下，台湾政坛上出现了推举"总统"候选人的活动。有人推举陈诚竞选"总统"，也有人推举胡适竞选"总统"。胡适明显是个亲美派头子，但他是个文人，没有从政经验，在台湾被选上"总统"的可能性不大。于是，美国人就全力支持陈诚竞选"总统"。这也是有原因的。因为陈诚与蒋介石关系最好，蒋介石一直把他当作自己的亲信看待。陈诚也十分忠于蒋介石。美国人推举陈诚竞选"总统"，蒋介石放心。此外，陈诚与美国人的关系也十分好，陈诚在与美国军队"协防台湾"的过程中，长期与美国人打交道，美国人对陈诚印象很好，陈诚也对美国表示了十分友好的态度。陈诚本人也多次"访问美国"，在争取美国人的支持方面做了不少工作。可以说，陈诚是美国人和蒋介石都看好的人物。美国人支持陈诚竞选，是为了让陈诚当选"总统"后，在政治上实现一种过渡，让蒋放弃权力，他们也就便于挟持陈诚搞"两个中国"了。但是，蒋介石虽然对陈诚有好感，但对美国人搞的这一套阴谋也看得很清楚。他表面上也说同意搞"民主竞选"，但实际上从来就不打算放弃权力。

在到底谁会当选台湾"总统"问题上，大陆的共产党也起着重要作用。这里面的原因有二：一是中国人民解放军在炮击金门后一再表示，美国人才是中国人的共同敌人。如果美国人推举出来的"总统"不合共产党的心意，那么，大陆随时会实施武力攻台，虽然大陆当时武力解放台湾的军力不足，但武力攻台将会封锁台湾海峡，并使台湾经济和社会秩序陷入混乱之中。二是此时大陆已经有了一定的国际声望，在外交工作上也打开了局面。不光是苏联和东欧各国承认和支持新中国，亚非拉许多国家也承认和支持新中国，中国大陆的政治影响，决定着未来台湾所谓民选"总统"到底能否顺利执政。

正当此时，毛泽东表示了这样的态度：在台湾，还是蒋介石当"总统"好。他在一次接见外宾时说了这样的话：台湾是蒋介石当总统好还是胡适好、还是陈诚好，我看还是蒋介石好。但是国际活动场合，有他我们不去，至于当总统还是他好……十年、二十年会起变化，给他饭吃，可以给他一点兵，让他去搞特务，搞三民主义，历史上凡是不应当否定的，都要作恰当的估计，不能否定一切。

毛泽东的这个话十分明确，我们共产党只希望蒋介石在台湾当"总统"，别的人当，我们是不允许的，而且，只要是蒋介石当台湾的"总统"，我们就会给他一定的国际活动空间，"国际活动场合，有他我们不去"。不仅如此，还要让蒋介石在台湾当"总统"当得"稳"，"给他一点兵"。

毛泽东是特意在外宾面前讲这些话的，这些话也确实造成了很大国际影响。后来，蒋介石能够在所谓"总统选举"中获胜，再次当上所谓"总统"，与毛泽东特意讲这些话，给他以一定程度上的支持，是有关系的。

毛泽东和蒋介石派人互相沟通

由于毛泽东与蒋介石都反对分裂祖国，在挫败美国人搞"两个中国"阴谋问题上，配合也算默契，因此，蒋介石有了与毛泽东建立特殊联系的打算。当时，毛泽东也正想争取蒋介石，以便实现台湾和平解放，愿意与蒋介石沟通。这种联系实际上从20世纪50年代中期开始后，一直持续到60年代中期。这种联系，是周恩来于1956年3月16日在接见李济深前卫士长马坤时开的头。当时，周恩来请马坤给蒋介石传话。"首先，你可以向他们说，蒋介石是我们的老朋友，他认识毛泽东，也认识我。我们同他合作过两次。"[①] "内战虽然还没有结束，但是我们从来没有

---

① 《周恩来外交活动大事记》，世界知识出版社1993年版，第141页。

把和谈的门关死。任何和谈的机会，我们都欢迎，我们是主张和谈的。"①当马坤说蒋介石不愿意放下枪和剑时，周恩来说："那不要紧。他还在台湾，枪也在他手里，他可以保住。主要是使台湾归还祖国，成为祖国的一个组成部分。这就是一件好事。如果他做了这件事，他就可以取得中国人民的谅解和尊重，而这件事也会象你所说的那样载入历史。"②后来，马坤向蒋介石转达了周恩来的话，蒋介石听了这个话没有表态，但他是想早日与中共方面沟通的。这一点从他努力寻找能够实现双方沟通的中间人中可以看出来。这个人终于被找到了，他就是曹聚仁。

曹聚仁是个有一定政治活动能力的文化人，过去与共产党和国民党的上层人物都有密切接触。但曹聚仁在当时中国文化人中威信并不高。中国大陆的著名文人聂绀弩、黄药眠都骂过曹。大陆有人把他与汪精卫相比，有人认为他是国民党的暗探。国民党方面的胡适也骂他为"妄人"。但是他在政治活动中却是一个"高手"，与共产党和国民党两方面都有接触，两方面都把他奉为上宾。他本人对国共两党也表示一种不偏不倚的态度。正是因为这个关系，他在中国共产党解放大陆时，没有留在大陆为新中国政权工作，但他也没有跑到台湾去为国民党政权工作，而是跑到了香港。他自己说，他这样做，是对中共的城市政策感到"惊疑"，对国民党的腐败也很不满，于是想做一个"不在此山中"的观察者。

当蒋介石有了与毛泽东接触的打算时，就想到了曹聚仁这个人。蒋介石想到：曹聚仁过去与中国共产党领导人有密切接触，与毛泽东、周恩来有过多次交谈，建立了个人之间的友谊。20世纪50年代前期，曹还在香港写了不少为共产党说好话的文章在报刊上发表。另外，曹聚仁又与蒋经国有很深的交情。蒋经国在赣南时，曹为蒋经国办过《正气日报》，二人成为挚友。国民党要员邵力子又是曹的"恩师"。因此，曹聚仁是个两方面都能说上话，又在两方面都有一定信任度的人。蒋介石决定选曹聚仁当他与毛泽东沟通的中间人。他决定由蒋经国出面，先见一

---

① 《周恩来外交活动大事记》，世界知识出版社1993年版，第141页。
② 《周恩来外交活动大事记》，世界知识出版社1993年版，第141页。

见曹聚仁。

按照蒋介石的"旨意",蒋经国于20世纪50年代中期两次找曹聚仁。一次是蒋经国秘密派一艘小型军舰,到香港把曹接到台湾,与曹密谈如何由曹出面建立国民党与共产党的沟通渠道的问题。一次是蒋经国自己亲自坐一艘小型军舰专程到香港找曹聚仁,与他再次商谈如何与共产党沟通的问题。曹聚仁答应接受蒋介石的委托后,蒋介石就请曹去台北与他面谈。蒋介石、蒋经国在阳明公园会见了曹聚仁。会见中,蒋介石向他表达了自己愿意与大陆沟通的愿望,同时告诉曹:"你此番去大陆一定要摸清大陆方面的真实意图。"

曹聚仁接受了蒋介石和蒋经国的委托,于1956年7月进入大陆,到达北京。7月16日,周恩来在颐和园接见了曹聚仁。周恩来在听了曹介绍的蒋介石的意愿之后,提出了实现"第三次国共合作"的方针。周恩来说,第三次国共合作的目的,就是实现祖国统一。对于台湾,"只要政权统一,其他问题都可以坐下来共同商量安排的"。10月3日下午,毛泽东在中南海颐年堂接见了曹聚仁,对国共第三次合作问题,提出了许多建设性的打算,谈话中,毛泽东表示:蒋介石在中国现代史中起的积极作用是应该肯定的。毛泽东还让曹聚仁到各处去多走走多看看。第二天,周恩来宴请曹聚仁时也嘱咐他可以到处走,愿意看什么都行,并且告诉他,今后你就是大陆的常客,什么时候都可以来。

此后曹聚仁多次往返于大陆与台湾之间,为国共两党的沟通而奔忙。曹聚仁每次到大陆,都与共产党高层领导人接触。毛泽东、周恩来都多次与曹聚仁秘密谈话。在谈话中,毛泽东和周恩来都表示了和平解决台湾问题的意图,并且答应和平解决台湾问题后,给蒋介石以优厚的条件和待遇。曹也在返回香港后转道台湾,直接与蒋氏父子见面,转告中共方面特别是毛泽东、周恩来的意见,同时与蒋介石商谈。实际上曹聚仁已经成了毛泽东与蒋介石间接接触的一个重要人物。

经过多次沟通,国共双方在一些重要问题上已经有了一些共识。比如,国共两党都坚持一个中国,都维护祖国统一。这就是双方的共识之一。此外,国共两党当时也都有和平解决台湾问题的意愿。更重要的是,通过曹的沟通,双方能对话了,也有一定的信任感了。1965年7月,曹聚仁在北京与毛泽东谈话时,毛泽东曾亲笔写了一首词《临江仙》,其中有两句是:"明月依然在,何时彩云归。"表达了毛泽东希望蒋介石回大陆安度晚年的诚意。7月20日,已经到达台湾的曹聚仁与蒋氏父子在台北日月潭的涵碧楼向他们介绍与毛泽东谈话的情况,并且向蒋介石转交了毛泽东题的诗。蒋介石看了毛泽东的题诗后表示,十分感谢毛泽东的好意。对此,台北涵碧楼纪念馆的解说词中也有记载。

周恩来把毛泽东和平解决台湾问题的原则概括为"一纲四目"

从20世纪50年代后期,毛泽东、周恩来就在与曹聚仁的多次接触中商谈一些重要问题,主要是如何解决台湾和平回归祖国的问题。炮击金门不久,毛泽东和周恩来在北京会见了曹聚仁并请他吃饭,一同参加会见的有:李济深、张治中、程潜、章士钊。在这次谈话中,毛泽东告诉曹聚仁:"只要蒋氏父子能抵制美国,我们可以和他合作。我们赞成蒋介石保住金、马的方针,如蒋撤退金、马,大势已去,人心动摇,很可能垮。只要不同美国搞在一起,台、澎、金、马都可由蒋管,可管多少年,但要让通航,不要来大陆搞特务活动。台、澎、金、马要整个回来。"毛泽东还说:"我们的方针是孤立美国。他只有走路一条,不走只有被动。要告诉台湾,我们在华沙不谈台湾问题,只谈要美国人走路。蒋不要怕我们同美国人一起整他。""他们同美国的连理枝解散,同大陆连起来,根还是你的,可以活下去,可以搞你的一套。"当在场的人提出,美国人一走,美国对台湾的军援会断绝时,毛泽东说:"我们全部供应。他的军队可以保存,我不压迫他裁兵,不要他简政,让他搞三民主义,反共在他那里反,但不要派飞机、派特务来捣乱。他不来白色特务,我也不去红色特务。"曹聚仁问:那么,台湾人民还可以保留原来的生活方式吗?毛泽东答道:"照他们自己的生活方式。"

从上面毛泽东的谈话中可以看出,毛泽东对蒋介石是采取十分宽大的政策的,前提是台湾回归祖国,不和美国人搞在一起,实现中国统一。此后，毛泽东在多次与曹聚仁的会见中，反复强调过这些政策。但是，蒋介石对共产党的政策一直心有疑虑。他自己知道他杀了许多共产党人，与共产党是有仇的，因此，一开始，蒋介石不相信毛泽东的诚意。后来，在曹聚仁与毛泽东、周恩来的多次接触中，特别是在毛泽东说了在台湾还是蒋介石当"总统"好的话后，蒋介石才对毛泽东的话有一些相信。他开始考虑毛泽东提的宽大条件问题。对此，蒋氏父子私下反复议论过，但一直没有提出来。

60年代初期，曹聚仁几次见到毛泽东和周恩来，毛泽东在谈话中反复谈道：只要蒋介石能同意和平解决台湾问题，使台湾顺利回归祖国，可以对蒋介石、蒋经国采取宽大的政策。毛泽东对这些宽大政策，又加以细化，还增加了一些新的内容。在此基础上，毛泽东基本上形成了和平统一祖国的总体构想。后来周恩来把毛泽东的这些构想概括为"一纲四目"。毛泽东、周恩来都向曹聚仁先生谈了"一纲四目"。他们怕蒋介石不放心，还于1963年通过过去与蒋介石、陈诚二人关系都比较好的张治中致信陈诚，在信中转达了"一纲四目"的基本内容。这就是：有一个纲"只要台湾回归祖国，其他一切问题悉尊重总裁（指蒋介石）与兄（指际城）意见妥善处理。"纲下有"四目"，就是：第一，台湾回归祖国后，除外交必须统一于中央外，所有军政大事安排等悉由总裁与兄全权处理。第二，所有军政及建设费用，不足之数，悉由中央拨付。第三，台湾之社会改革，可以从缓，必俟条件成熟，并尊重总裁与兄意见协商决定，然后进行。第四，双方互约不派人进行破坏对方团结之事。①

毛泽东、周恩来在与曹聚仁的谈话中除了强调"一纲四目"的内容外，还强调：过去我们谈的意见，不是我自己的，是中国共产党政府的意见，是官方的，我们个人在政府中担负的工作可以变更，但对台工作是不会改变的。我们是从民族大义出发，是从祖国统一大业出发。这个统一大业应该共同来完成。②

---

① 《周恩来传》下，中央文献出版社1998年版，第1441页。
② 《周恩来传》下，中央文献出版社1998年版，第1441页。

曹聚仁到台北后，向蒋氏父子讲了毛泽东的这个意思。蒋介石、蒋经国、陈诚等国民党高层领导人经过一番研究，决定提出他们的一些条件。这些条件，一方面有与毛泽东想法一样的，另一方面也有他们自己单独提出来的，与毛泽东的想法不太一样。曹聚仁带着这些意见，往返于大陆与台湾之间，在双方进行了沟通。经过一番努力，双方在一些重要问题上基本达成了共同意见。1965年7月在日月潭的涵碧楼，蒋氏父子根据他们与大陆沟通的结果，拟出了六个条件。这六个条件里，许多是毛泽东原来提到过的，有一些是蒋氏父子另外加上的。蒋氏父子要曹向毛泽东转达这六个条件，然后双方再进一步商量。这六个条件是：

1. 蒋介石偕同旧部回到大陆，可以定居在浙江以外的任何省区，仍任国民党总裁。北京建议拨出江西庐山为蒋介石居住与办公的汤沐地（即封地）。

2. 蒋经国任台湾省省长。台湾除交出外交与军事外，北京只坚持农业方面耕者有其田，其他内政完全由台湾省政府全权处理。

3. 台湾不得接受任何军事与经济援助；财政上有困难，由北京照美国支援数额照拨补助。

4. 台湾海、空军并入北京控制。陆军缩编为四个师，其中一个师驻在厦门、金门地区，三个师驻在台湾。

5. 厦门与金门合并为一个自由市，作为北京与台北间的缓冲与联络地区。该市市长由驻军师长兼任。此一师长由台北征求北京同意后任命，其资格应为陆军中将，政治上为北京所接受。

6. 台湾现任文武百官的官阶、待遇照旧不变。人民生活保证只可提高，不可降低。

这些条件，实际上是蒋介石通过曹聚仁和毛泽东多次交涉后形成的，应该说，对双方也都有利。特别是在军队问题上，由于毛泽东过去有过让国民党保留一点军队的意见，双方在这一问题上达成统一认识，实在是很不容易的。

可惜由于不久之后，中国大陆发生了"文化大革命"，一些民主党派和民主人士也受到冲击，蒋介石得知这些情况后，对共产党的政策产生了疑虑，便中断了与共产党的联系。

毛泽东答应把庐山送给蒋介石养老

引人注目的是，毛泽东、周恩来在"一纲四目"中都没有提到让蒋介石回住庐山问题，而在1965年7月蒋氏父子商量条件时，却特意把"庐山为蒋介石居住与办公的汤沐地（即封地）"写入六条之中。这又是为什么呢？

原来，蒋介石对庐山情有独钟。他比较喜欢庐山那美丽的景色和宜人的气候。在大陆时，他曾经有13年是住在庐山的。他在20世纪30年代初期，在庐山办过军官训练团。之后，他经常在庐山办公，在那里接见各方面政客和外国使节，还在那里经常召开有国民党要员参加的小型会议。1933年，蒋介石出钱买下了原为英国西伊勋爵的别墅，并且对之进行了改造，增建了别墅西边的联体副房。这样，蒋介石在庐山居住就更方便了。购买庐山房屋后，蒋介石每年中大部分时间是住在庐山的。1948年8月，蒋介石在庐山他的住所一块巨大石碑上题写了"美庐"两个字。蒋介石逃台后，"美庐"包括整个庐山均为国家没收，改建成中共中央的招待机关，后来中共中央经常在庐山召开重要会议。两次著名的庐山会议（即1959年庐山会议和1970年庐山会议——笔者注）就是在庐山招待所召开的，两次会议期间，毛泽东都是住在蒋介石的别墅"美庐"。

1956年曹聚仁受蒋介石的秘密委派到大陆试探中共对蒋介石的态度时，毛泽东在当年最后一次接见曹时，对他说：我知道蒋介石很惦记他的家乡和他在大陆的一些房产，你可以到处走一走，顺便去那些地方看一看。这样，曹聚仁就在当年10月先上了庐山，他在庐山住了一个星期，还专门拍摄了"美庐"的照片。他对"美庐"管理得很好表示高兴。之后，曹又去了蒋介石的老家奉化，看到蒋家祖坟保护得也很好。他回到香港后，给蒋介石写了一篇长信，介绍他到大陆与毛泽东、周恩来会谈的情况之余，还专门介绍了他到庐山、奉化、萧山、宁波、杭州游历的情况，同时附上一些照片。其中有三张是他拍摄的"美庐"的照片。曹聚仁在致蒋介石的信中详细介绍了"美庐"受到保护的情况，说：那里面的珍贵物品一样都没有少，都放在原来位置，连宋美龄用过的钢琴也放在原来的位置，餐厅里的银制餐具一样也没有少，蒋介石用过的轿子还摆在原来的房子里。当然，曹在信中也讲道，现在庐山已经归中共中央庐山管理局所有了，剧院等的名称也改了。曹怕蒋介石对此不高兴，在信的最后说道："聚仁私见，认为庐山胜景，与人民共享，也是天下为公之至意。最高方面，当不至有介于怀？"曹在信中还介绍说："前年宋庆龄先生上山，曾在庐中小住。近又在整理。"这些都是中共方面期待着你能回到大陆，到时好请你去游山的意思。那时，你能游山，你原来的别墅，正好准备你来居住。这个意思，我不能不告诉你。曹还给蒋介石出主意说：如果能够实现国共第三次合作，你回大陆的主要居住地应该是庐山。"唯情势未定，留奉化不如留庐山，请仔细酌定。"他还说，这不只是他个人的意思，是他与中共高层共同的意思。没有想到，蒋介石看了这封信后，不仅没有介怀庐山归为中共中央管理局所有，而且十分高兴。他仔细看了三张照片，感慨万千。他在内心里，对毛泽东的好意是感激的。他让曹向毛泽东表达他的感激之意。

不久，曹聚仁把蒋介石的态度回复给毛泽东、周恩来。毛泽东知道蒋介石对庐山情有独钟，大方地表示，如果国共第三次合作，蒋介石回大陆，庐山可以作为蒋介石养老的地方。毛泽东把这件事情记在了心里。1959年他上庐山开会时，发现工作人员正在凿掉蒋介石在石碑上写的字，他连忙制止，让蒋介石题写的这两个字保留了下来。

蒋介石听到曹聚仁向他转达的毛泽东的这个意思，更加感激毛泽东，同时也把这件事情记住了。在1965年拟定条件时，特意把庐山作为蒋介石住所一事写上。

晚年的蒋介石曾经秘约毛泽东访台

"文化大革命"的爆发，打断了国共两党之间的联系。蒋介石听到大陆方面发生一些极端的事情，对中共的疑虑很深。1968年，他听说一些红卫兵去了他的老家溪口，炸毁了慈庵，十分气愤。他曾嘱咐儿孙："永记此一仇恨不忘，为家为国建立大业，光先裕后，以雪此家仇国耻也。"但是他不久又听说，周恩来亲自出面，保护了他家在溪口的一切房产和祖坟。在心里对中共高层的宽大十分感激。因为他知道，国民党在大陆与共产党打仗时，他和他的部下不仅杀害了大批共产党人及其亲属，而且曾经挖了很多中共高级人物的祖坟。

但是，蒋介石此时与中共方面的对立情绪并未消除。1972年3月，已经86岁的蒋介石出任第五届"总统"。当他在宣誓时说："只要毛共及其叛国同党一日尚存，我们革命的任务不会终止，纵使我们必须遭受千百挫折与打击，亦在所不惜，决不气馁。"但是，蒋介石毕竟年纪太大了。此后的三年，他只公开露面三次，在"反共复国"方面没有什么"建树"。

蒋介石在晚年又想起了他在大陆的日子，想到了与大陆沟通的问题。他想起，就在他出任第五届"总统"之前的一个月，即当年2月21日，毛泽东在会见美国总统尼克松时，把他称为"老朋友"。这个消息在美国和香港已经传了很久。蒋介石注意到，毛泽东对尼克松说："实际上，我们同他的交情比你们长得多。"对毛泽东说的这句话，蒋介石思考了很久。

此时的蒋介石十分孤立。在国际上，新中国的活动空间越来越大，而台湾的国际活动空间则越来越小，连美国总统、日本首相也都访问了大陆。在这种情况下，蒋介石有些犹豫。他认为这时主动向中共提出沟通，有点儿近似于投降。正在蒋介石犹豫之时，中共方面却采取了一系列主动行动。在大陆，中共恢复了"二二八"纪念活动。廖承志也出面发表讲话，重新强调"爱国一家，爱国不分先后"。"欢迎台湾各方面人员来大陆参观、探亲、访友，保障他们安全和来去自由。"1975年，中共方面又特赦了国民党数百名战犯和特务，还给他们安排了工作，愿意去台湾或者香港的，来去自由。蒋介石得到这些消息后，心中佩服毛泽东胸怀之博大。但他还是没有采取主动行动。其原因，主要是他没有找到合适的沟通人选。曹聚仁已经于1972年逝世,在台湾方面,实在是找不到一个像他那样能与大陆顺利沟通的合适人选了。

正在这时,毛泽东却派人来了。毛泽东派的这个人是章士钊。章士钊也是一个与国共两党上层领导人物都有很深交情的人,但他长期在大陆与共产党共事,与蒋介石等当然没有联系。不过,因为他过去的资望,他到台湾来,是会受到蒋介石礼遇的。当时章士钊先生已经92岁高龄,且重病在身。但他接受毛泽东与周恩来的委托,还是愿意承担沟通两岸的任务的。为了保障章先生的健康,周恩来特意安排了一些警卫、医生、护士、秘书、厨师、保姆,随侍章先生左右。章先生于1973年5月乘飞机到了香港。他到香港后,就急忙找原来的各种关系,以便打开与台湾的联系。经过一段时间的努力,终于和国民党方面接上了联系。他当时乐观地派他的女儿章含之回北京,由她转告毛泽东、周恩来:各方面关系初步接上,他在香港顶多住三个月即可完成任务回北京。不料,章先生由于劳累,休息不好,于7月1日在香港去世。随着章士钊先生的去世,此次的国共沟通也没有建立起来。

但是,蒋介石并没有放弃实现两岸沟通的努力。找不到合适的沟通人选,他就采取了一个特殊的方式,向大陆方面打信号。1975年春节后,蒋介石秘密找来国民党元老陈立夫,让他通过在香港的秘密渠道,向中共方面表示了这样一个意思:可以请毛泽东来台湾访问。毛泽东得到这个消息十分高兴。但1975年毛泽东的身体也已经很不好了,周恩来也重病在身。他们两人都不能亲自来台湾访问。毛泽东找来邓小平,亲自向邓小平交代:你可以代表我去台湾,两岸可以此为契机,尽快实现"三通"。陈立夫得知毛泽东打算派邓小平来台湾的消息后,十分高兴。为了配合这次沟通,陈立夫还在香港发表了一篇题为《假如我是毛泽东》的文章,文章说:"欢迎毛泽东或者周恩来到台湾访问与蒋介石重开谈判之路,以造福国家人民。"他还写道:希望毛泽东"以大事小,不计前嫌,效仿北伐和抗日国共两度合作的前例,开创再次合作的新局面"。但是,正当陈立夫积极努力寻求与大陆沟通之时,蒋介石却因病于1975年4月5日去世。海峡两岸的再次沟通又中断了。

蒋介石在世时虽然没有实现台湾回归和祖国和平统一,但他和以他为代表的国民党高层领导人是维护祖国统一,反对分裂的,并且为反对分裂和实现祖国统一做出了努力。蒋介石在世时,包括蒋介石在内的国民党高官十分想回大陆看一看。国民党元老于右任先生在重病之中写下了几句词,能够代表蒋介石及国民党领导人物的心情。这几句词是这样写的:

葬我于高山之上兮,望我大陆。
大陆不可见兮,只有痛哭。
葬我于高山之上兮,望我故乡。
故乡不可见兮,永不能忘。
天苍苍,野茫茫,山之上,有国殇。

毛泽东决策大办民兵

新中国是世界上民兵数量最多、战斗力最强的国家，民兵对于维护国家安全起到了举足轻重的作用。"十亿人民八亿兵，万里江山万里营"不光是一个口号，也是一种现实的力量。在新中国国家安全数度受到威胁时，民兵打击、震慑了战争狂人，使他们不敢觊觎新中国，而新中国大规模民兵建设，是从开国之初毛泽东决策大办民兵开始的。

毛泽东思考的三个重大问题

在战争年代，民兵为中国革命胜利作出了重大贡献。在新中国成立不久的抗美援朝战争中，民兵对于巩固后方、支援前线也作出了巨大贡献。抗美援朝战争结束后，中国国防主要由正规军承担，民兵退到次要位置，上下都存在忽视民兵工作的情况。就在此时，东南沿海发生了一系列小规模战事。

这些小规模战事，是抗美援朝战争结束后蒋介石发起的。抗美援朝战争以志愿军胜利而结束后，新中国人民政权更加巩固了，蒋介石想借朝鲜战争削弱以至消灭共产党的军事力量，然后自己率兵从台湾"反攻大陆"，最后由国民党重新统治全中国的梦想破灭了。他心情坏透了。那段时间，他心情糟得很，整日闷闷不乐，把自己关在屋子里"自省"了很长时间。但以他的性格，是不甘心失败的。他思考后，重新调整思路，拟订了一个以台湾、金门、马祖诸岛为总基地，派小股部队窜犯大陆，与西藏分裂主义分子叛乱相策应，以在东南亚一些国民党残余武装配合，从三个方面向大陆进行军事渗透的计划。按此计划。他在1954年到1958年这段时间里，在美国支持下，叫嚣"反攻大陆"，一面派飞机向云南、贵州、四川、西藏、青海地区散发反动传单，空投特务；一面指使大小金门岛上的国民党军队炮击福建沿海村镇。更重要的是，他采用空投、海上登陆等方式，不断向大陆派出小股武装部队，以及大批武装特务，试图占领沿海一些村镇，扩大占领地盘，形成在大陆的军事根基。蒋介石派出的这些武装部队，虽然人数不多，但能量极大，他们均是受过特殊训练的人员，头脑灵活，体魄强健，军事全能，适应丛林战和夜战，熟悉沿海地形和风土人情，战斗力极强，一个营的战斗力相当于一个师。为了配合这些武装部队的军事行动，蒋介石还动用飞机侦察、轰炸、投放传单，一时间搞得我东南沿海一带很紧张。但是，蒋介石没有想到的是，他派出的这些军事武装力量遇到了一个克星——民兵。

国民党小股武装窜进大陆后，一开始也想找老百姓，企图得到他们的支持，以便他们隐匿在群众中。但当他们一进入大陆的村庄见到当地老百姓时，便瞒不过老百姓警惕的眼睛。群众很快就发现了他们的底细，稳住他们后，向当地驻军报信，把他们有多少人，有多少武器，在什么地方，都告诉解放军。解放军马上派出数量和装备大大超过窜犯大陆国民党军队的兵力，将他们包围歼灭。后来，他们不找老百姓了，想以武力在大陆丛林中立足，但是，无论他们是从海上登陆还是从空中降落地面，周围立即响起螺号声，刚才还是手拿锄头的农民，现在立即拿起武器，有组织地从四面八方赶来，将他们包围，他们即使突破一道两道防线，又会遇到数不清的防线，有数不清的手持轻武器的民兵向他们进攻。他们自然逃不掉灭亡的命运。

毛泽东以战略家的眼光观察着一系列战事，并且将这些小规模战事与将来可能引起的战争联系起来，思考了这样一个重大问题：帝国主义亡我之心不死，必然要支持蒋介石武力进犯中国大陆。民兵是对付帝国主义军队和国民党军队武力进犯的重要而有效的力量。我们自然需要加强中国人民解放军正规部队建设，但光靠解放军正规部队，还不能有效保卫祖国辽阔的边境。建设一支数量多、有一定战斗力的民兵队伍，可以解决中国平时养兵少战时用兵多的矛盾，解决正规军数量有限而中国的边防线却十分长的矛盾。

与此同时，毛泽东还思考了另外一个重大问题。20世纪50年代中期，中共中央确定了社会主义建设的总路线后，毛泽东一直在寻找一条使中国能够高速发展并且尽快建立更高级生产关系的途径。1958年8月，他在河南新乡视察时，发现了那里农村办的人民公社，对之给予肯定。他将办人民公社问题与他一直思考的中国社会主义发展道路问题联系起来进行了深入思考。不久，他到山东省时，讲了他的初步想法："还是办人民公社好，它的好处是，可以把工、农、商、学、兵合在一起，便于领导。"① "我们的方向，应该逐步地有次序地把'工（工业）、农（农业）、商（交换）、学（文化教育）、兵（民兵，即全民武装）'组成为一个大公社，从而构成为我国社会的基本单位。"② 毛泽东在这里讲到民兵时，强调了"全民皆兵"。毛泽东讲这句话，是因为当时他形成了这样一个构想——在中国建立带有共产主义因素的基层社会组织。这种基层社会组织能够把经济、行政、生产、社会管理、文化教育、军事统一起来；这种基层社会组织的逐步发展，将使中国的生产关系水平逐步提高，最后进入社会主义的高级阶段。

值得关注的是，毛泽东构想的这种基层社会组织中包括军事方面的内容。这种组织中的军事单位，就是民兵。在人民公社这种组织形式中，建立稳固的民兵组织，把基层民众武装起来，平时生产，业余时间训练，有战事即可拿起武器参加战斗。这种民兵武装不仅能够和正规军配合，有效保卫祖国安全，也是一种便于将全民组织起来的形式，便于统一指挥、统一行动，用毛泽东的话说，就是"便于领导"。

毛泽东考虑的第三个重大问题是如何维护国家安全。1958年，中国周边形势较为紧张。当年，美国不顾世界人民和中国人民的坚决反对，

---

① 《建国以来毛泽东文稿》第7册，中央文献出版社1992年版，第318页。
② 《建国以来毛泽东文稿》第7册，中央文献出版社1992年版，第317页。

在派兵侵占黎巴嫩和约旦之后，又在中国台湾海峡制造紧张局势，对中国进行军事挑衅和战争威胁。美国政府公然扬言，美国海军要随时准备像在黎巴嫩那样在中国大陆登陆。9月初，美国从本土和地中海调遣大批军舰、飞机，加强了在台湾地区的美国海军第七舰队。虽然美国还没有下决心直接派兵入侵中国大陆，但美国的重兵摆在那里，构成了对中国国家安全的威胁。而美国当时用得最多的一手是：支持蒋介石"反攻大陆"。当时美国利用蒋介石急切"反攻大陆"的心理，不间断地出动军舰、飞机为国民党军队的运输舰护航，把蒋介石的军队运送到大陆和附近海岛，掩护他们登陆窜犯大陆。实际上，美国飞机、军舰已经是公然侵犯中国的领海、领空了。中国方面对美国的军事行动予以坚决回击，打击了美蒋军队的嚣张气焰，维护了边防海防安全。但具有战略眼光的毛泽东看得很远，他考虑到，要长久维护中国边防和海防安全，确保其长期稳固，必须依靠人民；依靠武装起来的人民维护边防海防安全，是最可靠的办法。因此，他形成了尽可能多地武装人民群众，建立长期民兵组织，依靠人民保卫国家的思路。毛泽东说过："国家不分大小，只要充分动员人民，坚决依靠人民，进行人民战争，任何强大的敌人都是可以打败的。"这段话，正是他上述思路的集中概括。

毛泽东形成了"全民皆兵"的思路

正是出于上述三个重要思考，毛泽东形成了"全民皆兵"的思路。按此思路，在中国要大办民兵，尽快把全民武装起来。1958年7月，中央军委召开扩大会议，毛泽东"全民皆兵"的思路得到与会全体委员的赞成，会议经过讨论，最后在7月22日通过的中央军委扩大会议决议中明确提出："必须积极积蓄和壮大后备力量，贯彻执行把预备役和民兵合而为一、实现全民皆兵的方针。"①

这次会议关于中国民兵建设工作的一个重大改变是确立了"全民皆

---

① 建平：《全民皆兵》，《文史天地》2011年第3期。

兵"的指导思想。为了贯彻这一思想，决议改变了此前《中华人民共和国民兵组织暂行条例》附则中关于主要在农村建立民兵组织，而在工厂、矿山、商店、企业等单位和大、中城市不建立民兵组织的规定，提出城市、农村、机关、学校、企业、街道，都要建立民兵组织；另一个改变是：除了强调要加强基干民兵的组织和装备外，凡符合一定年龄的公民，必须逐步做到人人接受军事训练，人人学会使用普通武器，彻底解决平时养兵少、战时用兵多的矛盾。实际上确立了两条原则：一条是，中国城乡各地全部建立民兵组织；另一条是，除了儿童和老年人外，都需要参加民兵组织。这就是"全民皆兵"的最早打算。但是，当时中央军委所讲的"全民皆兵"，仍然没有脱离民兵与预备役相结合的基础。

同年8月上旬，毛泽为即将召开的中央政治局扩大会议拟定准备的讨论问题中，将民兵问题列入其中。[①]8月17日，中共中央政治局在北戴河举行扩大会议。这次会议完全同意上个月中央军委扩大会议的决定，同时明确提出了"全民皆兵"的口号。会议期间，毛泽东在修改《嵖岈山卫星人民公社试行简章（草案）》第一条中写的一段话确定：公社实行全民武装，其目的是维持社会治安和准备对付帝国主义侵略。[②]这次会议通过的《中共中央关于民兵问题的决定》指出，为了保卫国家领土主权的完整和社会主义建设，保卫世界和平，制止和打击帝国主义的侵略，需要有一支强大的武装力量，除了必须建设强大的常备部队和特种技术部队之外，还"必须在全国范围内把能拿武器的男女公民武装起来，以民兵组织形式实现全民皆兵"。毛泽东在这个决定稿上加写了这样一段话："我国人民不需要也不应当侵占外国任何领土主权，但是我国人民必须保卫自己的领土主权不受侵犯。"[③]毛泽东加写的这段话，赋予了民兵保卫国家主权的神圣义务。

对于什么是"全民皆兵"的概念，这次会议通过的《中共中央关于民兵问题的决定》作了解释：它指的是以人民公社为单位，逐步实行全

[①] 《建国以来毛泽东文稿》第7册，中央文献出版社1992年版，第344页。
[②] 《建国以来毛泽东文稿》第7册，中央文献出版社1992年版，第359页。
[③] 《建国以来毛泽东文稿》第7册，中央文献出版社1992年版，第359页。

民武装。除了地、富、反、坏、右和残疾人员外，把年满16岁至50岁的能拿武器的男女公民，都组织在民兵之内。在农村，根据生产组织情况和民兵多少，以基干民兵为主，编为民兵大队、中队、小队；在城市，以厂矿、企业、学校、机关为单位，建立民兵组织。这种武装起来的人民，既是民，又是兵；既是生产队、学习队、工作队，又是战斗队。这个解释，确定了民兵是工、农、商、学、兵"五位一体"的人民公社不可缺少的部分，也正好符合毛泽东关于建立人民公社，把全民组织在公社之中，形成集政治、经济、文化、军事于一体的社会基层单位的思路。

1958年9月29日，毛泽东亲自发出了大办民兵的号召。这一天，他视察大江南北回到北京，向新华社记者发表谈话时说："帝国主义者如此欺负我们，这是需要认真对付的。我们不但要有强大的正规军，我们还要大办民兵师。这样，在帝国主义侵略我国的时候，就会使他们寸步难行。"[1] "民兵师的组织很好，应当推广。"[2] 毛泽东说的"民兵师"，是一个含义深刻的概念。这段话，不是说全国都要建立"师"一级民兵组织，根本含义是说，要"大办民兵"，建立大规模的民兵组织。1958年9月5日，毛泽东在最高国务会议上发表讲话，谈到我们不怕打仗时，直接谈到搞民兵，说："人民公社里头都搞民兵，全民皆兵，要发枪，开头发几百万枝，将来要发几千万枝。由各省造轻武器，造步枪，机关枪，手榴弹，小迫击炮，轻迫击炮。人民公社有军事部，到处练习。在座的有文化人，你们也要号召一下，单拿笔杆不行，一手拿笔杆，一手拿枪杆，又是文化，又是武化。"[3] 1958年底，毛泽东在一则批语中具体谈到了给民兵配发武器，对民兵进行军事训练的问题。[4] 1958年12月9日，毛泽东在中共八届六中全会上的讲话中，更明确地提出："大办民兵师"[5] 把各地办民兵的规模提到师一级建制，这种规模就相当大了，这种气魄也更

---

[1] 《建国以来毛泽东文稿》第7册，中央文献出版社1992年版，第430页。
[2] 《建国以来毛泽东文稿》第7册，中央文献出版社1992年版，第430页。
[3] 《建国以来毛泽东文稿》第7册，中央文献出版社1992年版，第390—391页。
[4] 《建国以来毛泽东文稿》第7册，中央文献出版社1992年版，第573—574页。
[5] 《建国以来毛泽东文稿》第7册，中央文献出版社1992年版，第640页。

大。同时，按照毛泽东这个意见，中共中央在《关于人民公社若干问题的决议》（草案）说明要点中包括了毛泽东的这样一段话："实行全民皆兵，是保障社会主义建设、对付帝国主义可能发动新战争的一个根本措施，有了这一条，我们的心也就扎实得多了。"① 这段话，体现了毛泽东大办民兵武装组织的基本认识。1959 年，毛泽东又说了这样的话：我们没有原子弹和氢弹，我们还是靠民兵，甚至还靠小米加步枪。

上述这些毛泽东关于大办民兵的话，非常有号召力。他提出"大办民兵师"之后不久，全国上下、军队和地方共同协力，掀起了一个大办民兵的高潮。全国各地人民群众踊跃报名参加民兵。当年很多年过六旬的人，还在上小学的十几岁娃娃，都报名参加民兵。报名人数太多，中央搞民兵的专门机构只好再设定年龄限制。即使如此，有不少年纪大的人仍然坚决要求参加民兵。以末代皇帝溥仪为例，他特赦后头一年就积极报名参加民兵，但民兵部门觉得他年龄大了，就不要参加民兵了。但溥仪非坚持要参加民兵。民兵部门不得已，请示上级同意后，让溥仪当了一名"超龄民兵"。②

1959 年 11 月，中央军委常委召开会议专门研究民兵建设问题。会议提出了解决民兵战略地位、战略布局、指挥机构、训练方针、干部工作、武器管理、经费开支、民兵代表会议制度以及加强对民兵工作领导九个方面问题的意见。会上，军委常委们的一致认识是：未来战争将是一场导弹与核武器的战争。对付这种战争，还是要搞全民防御，实行人民战争。因此，民兵在国防建设上有着重大的战略意义。民兵工作应当普遍发展，但重点应放在政治经济中心、重点厂矿、交通枢纽和海陆边防地区。因为一旦战争打起来，这些地区将是敌人首先攻击、破坏的目标。因此，建议在中央军委领导下成立民兵工作组，各省（自治区）、地（市）和县，也应在各级党委领导下成立民兵工作组。这些意见，实际上是对毛泽东大办民兵思想的具体化。会后，由中央军委常委罗荣桓主持，

---

① 苏银东、李政：《毛泽东的"全民皆兵"和大办民兵师》，《大众日报》2011 年 9 月 22 日。
② 《当代中国的公安工作》，当代中国出版社、香港祖国出版社 2009 年版，第 107 页。

以中央军委的名义向中共中央写了《关于民兵工作问题的请示报告》。中共中央很快就批准了这个文件，并于当年12月24日将这个简称为"九条方针"的报告批转全国贯彻执行。从此，"九条方针"就成了全国各地指导民兵建设的文件。为了统一指导全国民兵建设，中央决定，由罗荣桓担任中央军委民兵工作组组长，张爱萍、甘泗淇为副组长。在罗荣桓建议下，中央同意贺龙也参与指导民兵建设工作。总参谋部、总政治部、中共中央农村工作部、教育部、国家体委、全国总工会、共青团中央等单位，都有一名领导干部为民兵工作组成员。1961年7月，中央军委民兵工作组改建为中央军委人民武装委员会。12月11日，中共中央发出通知，决定县以上各级民兵工作组均改为人民武装委员会。

全国各地各单位党委都重视民兵建设，县一级由县委书记和县长亲自抓，县长担任县里组织起来的民兵师师长或者民兵团团长，县委书记则担任政委。公社一级也是书记"挂帅"，担任民兵营营长。解放军各省军区、各地军分区全力以赴抓民兵建设，正规部队也派出干部战士到地方指导民兵建设和训练。在中央批准下，各地把在抗日战争、解放战争中使用的步枪、机关枪、手榴弹、迫击炮等大量轻型武器发放给民兵，中国民众（除老幼病残者外）很快被武装起来。到1958年底，短短几个月，全国就建立民兵师5175个，民兵团44205个；民兵人数由原来的4000多万，发展到2.2亿。

著名的首钢民兵师，就是在1958年成立的。

这年7月，刘少奇到首钢视察。他在询问生产等方面情况后，也问到了首钢民兵工作。当他得知首钢基干民兵人数很多，训练也很正规后，非常高兴，肯定首钢民兵工作做得好。他还按照毛泽东大办民兵的精神进一步指示："把枪给大家背起来，一人发二三十发子弹，遍地皆兵，什么帝国主义打来也不怕。"[①] 按刘少奇的这个指示，首钢拟建立全副武装的民兵组织，刘少奇支持他们这样做。当年8月29日，首钢成立了"钢铁工人民兵团"，下辖4个营，共计2800名民兵。这个民兵团每个民兵都

---

① 何立波：《大办民兵师始末》，《文史精华》2006年第7期。

配有步枪和子弹，装备水平和当时我国的正规部队相差无几。工余组织训练的时间也不亚于正规部队的训练时间。参加民兵是特别光荣的事情：工余，背上步枪，扎上子弹带的小伙子，既让姑娘羡慕，也让没有参加民兵的其他男青年眼热，于是，首钢出现了参加民兵的热潮。有的小伙子暂时没有被吸收参加民兵，竟然一天数次找首钢民兵的领导"磨"，有的青年还哭了鼻子。10月，在毛泽东发出"大办民兵师"指示后，首钢决定扩编民兵，建立"钢铁工人民兵师"，下辖13个团，民兵总数为4万余人，实际上，除了长年患病、年纪偏大者外，首钢职工的大多数都参加了民兵，连女职工都参加了民兵。之后，首钢几十年不间断地加强民兵训练，当地驻军也派人帮助训练，首钢民兵师成了一支中国民兵中的精兵。在历次国家重大活动中，首钢民兵成了生力军。1958年国庆，首钢1500名民兵和石景山发电厂300名民兵，肩扛"7.62"步枪和轻机枪参加分列式。这是首钢民兵在国庆游行队伍中首次亮相。之后，在全国有组织的历次国庆阅兵活动中，首钢民兵始终站在队伍前列，并先后于1960年、1984年和1999年3次单独组成方队，代表全国民兵接受检阅。

中国民兵形成了震慑侵略者的现实力量

新中国大办民兵，在当时就起到了沉重打击入侵之敌的作用。那一时期，我国的海军空军力量都还不强，蒋介石也看到了这一点。虽然20世纪50年代末他窜犯大陆没能得逞，但他不甘心，到60年代初期，在美国支持下，利用海空优势，加紧了窜犯活动。他的打算是：派出武装力量占领大陆沿海一些岛屿和海岸线一些地方，立足后，国民党大批军队随后跟进，攻占南方一些山地，再进一步占领南方一些大城市，最后占领南方，进攻北方。他派出的经过精心训练的军队，也确实在南方一些岛屿和沿海一些地方成功登陆。但是，他们60年代初期的窜犯，遇到的是人数更多、武装水平更高、军事素质更强的民兵。窜入沿海地带的国民党军队立即陷入当地民兵包围之中，很快就被歼灭。电影《海岛女民兵》，就是根据当时东南沿海一些真实故事创作的，它真实反映了当时民兵起到的保卫海防、打击敌人的作用。当年，蒋介石派到大陆来的武装力量，多数是被民兵歼灭的。

蒋介石搞不明白，为什么自己花大力气训练成的精锐之师，一进入共产党的地盘，还没有遇到解放军正规军，就被打光了呢？当他后来得知是共产党组织的大量民兵消灭了自己派出的部队后，采取了三个手段：一是派出特务，联络大陆被打击的人，企图"以其人之道还治其人之身"，在大陆"民间"组织起类似"民兵"的国民党地下武装，一方面，以此对抗大陆民兵；另一方面，把这些武装力量建成他们反攻大陆的"内应"。二是派飞机向大陆空投大批攻击共产党的造谣惑众的传单，试图搞乱人心，瓦解民兵。三是派出特务人员渗透到大陆，用许诺的官位和金钱，收买一些地方的民兵组织领导人。但他的如意算盘很快就落空了。新中国的民兵已经对大陆的专政对象进行了严密监控，蒋介石派出的"联络人员"，一个一个被民兵抓了起来。不仅一个类似共产党民兵的地下武装也没有建立起来，连派到大陆"策反"的人，也如同泥牛入海，毫无声息，气得蒋介石直骂手下人无能。当时新中国公民多数已经加入民兵，有了严密的组织和纪律，并且对广大民众进行了普遍教育，人们的觉悟和警惕性都特别高，蒋介石派出空军散下来的传单，除了落入河水中和深山中之外，几乎每一张都被民兵捡到上交。蒋介石这一手也毫无作用。各地建立民兵组织时，民兵的班排连营领导，都是由经过长期考验的共产党员担任，其中有不少是从部队转业到地方的原解放军战士。他们是国家巨大变化的经历者，对以前的国民党反动统治的黑暗十分清楚。蒋介石派出的特务想收买他们，却适得其反，自己被抓了起来。蒋介石派去的这些人也是有去无回。

新中国组织起来的强大民兵队伍，确实成了打击入侵敌人、巩固边防、维护国家安全的重要力量。

在新中国受到来自四面八方威胁的情况下，毛泽东决策大办民兵，对当年试图侵犯中国的帝国主义及其帮凶是一种巨大的威慑力量。有意思的是，对于共产党组织的大量民兵的作用，作为中国人的蒋介石很长时间没有放在眼里，他一直认为，民兵不过是一些没有经过训练的乌合之众，用简陋的武器搞一点儿骚扰作战，根本不是他的国民党正规军队的对手。他跑到台湾后，"反省"这个，"反省"那个，唯独没有思考一下为什么林彪率领的东北解放军在短时间内就扩大到相当多的数量，没有思考一下为什么淮海战役时解放军后边跟着的长长民兵支前队伍对保障解放军的后勤补给起的重大作用，连抗美援朝期间东北民兵的重大支前作用他也没有考虑。相反，倒是美国和其他西方军事家、战略家看到了中国民兵的重大作用。

美国一些军事家早在共产党和国民党争夺东北的战争中就看到，东北民兵实际上起到了林彪所率东北解放军的预备队的作用。淮海战役期间山东和苏北民兵实际上起到了解放军第二野战军后勤部队的作用，更看到，抗美援朝战争期间，东北民兵对于保卫后方、支援前线的重大作用。20世纪50年代末60年代初中国大办民兵师，引起了他们的高度重视，他们对中国民兵评价很高。英国元帅蒙哥马利1958年来中国访问时，在参观了广州市的民兵表演后说："战争，光靠原子弹解决不了胜负问题，谁要想入侵中国，碰到了中国的民兵，是进得去，出不来的。"美国驻台湾军事顾问团也不得不承认：中共是打游击战的专家，现在，中国民兵遍地，如果美国和中共一旦作战，登上了中国大陆，就等于陷入了泥沼，寸步难行。

新中国有两亿多民兵，在国际上也产生了极大影响。西方主要国家政府首脑都重视这件事，不能像入侵朝鲜和黎巴嫩那样对付新中国，成了他们的共识。1964年10月13日，贺龙在谈到毛泽东"全民皆兵"思想重大意义时说："在历史上的任何一次革命战争中，革命人民在武器装备方面，开始的时候总是落后于敌人的。但是只要人民群众真正发动起来，就可以战胜强大的敌人。过去如此，现在如此，将来仍然如此。数以万计的武装起来的人民群众，是真正的铜墙铁壁，真正的天罗地网，任何敢于侵犯我们的敌人，都将在我'全民皆兵'的汪洋大海中，遭到灭顶之灾。"[①]

[①] 曹前发：《毛泽东的独创："兵民是胜利之本"》，《湘潮》2017年第6期。

毛泽东与赫鲁晓夫的不同看法

但是，偏偏同是社会主义国家的苏联首脑赫鲁晓夫，却对新中国大办民兵有不同看法。那个时候，苏共中央在国际共产主义运动一些重大问题上与中共中央发生分歧，对中国发生的许多事看不惯，指手画脚。对中国大办民兵，赫鲁晓夫也不以为然，他说：未来战争是原子战争，民兵能起什么作用？只不过是一堆肉！

对于赫鲁晓夫的这种看法，毛泽东并没有正面批驳，因为民兵在保卫边防所起重大作用的事实已经说明了一切。1959年国庆节，中华人民共和国举行新中国成立十周年国庆大典，邀请来访的赫鲁晓夫出席。在一列列游行方队走过天安门时，一支打着"首都民兵师"旗帜的方队迈着标准的正步整齐地走过天安门，个个英姿焕发，手中的钢枪闪闪发亮。谁都能看出，这些民兵训练有素，不亚于正规部队。赫鲁晓夫在天安门城楼上看到之后，才第一次认识到，中国的民兵并不是他以前想象的散兵游勇，而是一支组织纪律和战斗力都极强的军事力量。他对此惊讶不已。尤其让他震惊的是在"首都民兵师"方队经过检阅台时毛泽东对他说的一句话："我们有一亿民兵！"① 毛泽东这句话刚刚经过翻译传到赫鲁晓夫耳朵里，他就张大嘴巴，愣在那里。新中国竟然有一亿这样训练有素的民兵，这该是多么强大的军事力量啊！中国有一亿这样的民兵，有哪个国家还敢对中国动武？从那天开始，赫鲁晓夫不再说贬低中国民兵的话了。其实，毛泽东只告诉赫鲁晓夫中国民兵一半的数量，当时中国民兵已经有两亿多了。

毛泽东提出民兵工作要"三落实"

毛泽东确定大办民兵方针后，中国民兵建设达到高潮，随之也出现了一些问题。有一些地方在民兵建设中，形式主义、强迫命令、弄虚作

---

① 《兵民是胜利之本——党的三代领导核心关心民兵预备役建设的理论和实践》，《中国民兵》2001年第4期。

假的现象严重。有的地方,错误理解"全民皆兵",单纯追求民兵数量,把参加民兵年龄的上限提高到70岁,下限压低到10岁。一个县竟然出现几个民兵师。结果,民兵人数多,武器不够,多数人只能拿梭镖和大刀当作武器。训练时用木棍和树枝代替枪支。有的地方,把民兵组织当作劳动组织,根本不搞军事训练,而是只把民兵当作有组织的劳动力,一有重活、突击的活,就用命令方式让民兵们干,而且有的地方还不给劳动报酬。一些地方追求"组织军事化、行动战斗化、生活集体化"等形式主义,助长了当时各地已经出现的强迫命令、瞎指挥等不正之风。有的地方的民兵组织是一个空架子,只有登记和上报的人数,并没有实际训练。有的地方则相反,把民兵当作正规军,让他们脱离生产,专门训练。

中央很快就发现了这些问题,并采取得力措施纠正。1958年12月,中国共产党八届六次会议通过的《关于人民公社若干问题的决议》中,将"实现全民皆兵"改成"为实现全民皆兵准备条件",并强调"民兵组织和生产组织应当是两套"。1959年2月,中国人民解放军总参谋部发出了《关于不要强调民兵发展数量的百分比的指示》;6月,又发出《关于纠正对民兵工作的某些不恰当提法的通报》。为了总结经验,纠正偏差,中央于1960年4月18—27日在北京召开了全国民兵代表会议。会议的目的是正确贯彻民兵建设"九条方针",出席这次会议的代表达6000多人。会议强调,要组织动员民兵积极响应党和国家的号召,除了加强军事训练外,还必须带头参加生产建设,民兵不是脱离生产的群众武装,不能离开生产而孤立地强调民兵工作。据此,与会代表向全国民兵发出了"十项倡议"。

中央对这次会议十分重视,中央军委主要领导人都出席了会议,中央军委常委、军委民兵工作组组长罗荣桓致开幕词,中共中央政治局委员、国务院副总理贺龙代表中共中央、国务院向大会致祝词,解放军总参谋长罗瑞卿作了关于民兵建设问题的报告,国防部部长林彪致闭幕词。会议期间,党和国家领导人毛泽东、朱德、宋庆龄、邓小平、陈毅、贺龙等在中南海接见了来自全国各地、各民族的民兵代表。1960年9月,毛泽东在审批中央军委《关于加强军队政治思想工作的决定》时，为了纠正以民兵组织代替劳动组织，以及由此而出现的弊端，特意把1958年提出的民兵是"军事组织、劳动组织、教育组织、体育组织"中的"劳动组织"删去。罗荣桓抓民兵工作后，经过到安徽、上海等地调查研究后提出建议：为了加强对民兵工作的领导，从上到下建立人民武装委员会。中央接受了这个建议。1961年7月，中央军委民兵工作组改建为中央军委人民武装委员会。12月11日，中共中央发出通知，决定县以上各级民兵工作组均改为人民武装委员会。有这样专门机构的领导，无疑对后来民兵建设正确发展起了关键作用。

罗荣桓对于发现和纠正"大办民兵师"中存在的问题，起了很大作用。1960年1月，在"大办民兵师"高潮中，林彪在中共中央召开的上海会议上作关于国防问题的报告，提出了要建立600个基干民兵师的任务。林彪这个报告事先经过毛泽东、刘少奇、周恩来等几个中央领导人阅过同意，尽管如此，罗荣桓还是提出了不同意见。他对于马上组织600个民兵师持怀疑态度。2月，在广州召开的军委扩大会议民兵座谈会上，罗荣桓坦率地说："现在要搞600个师，今年要编当然也可以编起来，也可能会像邓克明同志（按：时任江西省军区司令员）讲的，流于形式。"他对总参动员部汇总的全国2.4亿民兵，其中基干民兵有9000万的数字表示怀疑。他对总参动员部部长傅秋涛明确说，这两个数字"不能完全相信，我看要打六折，里面一定有浮夸"。接着，他同贺龙一起到浙江、福建、江西、湖南、上海5个省市搞了两个多月的调查了解工作，掌握了民兵工作第一手材料，提议压缩民兵数量，并且通过召开全国民兵工作座谈会确定下来。这个意见林彪也赞成。中央军委同意以总参谋部、总政治部的名义开这个会。1961年4月，在由总参谋部、总政治部牵头召开的民兵工作座谈会上，罗荣桓与参加会议的同志广泛交换了意见。他表示，目前"大办民兵师"中存在许多问题，主要是对"全民皆兵"的含义缺乏正确的认识。"全民皆兵"是战略口号，不是现实的行动口号。认为民兵人数越多越好的观点是错误的。民兵不能搞得太多，民兵组织不落实，就是由于指导思想有问题，数量搞得过大。他在这次会上主张把参加民兵的年龄缩减下来，以减少民兵数量，抓好落实。会议接受了他关于压缩民兵数量的意见，当年12月中共中央、国务院颁布的《民兵工作条例》修改了参加民兵的年龄条件，男性公民压缩了5岁，女性公民压缩了15岁。经过调整，民兵数量减少了几千万人，但仍有1亿多人。

毛泽东也发现了"大办民兵师"中的一些问题，并及时地给予纠正。1962年6月，毛泽东到中南地区视察工作。6月18日，广州军区领导向他汇报工作。当谈到战备工作和民兵工作还不够落实时，毛泽东指出："民兵工作要做到组织落实、政治落实、军事落实"①（简称民兵工作"三落实"），敌人不管是从"天上掉下来的，地下冒出来的，怎么对付，要有些办法"②。在同武汉军区领导人座谈时，毛泽东又进一步阐述了民兵工作"三落实"的内容。他说，民兵组织一定要搞好，班、排、连、营编组好，要有强的干部；民兵在政治上一定要可靠，特别是基干民兵；要搞些训练。一有情况，能吆喝来。③

1964年6月16日，毛泽东在中共中央政治局常委和大区第一书记会议上谈到军事问题时，再次强调民兵工作要抓好"三落实"。他指出："要把民兵工作好好整顿一下，一个组织，一个政治，一个军事。组织，就是有基干民兵和普通民兵。有战士，有班长，有排，有连，要有兵有官。政治，就是要做政治工作。有政治部，有政委，有教导员，有指导员，做人的工作。要讲清楚，打起仗来不要慌张，一慌张还打仗？无论是打枪、打炮、打原子弹，都不要慌张。军事，就是要有手榴弹，有轻武器。趁和平时期，要搞点枪，基本的是每省要搞一个兵工厂。"④毛泽东还特别强调，地方党委要管军事、管民兵，不能只管文不管武，只管钱不管枪。⑤

---

① 《解放军报》1967年8月6日。
② 《解放军报》1967年8月6日。
③ 《解放军报》1967年8月6日。
④ 毛泽东：《民兵工作要做到组织落实政治落实军事落实》（1962年6月中国人民解放军军事科学院铅印件），中国社会科学网，2019年1月11日。
⑤ 毛泽东：《民兵工作要做到组织落实政治落实军事落实》（1962年6月中国人民解放军军事科学院铅印件），中国社会科学网，2019年1月11日。

为贯彻毛泽东"三落实"指示,总参谋部、总政治部先后召开了沿海七省民兵工作会议、少数民族民兵工作会议、城市民兵工作会议,整顿民兵组织。经过整顿,民兵数量比以前少了一些,但更加精干了。

在毛泽东《为女民兵题照》鼓舞下

尽管毛泽东主张对大办民兵中出现的错误倾向要进行坚决纠正,但他主张"大办"民兵的思想没有变。打人民战争,是毛泽东的一贯思想,他认为新中国反对侵略战争仍然要依靠人民,打人民战争,而民兵是人民战争的主要形式,仍然需要"大办"。毛泽东提出民兵工作"三落实",根本目的还是要把民兵办好。他1961年《为女民兵题照》,体现了他的这一根本思想。

这个故事有不少版本,但最真切的,还是李原慧本人的叙述:

> 我在1956年进入中央办公厅从事机要工作,经常接触毛泽东、刘少奇、周恩来、朱德等领导人。1959年大办民兵师时,我也参加了中南海里的民兵组织。由于训练得好,我参加了准备建国十周年参加国庆典礼检阅的首都民兵方队,进行了两个多月的军事训练。国庆典礼检阅结束后,为了留个永远的纪念,我穿着全副武装照了一张相,珍藏在自己的皮包里。1960年,毛主席巡视大江南北,进行调查研究,我作为工作人员随行。为了解民情,毛主席有时派我们到群众中去走访调查。有一天,我和其他工作人员向毛主席汇报当天的社会调查情况后,主席同我们一起聊天、谈家常。这时,我翻开小皮包,将自己在国庆10周年参加民兵方队的照片拿了出来。周围的人争着要看,主席说:"小李啊,什么照片?让我看看。"我双手将照片递上,主席仔细端详照片后,右手微微举着照片说:"好啊!是应该训练,既能文又能武。"随即他又说:"小李啊,这张照片送给我作纪念吧,行吗?"李原慧看看主席,十分腼腆,笑着点点头说:"好吧,送给您。"只见毛主席又看了看照片后,小心地将

照片放进了自己的手稿里。1961年春，毛主席回到中南海，翻出这张照片，在宣纸上欣然挥笔，写下了诗词《为女民兵题照》："飒爽英姿五尺枪，曙光初照演兵场。中华儿女多奇志，不爱红装爱武装。"一天，我正在机要秘书处整理资料，毛主席手托诗词稿纸，走进了机要办公室对我说："小李，拿了你的照片，我也得赠给你一份礼物，这诗词就送给你了，你瞧瞧。"我受宠若惊，看了看慈祥的毛主席，再看看桌上苍劲有力、形若蛟龙的《为女民兵题照》的诗词草书，欣喜若狂，心如潮涌，我说："主席，真是太感谢您了。"其他工作人员看了毛主席题的诗词后，都为我感到高兴。此后，我视之如珍宝，将这首诗词原稿珍藏起来。毛主席的诗词《为女民兵题照》，通过各大媒体传遍全国，并作为歌词谱曲，唱遍了大江南北，可我一点也不知道是谁传出去的。①

毛泽东通过为李原慧的照片题诗，鼓励全国继续大办民兵，并且要把民兵办好。在毛泽东《为女民兵题照》一诗的鼓舞下，全国办民兵热潮未减。群众参加民兵的积极性一直持续着，各级组织对民兵工作从未松懈，但与大办民兵初期比，此时更加重视民兵的军事训练质量了。而且，在毛泽东上述题诗鼓舞下，中国出现了大批通过刻苦训练达到很强军事素质的女民兵。20世纪60年代初期，广泛流传着山东省无棣县民兵三姐妹刻苦训练的事迹。无棣县柳堡公社李柳村是当时全县闻名的民兵工作先进模范村。1964年5月，李柳村农会主任李风墀不仅自己参加了民兵，还鼓励他的三个女儿李俊芳、李俊兰和李俊霞都参加了民兵，三姐妹训练有素，被公社推荐到县里参加培训，为全省民兵比武大会作准备。三姐妹训练时，正值1964年盛夏雨季，几乎一天一场雨，训练场上被浇得全是泥水，三姐妹不怕苦，仍然坚持在这样的训练场上训练，就在泥里练卧倒、射击，裤子褂子全是泥巴，衣服磨烂了，胳膊磨破了，结了厚厚的茧子。但训练成绩却直线上升。5个多月后，三姐妹各项军

---

① 覃波：《毛泽东〈为女民兵题照〉其人其事》，《湘潮》2009年第5期。

事技能达到了很高水平,被选拔为民兵代表,参加了10月在济南召开的全省民兵比武大会,并在比武大会上获得集体和个人一等奖。贺龙元帅、罗瑞卿总参谋长检阅了民兵比武,并接见与会代表。接见时,贺龙元帅得知她们是亲姐妹,最小的俊霞还是一名少先队员时,高兴地连声说"太好了",贺龙说:你们不仅要自己练,还要带领全家都练武。三姐妹记着贺龙的话,回家后动员自己的母亲、两个哥哥、两个嫂子都参加了民兵,全家九人于1964年秋组成为一个民兵班,而且全家军事技术都达到很高水平,还多次在当时的全县各级会议上做了表演。

为了提高民兵的质量和军事素质,各地都按照毛泽东"三落实"的精神,在对民兵组织进行整顿基础上,大力抓了民兵的军事训练,民兵军事素质普遍提高。1964年,全军大比武时,民兵也搞了大比武。这年6月,北京军区和济南军区组织的部队在北京搞汇报表演,也请一些民兵参加,山东省的民兵代表在这次表演中成绩显著,其军事素质和技能不亚于正规部队,使在现场观看的许多军队高级将领惊讶不已。他们把这个情况报告给中央,毛泽东、刘少奇、周恩来、董必武、朱德、邓小平等党和国家领导人也抽空观看了这次军事汇报表演。山东民兵代表的射击,枪枪击中靶心,毛泽东看后十分高兴,当场表扬这些民兵训练得好,军事技能高。

民兵成为国家安全的重要基石之一

60年代初期中国保有训练有素的一亿民兵,特别是其中有数千万基干民兵。这些基干民兵都是经过军事训练的,有一定军事素质。中国民兵的这种情况,使任何想对中国动武的国家都不得不考虑这样一个现实问题:如果派兵侵入中国境内,即使能打进去,能不能在中国立足,打进去的兵能不能再出来?西方的战略家、军事家们对这一点进行了长期反复研究,最终得出的结论是:在中国民兵打击下,外国军队即使打进去也站不住,而且派出的兵再也不会出来。从那以后,西方有颠覆中国的这个计划那个计划,但没敢拿出任何一个军事入侵中国的计划。显然,他们所忌惮的，不光是中国的正规军，而且特别忌惮中国的一亿民兵。民兵已经成为维护国家安全的重要基石之一。

这一点在 1969 年得到证实。由于苏共中央把两国党与党之间在重大政治问题上的分歧引入国家关系，并进而指使其军队在两国边境线上频繁挑衅，那一年，中苏边境早就频繁出现武装冲突事件升级，导致珍宝岛战役发生。苏联高层特别是军队高层曾试图对中国进行军事打击。毛泽东在对当时的国际形势和我国周边形势进行分析的基础上，也判断苏联有对中国进行军事打击的意图，及时发出了"我们要准备打仗"①的号召。毛泽东准备迎击入侵之敌的一个基本想法，是打人民战争，他说：打起仗来，还是要靠人民战争，靠民兵，要加强民兵的军事训练。手榴弹，"到处可以造，各省都可以造"②。毛泽东还设想，真的和苏联打起来，我们就"要组建地方部队，小县一个营、中县两个营、大县一个团"③。毛泽东说的这种地方部队，指的就是由地方人民武装部领导的民兵武装。毛泽东说："人家打来，我们不打出去。我们是不打出去的……你请我去我也不去。但是你打来呢，那我就要对付了。……他进来了，我看比较有利，不仅有理，而且有利，好打，使它陷在人民包围中间。"④

当年，按照毛泽东"要准备打仗"的精神，全国的民兵都动员起来了，基干民兵全部配发了武器，普通民兵也参加军事训练。中学以上学校的学生都参加了民兵，许多学校还实行民兵建制，在班级建立民兵排，学年一级建立民兵连，学校则建立民兵营。边境地带的民兵配发武器，开始加强巡逻和值班，一切都是战时模样。全国各地各单位的民兵挖掘了大量战壕，修建了许多掩体。为了保证民兵能适应实战，各地民兵在武装部统一领导下，都搞了实弹射击训练，还搞了野外行军、宿营训练（当时简称为"拉练"）。1970 年 8 月，中央军委召开了全军民兵工作座谈会，贯彻毛泽东组建地方部队的指示。会议对加强民兵建设和民兵战备工

---

① 《建国以来毛泽东文稿》第 13 册，中央文献出版社 1998 年版，第 38 页。
② 《建国以来毛泽东文稿》第 13 册，中央文献出版社 1998 年版，第 38 页。
③ 范兴远：《毛泽东时代全民皆兵》，《文史精华》2006 年第 7 期。
④ 《建国以来毛泽东文稿》第 13 册，中央文献出版社 1998 年版，第 38 页。

作提出了新的要求。会后，各地遵照中央军委的部署，迅速组建战时地方部队，各县在县委、县武装部统一领导下，都组建了由县武装部统一指挥的民兵独立营、独立团，全部配发武器，武装起来。1973年后在民兵独立营、团的基础上，全国多数县建立了民兵武装基干团。这样的基干团实际上就等于战争时期共产党领导下的地方部队。

与此同时，全国民兵在统一组织安排下，中国开始大规模"深挖洞，广积粮"。在农村，每个村庄都修建了战斗工事，并且开始搞村与村协作作战演习。在城市，每个工厂都建了防空体系，城市民兵不光大力进行城市防御作战演练，还动手挖掘全城市的防空洞网络，一个个地下长城短时间就在民兵手上建成。

对于中国民兵这样大的动作，苏联方面显然是清楚的。他们不光害怕中国的正规军，更害怕中国已经武装起来的民兵。他们一度搞的军事打击中国的计划、地面进兵计划，搞一个流产一个，主要原因就是：中国民兵的力量太强了。他们不得已，想冒天下之大不韪，试图搞动用核武器的"外科手术"式打击，也因害怕中国已经形成的核反击能力，以及顾及国际力量的制衡因素，而不得不放弃。

毛泽东领导中国人民进入社会主义

在中华人民共和国开国大事中，不能不提到中国人民在毛泽东、共产党领导下，经过新民主主义阶段顺利进入社会主义。这是中华民族命运的重大转折，而毛泽东制定的过渡时期总路线，则在这一转折中起着重大作用。

毛泽东原来设想新中国成立后需要二三十年才能进入社会主义

早在中华人民共和国成立之前，毛泽东就提出，新中国还是在走中国革命的第一步，即改变半殖民地半封建的社会形态，建立以无产阶级为领导的各个革命阶级联合专政的新民主主义社会，为社会主义的发展扫清更广阔的道路。因此，新中国成立后，中国应该在一定时间内保持新民主主义社会性质。毛泽东当时还特别强调：我们不能毕其功于一役，中国革命的两个阶段必须分清。[1]那个时候，中国共产党内许多高级干部，有一种建立新中国后要马上进入社会主义的认识。毛泽东形容这些人犯了"急性病"。"过于性急是没有用的。"[2]一些民主人士也担心，共产党掌握政权后，会不会不要民族资产阶级了，会不会马上就没收资本家财产，搞社会主义。为此，毛泽东还亲自出面对他们做了不少思想工作。

---

[1] 《毛泽东选集》第2卷，人民出版社1991年版，第666—685页。
[2] 《毛泽东传（1949—1976）》上，中央文献出版社2003年版，第64页。

新中国成立后，毛泽东多次强调：现在我们的主要任务，不是立即转变为社会主义社会，而是迅速地恢复和发展国民经济，开始大规模的国家工业化建设，使新民主主义的政治、经济、文化形态有相当程度的发展，为中国稳步地由农业国转变为工业国，由新民主主义国家转变为社会主义国家奠定基础。在这一阶段，我们要团结民族资产阶级、小资产阶级共同建设新国家。当时，毛泽东形象地把这称为"几路纵队"共同前进。经济上实行"四面八方"的政策。①

什么时候中国进入社会主义？毛泽东在1949年新中国刚刚成立时估计，需要二三十年的时间。理由是：国民经济还没有恢复和发展，大规模国家工业化建设尚未展开，缺乏向社会主义转变所必要的物质基础和社会经济秩序；占国民经济90%左右的农业经济和手工业经济虽然正在摆脱封建制度的枷锁，但其生产方式还是个体的、分散的、十分落后的，要把它们通过适当形式引导到合作社经济的轨道，还要有一个过程；在中国现代工业中居第二位的私人资本主义工业，还没有纳入国营经济领导的轨道。等到二三十年后，条件成熟时再谈过渡，而过渡，是一个"严重的社会主义步骤"，不能头脑发热。②

从新中国成立后，到20世纪50年代初期，毛泽东一直这样设想。他说：中国实行私营工业国有化和农业社会化，"还在很远的将来"。1950年6月23日，他在全国政协一届二次会议上的闭幕词中说：

> 我们的国家就是这样地稳步前进，经过战争，经过新民主主义的改革，而在将来，在国家经济事业和文化事业大为兴盛了以后，在各种条件具备了以后，在全国人民考虑成熟并在大家同意了以后，就可以从容地和妥善地走进社会主义的新时期。③

毛泽东认为，我们在相当长一段时间里，要实行国家资本主义。"国

---

① 陶鲁笳：《毛泽东教我们当省委书记》，中央文献出版社1996年版，第128、129页。
② 胡绳主编：《中国共产党的七十年》，中共党史出版社1991年版，第287页。
③ 《建国以来毛泽东文稿》第1册，中央文献出版社1987年版，第416页。

家资本主义是改造资本主义工商业和逐步完成社会主义过渡的必经之路。"①

毛泽东的这个观点,也是中央其他领导人同意的。刘少奇、周恩来当年也多次说过要巩固新民主主义社会的话。

对于毛泽东和中共中央的上述认识和做法,斯大林是有怀疑的。他怀疑:中国共产党搞新民主主义,是不是真搞马克思主义,以后,中国会不会向社会主义过渡?他甚至认为毛泽东是"半个铁托"。以斯大林当时在社会主义阵营中的地位,他的这种怀疑,对毛泽东是一种巨大压力。而毛泽东又不好明言,有一股气,总是压在他心里。斯大林逝世后,毛泽东才把压在心里的气吐出来。1956年3月24日,毛泽东在中共中央政治局扩大会议上说:

> 斯大林70寿辰,世界各国共产党都去莫斯科向他祝寿。但我此行目的不单是祝寿,主要是要订立中苏友好同盟互助条约,他对中国党是不信任的。我在《论人民民主专政》的文章中不是说要一边倒吗?我们中国共产党人是真心诚意把苏联作为最亲密的战友,我们要和他们站在一起的。我们党取得新民主主义革命胜利之后,斯大林并不把我们看作是共产主义者,而是把我们看作属于铁托一类的人,说我是半个铁托。但我们当初并不了解这个底细,而一心要同苏联签订一个同盟条约。我到莫斯科第一次见到斯大林就向他提出这个问题。当时苏联采取拖延的办法,一直不提这个问题。②

尽管有这种压力,但毛泽东认准了的事,是决不会改变的。除了对真理的认识和坚持外,毛泽东独立自主的思想和品格在这里起了关键作用。

---

① 《毛泽东文集》第6卷,人民出版社1999年版,第291页。
② 《1949年毛泽东为什么要去莫斯科给斯大林祝寿?》,中国共产党历史网,2015年2月17日。又见何明、罗锋编著:《中苏关系重大事件述实》,人民出版社2007年版。

毛泽东密切注意新中国社会经济生活的变化

　　毛泽东是一个注重实践、勇于探索的马克思主义者。在新中国成立后，他在领导中国人民实践新民主主义时，也密切注意着新中国社会经济生活的变化。而新中国成立后，经过一段时间，中国的社会经济生活也确实发生了超出毛泽东原来预料的重大变化。这种变化，在1952年夏秋之交表现得最明显。

　　从国内情况看，首先是抗美援朝战争使中国人民团结一心，努力工作，各行业发展很快，特别是支持战争的工业发展更快，拉动了国民经济总体快速发展，恢复国民经济的任务提前完成，并且在新中国成立刚刚三年的时间里，工农业主要产品的产量就超过了新中国成立前最高水平，工农业总产值比新中国成立前最高水平的1936年增长20%。其次是经过三年经济恢复时期，国营工商业和私营工商业的产值比例发生了根本性的变化。1949年中国工业生产总值的公私比例是，国营占43.8%，私营占56.2%，到1952年9月，国营上升到67.3%，私营下降到32.7%，国营经济已经超过私营经济。经历"五反"运动后，私营工商业已经开始纳入接受国营经济领导的轨道，出现了加工订货、经销代销、统购包销、公私合营等一系列从低级到高级的国家资本主义形式。在工业和商业流通领域中，一场深刻的社会变革实际上已经开始。最后，新区土改顺利完成后，农村中的互助合作事业普遍地发展起来，主要是互助组，也有一些以土地入股为主要特点的农业生产合作社，还有少数集体农庄。继土改之后的一场更加深刻的农村生产关系和生产力的变革，也在悄然兴起。抗美援朝取得重大胜利，镇压反革命使社会基本稳定，"三反""五反"运动削弱了资产阶级，在苏联援助下，中国搞成的100多项重大工程，使中国工业化进程加快。毛泽东在1951年2月提出的中国长期发展战略①，其中的"三年准备"，到1952年就完成了，从1953年起，全国范围的大规模经济建设将要开始。毛泽东密切注意这些变化，并且对之进

---

① 即"三年准备、十年计划经济建设"。见《毛泽东传（1949—1976）》，中央文献出版社2003年版，第236页。

行了分析。他认为,经过这些事情,应该作这样的判断:现在,无产阶级和中国共产党的领导更加稳固;国家掌握着经济命脉,国营经济已经居于领导地位;合作社经济和国家资本主义经济也稳步发展。

从国内阶级关系看,毛泽东作了这样的判断:通过"三反""五反"运动和全国范围的土地改革基本完成,我们已经彻底打倒了地主阶级和官僚资产阶级。之后,中国内部的主要矛盾,是工人阶级与民族资产阶级的矛盾。因此,民族资产阶级不再是中间阶级了。

从国际形势看,抗美援朝战争的胜利教训了美帝国主义,国际形势开始向有利于中国的方向发展。当时毛泽东做了这样的估计:世界战争大体上10年到15年打不起来,我们争取15年不打仗是可能的。在稳定的外部环境下,中国有实行过渡的外部条件。

在发生了这些重大变化之后,中国下一步怎么走?毛泽东作为新中国的最高领导人,不能不作长远考虑,提出正确的方针,制定正确的路线。他像一艘巨轮的舵手,掌握着新中国的正确航向。正是这个时候,毛泽东开始考虑中国如何向社会主义过渡这一重大问题。

毛泽东正式提出过渡问题

毛泽东正式提出过渡问题,是在1952年9月24日召开的中共中央书记处会议上。这次会议在研究决定了其他一些重大问题后,毛泽东借着另外一个同志的话头,说了这样一段话:

> 十年到十五年基本上完成社会主义,不是十年以后才过渡到社会主义。二中全会提出限制和反限制,现在这个内容就更丰富了。工业,私营占百分之三十二点七,国营占百分之六十七点三,是三七开;商业零售是倒四六开。再发展五年比例会更小(资小我大),但绝对数字(指资)仍会有些发展,这还不是社会主义。五年以后如此,十年以后会怎么样,十五年以后会怎么样,要想一想。(资本主义的)性质也变了,是新式的资本主义:公私合营,加工订

货，工人监督，资本公开，技术公开，财政公开……他们已经挂在共产党的车头上了，离不开共产党了……他们的子女们也将接近共产党了……农村也是向合作互助发展，前五年不准地主、富农参加，后五年可以让其参加。①

这是毛泽东在中央高层会议上首次谈他对过渡问题的意见。毛泽东的这番话，更多的是分析情况，讲他对中国社会现实的基本看法。但有一点也十分明显，就是毛泽东以肯定的语气说：不是十年以后才谈过渡问题，是现在就谈。他已经明确：要改变过去说的新民主主义社会要维持二三十年的方针。

值得注意的是，毛泽东在这次会议上提出这个重大问题，并且有了明确态度，并没有使与会的中央高层领导人吃惊，相反，却得到了中央高层领导同志的一致赞成。这里面的原因，恐怕就是各位领导同志也和毛泽东一样，一直在观察中国经济社会情况的变化。据史料记载，出席这次中央书记处会议的，除了毛泽东外，还有刘少奇、周恩来、彭真、陈云、彭德怀、邓小平、陈毅、薄一波、罗瑞卿、粟裕、安子文、杨尚昆、饶漱石、习仲勋、聂荣臻，共16人。参加这次会议的薄一波后来回忆：毛泽东阐述了自己的意见后，中央其他领导人没有提出异议。而且，在这之后，在毛泽东的主持下，中央又多次召开中央书记处会议，讨论过渡问题。虽然我们现在还没有讨论情况的详细材料，但可以肯定的一点是，中央高层在这个问题上，意见是一致的。谈到过渡问题，大家心情是高兴的，但对于过渡的一系列重大问题，特别是如何表述的问题，大家也是十分慎重的。

斯大林表态支持中国共产党提前过渡的设想

尽管毛泽东是经过深思熟虑的，中共中央高层在过渡问题上意见也

---

① 薄一波：《关于过渡时期总路线提出问题致田家英的信》（1965年12月30日），《党的文献》2003年第4期。另见龚育之：《新民主主义：过渡时期社会主义初级阶段》，《中共党史研究》1988年第1期。

是一致的，但毛泽东考虑，这毕竟是一个中国社会主义革命进程中带有转折意义的大事，我们还是要采取慎重的态度。

毛泽东考虑，在这个问题上，中国共产党要征求斯大林的意见。因为当斯大林对中国共产党建国后的方针产生怀疑时，中国共产党对斯大林做过许多解释工作，毛泽东首次访问苏联时、刘少奇在新中国成立前秘密访苏时，都对斯大林做了不少解释工作。现在，中国共产党又提出不再搞二十年到三十年的新民主主义社会，而提出要过渡到社会主义社会，斯大林会对中国共产党的这种改变不理解，而当时，中国与苏联已经结成了联盟，苏联也是世界上对中国建设支持力度最大的国家，中国的建设计划和苏联的建设计划有某种联系，在过渡问题上如果不征求斯大林的意见，不利于中苏友好，也不利于我们国家从新民主主义过渡到社会主义的进程。

毛泽东的这个想法得到了中共中央书记处同志的赞成。于是，中央决定，1952年10月，刘少奇率中共中央代表团去参加苏共十九大时，受毛泽东委托，就中国的过渡问题征求斯大林的意见。为了慎重表述毛泽东和中共中央的意见，刘少奇在临行前，起草了一封给斯大林的信。这封信经毛泽东阅改过，又经中央书记处其他同志阅后同意，抄写清楚，并且译成俄文，属名时间为1952年10月20日。刘少奇到苏联后，即把这封信托接待他的苏共高级干部转给了斯大林。这封信根据毛泽东的意见，对中国过渡问题作了详细的阐述。信中说：

> 中国现在的工业生产总值（不包括手工业），国营企业已占百分之六十七点三，私人企业只占百分之三十二点七。而在一九四九年国营只占百分之四十三点八，私人占百分之五十六点二。在商业中，全国商品总值的经营比重，国营加合作社经营现在也占百分之六十二点九，私人只占百分之三十七点一，但在零售商业中私人还占百分之六十七……在工业和商业中，国营比重现已超过私营很多。此外，铁路全部国营，银行几乎全部国营，出进口贸易私人经营者也极少，全国主要商品已由国家控制，生产手段的生产国营已占百

分之八十二点八。这是现在的情形。

我们估计：再过五年，即我们执行了第一个五年经济计划之后，在工业中国营经济的比重将会有更大的增加，而私人资本主义经济的比重则会缩小到百分之二十以下。再过十年，则私人工业会缩小到百分之十以下。私人工业在比重上虽将缩小，但在绝对数上则还会有些发展，因此，多数资本家还会觉得满意，并和政府合作。

在十年以后，中国工业将有百分之九十以上是国有的。私人工业不到百分之十，而这些私人工业又大体都要依赖国家供给原料、收购和推销它们的成品及银行贷款等，并纳入国家计划之内，而不能独立经营。到那时，我们就可以将这一部分私人工业不费力地收归国家经营。

在征收资本家的工厂归国家所有时，我们设想在多数的情形下可能采取这样一种方式，即劝告资本家把工厂献给国家，国家保留资本家消费的财产，分配能工作的资本家以工作，保障他们的生活，有特殊情形者，国家还可付给资本家一部分代价。

我们估计：到那时，中国的资本家可能多数同意在上述条件下把他们的工厂交给国家。

这是我们设想的将来可能的一种工业国有化的方式。至于将来所要采取的具体的方式以及国有化的时机，当然还要看将来的情形来决定。

在农业中，在土地改革后，我们已在农民中发展互助合作运动。现在全国参加这个运动的农民已有百分之四十，在老解放区则有百分之七十到八十，并已有几千个组织得较好的以土地入股的农业生产合作社和几个集体农场。我们准备在今后大力地稳步地发展这个运动，准备在今后十年至十五年内将中国多数农民组织在农业生产合作社和集体农场内，再基本上实现中国农业经济集体化。

在中国，除开近代工业和农业外，还有广大的手工业。现在手工业的生产量超过机器工业的生产量，人民必需的制成品大部还是由手工业供给的。对于这些手工业，我们准备用力帮助小手工业者组织生产合作社,并鼓励手工作坊主联合起来采用机器生产,还有一部分则会要被机器工业所挤垮。但我们在小手工业者中的情形和在农民中的情形不一样,我们在农民反对地主的斗争中建立了或即将建立党的组织,而我们在手工业者中则一般没有党的组织。因此,我们在改造手工业和组织手工业生产合作社的运动中将会有更多的困难,而时间也可能需要更多。

这就是我们所设想的怎样过渡到社会主义去的大体方法。[1]

刘少奇在信的最后还特别说明:

这些问题还没有在中共中央的会议上讨论过,还只是若干同志的一种设想并在非正式的谈话中谈论过。[2]

1952年10月24日,斯大林会见了以刘少奇为首的中共代表团。会见时,斯大林在问候中国同志后,直截了当地对刘少奇说:你们的信我看了,我觉得你们关于过渡的想法是对的。当我们掌握政权以后,过渡到社会主义去应该采取逐步的办法。你们对中国资产阶级所采取的态度是正确的。[3]

这次会见后,刘少奇立即用电报向毛泽东报告了斯大林的意见。毛泽东看了刘少奇的电报,心情轻松了许多。他知道,斯大林的这个表态,对中国共产党关于过渡问题的意见,既是思想理论上的支持,也是政治上的支持。中苏两党在这个问题上的意见一致,有利于今后中苏的合作。

---

[1] 刘少奇:《关于中国怎样从现在逐步过渡到社会主义去的问题》(1952年10月20日),载《建国以来重要文献选编》第3册,中央文献出版社1992年版,第367—371页,第371页注[1]。

[2] 刘少奇:《关于中国怎样从现在逐步过渡到社会主义去的问题》(1952年10月20日),载《建国以来重要文献选编》第3册,中央文献出版社1992年版,第367—371页,第371页注[1]。

[3] 《毛泽东传(1949—1976)》上,中央文献出版社2003年版,第244页。

毛泽东探索中国向社会主义过渡问题十分慎重

虽然有斯大林的表态,但毛泽东在这个重大问题上仍然十分慎重。他仍然采取在中央一定会议上和大家探讨的态度。他讲自己的想法,很大程度上是探索,也是把自己的意见摆出来,请大家看对不对,有没有新的补充。

1952年11月3日,他在一次中央高层会议上提出:在过渡时期,我们要消灭资产阶级,消灭资本主义工商业,但是要有步骤地进行。我们要消灭,但现在还要扶持一下。[①] 转过年,毛泽东仍然继续探讨这个问题,1953年1月31日,毛泽东在中央一次会议上说:我们讲过渡问题,但我们对资产阶级,还有几个问题没有彻底解决:一是税收问题,二是劳资关系问题,三是商业调整问题,四是资金短缺问题。这些问题,我们是一定要解决的。1953年2月1日,在中央讨论一个文件时,毛泽东表示,不赞成在这个文件上写的"社会经济结构已经大规模地改组"这句话。他说:只是国营工业、运输业、批发商业已经改组了,其他并没有改组呀!农业、手工业、资本主义商业、资本主义工业才刚开始改组,工业还远未完成,公营的商业零售面逐渐扩大。农业,说农民从地主方面拿到土地,从封建所有制变为个人所有制是改组;但从个人所有制变成小集体所有制,则正在开始。

从以上毛泽东的这些话中看,当时他虽然提出了要在十年到十五年时间里向社会主义转变的意见,但总的来说,他还在考虑多方面的问题,在是否要这么快就过渡的问题上,他还在反复思索,没有因为得到斯大林的支持就轻率下结论。

毛泽东的慎重,还表现在他讲这个问题的范围上。他一开始只是在中央小范围内讲他关于过渡问题的想法,这个范围就是出席中央书记处会议的中央高层领导。毛泽东这样做,一方面是征求意见,请中央其他领导同志也考虑一下,这个想法对不对,另一方面,毛泽东这样做,还有另一个重要意思,就是:在探讨这个问题时,先限定在一定范围内。

---

① 齐卫平:《1949年至1956年中国社会的政治变化》,《党史研究与教学》2011年第5期。

他不希望在不成熟的情况下，把这个问题搞得满城风雨。

有一个故事，最能说明毛泽东态度的慎重。罗瑞卿是从创建江西苏区时就跟随毛泽东的老革命家，新中国成立后担任公安部部长。后来毛泽东又让他和林彪一起主管军队工作，是深受毛泽东信任的中央高级领导干部。1952年9月24日，毛泽东在中央书记处会议上谈关于过渡问题的新想法时，罗瑞卿也参加了那次会议。后来毛泽东讲这个问题，和中央其他领导同志一起探讨这个问题，很多场合，罗瑞卿也在。罗瑞卿是十分拥护十年到十五年实现向社会主义转变意见的。他出于高兴的心情，也是为了征求意见，便在他分管的范围内，向一些高级干部传达了毛泽东的这个想法。中央是有保密纪律的。中央正在研究而没有定论的事情，被罗瑞卿传了出去，这显然是不对的。中央发现了这个问题后，找他谈话，罗瑞卿立即意识到自己错了，他十分坦诚地检讨了自己的错误，并且请求中央给予他处分。一些中央领导同志也对罗瑞卿进行了批评。毛泽东知道了这件事后，于1952年11月13日，给包括罗瑞卿在内的中央十几位领导同志写了一封信，信中说：这件事，应该由我承担责任，因为我当时没有明确此种意见的性质，没有划定传达范围。毛泽东在信中说：

> 此事因为我过去说时，没有如同在十一月十二日的会议上那样，明确说明此种意见的性质（尚不是决议），传达范围和什么人不要传达，故有些同志在相当范围内传达了。此事不应由他们负责，而应由我负责。罗瑞卿同志因此事请给处分，应无庸议。

这件事虽然不算太大，但表明了毛泽东在探讨过渡问题时的慎重态度。他在探索中国向社会主义过渡问题时，不愿意把自己正在考虑，自己也觉得还需要进一步探讨的事情，在更大的范围公开。

新税制引起毛泽东的注意

就在毛泽东酝酿关于过渡时期的思想时，新税制问题引起了他的注意。

其实，新税制不是新问题。早在1952年12月31日《人民日报》就公布了《关于税制若干修正及实行日期的通告》，同时发表了题为《努力推行修正了的税制》的社论。而事情就出在这篇社论上。这篇社论在说明修改税制的必要性和目的时，使用了一个"公私一律平等纳税"的提法。毛泽东一开始并没有注意到这个问题，因为新税制是政务院搞的。毛泽东在读《人民日报》时，也没有注意到那句话。

社论发表后，中共中央山东分局书记向明给毛泽东写了一封信说，新税制引起了物价波动和人们的思想混乱。紧接着，北京市委也给毛泽东写信反映，新税制公布后，引起了物价波动，抢购商品，私商观望，思想混乱。不久，各大区、各省市财委也纷纷写信、打电报给中央财经委员会，反映在执行中遇到的问题和困难。中财委把这些反映汇总，搞成一个文件，报告中央。这种情况引起了毛泽东的注意。他让身边工作人员找来《人民日报》，重新看了一遍这篇社论，敏锐地注意到了那句话。毛泽东明确表示：不同意这句话。1月15日，毛泽东给周恩来、邓小平、陈云、薄一波写了一封信。信中说：

> 新税制事，中央既未讨论，对各中央局、分局、省市委亦未下达通知，匆卒发表，毫无准备。此事似已在全国引起波动，不但上海、北京两处而已，究应如何处理，请你们研究告我……此事我看报始知，我看了亦不大懂，无怪向明等人不大懂。究竟新税制与旧税制比较利害各如何？何以因税制引起物价如此波动？请令主管机关条举告我。①

毛泽东的信十分严肃，已经涉及党员个人向党闹独立性的问题，把反对无政府无组织无纪律，反对分散主义的问题摆了出来。②

---

① 《建国以来毛泽东文稿》第4册，中央文献出版社1990年版，第27页。
② 薄一波：《若干重大决策与事件的回顾》上卷，中共中央党校出版社1991年版，第245页。

周恩来收到毛泽东的信后，感到事情重大，立即和中央主管经济工作的薄一波商议。决定按毛泽东的意见办，让主管机关写个材料，说明事情前后经过。据薄一波回忆：2月10日，财政部吴波、商业部姚依林、粮食部陈希云三同志联名写信给毛主席和党中央，就修正税制的目的、新税制对物价的影响和在执行过程中发生的问题等，作了说明。接着，财政部又向毛主席、政治局作了一次汇报，由吴波同志把税制修正了哪些地方，实行中出现了哪些问题，如何解决的，一一作了说明。毛主席尖锐地批评说："'公私一律平等纳税'的口号违背了七届二中全会的决议；修正税制事先没有报告中央，可是找资本家商量了，把资本家看得比党中央还重；这个新税制得到资本家叫好，是'右倾机会主义'的错误。"[①]

毛泽东为什么那么注意新税制问题？主要原因是毛泽东认为，新税制中的一些提法，是与他酝酿的过渡方略相矛盾的。他正在考虑大力发展公有制经济，通过赎买来消灭资本主义，进入社会主义，但新税制却说要"公私一律平等纳税"，这是与他的思路相背离的。

但是，毛泽东并不是把自己的思路强加于全党。他觉得，在过渡问题上，可能党内、包括党内高层还有不同的认识。什么是正确的认识？一贯倡导实事求是的毛泽东认为，只有从实际情况出发，才能产生正确的认识。他决定，自己亲自下去，搞调查研究。同时，毛泽东也意识到，到目前为止，我们还只是在中央高层探讨这个问题，没有征求基层干部的意见。对基层的情况，也没有进一步的了解。他感到，对这个重大问题，只由中央作决定，还是不妥当的，在下决心之前，还要到基层去了解情况，征求广大基层干部的意见。毛泽东在中央书记处会议上谈了自己的这个看法，表示：我下去调查，是要做三方面工作，一是就过渡问题征求基层干部意见，二是宣传一下中央的想法，和基层干部通气。三是了解一下基层情况，特别是财政经济方面的情况。中央其他领导同志赞成他的意见。同时决定，毛泽东南下调查时，由刘少奇主持中央工作。

---

① 薄一波：《若干重大决策与事件的回顾》上卷，中共中央党校出版社1991年版，第245页。

毛泽东南下调查时向基层通气

1953年2月15日，是农历正月初二。在北京刚刚过完大年初一的毛泽东，不顾天气仍然寒冷，乘专列南下调查研究。此次陪同毛泽东南下调查的有罗瑞卿和杨尚昆等高级干部，毛泽东一些身边工作人员也随行。毛泽东的专列沿京汉线南下。当天，专列就到达河北省邢台境内。

毛泽东的日程排得紧，不能在这里停留，他就预先通知地方，请一位基层干部到他的专列上谈话，了解农村互助合作的情况。在专列停下上水的时间里，河北省委副书记马国瑞，河北省邢台县委（当时邢台是县，还不是市——笔者注）第二书记、县长张玉美被请到专列上。专列只在邢台停了三分钟，就继续南行。毛泽东微笑着和马国瑞、张玉美握手后，亲切地请他们在靠着车窗的桌子边坐下，和他们谈起了农业合作化问题，主要是向在基层工作的张玉美了解情况。毛泽东问张玉美：目前你们那里的农业互助合作情况如何，入初级社、入互助组的农民各是多少？张玉美一一作了回答。当毛泽东得知，邢台全县入初级社、入互助组的农户已占总农户的87%时，内心十分高兴。但有追根究底习惯的毛泽东，还要问有这么多农民参加合作化的原因是什么？听毛泽东这样问，张玉美如实回答说：有两个原因：第一，邢台县是老解放区，互助合作已有十多年的历史；第二，党中央关于互助合作的方针、原则和办法符合民意，得到广大农民的拥护。她举了一些实际例子，其中谈到了一个叫东川口村子的情况。这个村子有70个农户，1952年，仅仅用了一个多月的时间就实现了合作化，建社当年粮食增产12%。毛泽东又向张玉美了解农业合作化中有哪些困难和问题，要求张玉美一个一个地具体回答。张玉美一一回答后，毛泽东十分高兴。他就是愿意听这种实实在在的汇报。同时，他也了解了中国农村的一些基本情况，认识到，中国多数农民是愿意走社会主义道路的，因为这是一条由穷变富的金光大道。中国和苏联情况不同，不能先搞机械化后搞合作化，可以先搞合作化，再搞机械化。

谈话的时间很长，到了晚饭的时间，毛泽东请河北省的马国瑞、张玉美在专列上吃晚饭。晚饭按照毛泽东的习惯，饭菜很简单。大家边吃边谈。很快，火车就进了郑州车站。到了河南省，同河北省干部的谈话也该结束了。毛泽东和马、张二人分手时表示：你们在合作化问题上可以提前。在合作化问题上，一定要本着积极、稳妥、典型引路的方法去办。

毛泽东并没有在河南省下车，他的专列只是路过河南。1953年2月16日深夜，毛泽东的专列进入武汉。他在这里下车调查研究。2月17日，毛泽东白天稍稍休息了一下，就开始批阅文件，看一些地方上的材料。他的日程安排得很紧。当天晚上，他把中南局、湖北省委、武汉市委少数领导人请到他的住地一起吃饭。说是吃饭，实际上是利用这个时间调查了解情况。毛泽东主要是向当时担任武汉市委书记的王任重了解情况。因为王任重当时也算是基层干部。毛泽东向他了解了武汉市工业、手工业和公私合营的情况。在了解了情况后，毛泽东向中南局、湖北省、武汉市的领导干部谈了他和党中央其他领导同志前一段时间酝酿过渡问题时形成的意见。毛泽东主要谈了如下一些意见：

> 有人说"要巩固新民主主义秩序"，还有人主张"四大自由"，我看都是不对的，新民主主义是向社会主义过渡的阶段。在这个过渡阶段，要对私人工商业、手工业、农业进行社会主义改造。过渡要有办法。
>
> 像从汉口到武昌，要坐船一样。国家实现对农业、手工业和私营工商业的社会主义改造，从现在起大约需要三个五年计划的时间，这是和逐步实现国家工业化同时进行的。
>
> 全国解放后，富农不敢雇工了，即使还没有搞完土地改革的地方，富农实际上也变成富裕中农了。斯大林建议我们在土改中要保留富农，为的是不要影响农业生产。我们发展农业生产并不依靠富农，而是依靠农民的互助合作。
>
> 我们现在家底子很薄弱，钢很少，汽车不能造，飞机一架也造不出来；面粉、棉布的生产，还是私营为主。

> 要团结民主人士。使他们的生活好一点,争取他们和我们一起搞建设。经济基础不强,政治基础也就不强。
>
> 私人工商业如何转?资本家转什么?他们如何生活?其中有些人会和我们一起进到社会主义的。只要不当反革命,就要给工作,给饭吃。①

第二天,毛泽东又把武汉市和武昌区的领导干部请到他的住地来,向他们了解当地手工业的发展情况。第三天,2月19日,毛泽东又找中南局几位负责人谈话。谈话中,毛泽东也向他们讲了自己和中央其他领导同志关于过渡问题的想法。目的也是向基层通气,同时征求意见。毛泽东在讲到社会主义改造时说了这样的话:

> 我爱进步的中国,不爱落后的中国。中国有三个敌人(帝国主义、封建主义、官僚资本主义)已经被打倒了,还有民族资产阶级,个体农业、手工业和文盲三个问题,当然对待这些人不能用对待前三个敌人的办法。个体农业,要用合作社和国营农场去代替,手工业要用现代工业去代替。手工业目前还要依靠,还要提倡,没有它不行。对民族资产阶级,可以采取赎买的办法。②

毛泽东说这个话,已经明确表示,中国实行过渡是社会的进步,我们必须走这条路。我们将要实行和平过渡,对民族资产阶级要通过赎买的办法。

毛泽东和中南局的几个同志谈话后,就要离开湖北了。这天中午,毛泽东一行来到长江边上的一个码头。海军为他准备的"长江"号军舰早已经等候在这里,毛泽东登上军舰,顺流而下,到了江西省的九江。他在这里又换乘海军的"洛阳"号军舰,向安徽省的安庆驶去。毛泽东

---

① 《毛泽东传(1949—1976)》上,中央文献出版社2003年版,第248页。
② 《毛泽东传(1949—1976)》上,中央文献出版社2003年版,第248页。

一行是 2 月 20 日晚上 9 点钟到达安庆的。考虑到不给地方添麻烦，毛泽东没有下军舰，就在停泊于安庆江面的军舰上休息、批阅文件、找地方干部了解情况。

在这里，毛泽东提出了这样的观点：不要等新民主主义革命的任务全部完成了，再向社会主义过渡。可以在基本完成时，就开始向社会主义过渡。他是在 21 日上午和安庆地委书记傅大章谈这番话的。当时傅大章边陪毛泽东在江边散步边向毛泽东汇报工作。当傅汇报到土改后开展互助合作运动的情况时，毛泽东一边扳着指头一边说，假如新民主主义革命有十项任务，现在已经完成了七项八项，那么要不要等到把这十项任务都做完了，再去搞社会主义呢？不是的，只要基本条件成熟了，就可以开始进行社会主义革命工作。我们是革命阶段论者，但两个阶段不能截然分开。① 毛泽东说这番话时，地方的干部们还不完全理解，但毛泽东也不强求大家都能理解自己的想法。他在和地方干部谈话时，特别强调的是，我们中国共产党人，要从中国的实际情况出发，处理自己的事情，一个地方也是一样，要从本地区的实际情况出发考虑问题，制定政策。21 日当天，毛泽东乘"洛阳"号军舰到南京调查研究。他在和地方干部谈话中，特别注意了解的情况是：中国农民对于农业合作化的态度，中国现在的国营工业发展情况。他认为，这是两项重要指标。通过这两项指标，可以看出中国现阶段是否具备向社会主义过渡的基本经济条件。这也是他到徐州、到天津，主要了解的情况。他经过一路的调查研究，心中有数了。2 月 26 日，毛泽东乘专列回到了北京。

"总路线是照耀一切工作的灯塔"

毛泽东这次南下调查研究，已经把自己关于过渡问题的想法和地方干部谈开了。他谈自己想法的范围，已经不限于中央一级的高级领导干部了。他已经和省委书记一级、地委书记、县委书记一级的干部都谈了

---

① 傅大章：《关于毛泽东同志 1953 年 2 月视察安庆时讲话的回忆》，载中共安徽省委党校编：《理论战线》，第 96 期。

自己的想法。这说明，毛泽东向社会主义过渡的决心已下。

但是，毛泽东不想自己主观臆断地下决心，他认为，有必要通过一次会议，统一党内的认识。他决定利用召开全国财经会议的机会，统一认识。

毛泽东回到北京后，顾不上休息，第二天，即2月27日晚，就在中南海颐年堂召开中央政治局会议。在这次会议上，毛泽东向大家讲了自己南下调查研究的情况，同时，向与会同志表明了自己在过渡问题上的决心。毛泽东在会上说：

> 什么叫过渡时期？过渡时期的步骤是走向社会主义……类似过桥，走一步算是过渡了一年，两步两年，三步三年，四步四年，五步五年，六步六年……十到十五年走完了。我让他们把这话传到县委书记、县长。在十年到十五年或者还多一些的时间内，基本上完成国家工业化及对农业、手工业、资本主义工商业的社会主义改造。①

但毛泽东的头脑十分冷静。他在会上表示，我们在过渡问题上，要防止急躁情绪。他说：

> 急躁情绪基本上是什么倾向？是盲目性，太急了。斯大林讲过，政权到了我们手里，不要急。②

这次会议，一直开到凌晨1点才结束。毛泽东的心情是愉快的，从他的脸上，看不出南下调查连日乘车的疲惫。他容光焕发，讲话时坚定而又从容。与会的中央其他领导同志也十分高兴。大家都期待中国尽早建立社会主义制度。

全国财经会议原定于1953年夏季召开。这个会议原本是按照中央财

---

① 《毛泽东传（1949—1976）》上，中央文献出版社2003年版，第249页。
② 沈雁昕：《社会主义改造与新民主主义社会的过渡——对毛泽东批评"确立新民主主义的社会秩序"的思考》，《党的文献》2013年第3期。

经委员会的例会进行准备的。但毛泽东十分重视这次会议，他打算通过这次会议统一思想，因此，这次会议，后来实际上变成中共中央召集和主持的会议。毛泽东决定，中央各部门负责人，各大区、各省市委和财委的负责人都参加这次会议，而搞财经实际工作的干部，则成了列席会议者。这次会议在中南海西楼会议室召开，参加会议的共有163人。会议从6月13日开始，到8月13日结束，整整开了两个月。

毛泽东确定了这次会议的三项议程：财政问题，第一个五年计划问题，利用、限制、改造资本主义工商业问题。中心是财政问题。

新税制问题，是这次会议要讨论的突出问题。在筹备会议期间，毛泽东于6月5日，让时任中共中央办公厅主任的杨尚昆将有关新税制的五个文件（即中共中央山东分局第二书记向明等关于在执行新税制过程中物价调整草率造成市场混乱情况的电报、北京市委关于新税制施行的反映、毛泽东关于新税制问题给周恩来等人的信、政务院财经委员会副主任兼财政部长薄一波的回信、财政部副部长吴波等关于新旧税制的利弊及此次物价波动的原因的报告），印发参加中央政治局扩大会议的同志。毛泽东还亲笔给这五个文件加了一个总题目："一九五三年一月至二月间关于新税制问题的几个文件"。会议由周恩来、高岗、邓小平主持，在毛泽东的直接指导下进行。

全国财经会议召开期间，毛泽东信心十足。因为他经过了调查研究，了解了中国经济、社会的实际情况，党内高层的认识也基本统一，因此，他心中有了底。他已经下了中国开始向社会主义过渡的决心。6月15日，在财经会议召开第三天，毛泽东主持召开中央政治局会议。正是在这次中央政治局会议上，毛泽东形成了完整的过渡时期总路线的思想。这包括：明确了过渡时期总路线是"照耀一切工作的灯塔"；对总路线进行了科学表述；提出了中国独特的过渡方式；批评了在过渡问题上的错误认识。

在召开中央政治局会议之前，毛泽东请李维汉搞了一个《关于资本主义工业中的公私关系问题》的报告。这个报告，是在毛泽东亲自指导下搞出来的。报告的主要根据，就是毛泽东亲自到南方调查研究的实际材料。最突出的是，报告提出了中国独特的过渡方式：经过国家资本主义，特别是公私合营这个主要环节，实现资本主义所有制的变革。这完全体现了毛泽东的思路。

中央政治局会议之前，按照毛泽东的意见，中央把李维汉在毛泽东指导下搞的《关于资本主义工业中的公私关系问题》的报告发给了全体政治局委员。自然，毛泽东手中也有一份。主持中央政治局会议的毛泽东是经过深思熟虑后有备而来的。会议召开之前，毛泽东经过认真思考，在发给他的那份报告稿的封面上，写下了一个他在政治局会议上讲话的提纲。毛泽东写道：

总路线是照耀一切工作的灯塔。

有所不同和一视同仁，公私兼顾、劳资两利和发展生产、繁荣经济，前者管着后者。

几点错误观点：（一）确立新民主主义的社会秩序；（二）由新民主主义走向社会主义；（三）确保私有财产。

党的任务是在十年至十五年或者更多一些时间内，基本上完成国家工业化和社会主义的改造。

所谓社会主义改造的部分：（一）农业；（二）手工业；（三）资本主义企业。

逐步对于将资本主义逐步过渡到社会主义的认识——社会主义成分是可以逐年增长的，资产阶级的基本部分是可教育的。①

毛泽东在这个提纲中，正式提出了"过渡时期总路线"的概念，并且将这条路线放在照耀一切工作的"灯塔"的地位。但这只是一个提纲。

毛泽东关于过渡时期的观点，是他在1953年6月15日中央政治局会议上的讲话中展开的。毛泽东在会上讲道："党在过渡时期的总路线和总任务，是要在十年到十五年或者更多一些时间内，基本上完成国家工

---

① 《毛泽东传（1949—1976）》上，中央文献出版社2003年版，第253页。

业化和对农业、手工业、资本主义工商业的社会主义改造。这条总路线是照耀我们各项工作的灯塔。"① 接着，毛泽东批评了在这个问题上"左"的和右的两方面观点。

这段话，是毛泽东对过渡时期总路线作的比较完整的表述。接着，毛泽东对过渡时间作了解释。他说：

> 考虑来考虑去，讲十年到十五年或者更多一些时间比较合适。根据几年来的经验，大概十年到十五年是一定需要的。②

毛泽东阐述道：过渡时期的总任务，包括工业化和社会主义改造两个部分。同时，他强调了过渡时期总路线的"灯塔"地位。他说：脱离这条总路线，就要犯右的或"左"的错误。这句话是很重的。

毛泽东紧接着对"左"的和右的错误倾向及其表现进行了批评。他说：

> 有人认为过渡时期太长了，发生急躁情绪。这就要犯"左"倾的错误。现在基本建设、农业、手工业、资本主义工商业方面，都有急躁情绪，比如急于要多搞合作社，"五反"后对资本家进攻没有停止，使工人阶级自己处于进退两难地位……有人在民主革命成功后，仍然停留在原来的地方。他们没有懂得革命性质的转变，还在继续搞他们的"新民主主义"，不去搞社会主义改造。这就要犯右倾的错误。③

毛泽东批"左"也批右，但他在此时，更主要的是批右。他在讲话中列出了右倾表现的三句话进行批评。

毛泽东批的第一句话是"确立新民主主义社会秩序"。对这句话，毛

---

① 《毛泽东选集》第6卷，人民出版社1999年版，第316页。
② 《毛泽东传（1949—1976）》上，中央文献出版社2003年版，第254页。
③ 《毛泽东传（1949—1976）》上，中央文献出版社2003年版，第254页。

泽东批评说：过渡时期每天都在变动，每天都在发生社会主义因素。所谓"新民主主义社会秩序"要确立是很难的。"过渡时期充满着矛盾和斗争，是变动很剧烈很深刻的时期。我们现在的革命斗争，甚至比过去的武装斗争还要深刻，要在十年到十五年使资本主义绝种。'确立新民主主义社会秩序'的想法，是不符合实际斗争情况的，是妨碍社会主义事业的发展的。"①

毛泽东批的第二句话是"由新民主主义走向社会主义"。毛泽东说："这种提法不明确。走向而已，年年走向，一直到十五年还叫走向？走向就是没有达到。这种提法，看起来可以，过细分析，是不妥当的。"②

毛泽东批的第三句话是"确保私有财产"。毛泽东说："因为中农怕'冒尖'，怕'共产'，就有人提出这一口号去安定他们。其实，这是不对的。"

针对"左"和右的观点，毛泽东综合起来说：

> 我们提出逐步过渡到社会主义，这比较好……走得太快，"左"了；不走，太右了。要反"左"反右，逐步过渡，最后全部过渡完。③

中央政治局会议经过认真讨论，同意毛泽东关于过渡问题的观点，同意李维汉组织起草的报告中关于改造资本主义所有制的根本途径。同时，大家对李维汉的报告也提出了一些补充和修改意见。毛泽东和大家一起再次认真研究了这个报告。会议在对这报告进行修改、补充后，将报告的题目改为《关于利用、限制、改造资本主义工商业的若干问题》（未定稿），决定把这个文件印发给参加全国财经会议的全体同志，让大家讨论。

毛泽东在全国财经会议刚刚召开，就主持召开这次中央政治局会议，

---

① 《毛泽东传（1949—1976）》上，中央文献出版社 2003 年版，第 255 页。
② 《毛泽东传（1949—1976）》上，中央文献出版社 2003 年版，第 255 页。
③ 《毛泽东传（1949—1976）》上，中央文献出版社 2003 年版，第 255 页。另见沈雁昕：《社会主义改造与新民主主义社会的过渡——对毛泽东批评"确立新民主主义的社会秩序"的思考》，《党的文献》2013 年第 3 期。

是经过深思熟虑的。他的目的，就是要全党以这条总路线为指导，通过全国财经会议，批评某些不符合过渡时期总路线的观点，把大家的思想统一到总路线上来。

毛泽东作了五点自我批评

全国财经会议集中对新税制进行了讨论和批评，会议几乎是"一边倒"的。但毛泽东和中央其他领导同志，主要讲的道理是：在中国向社会主义过渡时，"公私平等"是错误的。对这一点，陈云说得最清楚。他在会上说：

> ……恢复与壮大国营商业阵地，这是应该做的，但不要盲目排挤私商。请地方党委加以掌握，不要单交商业部门去做。现在有些我们该占领的阵地没有占领，有点右倾的毛病。但是，要注意，不要来一个"左比右好"，犯"左"倾的毛病。
>
> 对零售商与批发商要有区别。对待零售商，在去年中央关于调整商业的指示中已交代明白。对待批发商，我们的做法也应有区别。我阵地未失者，如盐、煤炭、白布等，自不发生恢复阵地的问题。有些行业的批发商现在不应削弱，比如他们经营土产，挤掉了对我不利。只有那些我本来不应收缩而被私商占的阵地，才可以去挤。但在挤时，要区别什么行业，数量多少，并且要有步骤地前进。准备周到，才不致扶得东来西又倒。特别是有些地区，工业比重小，基本建设投资少，商业比重大，更要特别注意。总之，国家的力量是强大的，挤私商并不困难，一定要采取谨慎的态度。

陈云一边讲，一边举出一些例子，讲得入情入理，大家也信服。毛泽东对陈云的讲话是十分满意的，因为陈云的讲话补充了毛泽东的意见。

毛泽东在全国财经会议期间，找出中共七届二中全会决议铅印本，再次仔细阅读。他一边阅读，一边在这个铅印本上画了许多圈、线、点，可见他再次阅读这个文件时，是下了许多功夫，用了许多心血的。他这时的思路十分清楚：中国共产党关于过渡问题的思路，应该上溯至七届二中全会。

全国财经会议结尾阶段，周恩来准备好了作会议结论的稿子，交给毛泽东审阅。周恩来的这个结论稿中，完整地引用了毛泽东在中央政治局会议上对过渡时期总路线的表述。毛泽东看了这个稿子后，很满意。他对周恩来的稿子也作了一些修改，重要的修改，是他在周恩来的这个稿子上加写了这样一段话：

> 这条总路线的许多方针政策，在一九四九年三月的党的二中全会的决议里，就已提出，并已作了原则性的解决。可是许多同志，却不愿意遵照二中全会的规定去工作，喜欢在某些问题上另闹一套不符合于二中全会规定的东西，甚至公然违反二中全会的原则。①

8月11日，全国财经会议在怀仁堂召开全体大会。周恩来在为会议作的结论中，引述了毛泽东关于过渡时期总路线的完整表述。

8月12日，毛泽东在全国财经会议上发表讲话。毛泽东的这个讲话并没有事先写好成稿，而是把自己讲话的提纲写在了他自己手中的那份七届二中全会决议铅印本上。毛泽东的讲话，处处依据七届二中全会决议，又结合新中国成立后的实际情况，作了进一步发挥。他提出：

> 为了保证社会主义建设的成功，必须在全党，首先在中央、大区和省市这三级党政军民领导机关中反对资产阶级思想在党内的反映，并在适当时机，召集地区一级领导干部，开展讨论，讲清社会主义道路和资本主义道路问题……过渡时期、建设时期，有资本主义、有社会主义。二中全会决议就是中国的新经济政策，现在要具体化。②

---

① 《毛泽东传（1949—1976）》上，中央文献出版社2003年版，第259页。
② 《毛泽东传（1949—1976）》上，中央文献出版社2003年版，第260页。

毛泽东在讲话中批评了新税制。但是，与众不同的是，毛泽东在批评新税制之前，先作了五点自我批评。他说：

> ……我说我也要负责任，各有各的账。我的错误在于：（1）抓得少，抓得迟，这是第一条，也是主要的一条，过去忙于土改、抗美援朝，"三反"后应抓财经，抓了一些。但没有钻。我对财经工作生疏，是吃老资格的饭，过去一凭老资格，二凭过去的革命工作较丰富的经验，现在是建设时期，缺乏知识，未钻进去，要亡羊补牢。（2）统的死了，我也有份。我说过要统收统支，对统收我抓了，统支我没有抓紧，不注意。这一次会议提醒了我。要统一集中，但分级管理也是很必要的。（3）预算问题。去年十一月搞起，经过一月财经会议，中央也讨论了。预算中十六万亿是虚假数字，我现在才知道。利润打的太多，支出的太多了。我虽然说了"三道防线"——增产、节约、发行，但错误是报纸上公布的早了，应该慢慢来（苏联今年预算现在才公布），我也有急躁冒进。（4）查田定产，我支持过。到武汉、南京后，听到对此问题有反映，我说做个五年计划吧。回到北京，邓子恢同志看我口气松了，说查田定产否定了土改成果，根本行不通。我说，听你的吧。（5）扫盲，我开始是支持过，后来不行了，接受了大家的意见，修改了原来的意见。（6）失业人员登记，是我的意见，失业的一百六十万人，加上半失业的人数很多。原因是我接到八百封信都是这个问题，劳动部当时又说这样做没有问题，有些失业救济经费还花不出去。我让恩来同志召集了会议。宣布了劳动就业办法，给地方上增加了麻烦。但也给失业者些希望……我是中央主席，都有我的份。这些错误，中央政治局在逐步的纠正中。①

毛泽东在批评新税制、批评其他同志之前，先做自我批评，使许多中央领导同志很是感动。当年参加这次会议的薄一波后来回忆起此事，

---

① 《毛泽东传（1949—1976）》上，中央文献出版社2003年版，第260—261页。

仍然对毛泽东佩服有加，他说："一位受全党尊敬的伟大领袖，能在大庭广众之中诚恳地检讨自己的错误，给了大家以很大的启发和教育。他的这番话，在一些具体问题上承担了责任，就使做实际工作的同志减轻了压力。更重要的是，可以从中看出他的本意是希望这次财经会议能通过批评、自我批评来总结经验，提高认识。"①

明确了党在过渡时期的总路线

全国财经会议使全党在过渡时期总路线问题上统一了思想。但是，要把过渡时期总路线贯彻到全国各项工作中去，光是党内统一思想，远远不够，需要经过全国政协，统一全国各阶层的认识。毛泽东的特点是：抓工作，就一环接一环抓到底。全国财经会议刚刚结束不久，他就于9月8—11日召开了全国政协常委会第四十九次扩大会议，专题讨论过渡时期总路线和经济建设问题。

为了做好民主党派和民主人士的工作，在召开这次政协常委会的前一天，毛泽东亲自出面，把陈叔通、黄炎培、李济深、李烛尘、章伯钧、盛丕华、程潜、张治中、傅作义、章乃器请到中南海颐年堂，向他们详细说明中国共产党在过渡时期对资本主义工商业进行社会主义改造的方针政策。毛泽东的说明入情入理，使民主党派心情舒畅，打消了过去存在的一些疑虑。就在这天，毛泽东对周恩来将要在政协常委会上的报告稿和总结报告稿做了再次审改。实际上，是毛泽东和周恩来一起准备好了这次政协常委会的主要文件，而文件的主要内容也是对过渡问题的说明。

周恩来在政协常委扩大会议上作的题为《过渡时期的总路线》的报告中，对过渡时期总路线作了全面阐述。他说：

在我们的人民民主的国家制度和社会制度中，不是要等到那

---

① 薄一波：《若干重大决策与事件的回顾（修订本）》上卷，人民出版社1997年版，第255、256页。

么一天，由国家宣布所有的生产资料都归国家所有，而在这一天以前，一切都原封不动毫无变化。这是不可能的……我国根据国际条件尤其是国内各阶级联盟和经济发展的情况，不采取这种激烈的突然变革的办法，而采取温和的逐步过渡的办法。由新民主主义到社会主义虽然是一场革命，但可以采取逐步的和平转变的办法，而不是在一天早晨突然宣布实行社会主义。在过渡时期中，要使社会主义成分的比重一天一天地增加。过去我曾与盛丕华先生说过，将来是"阶级消灭，个人愉快"。就是说采取逐步过渡的办法，做到"水到渠成"。①

9月11日，是这次政协常委会的最后一天。这一天，周恩来在会上作的总结报告中进一步指出：

我国新民主主义建设时期，就是逐步向社会主义过渡的时期，也就是社会主义经济成分在国民经济比重中逐步增长的时期。②

周恩来报告稿中的这段话，就是毛泽东亲自审定的。这段话，改变了毛泽东和党中央原来设想的先搞一段相当长时间的新民主主义建设，然后再考虑向社会主义转变的思路，是对过渡问题的理论突破。

中国共产党对总路线作出完整表述

这次政协常委会开得非常好，与会者都真诚表示：拥护共产党过渡时期的总路线。经过这次政协常委会，全国各阶层在过渡问题上统一了认识，9月24日，全国政协向全国正式公布了过渡时期总路线。

党在过渡时期的总路线公布后，各级党组织在全国范围展开了宣传

---

① 《周恩来选集》下卷，人民出版社1984年版，第104—106页。
② 《毛泽东传（1949—1976）》上，中央文献出版社2003年版，第265页。

活动。但在宣传工作中，许多地方出现了对过渡时期总路线解说不一的现象。毛泽东及时发现了这个问题，要求中央宣传部起草一个关于党在过渡时期总路线的宣传提纲，以此统一口径，准确表述过渡时期总路线。中宣部决定由副部长胡乔木组织人起草宣传提纲。胡乔木组织人起草好一个稿子，交毛泽东审阅。毛泽东拿到这个稿子后，在第一时间就全部看完，但很快又退回了。很明显，他对这个稿子不满意，要求重新写。胡乔木组织人重新写后，再交给毛泽东看，他还是不满意。这样反复几次，中宣部共起草了七个稿子。时间也过去了两个多月。到第七稿时，毛泽东才比较满意。但是，他还是亲自动手，对这个第七稿进行了修改和补充。12月13日，他给胡乔木写信说：

  此件已看一遍，比前好多了。我作了一些增改，请你邀伯达、凯丰看一下，看是否妥当。如有意见请告我；如无意见即送尚昆照扩大名单印发各同志阅看。最好今天即能印发，并请各同志明天（十四）即看一遍，准备提出修改意见。估计还会有些修改的。①

  毛泽东最后确定，这个宣传提纲的题目就是：《为动员一切力量把我国建设成为伟大的社会主义国家而斗争》。②经毛泽东审阅修改的提纲，对过渡时期总路线作了这样的完整表述：

  从中华人民共和国成立，到社会主义改造基本完成，这是一个过渡时期。党在这个过渡时期的总路线和总任务，是要在一个相当长的时期内，逐步实现国家的社会主义工业化，并逐步实现国家对农业、对手工业和对资本主义工商业的社会主义改造。这条总路线是照耀我们各项工作的灯塔，各项工作离开它，就要犯右倾或"左"倾的错误。③

---

① 《建国以来毛泽东文稿》第4册，中央文献出版社1990年版，第403—404页。
② 《毛泽东传（1949—1976）》上，中央文献出版社2003年版，第266页。
③ 《毛泽东选集》第5卷，人民出版社1977年版，第89页。

在此过程中，毛泽东在 10 月 15 日同陈伯达等人谈话时，把国家的社会主义工业化和社会主义三大改造的关系，比作"主体和两翼"。"主体"和"两翼"是密不可分、互为前提的。实现国家工业化，即由农业国转变为工业国，同实现社会主义改造，是由新民主主义转变为社会主义这个历史过程的两个方面。[①] "总路线也可以说就是解决所有制的问题。"[②] 毛泽东在修改中宣部起草的宣传提纲时，对过渡时期总路线的"一化三改造"进行了系统阐述。这个文件先在党内发布，后来普及全民。随着全国范围内学习、宣传过渡时期总路线的开展，中国的建设、改造事业也发展起来了。

贯彻过渡时期的总路线，使中国进入了社会主义。这是新中国的重大变化。由此奠定了亿万中国人民的福祉，而毛泽东则为过渡时期总路线的形成作出了重大贡献。

[①] 《毛泽东传（1949—1976）》上，中央文献出版社 2003 年版，第 269 页。
[②] 《毛泽东文集》第 6 卷，人民出版社 1999 年版，第 301 页。

毛泽东在中共八大召开前夕

中共八大召开前夕，毛泽东对中国共产党所面临的一系列重大问题进行了思考和应对。他的思考，丰富了他对中国独特社会主义道路的认识，他的应对，为八大顺利召开奠定了基础。

集中精力研究赫鲁晓夫秘密报告的影响

1956年2月14—25日，苏共中央在莫斯科召开了苏共二十大。在大会期间，米高扬第一个站出来点名批判斯大林。接着，2月24日夜至25日晨，赫鲁晓夫不向参加苏共二十大的各国党代表团通报，突然秘密召集苏共二十大的代表开会。会上，他作了长达四个半小时的秘密报告，全盘否定斯大林。西方国家通过秘密渠道，得知了这个秘密报告的全部内容。不久，美国《纽约时报》全文发表了这个报告，立即在全世界引起轰动。

本来，苏共中央处理本党事务，中共不便干预。但是，斯大林不是一般人物，他在历史上长期担任国际共产主义运动的实际领袖；他在世界反法西斯战争中起了重大作用；他在苏共与中共历史的关系上，也起了重要作用；他在新中国成立之初，对中国共产党有重大帮助；他的理论和著作，在中国共产党中间也流传很广。赫鲁晓夫全盘否定斯大林，不能不对中国共产党产生影响。更主要的是，毛泽东把苏共二十大与中国共产党即将召开的八大联系起来。他思考：中国共产党如何才能防止出现官僚主义和个人崇拜现象，如何避免苏共出现的问题，如何才能独立思考，独立自主地走出中国独特的社会主义建设道路？因此，毛泽东对苏共二十大十分关注。

毛泽东是在 1956 年 2 月 26 日接到中共中央赴苏代表团的电报后，得知赫鲁晓夫秘密报告大致内容的。原来，他对于赫鲁晓夫批判斯大林是有一点儿思想准备的，因为早在 1954 年 4 月，毛泽东就从中国驻苏联大使张闻天的一个报告中得知，苏联方面在宣传斯大林的提法上有变化，对斯大林的功绩很少提到，更不单独叙述。对斯大林的理论的评价也变了，认为斯大林的理论不能构成一个新阶段。但是，赫鲁晓夫在苏共二十大上这样全盘否定斯大林，很不正常。用毛泽东的话说就是：过去赫鲁晓夫把斯大林捧得一万丈高，现在一下子把斯大林贬到地下九千丈。①

1956 年 3 月 3 日下午，出席苏共二十大的中共代表团成员邓小平、谭震林回到北京。毛泽东当天就在怀仁堂，召集刘少奇、周恩来、邓小平、彭真、康生、聂荣臻、谭震林开会，听邓小平、谭震林汇报情况。邓小平、谭震林在会上详细汇报了他们出席苏共二十大的情况、苏共二十大的政治变化，以及在苏联得知的苏共中央内部情况。听完汇报后，毛泽东没有表态，他要大家用 10 天时间，都来考虑这个问题，都研究一下苏共二十大的变化和对中国共产党的影响，以及如何应对的问题，然后再开会讨论。3 月 12 日晚 8 点，毛泽东在颐年堂主持召开中共中央政治局扩大会议，专门讨论苏共二十大的问题。② 会上，大家纷纷发言，谈了自己的看法。会议开到次日凌晨 1 点。散会后，毛泽东又专门留下刘少奇、周恩来、陈云、邓小平、彭真、康生、杨尚昆，继续研究中共如何对待苏共二十大的方针。

毛泽东在颐年堂中共中央政治局扩大会议上首次对苏共二十大表了态。他说：我们党从一开始就对苏共二十大有保留意见。《人民日报》发

---

① 《毛泽东文集》第 7 卷，人民出版社 1999 年版，第 42 页。
② 《毛泽东传（1949—1976）》上，中央文献出版社 2003 年版，第 496 页。

表了两篇社论。第一篇是根据大会开始时赫鲁晓夫的公开报告写的。那时,我们不晓得他会大反斯大林,从大局考虑给予支持,但社论中只谈了和平共处与和平竞赛问题,没有谈和平过渡问题,因为我们对这个问题有不同意见。苏共二十大结束的第二天,中央收到代表团发来的电报,报告赫鲁晓夫反斯大林,但由于不了解详细内容,不好仓促发表意见。所以在第二篇社论中,我们采取了王顾左右而言他的方针,只讲他们的第六个五年计划,笼统地表示支持。赫鲁晓夫的秘密报告值得我们认真研究,特别是这个报告所涉及的问题,以及它在全世界所造成的影响。现在全世界都在议论,我们也要议论。现在看来,至少可以指出两点:一是揭了盖子,一是捅了娄子。说它揭了盖子,就是讲,这个秘密报告表明,苏联、苏共、斯大林并不是一切正确的,这就破除了迷信。说它捅了娄子,就是讲,赫鲁晓夫做的这个秘密报告,无论在内容上或方法上,都有严重错误。是不是这样,大家可以研究。[1]

　　这次会后,毛泽东开始集中精力,研究苏共二十大问题和赫鲁晓夫秘密报告的影响。他经常召集小型会议,研究苏联方面的问题。经常参加这些小型会议的,除刘少奇、周恩来、邓小平外,彭真、康生、聂荣臻、杨尚昆等人也经常被叫去参加。为了研究苏联方面情况的需要,中国有关苏联问题的专家也应中央的要求,提供了许多背景资料,包括赫鲁晓夫的出身和经历的背景材料,米高扬、马林科夫的出身和经历的背景材料等。对这些材料,毛泽东都专心致志地阅读、研究。有不清楚的地方,哪怕是半夜,他也叫来秘书赶快去查。毛泽东还专门分析、研究了西方通讯社对苏联国内情况的报道等问题,并经常召集刘少奇、周恩来、邓小平、彭真、陈伯达等人,到他的住处一起研究这方面的问题。[2]经过一段时间的研究和思考,毛泽东认为,中央主要领导人对苏共二十大和赫鲁晓夫的秘密报告的意见比较集中,中共中央对苏共方面的变化的分析和应对意见已经成熟,因此,他决定召开中共中央书记处扩大会

---

[1] 《毛泽东传(1949—1976)》上,中央文献出版社 2003 年版,第 496 页。
[2] 《毛泽东传(1949—1976)》上,中央文献出版社 2003 年版,第 497 页。

议，专门研究赫鲁晓夫的秘密报告和中国共产党的对策问题。

这个会议是 1956 年 3 月 23 日召开的。会上，刘少奇首先发言。他在发言中，对斯大林的主要错误做了系统的分析。接着，周恩来发言，对中国共产党历史上几次重大错误同斯大林的关系，进行了分析。邓小平也在会上发了言。他在发言中着重谈了反对个人崇拜问题。王稼祥在会上则专门对赫鲁晓夫的秘密报告进行分析，指出了报告中的内在矛盾。最后，毛泽东作了结论性的发言。毛泽东在发言中谈道：共产主义运动，从马克思、恩格斯发表《共产党宣言》算起，至今只有一百年多一点的历史。无产阶级专政的历史，从俄国十月革命算起，还不到四十年。实现共产主义，是空前伟大而又空前艰巨的事业。不艰巨就不能说伟大，因为很艰巨才很伟大。在这艰巨斗争的过程中，不犯错误是不可能的，因为我们走的是前无古人的道路。我历来是"难免论"。斯大林犯错误，是题中应有之义。赫鲁晓夫同样也要犯错误。苏联要犯错误，我们也要犯错误。问题在于共产党能够通过批评和自我批评克服自己的错误。社会主义社会仍然存在着矛盾。否认存在矛盾，就是否认唯物辩证法。矛盾无时不在，无所不在。有矛盾就会有斗争，只不过斗争的性质和形式不同于阶级社会而已。斯大林犯过严重错误，但他也有伟大功绩。他在某些方面违背了马克思主义的原则，但他仍然是一位伟大的马克思主义者。他的著作虽然包含了某些错误，但仍然值得我们学习，只不过在学习时要采取分析的态度。赫鲁晓夫这次揭了盖子，又捅了娄子。他破除了那种认为苏联、苏共和斯大林一切都是正确的迷信，有利于反对教条主义。不要再硬搬苏联的一切了，应该用自己的头脑思索了。应该把马列主义的基本原理同中国革命和建设的具体实际结合起来，探索在我们国家里建设社会主义的道路。至于赫鲁晓夫秘密报告的失误，我们要尽力加以补救。①

毛泽东在此次会议上发言后提议：我们中国共产党也要写一篇关于苏共二十大的文章，公开表明中国共产党对斯大林问题的态度。这篇文

---

① 《毛泽东传（1949—1976）》上，中央文献出版社 2003 年版，第 497 页。

章的发表方式，可以考虑采取《人民日报》社论的方式，因为苏共还没有公开发表赫鲁晓夫的秘密报告，事态仍在发展中，我们发表声明或者作决议过于正式。参加这次会议的中央领导同志都赞成毛泽东的这个意见。于是，毛泽东指定，写作这篇文章由陈伯达执笔。毛泽东还谈了他对这篇文章的一些设想：这篇文章，可以以支持苏共二十大反对个人迷信的姿态，正面讲一些道理，补救赫鲁晓夫秘密报告的失误。对斯大林的一生要加以分析，既指出他的严重错误，更要强调他的伟大功绩。对我们党历史上同斯大林有关的路线错误，只从我们党自己方面讲，不涉及斯大林。对个人迷信作一些分析，并说明我们党一贯主张实行群众路线，反对突出个人。文章不要太长，要有针对性地讲道理。① 与会者一致赞成毛泽东的这一提议。于是，会议决定，文章由陈伯达执笔，中宣部和新华社协助。毛泽东还专门对陈伯达提出要求：一周之内写出文章的初稿，交中央讨论。陈伯达领受任务后，立即找了几个助手，动笔写作，果然于一周内完成了。3月29日，陈伯达就把文章初稿拿了出来。文章按毛泽东的意见，定名为《关于无产阶级专政的历史经验》。② 3月29日当天，中央办公厅把打印出来的几份稿子交给邓小平。邓小平批示，分送几位中央的主要领导人看，同时，邓小平建议，由陈伯达召集陆定一、胡乔木、胡绳、吴冷西继续讨论修改初稿的问题。这几个人在一起讨论了两次，再做了修改后，于4月1日，又把修改的稿子送毛泽东、刘少奇、周恩来和其他几位主要中央领导人看。

  毛泽东接到这份稿子后，当天就阅读。4月1日晚上10点50分，毛泽东找陈伯达到他住处商谈初稿的修改问题，两个人一直谈到第二天的凌晨2点。仅仅隔了2个小时，即4月2日4点，毛泽东就给刘少奇、邓小平写信道：

    社论已由陈伯达同志写好。请小平于本日（二日）夜间即印

---

① 吴冷西：《忆毛主席》，新华出版社1995年版，第7页。
② 《毛泽东传（1949—1976）》上，中央文献出版社2003年版，第499页。

成清样约二十份左右，立即送给各政治局委员，各副秘书长，王稼祥、陈伯达、张际春、邓拓、胡绳等同志，请他们于三日上午看一遍。三日下午请你们召集一次政治局会议（有看过清样各同志参加）提出修改意见；于四日上午修改完毕。四日下午打印成第二次清样，由书记处再斟酌一下，即可发稿，争取五日见报。目前有了这篇社论就够了。①

毛泽东临时决定：不用《人民日报》社论的名义发表，改用《人民日报》编辑部的名义发表。② 按毛泽东的这个意见，刘少奇于4月3日在中南海西楼主持召开中央政治局扩大会议，讨论这篇文章。当天晚上，毛泽东约刘少奇、周恩来、邓小平、彭真、陈伯达、胡乔木、胡绳，一起讨论修改文章的事。4月4日，再次召开会议，讨论修改这篇文章。③ 毛泽东还亲自动手，增写了许多重要内容。他亲笔修改过的稿子，就有七份。陈伯达根据毛泽东的意见，对文稿进行再次修改后，交给毛泽东阅。毛泽东看后，觉得很好了，于4月4日上午8时批示：

照此改正，再打清样十五份，于今日上午十点，连同这份原稿，送交我的秘书高智，勿误为盼。④

这份草稿，是按毛泽东3月23日在书记处扩大会议上的讲话精神所写的。毛泽东从4月1日见到这份草稿起，到4日，在三天多的时间里，对文稿进行了多次修改。文章于5日见报。这篇文章对斯大林作了全面的分析，正确地评价了斯大林，对无产阶级专政的重要历史经验进行了总结。文章见报后，在国内外都产生了重大影响。毛泽东对这篇文章一直比较满意，但他认为，我们中国共产党是通过这个过程吸取无产阶级

---

① 《建国以来毛泽东文稿》第6册，中央文献出版社1992年版，第59页。
② 《毛泽东传（1949—1976）》上，中央文献出版社2003年版，第499页。
③ 《毛泽东传（1949—1976）》上，中央文献出版社2003年版，第499页。
④ 《建国以来毛泽东文稿》第6册，中央文献出版社1992年版，第59—60页。

专政的历史经验。他说：最重要的是要独立思考，把马列主义原理同中国革命和建设的具体实际相结合。①

毛泽东修改这篇文章的文字，体现了他对无产阶级专政历史经验的总结和对无产阶级专政问题的一些重要看法。

毛泽东在修改文字中提出：无产阶级专政也会犯错误，因为它"担负着历史上最伟大、最困难的任务，面对着历史上情况最复杂和道路最曲折的斗争，因而它的工作——正如列宁所说的——也不能不犯很多的错误。如果有些共产党人发生骄傲自满和思想硬化的情形，那么，他们甚至也会重犯过去自己犯过的或者别人犯过的错误。这一点，我们共产党人是必须充分地估计到的"②。毛泽东在修改文字中提到斯大林犯错误的原因时写道："共产党和社会主义国家的各种领导人物的责任是要尽量减少错误，尽量避免某些严重的错误，注意从个别的、局部的、暂时的错误中取得教训，力求使某些个别的、局部的、暂时的错误不至于变成全国性的、长时期的错误。而要达到这种目的，就要求每个领导者都十分谨慎和谦逊，密切地联系群众，遇事和群众商量，反复地调查研究实际的情况，经常进行适合情况的、恰如其分的批评和自我批评。作为党和国家主要领导人的斯大林，在他后一个时期的工作中所以犯了某些严重的错误，就是因为他没有这样做。他骄傲了，不谨慎了，他的思想里产生了主观主义，产生了片面性，对于某些重大问题做出了错误的决定，造成了严重的不良后果。"③毛泽东对斯大林后期的错误做了归纳，写道："斯大林在他一生的后期，愈陷愈深地欣赏个人崇拜，违反党的民主集中制，违反集体领导和个人负责相结合的制度，因而发生了例如以下的一些重大错误：在肃反问题上扩大化；在反法西斯战争的前夜缺乏必要的警惕；对于农业的进一步发展和农民的物质福利缺乏应有的注意；在国际主义运动中出了一些错误的主意，特别是在南斯拉夫问题上作了错误的决定。斯大林在这些问题上，陷入了主观性和片面性，脱离了客观实

---

① 吴冷西：《忆毛主席》，新华出版社 1995 年版，第 9、10 页。
② 《建国以来毛泽东文稿》第 6 册，中央文献出版社 1992 年版，第 60 页。
③ 《建国以来毛泽东文稿》第 6 册，中央文献出版社 1992 年版，第 61 页。

际状况，脱离了群众。"①

毛泽东在指导陈伯达起草这篇文章时和在修改这篇文章时，把重点放在思考中国问题上。他形成的思路是：社会主义社会仍然存在矛盾；共产党执政仍然面临危险；共产党要用制度来保证群众路线和集体领导的贯彻。他写道：只要还存在着主观和客观的矛盾，还存在着先进和落后的矛盾，还存在着社会生产力和生产关系的矛盾，那么，唯物论和唯心论的矛盾在社会主义社会和共产主义社会中也就还将存在，还将经过各种各样的形式表现出来。人们是在社会中生活着的，也就会在各种不同的情况和不同的程度上，反映各种社会中的矛盾。所以，即使到了共产主义社会，也不会是每个人都是完满无缺的。那个时候，人们本身也还将有自己的矛盾，还将有好人和坏人，还将有思想比较正确的人和思想比较不正确的人。因此，人们之间也还将有斗争，不过斗争的性质和形式不同于阶级社会罢了。②"当革命胜利之后，在工人阶级和共产党已经成为领导全国政权的阶级和政党的时候，我们党和国家的领导工作人员，由于受到官僚主义的多方面的袭击，就面临有可能利用国家机关独断独行、脱离群众、脱离集体领导、实行命令主义、破坏党和国家的民主制度的这样一个很大的危险性。因此，我们要是不愿意陷到这样的泥坑里去的话，也就更加要充分地注意执行这样一种群众路线的领导方法，而不应当稍为疏忽。为此，我们需要建立一定的制度来保证群众路线和集体领导的贯彻实施，而避免脱离客观实际情况的主观主义和片面性。"③毛泽东在回顾了中国共产党历史上所犯的路线错误后写道："由此可见，我们党的历史经验，也是在自己同各种错误路线作斗争的过程中使自己获得了锻炼，因此取得了伟大的革命胜利和建设胜利的。至于局部和个别的错误，则在工作中时常发生，仅仅是依赖党的集体智慧和人民群众的智慧，及时地加以揭露和克服，才使它们不能获得发展的机会，没有成

---

① 《建国以来毛泽东文稿》第 6 册，中央文献出版社 1992 年版，第 62 页。
② 《建国以来毛泽东文稿》第 6 册，中央文献出版社 1992 年版，第 62—63 页。
③ 《建国以来毛泽东文稿》第 6 册，中央文献出版社 1992 年版，第 63 页。

为全国性的和长期性的错误,没有成为危害人民的大错误。"①

毛泽东在修改这篇文稿时,专门对斯大林作了分析。他写道:"有些人认为斯大林完全错了,这是严重的误解。斯大林是一个伟大的马克思列宁主义者,但是也是一个犯了几个严重错误而不自觉其为错误的马克思列宁主义者。我们应当用历史的观点看斯大林,对于他的正确的地方和错误的地方作出全面的和适当的分析,从而吸取有益的教训。不论是他的正确的地方,或者错误的地方,都是国际主义运动的一种现象,带有时代的特点。整个说来,国际主义运动还只有一百年多一点的时间,从十月革命胜利以来,还只有三十九年的时间,许多革命工作的经验还是不足的。我们有伟大的成绩,但是还有缺点和错误。如同一个成绩出现了接着又创造新的成绩一样,一个缺点或错误克服了,新的缺点或错误又可能产生,又有待于我们去克服。而成绩总是多于缺点,正确的地方总是多于错误的地方,缺点和错误总是要被克服的。好的领导者不在于不犯错误,而在于认真地对待错误。完全不犯错误的人在世界上是没有的。"②

毛泽东之所以对苏共二十大如此重视,之所以要写《关于无产阶级专政的历史经验》一文,主要目的,是为即将召开的八大做思想准备、制度准备。他的思路是:在八大会议前和会议上,要通过总结无产阶级专政的历史经验,建立一个无产阶级政党不犯或者少犯错误的机制,在共产党高层,建立一种联系群众、保证集体领导的制度。同时,由于斯大林在中国共产党党员中有广泛影响,客观、公正地评价斯大林,既指出斯大林的错误,又肯定斯大林的功绩,便于在正确的思想基础上统一全党的认识。否则,苏共二十大,特别是赫鲁晓夫全盘否定斯大林,就可能干扰中共八大,有造成中国共产党内认识上的分歧的可能,甚至可能发生严重争论。从更深一层来看,毛泽东通过分析苏共二十大、写《关于无产阶级专政的历史经验》,来总结苏联的经验教训,引发他对社

---

① 《建国以来毛泽东文稿》第6册,中央文献出版社1992年版,第65页。
② 《建国以来毛泽东文稿》第6册,中央文献出版社1992年版,第65—66页。

会主义社会矛盾问题的理论思考，确立了社会主义社会仍然存在矛盾的认识。而对中国社会矛盾问题的深刻分析，特别是毛泽东强调的中国共产党人要独立思考，开辟了中国共产党探索中国独特社会主义道路之先河，也形成了中共八大的总基调。可以说，毛泽东做了这件大事，即亲自组织写作并发表《关于无产阶级专政的历史经验》一文，是他为八大召开做的最重要的准备工作之一。

形成了中国独特社会主义建设思路

在中共中央准备召开八大时，中共中央对中国社会主义建设的思路是：反对右倾保守主义，加快实现国家工业化。1955年3月21日，毛泽东在中国共产党全国代表会议上致的开幕词，集中表达了这一思路。他说："一个六万万人口的东方国家举行社会主义革命，要在这个国家里改变历史方向和国家面貌，要在大约三个五年计划期间内使国家基本上工业化，并且要对农业、手工业和资本主义工商业完成社会主义改造，要在大约几十年内追上或赶过世界上最强大的资本主义国家，这是决不会不遇到困难的，如同我们在民主革命时期所曾经遇到过的许多困难那样，也许还会要遇到比过去更大的困难。但是，同志们，我们共产党人是以不怕困难著名的。"① 当时，中央政治局在八大的指导思想上，意见是统一的。刘少奇在1955年12月5日中央座谈会上传达毛泽东关于准备召开八大的指示时，强调的也是这个意见。

但是，毛泽东、刘少奇等中央领导人此时也一直在探索中国社会主义建设的独特道路。从1955年3月准备召开八大起，毛泽东就一直思考中国社会主义建设怎样才能摆脱苏联模式从而走出一条自己的路的问题。他决定从调查研究入手。1956年1月中旬，毛泽东从杭州回到北京不久，听薄一波说，刘少奇为了替八大政治报告做准备工作，正在听取国务院一些部委汇报工作。毛泽东说："这很好，我也想听听。你能不能替我也

---

① 《毛泽东文集》第6卷，人民出版社1999年版，第392—393页。

组织一些部门汇报？"于是，薄一波就召集了一些部门的负责人来向毛泽东汇报。汇报从1956年2月14日开始，到4月24日结束。在这段时间里，毛泽东听取了34个部委的工作汇报。国家计委也来向他汇报了关于制订第二个五年计划的问题。毛泽东实际听取汇报为43天。在这43天里，他几乎每天都是"床上地下，地下床上"。一起床就到颐年堂去听汇报，每次都听四五个小时，听汇报之前或者听完之后，毛泽东要把有关材料看完。周恩来除个别时候因事请假外，每次都来一起听汇报。刘少奇、陈云、邓小平有时也来参加听汇报。毛泽东在听汇报时，不断地插话，提出问题，发表意见，进行评论。①

毛泽东在听汇报时提出了要给地方以更大自主权的问题。他说：他们是块块，你们是条条，你们无数条条往下达，而且规格不一。他们若干要求，你们也不批准，约束了他们。在讲到学习外国技术时，毛泽东说：要把外国先进的东西先学来，就像小学生写仿一样。这和行政措施不一样，行政措施要看我们的具体情况，不能样样都学人家的，技术就非学不可。在讲到克服本位主义问题时，毛泽东提出：解决制度问题比解决思想问题更重要，更带有根本性质。批评本位主义的文章要写，但光批评，光从思想上解决问题不行，还要研究解决制度问题。人是生活在制度之中，同样是那些人，实行这种制度，人们就不积极，实行另外一种制度，人们就积极起来了。解决生产关系问题，要解决生产的诸种关系问题，也就是各种制度问题，不单是要解决一个所有制问题。农业合作社实行包工包酬制度，据说二流子也积极起来了，也没有思想问题了。人是服制度不服人的，你们说对不对？

毛泽东谈到"一长制"问题时说：你们为什么对"一长制"那么感兴趣？党委领导就不好？党委的集体领导无论如何不会妨害一长制。可以找两个厂子分别试一下看，一个是一长制，一个是党委集体领导制，看后者是不是就一定搞得那么坏。苏联有些东西就不能学，内政部可以不受党的领导，这样一个武器不要党的领导，很容易形成一长独裁。任

---

① 薄一波：《若干重大决策与事件的回顾》上卷，中共中央党校出版社1991年版，第466—470页。

何情况下，党的集体领导这个原则不能废除。家庭也不能搞一长制，没有商量是不行的。工厂总比家庭复杂些。工厂要有一定的纪律，按时、按质、按量完成任务。为达此目的，没有集体领导、个人负责是不行的。

毛泽东在谈到好大喜功问题时说：好大喜功好像是坏事，历来骂汉武帝好大喜功，可不名誉哩。木船变轮船，马车变汽车、火车，都是好大喜功，不加区别地说好大喜功都不好，是不妥当的。

毛泽东着重谈到了学苏联的问题。他是想启发大家：中国共产党搞社会主义建设，要独立思考，中国要走自己独特的社会主义建设道路。他说：学苏联，要分两类。一类按中国的，一类规规矩矩、老老实实地学。如土改，我们不学，不照它的。如财经方面有些建议，陈云不学。对资本家的政策，我们也不学它。技术问题横直一概照抄，比较好的，或者我们根本不知道的，学过来再说。

毛泽东还说：经济建设要走上轨道，走上轨道的时间，比革命走上轨道的时间短一些才好。我们搞革命，很长时间不上轨道。从1921年到1941年整风以前，有20年不上轨道。经过整风才上轨道。搞建设究竟要多少年才上轨道？应该缩短。①

毛泽东在谈到他为什么要召集几十个部委，听他们的汇报，调查研究时，明确表示，这样做就是为了给召开中共八大做准备工作。确实，在这次集中精力调查研究之后，毛泽东和中央其他主要领导人的思路变了，他们改变了过去决定的八大主要反对右倾保守的想法，形成了对中国独特社会主义建设道路问题的一些新见解，确立了《论十大关系》这篇文章的基本思路。这个基本思路，就是召开中共八大的指导思想。后来，毛泽东也说过："一九五六年四月的《论十大关系》，开始提出我们自己的建设路线，原则和苏联相同，但方法有所不同，有我们自己的一套内容。"②他还说，我们中国建设社会主义，前八年照抄苏联，"但从一九五六年提出十大关系起开始找到自己的一条适合中国的路线"③。刘少

---

① 参见《毛泽东传（1949—1976）》上，中央文献出版社2003年版，第472—480页。
② 《毛泽东文集》第7卷，人民出版社1999年版，第369—370页。
③ 《毛泽东传（1949—1976）》上，中央文献出版社2003年版，第485—486页。

奇也说过，党的八大工作报告，就是根据毛泽东处理十大关系的方针政策而提出的。①

1956年4月25日，毛泽东主持召开中央政治局扩大会议，发表了《论十大关系》的讲话。这是他一个多月调查研究的成果。贯穿在《论十大关系》之中的基本思想，是以苏为鉴，独立思考，按中国自己的情况办事，走中国自己的路。这个思想，也就是指导八大召开的基本思想。据当时参加八大政治报告起草工作的邓力群回忆：1956年四五月间，一次刘少奇开会回来，大约是晚上10点多钟了，打电话找他和陈伯达等到他那里，高兴地说：主席作了调查，讲了十大关系，十大关系应当成为起草八大政治报告的纲。

在组织修改八大政治报告时形成了一些新思想

八大很重要的文件，是政治报告。对此，毛泽东十分重视。起草八大政治报告，中央确定，由刘少奇负责，但整个工作不是刘少奇一个人做，中央为此还专门组成了一个起草委员会，由刘少奇、陈云、邓小平、王稼祥、陆定一、胡乔木、陈伯达七个人组成。②实际上，邓小平和胡乔木二人是起草八大政治报告的具体组织、落实人，胡乔木则是具体执笔者，而毛泽东则对起草八大政治报告进行了具体指导。③

当八大政治报告起草委员会的人选确定后，毛泽东就要求尽快拿出报告的初稿来。一开始，起草八大政治报告的指导思想是反对右倾保守思想，反对保守主义，提早完成我国的社会主义工业化和社会主义改造，保证15年并且争取15年以前超额完成。自从毛泽东发表《论十大关系》后，起草八大政治报告的指导思想也改变了，变成了调动一切积极因素搞社会主义建设，在社会主义建设中要处理好各方面的关系。这就是起草八大政治报告的指导思想。

---

① 《建国以来重要文献选编》第11册，中央文献出版社1995年版，第300页。
② 参见《毛泽东传（1949—1976）》上，中央文献出版社2003年版，第509页。
③ 参见《毛泽东传（1949—1976）》上，中央文献出版社2003年版，第509页。

起草八大政治报告的重点，毛泽东也予以明确。他说：重点是经济建设。有国内外形势，有社会主义改造，有建设，有人民民主专政，有党，报告里面有这么几个大题目，都可以讲。但是重点是两个，一个是社会主义改造，一个是经济建设。这两个重点中，主要还是经济建设。这个报告的主要部分，三万字中有1/3是讲建设。①

到1956年7月初，八大政治报告写出了第一稿，题目是《为实现过渡时期的总任务而斗争（初稿）》。这份初稿交毛泽东审阅后，毛泽东即把全部精力投入到修改八大政治报告中去了。

毛泽东拿到这份草稿后，于7月6日到10日，先后6次召集起草委员会会议，讨论这份稿子。15日、19日，他又主持召开中央政治局扩大会议，继续讨论。7月23日，毛泽东到北戴河，把报告稿也带上，进行认真推敲、修改，还多次召集政治局会议、起草委员会会议，进行研究。8月20日，他回到北京，一面亲自主持召开七届七中全会和八大预备会议，一面继续修改政治报告稿。从现在查到的档案中，保存下来的政治报告修改稿有80多份，这80多份报告修改稿，都是经过中央反复讨论、修改后，又打印清楚，再修改，再打印的结果。在80多份报告草稿中，经过毛泽东亲笔修改的，就有21份。② 由此可见，毛泽东为修改党的八大政治报告稿，倾注了多少心血！

毛泽东在修改八大政治报告时，留下了大量宝贵的思想。他在修改八大政治报告中特别写道："现在，我国的社会主义改造虽然在各方面取得了决定性的胜利，但是阶级还未消灭。在阶级消灭以后，资产阶级和小资产阶级的思想残余还会存在一个很长的时期。这就是我们今后还可能犯错误的社会原因。资产阶级和小资产阶级的思想残余消灭以后，社会中的生产力和生产关系的矛盾，人们的主观和客观世界的矛盾，是永远存在的，这又是人们永远都有犯错误的可能性的原因。我们必须正视这种种情况，而不是否认这种种情况，我们才能少犯错误，和尽一切努力争取不犯极端严

---

① 参见《毛泽东传（1949—1976）》上，中央文献出版社2003年版，第511页。
② 《毛泽东传（1949—1976）》上，中央文献出版社2003年版，第513页。

重的错误，而决不能认为已经万事大吉，可以高枕无忧。"①

　　毛泽东在修改八大政治报告时，专门谈到了中国走独特的社会主义建设道路的必然性。他写道："我国是一个东方国家，又是一个大国。因此，我国不但在民主革命过程中有自己的许多特点，在社会主义改造和社会主义建设的过程中也带有自己的许多特点，而且在将来建成社会主义社会以后，还会继续存在自己的许多特点。"②毛泽东还谈到了中国在社会主义建设中坚持独立自主的问题。他写道："中国革命和中国的建设，都是依靠发挥中国人民自己的力量为主，以争取外国援助为辅，这一点也要弄清楚。那种丧失信心，以为自己什么也不行，决定中国命运的不是中国人自己，因而一切依赖外国的援助，这种思想是完全错误的。但是我们在肯定这一点之后，又必须肯定另一点，即应当继续努力同苏联和一切兄弟国家团结一致，继续努力同世界上一切兄弟党、人民革命政党和广大人民群众团结一致，取得他们的同情和援助。如果我们不肯定这一点，那也是完全错误的。"③

　　在修改八大政治报告时，毛泽东还多次专门给刘少奇、周恩来、陈伯达、胡乔木、杨尚昆、陆定一、田家英等人写信或写批示，对政治报告稿的修改问题提出意见，对这些同志的修改加以评价，对修改过程、进度进行具体指导。在毛泽东的具体指导下，八大政治报告经过反复修改，集中了中央领导集体的智慧，也集中了毛泽东对中国独特社会主义建设道路的新思想，成为中国共产党在 20 世纪 50 年代的一个重大理论成果，也为八大顺利召开创造了基本条件。

毛泽东发表了一次有重大政治意义的谈话

　　在筹备八大的过程中，毛泽东仍然兼顾党政日常工作，作出了一些关系全局的重大决策。同时，他也经常会见各界人士，发表一些重要谈

---

① 《建国以来毛泽东文稿》第 6 册，中央文献出版社 1992 年版，第 137 页。
② 《建国以来毛泽东文稿》第 6 册，中央文献出版社 1992 年版，第 143 页。
③ 《建国以来毛泽东文稿》第 6 册，中央文献出版社 1992 年版，第 148 页。

话。在这些会见中,他于 1956 年 8 月 24 日会见音乐工作者(中国音乐家协会负责人)时发表的谈话,集中反映了毛泽东关于中国要走自己独特社会主义建设道路的决心和思路,对八大政治基调的确立,起了关键作用。这是毛泽东在 20 世纪 50 年代所发表的有重大政治意义的谈话。

毛泽东在这次谈话之前,并没有准备任何稿子,连个讲话提纲也没有。他的谈话完全是即席说出来的。但他的这次谈话,逻辑严密,条理清晰,思想深刻。由此可见,这篇讲话是毛泽东长期思考的结果。此时,他关于中国走自己独特社会主义道路的思路已经基本成熟。

毛泽东虽然是在会见中国音乐家协会负责人时讲的话,但他谈的却是一种广泛的政治理念,其基本思想就是中国社会主义建设要走自己独特的道路。他一开始就直接讲道:"实现社会主义革命的基本原则,各个国家都是相同的。但是在小的原则和基本原则的表现形式方面是有不同的。"[①] 接着,毛泽东说:"我们要熟悉外国的东西,读外国的书。但是并不等于中国人要完全照外国办法办事,并不等于中国人写东西要像翻译的一样。中国人还是要以自己的东西为主。"[②] "马列主义的基本原理在实践中的表现形式,各国应有所不同。在中国,马列主义的基本原理要和中国革命实际相结合。十月革命就是俄国革命的民族形式。社会主义的内容,民族的形式,在政治方面如此,在艺术方面也是如此。"[③] 我们"要向外国学习科学的原理。学了这些原理,要用来研究中国的东西"[④]。"特别像中国这样大的国家,应该'标新立异',但是,应该是为群众所欢迎的标新立异。为群众所欢迎的标新立异,越多越好,不要雷同。雷同就成为八股。"[⑤] "我们接受外国的长处,会使我们自己的东西有一个跃进。中国的和外国的要有机地结合,而不是套用外国的东西。"[⑥] "应该越

---

① 《毛泽东文集》第 7 卷,人民出版社 1999 年版,第 76 页。
② 《毛泽东文集》第 7 卷,人民出版社 1999 年版,第 77 页。
③ 《毛泽东文集》第 7 卷,人民出版社 1999 年版,第 78 页。
④ 《毛泽东文集》第 7 卷,人民出版社 1999 年版,第 78 页。
⑤ 《毛泽东文集》第 7 卷,人民出版社 1999 年版,第 80 页。
⑥ 《毛泽东文集》第 7 卷,人民出版社 1999 年版,第 82 页。

搞越中国化，而不是越搞越洋化。这样争论就可以统一了。要反对教条主义，反对保守主义，这两个东西对中国都是不利的。学外国不等于一切照搬。向古人学习是为了现在的活人，向外国人学习是为了今天的中国人。"① "中国的和外国的，两边都要学好。半瓶醋是不行的，要使两个半瓶醋变成两个一瓶醋。"② "非驴非马也可以。骡子就是非驴非马。驴马结合是会改变形象的，不会完全不变。中国的面貌，无论是政治、经济、文化，都不应该是旧的，都应该改变，但中国的特点要保存。应该是在中国的基础上面，吸收外国的东西。应该交配起来，有机地结合。"③ "吸收外国的东西，要把它改变，变成中国的。"④ "应该学习外国的长处，来整理中国的，创造出中国自己的、有独特的民族风格的东西。这样道理才能讲通，也才不会丧失民族信心。"⑤

毛泽东的这次讲话，实际上就是为中共八大定基调。这个基调就是：中国今后搞社会主义建设，不能再照抄照搬苏联的那一套，要在坚持社会主义原则基础上，走中国独特的社会主义建设道路。我们当然还要学苏联，但目的是把它改变，变成中国自己的。毛泽东的这个指导思想，后来就成为中共八大的指导思想。

以上就是毛泽东在筹备八大期间做的四件大事。这四件大事，可以说，都是围绕确定八大的基本指导思想而做的。这四件大事，也是为了探索中国独特社会主义道路而做的。正由于毛泽东抓住了关键，做了上述四件大事，八大才得以成功召开，八大才成为对中国后来社会主义建设道路上重大影响的一次会议。

---

① 《毛泽东文集》第 7 卷，人民出版社 1999 年版，第 82 页。
② 《毛泽东文集》第 7 卷，人民出版社 1999 年版，第 82 页。
③ 《毛泽东文集》第 7 卷，人民出版社 1999 年版，第 82—83 页。
④ 《毛泽东文集》第 7 卷，人民出版社 1999 年版，第 83 页。
⑤ 《毛泽东文集》第 7 卷，人民出版社 1999 年版，第 83 页。

主要参考文献

《毛泽东选集》第1—4卷，人民出版社1991年版。

《毛泽东选集》第5卷，人民出版社1977年版。

《建国以来毛泽东文稿》第1—13册，中央文献出版社1987—1989年陆续出版。

《毛泽东文集》第1—8册，人民出版社1999年版。

《毛泽东传（1949—1976）》上、下，中央文献出版社2003年版。

《毛泽东军事文集》第1—6册，军事科学出版社、中央文献出版社1993年版。

《毛泽东书信选集》，人民出版社1983年版。

《毛泽东谈社会主义政治经济学批注和谈话》上、下，中华人民共和国国史学会1998年1月印。

《毛泽东哲学批注集》，中央文献出版社1988年版。

《毛泽东外交文选》，中央文献出版社、世界知识出版社1994年版。

逄先知主编：《毛泽东年谱》，中央文献出版社2005年版。

《周恩来选集》上、下，人民出版社1984年版。

《周恩来传》上、下，中央文献出版社1988年版。

《周恩来年谱（1949—1976）》，人民出版社1989年版。

《建国以来周恩来文稿》第3册，中央文献出版社2018年版。

《周恩来军事文选》第1—4册，人民出版社1997年版。

《周恩来外交活动大事记》，世界知识出版社1993年版。

《周恩来经济文选》，中央文献出版社1993年版。

《刘少奇选集》上、下，人民出版社1981年版。

《刘少奇传》上、下，中央文献出版社1998年版。

《刘少奇年谱》上、下，中央文献出版社1996年版。

《邓小平文选》第1—3卷，人民出版社1994年版。

《陈云文选》第1—3卷，人民出版社1984年版。

《张闻天选集》，人民出版社1985年版。

《新时期统一战线文献选编》，中共中央党校出版社1985年版。

《统一战线大事记》，中共党史出版社1991年版。

《共和国要事口述史》，湖南人民出版社1999年版。

《中国人民解放军大事记》，军事科学出版社1983年版。

《蒋介石年谱初稿》，档案出版社1992年版。

《中国共产党的九十年》，中共党史出版社、党建读物出版社2016年版。

薄一波：《若干重大决策与事件的回顾》上、下卷，中共中央党校出版社1991年版，以及该书的修订本上、下卷，人民出版社1997年版。

《中共党史大事年表》，人民出版社1987年版。

《中华人民共和国史稿》序卷及第1—4卷，人民出版社、当代中国出版社2012年版。

《中华人民共和国史编年》（1949年卷—1963年卷），当代中国出版社2004、2006、2007、2009、2011、2014年版。

《建国以来重要文献选编》第4册，中央文献出版社2011年版。

柴成文、赵勇田：《抗美援朝战争纪实》，中共党史资料出版社1987年版。

《抗美援朝战争史》第1—3卷，军事科学出版社2000年版。